DIE BIBLIOTHEK DER ALTEN WELT

BEGRÜNDET VON KARL HOENN

HERAUSGEGEBEN VON CARL ANDRESEN, OLOF GIGON,

ERIK HORNUNG UND WALTER RÜEGG

MCMLXXXII

RÖMISCHE REIHE

MARCUS TULLIUS CICERO
SÄMTLICHE REDEN

EINGELEITET, ÜBERSETZT UND ERLÄUTERT VON

MANFRED FUHRMANN

AUSGABE IN SIEBEN BÄNDEN

BAND VII

ARTEMIS VERLAG ZÜRICH
UND MÜNCHEN

Dieser Band ist

LISELOTTE UND WALTER RÜEGG

gewidmet

PRINTED IN SWITZERLAND
SATZ UND DRUCK:
SAUERLÄNDER AG, AARAU
ISBN 3 7608 3549 X

REDE FÜR MARCELLUS

REDE FÜR LIGARIUS

REDE FÜR DEN KÖNIG DEIOTARUS

DIE PHILIPPISCHEN REDEN

REDE FÜR M. MARCELLUS

Einleitung

Die vollständig erhaltene Rede für M. Claudius Marcellus entstammt dem September 46 v. Chr. Sie ist die ausgearbeitete Fassung einer Ansprache, die Cicero während einer Senatssitzung gehalten hat. Der überlieferte Titel «Rede für M. Marcellus» wird diesem Umstande nicht gerecht: er läßt ein Plädoyer in einem Prozeß vermuten, während es sich in Wahrheit um eine politische Meinungsäußerung gehandelt hat. Der Titel müßte eigentlich «Danksagung an Caesar» lauten – nach Analogie der beiden Danksagungen (an den Senat, an das Volk), mit denen Cicero seine Rückberufung aus dem Exil gefeiert hat. Die Rede wendet sich nämlich an Caesar, den Konsul und Diktator, den alleinigen Inhaber aller Macht: sie dankt ihm für die Begnadigung des M. Claudius Marcellus, eines führenden Kopfes in der geschlagenen Partei der Caesargegner.

Die umfängliche Gruppe der Reden, die Cicero in den trüben Jahren von seiner Rückkehr aus dem Exil bis zum Antritt der Statthalterschaft in Kilikien, während der Herrschaft des Dreibundes Caesar-Pompeius-Crassus, gehalten hat, war im April 52 v. Chr. mit dem Plädoyer für Milo zu Ende gegangen. Die Danksagung für Marcellus wiederum steht an der Spitze einer neuen, kleineren Gruppe: der drei Reden, die Cicero in den Jahren 46–45 v. Chr. an Caesar gerichtet hat, der sogenannten Caesar-Reden. Ein Intervall von etwa sechseinhalb Jahren trennt somit die beiden

Gruppen – der längste und tiefste Hiat, der in Ciceros rednerischem Werke klafft.

Während dieses Intervalls hatte der Bürgerkrieg zwischen Caesar und der von Pompeius geführten Senatspartei die Welt verändert. In den fünfziger Jahren war – trotz des Dreibundes und trotz der auf eine Anarchie zusteuernden Auflösungserscheinungen – noch stets eine Art Fassade der Republik aufrecht erhalten worden: diese Fassade existierte nicht mehr; sie hatte der caesarischen Militärdiktatur weichen müssen. Mit dem Bandenunwesen und den Knüppelschlachten eines Clodius und Milo war es jetzt vorbei, desgleichen mit dem Mißbrauch der Justiz, mit den vor den Gerichtshöfen ausgetragenen politischen Kämpfen. In Rom kehrte eine leidliche Ordnung ein, die Ordnung der Diktatur; andererseits galt es nunmehr, nach dem Zusammenbruch der Republik, der ungeheuren Macht, die der Diktator in seiner Hand vereinigte, eine rechtliche Grundlage zu geben und einen neuen Staatsapparat aufzubauen.

Caesar war sich dieser schwierigen Probleme vollauf bewußt. Er bezog von Anfang an den Frieden, der auf den Bürgerkrieg folgen würde, in seine Überlegungen ein; er behandelte seine Gegner mit großer Konsequenz und ohne sich durch Enttäuschungen und Rückschläge irremachen zu lassen milde und versöhnlich. Wer befürchtet hatte, daß sich die Zeiten Sullas mit ihren Ächtungen und Verfolgungen erneuern würden, der sah sich widerlegt: Caesar gab die Parole *clementia,* «Schonung», aus und verstand es, nicht nur sich selbst, sondern auch seine Gefolgsleute und Truppen darauf zu verpflichten. «Dies sei eine neue Art des Siegens, daß wir uns mit Barmherzigkeit und Edelmut wappnen», ließ er einmal in einem Briefe verlauten (bei Cicero, Ad Atticum 9,7 C 1) – nach diesem Grundsatz erlaubte er ganz unbefangen auch entschiedenen Widersachern die Rückkehr nach Italien und betraute sie, wenn sie dazu bereit waren, mit Verwaltungsaufgaben.

Caesars Bemühungen, möglichst viele einstige Gegner für den eigenen Staatsneubau zu gewinnen, eröffneten für Cicero ein begrenztes Feld der politischen Zusammenarbeit. Er hatte den Bürgerkrieg von Anfang an abgelehnt; er war Pompeius und seinem Anhang erst spät ins griechische Heerlager gefolgt und nach dessen Niederlage bei Pharsalus alsbald nach Brundisium und somit in Caesars Machtbereich zurückgekehrt. Dort mußte er sich nahezu ein Jahr gedulden; dann aber wurde er auf ehrenvolle Weise begnadigt. Ende Juli 46 v.Chr. kehrte Caesar aus Afrika – wo er das letzte große republikanische Heer geschlagen hatte – nach Rom zurück und begann sofort, sich der Reorganisation des Staates zu widmen. Cicero nahm seither wieder an den Senatssitzungen teil; er verhielt sich jedoch stumm, weil dem Senat keine wirklichen Entscheidungsbefugnisse mehr zukamen. Andererseits war sein Haus ein Treffpunkt nicht nur von einstigen Gegnern, sondern auch von Gefolgsleuten Caesars, und hieraus ergab sich wie von selbst, daß er zu vermitteln suchte, daß er sich insbesondere für die Begnadigung von Caesargegnern einsetzte, die noch in der Verbannung lebten. Er ließ sich hierbei von der Überlegung leiten, daß die oppositionellen Kräfte desto mehr Einfluß gewännen, je zahlreicher sie im Senat vertreten seien; überdies hoffte er, daß Caesar ernstlich daran denke, die *res publica,* die überkommene republikanische Staatsordnung, wiederherzustellen.

Caesars Versöhnungspolitik und Ciceros Interesse an der Begnadigung von Gesinnungsgenossen begegneten sich: aus dieser Konstellation ist auch die Rede für Marcellus hervorgegangen. Der Fall war freilich besonders schwierig. Marcellus zählte zu den entschiedensten Gegnern Caesars.

Er hatte als Konsul des Jahres 51 v. Chr. vergebens versucht, dessen Abberufung von seiner gallischen Statthalterschaft durchzusetzen; andererseits widerriet er zu Beginn des Jahres 49 v. Chr. der Eröffnung des Bürgerkrieges, da man hierfür nicht hinlänglich gerüstet sei. Seit der Katastrophe von Pharsalus lebte er in Mytilene auf Lesbos, philosophischen Studien obliegend; sein Stolz verwehrte ihm, seine Begnadigung zu betreiben. Sein Freund Cicero suchte ihn in mehreren erhaltenen Briefen zu einer Änderung seiner starren Haltung zu bewegen (Ad Familiares 4, 7–9): Caesars Arm vermöge ihn in Mytilene genauso gut zu erreichen wie in Rom; wenn er dessen Bereitschaft, ihm zu verzeihen, hartnäckig abweise, bringe er sein Leben und sein Vermögen in Gefahr.

Marcellus hatte sich wohl zu diesen Empfehlungen noch nicht geäußert, als es zu der Szene im Senat kam, die Cicero veranlaßte, sein bisheriges Schweigen zu brechen und dem Diktator eine enthusiastische Huldigung darzubringen. Ein Brief, den Cicero bald darauf an seinen Freund, den Juristen Ser. Sulpicius Rufus, richtete, schildert den Hergang wie folgt (Ad Familiares 4, 4, 3 f.): «In einem Punkte haben wir dir etwas voraus: wir haben von der Begnadigung deines Kollegen Marcellus» (Sulpicius war ebenfalls im Jahre 51 v. Chr. Konsul gewesen) «etwas eher erfahren als du, ja wir haben sogar selbst gesehen, wie sich die Sache zutrug. Denn das mußt du mir glauben: seit diesem Elend, das heißt seit man begonnen hat, Fragen des Staatsrechts mit Waffengewalt auszutragen, ist dies der einzige würdige Vorgang. Denn Caesar, der sich zunächst über die herbe Art des Marcellus (so drückte er sich nämlich aus) beschwert und deine objektive und vernünftige Einstellung mit den ehrenvollsten Worten gelobt hatte, erklärte plötzlich und wider Erwarten, er wolle die Bitte des Senats wegen Marcellus trotz seiner Bedenken nicht abschlagen. Der Senat hatte sich nämlich, als L. Piso» (Caesars Schwiegervater) «den Fall des M. Marcellus zur Sprache brachte und sich C. Marcellus» (ein Vetter des M. Marcellus) «Caesar zu Füßen warf, geschlossen erhoben und Caesar mit Bitten bedrängt. Kurz und gut, mir schien's ein herrlicher Tag zu sein, da ich einen Schimmer unseres gewissermaßen wiederauflebenden Staates wahrzunehmen glaubte. Nachdem nun alle, die vor mir nach ihrer Meinung gefragt wurden, Caesar gedankt hatten – außer Volcacius; der sagte nämlich, er hätte, wenn er an Caesars Stelle wäre, nicht nachgegeben –, da habe ich, als die Reihe an mich kam, von meinem Vorsatz abgelassen. Ich hatte nämlich beschlossen – wahrlich nicht aus Bequemlichkeit, sondern weil mir der Senat seine einstige Würde eingebüßt zu haben schien –, nie mehr das Wort zu ergreifen. Meinem Vorsatz machten indes Caesars Seelengröße und der Eifer des Senats ein Ende, und so habe ich an Caesar ein ziemlich ausführliches Dankeswort gerichtet.»

In der Einleitung der schriftlich ausgearbeiteten Fassung begründet Cicero, weshalb er sein langes Schweigen aufgebe: Caesars Milde habe ihn hierzu veranlaßt – sie habe dadurch, daß sie Marcellus dem Staate zurückgab, auch Cicero die Möglichkeit eröffnet, sich wieder politisch zu betätigen (1–4).

Der Hauptteil würdigt Caesars Entscheidung in einem ersten Abschnitt (4–20) aus der Perspektive der bisherigen Ereignisse: die Begnadigung des Marcellus sei eine größere Tat als alle noch so glänzenden militärischen Erfolge, da Caesar mit ihr einen Sieg über sich selber errungen habe, den er mit niemandem zu teilen brauche; außerdem sei jetzt anerkannt, daß sich Caesars einstige Gegner lediglich eines Irrtums, nicht aber eines Verbrechens schuldig gemacht hätten – Cicero und Marcellus jedenfalls seien von Anfang an für den Frieden eingetreten, wohl wissend, daß ein Sieg der eigenen, von Pompeius geführten Partei härtere Folgen gezeitigt hätte als der Sieg Caesars.

Auf die Betrachtung der Vergangenheit folgt der Blick in die Zukunft: der zweite Abschnitt des Hauptteils (21–32) legt dar, daß Caesar keinerlei Anlaß habe, für sein Leben zu bangen, da jedermann wisse, daß nur er den römischen Staat zu erneuern vermöge. Aus diesem Grunde müsse sein Ausspruch, er habe lange genug gelebt, bedenklich stimmen; seine Mission sei erst mit der Reorganisation alles dessen vollendet, was der Bürgerkrieg zugrunde gerichtet habe. Das kurze Schlußwort (33 f.) versichert Caesar der Dankbarkeit Ciceros und des ganzen Senats.

Man hat vermutet, daß die Begnadigung des Marcellus nicht ganz so spontan zustande gekommen sei, wie Cicero seinen Adressaten Sulpicius glauben machen will: Caesar könnte die Szene vorbereitet und mit Männern wie Piso abgesprochen haben. Ob auch Cicero eingeweiht war, so daß er seinen Preis der Milde Caesars nicht ganz und gar hätte improvisieren müssen? Wie es sich hiermit auch verhalten mag: Marcellus selbst hat die Früchte des spektakulären Gnadenaktes nicht mehr genießen können; er wurde auf der Rückreise das Opfer eines Mordes.

Ciceros Marcellus-Rede hat indes eine Bedeutung, die über ihren Anlaß weit hinausreicht. Sie eröffnet die kleine Gruppe der Caesar-Reden, und diese Gruppe wiederum enthält – was ihr Autor nicht ahnen konnte – wichtige Ansätze zum Selbstverständnis des von Augustus geschaffenen Kaisertums. Grundlage der ciceronischen Argumentation ist in allen drei Caesar-Reden die *clementia*-Parole, jene Maxime also, die, bis dahin nur dem besiegten Feind gegenüber anwendbar, von Caesar zum ersten Male als Schlagwort für ein bestimmtes innenpolitisches Verhalten in Anspruch genommen wurde. Cicero leitet indes aus diesem Schlagwort Konsequenzen ab, die an die besonderen Gegebenheiten der Jahre 46/45 v. Chr. nicht gebunden waren – so daß bereits Augustus die *clementia* zur vornehmsten Regententugend erhob und Seneca sie in den Mittelpunkt seiner staatsphilosophischen Schrift De clementia rückte. Cicero versucht nämlich immer wieder, Caesar auf seine Versöhnungspolitik festzulegen; er will die Ausübung der *clementia* an das Rechtsprinzip der Gleichbehandlung gebunden wissen. Daher findet sich in den Caesar-Reden immer wieder die Argumentationsfigur: «Wenn du dem einen verziehen hast, dann mußt du auch dem anderen verzeihen, der nichts Schlimmeres beging als jener» (Für Marcellus 2. 13 ff. Für Ligarius 1. 6 ff. 30 f. 37. Für Deiotarus 9. 38 ff.). *Clementia,* so verstanden, ist kein unerzwingbares, der Willkür des Ausübenden anheimgegebenes sittliches Verhalten mehr, sondern eine Form der Gerechtigkeit – *die* Form der Gerechtigkeit, die ein monarchisch regiertes Staatswesen noch zuläßt. Folgerichtig verknüpft Cicero des öfteren die Kategorien Milde/Gnade *(clementia, lenitas, mansuetudo* usw.) und Gerechtigkeit *(iustitia, aequitas)* zu einem bedeutungsverwandten Paar – so heißt es z. B. in der Marcellus-Rede (12): «Deine Gerechtigkeit und Milde werden von Tag zu Tag heller erstrahlen.» Gerade dieses Postulat einer an die Gerechtigkeit angenäherten Gnade hat sich Seneca mit Nachdruck zu eigen gemacht, und es gehörte seither zu den obersten Maximen europäischer Regentenweisheit.

Literatur

Kommentierte Ausgabe:

M. Ruch, M. T. Ciceronis Pro Marcello oratio, Paris 1965.

Abhandlung:

G. Cipriani, La «Pro Marcello» e il suo significato come orazione politica, Atene e Roma N. S. 22, 1977, 113–125.

REDE FÜR MARCELLUS

Das lange Schweigen, versammelte Väter, das ich mir in der 1
letzten Zeit auferlegt habe – nicht aus Furcht, sondern teils aus Schmerz, teils aus Zurückhaltung –, ist am heutigen Tage zu Ende gegangen, und so möchte ich zum ersten Male wieder in meiner früheren Weise aussprechen, was ich wünsche und denke. Denn so viel Milde, eine so ungewohnte und unerhörte Bereitschaft zu verzeihen, eine solche Mäßigung bei der Ausübung höchster, schrankenloser Gewalt, kurz, eine so beispiellose und geradezu göttliche Besonnenheit kann ich unmöglich mit Stillschweigen übergehen.

Denn dadurch, daß M. Marcellus euch, versammelte 2
Väter, und dem Staate wieder zu Diensten steht, ist, glaube ich, euch und dem Staat nicht nur seine, sondern auch meine ratende Stimme zurückgegeben worden. Es schmerzte mich nämlich, versammelte Väter, und bedrückte mich sehr zu sehen, daß einem solchen Manne, der sich an derselben Sache beteiligt hatte wie ich, nicht auch dieselbe Gunst zuteil wurde [1], und ich konnte mich nicht dazu bereit finden noch hielt ich's auch nur für erlaubt, mich wieder meiner einstigen Tätigkeit hinzugeben, während er, der sich mein Mühen und Streben zum Vorbild und Muster erwählt hatte, mein Gefährte gewissermaßen und Begleiter [2], von mir getrennt war. So hast du denn mir den Zugang zu meinem altgewohnten Leben, der mir versperrt war, wieder aufgetan, C. Caesar, und zugleich allen, die hier sind, ein Zeichen gegeben, das sie
Gutes für unseren ganzen Staat erwarten läßt. Denn das ist 3
gewiß deutlich geworden – für mich schon durch viele Fälle und zumal durch meinen eigenen, für alle anderen soeben, als du dem Senat und dem öffentlichen Wohl mit M. Marcellus ein Zugeständnis machtest (und das, obwohl dabei deine

Bedenken zur Sprache kamen) –, für uns alle ist deutlich geworden, daß du die Würde dieses Hauses und das Ansehen des Staates für wichtiger hältst als deine persönlichen Kümmernisse und Befürchtungen[3].

Marcellus hat am heutigen Tage die größte Bestätigung seines ganzen bisherigen Lebens erhalten: einmal durch die einhellige Meinung des Senats[4], zum anderen durch das Gewicht deines wohlerwogenen Urteils. Hieraus kannst du ersehen, wieviel Lob der Erweis dieser Wohltat hervorruft:
4 wenn schon ihr Empfang solchen Ruhm mit sich bringt. Der aber ist wahrhaft glückselig, dessen Begnadigung nahezu jedermann ebensoviel Freude bereitet wie ihm selbst – und das ist ihm nicht unverdient und mit vollem Recht zuteil geworden. Denn wer könnte es an vornehmer Abkunft oder redlicher Gesinnung, an Bildungseifer, Lauterkeit oder irgendeiner lobenswerten Eigenschaft mit ihm aufnehmen?

Niemand hat die strömende Fülle des Geistes, niemand die Macht des gesprochenen oder geschriebenen Worts und ein solches Ausdrucksvermögen, daß er imstande wäre ich sage nicht zu verherrlichen, sondern auch nur zu berichten, C. Caesar, was du vollbracht hast. Und doch versichere ich dir und bitte dich, mir das nicht übel zu nehmen: darunter ist nichts, wofür du ebensoviel Anerkennung verdientest wie für das, was du am heutigen Tage getan hast.

5 Ich stelle mir immer wieder vor Augen und gehe in zahlreichen Gesprächen mit Freuden darauf ein, daß sich alle Erfolge, die von unseren bisherigen Feldherren, die von fremden Völkern, mächtigen Staaten und weitberühmten Königen errungen worden sind, nicht mit den deinigen vergleichen lassen: nicht das Ausmaß des Ringens, nicht die Zahl der Schlachten, nicht die Vielfalt der Schauplätze, nicht die Schnelligkeit des Vollbringens und nicht die Verschiedenartigkeit der Feldzüge – und daß niemandes Schritte

rascher so weit voneinander entfernte Länder zu erreichen vermochten, als deine Eilmärsche oder richtiger Siege sie durchzogen haben.

Wenn ich nun bestreiten wollte, daß die Größe dieser 6
Leistungen so ziemlich jedermanns Denkkraft und Vorstellungsvermögen übersteigt, dann wäre ich ein Narr – und doch gibt es anderes, das größer ist. Denn kriegerische Lorbeeren pflegt manch einer in seinen Reden abzuschwächen: er entzieht sie den Truppenführern und verteilt sie auf viele, damit sie nicht den Feldherren allein vorbehalten bleiben. Und gewiß tragen zum Waffenerfolg die Tapferkeit der Soldaten, die Gunst des Geländes, die Hilfstruppen, die Seestreitkräfte und der Nachschub ganz erheblich bei; den größten Anteil jedoch beansprucht wie selbstverständlich das Glück für sich, und es hält jede erfolgreiche Unternehmung fast völlig für sein Werk. *Den* Ruhmestitel hingegen, 7
C. Caesar, den du soeben erworben hast, brauchst du mit niemandem zu teilen: ganz und gar – wie bedeutend er immer sein mag, und er ist sicherlich sehr bedeutend –, ganz und gar, sage ich, gehört er dir. Nichts beansprucht von diesem Verdienst ein Offizier oder ein Kommandant, eine Infanterietruppe oder eine Reiterschwadron; ja selbst die Herrin aller Menschendinge, die Göttin des Glücks, dringt nicht auf Anteil an diesem Ruhmestitel: dir tritt sie ihn ab, und sie gibt zu, daß er ganz dein Eigentum ist. Denn nie ist, wo Einsicht waltet, blindes Ungefähr im Spiele, und der Zufall hat keinerlei Einfluß auf einen wohlbedachten Entschluß.

Du hast Völker bezwungen: barbarisch an Roheit, un- 8
übersehbar an Zahl, grenzenlos an Landgebiet, reich versehen mit Hilfsmitteln aller Art – immerhin hast du lauter Gegner besiegt, deren Wesen und Beschaffenheit darauf deuteten, daß sie sich besiegen lassen würden; keine Kraft ist

ja so groß, daß man sie nicht durch bewaffnete Gegenkräfte schwächen und brechen könnte. Doch sich selbst zu überwinden, seinen Zorn zu bändigen, einen Besiegten zu schonen, einen Widersacher, der sich durch Adel, Klugheit und Tüchtigkeit auszeichnet, nicht nur von seinem Sturze aufzuheben, sondern gar mit einem höheren Rang zu beschenken, als er je besessen hat[5]: wer das fertigbringt, den stelle ich mit den größten Männern auf eine Stufe, oder vielmehr, ich erkläre ihn für geradezu göttergleich.

9 So wird man denn, C. Caesar, deine kriegerischen Lorbeeren nicht nur bei uns, sondern auch bei den meisten anderen Völkern in Wort und Schrift zu würdigen wissen, und kein Zeitalter wird aufhören, deine Taten zu preisen; trotzdem scheinen derartige Ereignisse irgendwie – auch wenn man nur davon liest – im Geschrei der Soldaten und Lärm der Trompeten unterzugehen. Wenn wir hingegen hören oder lesen, eine Sache sei schonend, mild, gerecht, maßvoll und klug entschieden worden, und das im Zorn, der überlegtem Handeln feind, und im Genuß des Sieges, der von Haus aus stolz und abweisend ist: welche Sympathie ergreift uns dann – nicht nur bei wirklichen, sondern auch bei erfundenen Geschehnissen, so daß wir Zuneigung zu Menschen fassen,
10 die wir nie gesehen haben! Dich aber, den wir hier vor uns sehen, der (wenn wir deine Gedanken und Vorstellungen richtig deuten) bewahrt wissen möchte, was die Wechselfälle des Krieges von unserem Staatswesen übrig gelassen haben: mit welchen Lobesworten sollen wir dich dafür preisen, mit welchem Eifer dich anerkennen, mit welcher Verehrung dir zugetan sein? Selbst die Mauern der Kurie – wahrhaftig, so kommt es mir vor – wünschen dir ihren Dank zu bekunden, daß dieser bedeutende Mann in kurzem wieder an seinem und seiner Vorfahren Platz erscheinen wird. Denn wie ich soeben gemeinsam mit euch die Tränen des C. Marcellus –

eines vortrefflichen Mannes, der seinem Vetter in unge-
wöhnlichem Maße zugetan ist – erblickte, da drängte sich
meinem Herzen die Erinnerung an alle Marceller auf: du hast
ihnen (auch den Verstorbenen) durch die Begnadigung des
M. Marcellus ihr einstiges Ansehen zurückgeschenkt und
damit ein erlauchtes Haus, das nur noch wenige Mitglieder
zählt, geradezu vor dem Untergang bewahrt[6].

Den heutigen Tag schätzt du mit Recht höher ein als deine 11
unzähligen großartigen Erfolge. Denn diese Tat gehört ganz
allein dir, C. Caesar – die übrigen, die unter deiner Leitung
vollbracht wurden, sind gewiß bedeutend, jedoch auch das
Werk einer großen Zahl von ausführenden Händen. Bei
dieser Sache hingegen oblag dir zugleich die Leitung und die
Ausführung, und ihre Bedeutung läßt sich daran ermessen,
daß es deinen Siegeszeichen und Denkmälern beschieden ist,
im Laufe der Zeit zu verfallen (denn auf die Dauer bleibt
nichts, was Menschenhände hervorbringen, unangetastet
und unversehrt), daß hingegen deine Gerechtigkeit und 12
Milde von Tag zu Tag heller erstrahlen werden; so wird der
zunehmende zeitliche Abstand, was er deinen Werken
nimmt, deinem Ruhme zuwachsen lassen. Und alle früheren
Siege in Bürgerkriegen hattest du schon vorher durch deine
Zurückhaltung und Mäßigung übertroffen – am heutigen
Tage hingegen hast du über dich selber einen Sieg errungen.
Vielleicht kann man aus den folgenden Worten nicht genau
das heraushören, was ich mir vorstelle und denke: du hast
offenbar den Sieg selbst besiegt, indem du den Besiegten,
was schon dein war, zurückgabst. Denn nach dem Recht, das
der Sieg gewährt, hätten wir, die Besiegten, allesamt sterben
müssen; doch dein Gnadenurteil hat uns geschont. Es ist also
recht, daß du allein[7] unbesiegt geblieben bist: du hast ja
sogar das Gesetz des Sieges und die schrankenlose Gewalt
besiegt.

13 Und bedenkt, versammelte Väter, welch weitreichende Folgen sich aus dem Urteil C. Caesars ergeben. Denn wir alle, die uns ich weiß nicht welches unglückselige und schlimme Verhängnis unseres Staates in diese Kämpfe getrieben hat – wir haben uns gewiß durch menschliches Irren schuldig gemacht, doch von dem Vorwurf des Verbrechens sind wir jetzt frei. Denn wenn er M. Marcellus, weil ihr ihn batet, dem Staate erhielt, wenn er auch mich, ohne daß jemand ihn bat, mir selbst und dem Staate, wenn er alle die hochangesehenen Männer, die ihr in dieser zahlreichen Versammlung ihre Ehrenstellung ausüben seht, sowohl sich selbst als auch dem Vaterland zurückgab, dann hat er damit nicht etwa Feinde in die Kurie aufgenommen, sondern bestätigt, daß sich die meisten aus Unkenntnis und leerer, grundloser Furcht, nicht aus Habgier oder Grausamkeit auf den Krieg eingelassen haben[8].

14 In diesem Krieg nun habe ich stets geglaubt, nach dem Frieden Ausschau halten zu müssen, und stets bedauert, daß man nicht nur den Frieden, sondern auch die Äußerungen derer, die den Frieden forderten[9], ablehnte. Ich habe mich ja keiner Bürgerkriegspartei angeschlossen, weder jetzt noch je zuvor, und stets waren meine Vorschläge auf Frieden und Gewaltlosigkeit, nicht auf Krieg und Waffengebrauch bedacht. Ich habe mich einem Manne[10] angeschlossen, dem ich persönlich, nicht von Staats wegen verbunden war, und die mit dankbarem Herzen treu bewahrte Erinnerung vermochte bei mir so viel, daß ich mich, ohne auf Vorteile aus zu sein, ja ohne Hoffnung mit vollem Wissen gleichsam freiwil-
15 lig in den Untergang stürzte. Meine Einstellung war keineswegs unbekannt. Denn ich habe bereits, als wir noch freie Hand hatten[11], vor dieser Versammlung oft für den Frieden gesprochen und während des Krieges, auch wenn ich dabei mein Leben aufs Spiel setzte, dieselbe Meinung geäußert. So

wird denn auch niemand so ungerecht urteilen, daß er zweifelt, was Caesar vom Kriege gehalten hat: die Fürsprecher des Friedens glaubte er ja sofort begnadigen zu sollen, den übrigen zürnte er länger. Und das war gewiß weniger erstaunlich, solange der Ausgang noch nicht feststand und das Kriegsglück schwankte; wer jedoch als Sieger die Fürsprecher des Friedens schätzt, der gibt wahrhaftig deutlich zu erkennen, daß er lieber den Kampf vermieden als gesiegt hätte.

Und in diesem Punkte kann ich mich für M. Marcellus 16
verbürgen. Denn wir waren, wie im Frieden, so auch damals im Kriege stets derselben Auffassung. Oft genug habe ich ihn erlebt, wie schwerer Gram ihn drückte und wie er mit Bangen dem Hochmut bestimmter Leute und erst recht der Grausamkeit des Sieges entgegensah! Desto mehr, C. Caesar, muß uns, die wir das [12] gesehen haben, deine Großzügigkeit bedeuten! Daher sollten wir jetzt nicht mehr Standpunkt mit Standpunkt, sondern nur noch Sieg mit Sieg vergleichen.

Gesehen haben wir, daß dein Sieg sich auf die Schlachtfel- 17
der beschränkte – in unserer Stadt haben wir nie ein blank gezogenes Schwert gesehen. Die Mitbürger, die nicht mehr unter uns sind, hat die Gewalt des Mars zermalmt, nicht der Zorn des Sieges: jedermann sei überzeugt, daß C. Caesar, wenn er könnte, gar manchen von uns aus dem Reich der Schatten zurückriefe – sucht er doch unsere Anhängerschaft so viel er kann zu schonen.

Auf seiten unserer Partei (ich spreche nur aus, was wir alle
befürchteten) wäre der Sieg allzu hitzig gewesen. Denn 18
einige stießen nicht nur gegen Bewaffnete, sondern mitunter auch gegen Zivilisten Drohungen aus und sagten, man müsse sich nicht danach richten, welche Gesinnung ein jeder gezeigt, sondern wo er sich aufgehalten habe. So möchte ich

meinen, daß die unsterblichen Götter, die gewiß, indem sie einen so schweren und leidvollen Bürgerkrieg entfesselten, dem römischen Volk gegenüber die Strafe für irgendein Vergehen vollstreckt haben, jetzt endlich versöhnt oder befriedigt sind und alle Sorge für die Wohlfahrt der Milde und Einsicht des Siegers übertragen haben.

19 So freue dich denn dieses erlesenen Gutes, das ganz dein eigen ist, und genieße dein Glück und deinen Ruhm, aber auch deine Wesensart und sittliche Leistung – das ist ja für den Weisen der größte und herrlichste Lohn. Wenn du nun deine übrigen Handlungen betrachtest, dann wirst du sehr oft mit deiner Tüchtigkeit, jedoch noch öfter mit deinem Glück zufrieden sein; wenn du hingegen an uns denkst, denen du erlaubt hast, gemeinsam mit dir den Staat zu verwalten, dann denkst du jedes Mal an deine schönsten Wohltaten, an deine beispiellose Hochherzigkeit, an deinen einzigartigen Weitblick, und diese Dinge stehe ich nicht an als die größten, ja sogar als die einzigen Güter zu bezeichnen. Denn solcher Glanz geht von wahren Verdiensten, solches Ansehen von echter Größe des Denkens und Wollens aus, daß dies als das unverlierbare Geschenk des eigenen Wertes,
20 alles andere hingegen als Leihgabe des Glücks erscheint. Laß also nicht ab, tüchtige Männer zu begnadigen, besonders wenn sie nicht durch ihre Habgier oder Schlechtigkeit, sondern wegen ihrer möglicherweise törichten, doch gewiß nicht unehrenhaften Pflichtauffassung und wegen eines Trugbildes von Staatsgesinnung zu Fall gekommen sind. Es ist ja in keiner Weise beschämend für dich, daß einige dich für furchtbar hielten, wohl aber höchst rühmlich, daß sie ihre Furcht als grundlos erkannt haben.

21 Ich wende mich jetzt deinem schwersten Vorwurf und schlimmsten Verdacht zu, der ebenso wie von dir selbst auch von allen anderen Bürgern, ganz besonders aber von uns, die

du begnadigt hast, berücksichtigt werden muß. Sosehr ich hoffe, daß er unbegründet ist: ich werde ihn nie abzuschwächen suchen; denn deine Sicherheit ist auch die unsere. Wenn ein Übermaß nach dieser oder jener Seite unvermeidlich ist, dann möchte ich lieber zu furchtsam scheinen als zu unbedacht. Doch wer wäre zu einer solchen Wahnsinnstat imstande? Jemand, der zu dir gehört? Und wer gehörte wohl mehr zu dir als die Männer, denen du unverhofft das Leben geschenkt hast? Oder jemand aus den Reihen derer, die auf deiner Seite gestanden haben? Ein solches Maß an Raserei ist undenkbar: daß jemand das Leben dessen, der ihm durch seine Führung zu allem Glück verholfen hat, nicht höher hält als das eigene. Oder mußt du dich, wenn deine Gefolgsleute nichts Schlimmes im Schilde führen, vor deinen Feinden in acht nehmen? Vor welchen denn? Wer immer dein Feind war, hat sein Leben entweder wegen seines Starrsinns verloren oder wegen deiner Milde behalten; deine Feinde sind also entweder gar nicht mehr da, oder, wer es einmal war, ist jetzt dein treuester Freund[13].

Trotzdem: da die menschliche Seele solche Nachtseiten 22
hat und solche Abgründe, wollen wir deinen Argwohn sogar verstärken; damit verstärken wir nämlich zugleich deine Vorsicht. Denn wer wäre so gänzlich unerfahren, so wenig mit der Politik vertraut und so gleichgültig gegenüber seinem eigenen und dem allgemeinen Wohl, daß er nicht sähe, wie sehr sein Wohl durch das deine bedingt und wie das Leben aller allein von dem deinen abhängig ist? Ich jedenfalls denke, wie es meine Pflicht ist, Tag und Nacht an dich: da fürchte ich mich allerdings vor den Tücken des menschlichen Daseins und den gesundheitlichen Risiken und der uns alle bedrohenden Hinfälligkeit, und es schmerzt mich, daß der Staat, der doch unsterblich sein muß, von dem Leben
eines einzigen Sterblichen abhängt. Wenn nun aber zu den 23

Tücken des menschlichen Daseins und den gesundheitlichen Risiken noch verbrecherische Komplotte und Anschläge hinzukommen: welcher Gott wäre dann wohl, selbst wenn er wollte, imstande, unserem Staate zu helfen?

Nur du kannst all das erneuern, C. Caesar, was, wie du siehst, das Wüten des Krieges zwangsläufig zerrüttet und zugrunde gerichtet hat: du mußt die Rechtsprechung in Gang bringen, den Kredit wiederherstellen, den Ausschweifungen begegnen, die Aufzucht von Kindern fördern und alles, was sich in dem jetzigen Zerfall aufgelöst hat, durch
24 strenge Gesetze neu zu binden suchen[14]. Es ließ sich in einem solchen Bürgerkriege, bei einem solchen Aufruhr der Geister und der Waffen nicht verhindern, daß der schwer heimgesuchte Staat, wie immer der Kampf ausgehen würde, viel verlöre – vom Glanze seines Ansehens und von den Sicherungen seines Bestandes – und daß beide Führer, wenn sie in Waffen stünden, vieles von dem selbst tun würden, was sie in Friedenszeiten verboten hätten. Alle diese Wunden des Krieges mußt du jetzt schließen, denn außer dir vermag niemand sie zu heilen.

25 Ich habe daher deinen bewundernswerten und von tiefer Weisheit zeugenden Ausspruch nur ungern vernommen: «Ich habe lange genug gelebt – meinem Alter nach und auch für meinen Ruhm[15].» Lange genug vielleicht, wenn du meinst, deinem Alter nach, und dazu noch, wenn du willst, für deinen Ruhm, jedoch, worauf es vor allem ankommt, für dein Vaterland sicherlich nicht lange genug. Strebe daher nicht, ich bitte dich, nach der abgeklärten Haltung gebildeter Männer, die den Tod verachten; suche nicht zu unserem Schaden weise zu sein. Denn immer wieder kommt mir zu Ohren, daß du dich allzu oft hierauf berufst: du habest deinetwegen lange genug gelebt. Mag sein, doch zustimmen könnte ich dir allenfalls dann, wenn du nur deinetwegen

lebtest oder nur deinetwegen geboren wärst. Du hast indes aller Bürger Heil und das gesamte Staatswesen in dein Handeln einbezogen; weit entfernt, daß deine gewaltigen Taten zu Ende geführt wären, hast du noch nicht einmal die Grundmauern dessen gelegt, was du erreichen möchtest. Unter diesen Umständen soll nicht die Rücksicht auf das Heil unseres Staatswesens, sondern das Maß deines inneren Abstandes die Dauer deines Lebens bestimmen?

Doch wie, wenn du nicht einmal für deinen Ruhm lange genug gelebt hast? Denn daß du hierauf ganz versessen bist – bei all deiner Weisheit –, kannst du nicht leugnen. Wäre 26
denn, magst du einwenden, zu unbedeutend, was ich hinterließe? Allerdings: für viele andere bedeutend genug, doch für dich allein nicht. Denn alle Leistungen, sie mögen noch so groß sein, sind dann nicht bedeutend genug, wenn es noch etwas Größeres gibt. Wenn dies das Ende deiner unsterblichen Erfolge wäre, C. Caesar, daß du den Staat nach dem Sieg über deine Gegner in dem Zustande hinterließest, in dem er sich jetzt befindet, dann prüfe bitte selbst, ob dir nicht dein göttlicher Tatendrang mehr Befremden einbringen müßte als Ruhm – wenn denn Ruhm die auszeichnende und überall verbreitete Bekanntheit ist, die aus großen Verdiensten an den eigenen Mitbürgern, am Vaterland oder an der gesamten Menschheit hervorgeht.

Dieser Teil steht dir also noch bevor, diese Aufgabe bleibt 27
dir noch, und dafür mußt du noch kämpfen: daß der Staat von dir eine Verfassung erhält und du zu den ersten gehörst, die sich ihrer in tiefster Ruhe und Sicherheit erfreuen; dann magst du, wenn du willst, nachdem du für das Vaterland deine Pflicht getan hast und in der Fülle der Jahre an deine natürliche Grenze gelangt bist, erklären, du habest lange genug gelebt. Denn was bedeutet schon das Wort «lange» bei Dingen, die ein Ende haben? Wenn das eintritt, dann ist auch

alle vergangene Freude dahin, weil ja nichts mehr davon übrig ist[16].

Doch dein Geist hat sich nie mit den engen Grenzen, in die die Natur unser Leben gebannt hat, zufrieden gegeben: stets
28 war er vom Verlangen nach Unsterblichkeit entflammt. Du darfst ja auch nicht *die* Spanne für dein Leben halten, die Leib und Seele dir einräumen: erst *die* Zeit, ja, *die* Zeit macht dein Leben aus, die in der Erinnerung aller Jahrhunderte überdauert, die von der Nachwelt vervielfacht und von der Ewigkeit selbst auf immer verbürgt wird. Ihr sollst du dienen, vor ihr dich bewähren: sie findet schon vieles vor, was ihr Anlaß gibt, sich zu wundern; sie wartet jetzt noch auf etwas, das sie preisen kann. Gewiß werden unsere Nachkommen staunen, wenn sie von all deinen Befehlshaberstellen und Provinzen, vom Rhein, vom Ozean und vom Nil, von den unzähligen Schlachten und unglaublichen Siegen, von deinen Bauwer-
29 ken[17], Festspielen und Triumphen hören oder lesen. Wenn aber diese Stadt nicht durch deine Maßnahmen und Anordnungen eine feste Grundlage erhält, dann wird dein Name zwar weit und breit durch die Lande schwirren, doch einen festen Wohnsitz und eine dauerhafte Heimstatt kann er nicht finden.

Auch unter denen, die noch zur Welt kommen, wird, wie das bei uns der Fall war, ein heftiger Streit entbrennen: teils wird man deine Taten durch Lobpreis in den Himmel heben, teils vielleicht mancherlei auszusetzen haben, und zwar besonders dann, wenn es dir nicht gelingt, die Feuersbrunst des Bürgerkrieges durch die Wiederherstellung unseres Staates auszulöschen: du mußt erreichen, daß die Feuersbrunst als Verhängnis, die Wiederherstellung als dein Werk erscheint. Laß dich daher von denen leiten, die einmal in vielen Jahren als deine Richter über dich urteilen werden, und zwar zweifellos unbestechlicher als wir; denn sie können

ja ohne Gunst und Liebedienerei sowie andererseits ohne Haß und Voreingenommenheit urteilen. Selbst wenn dir's 30
dann, wie manche annehmen[18], gar nichts mehr ausmacht: jetzt macht es dir bestimmt etwas aus, ob du erreichst, daß kein Vergessen je deinen Ruhm verdunkelt.

Gespalten waren die Meinungen der Bürger und entzweit ihre Überzeugungen; wir haben ja nicht nur in politischer Parteiung, sondern auch mit militärischer Gewalt gegeneinander gekämpft. Eine erhebliche Verwirrung trat ein, und Streit entbrannte unter den berühmtesten Truppenführern[19]. Viele zweifelten, was das Beste sei, viele, wo sie ihren Vorteil fänden, viele, was sie tun sollten, und nicht wenige, was sie tun dürften.

Überstanden hat jetzt unser Staat diesen elenden und 31
verhängnisvollen Krieg; der Sieg gehört dem Manne, dessen Haß nicht durch Erfolge entfacht, sondern durch Herzensgüte gemildert wurde, und der nicht jeden, auf den er zornig war, der Verbannung oder des Todes für würdig hielt. Viele legten die Waffen nieder, anderen nahm man sie ab[20]. Undankbar und ungerecht ist der Bürger, der, von den Gefahren des Waffengangs entbunden, im Geiste die Waffen behält: da verdient sogar der den Vorzug, der bei der kämpfenden Truppe fiel, der für seine Sache das Leben hingab. Denn was manche für Charakterfestigkeit halten, kann anderen als blinder Trotz erscheinen[21].

Doch schon ist aller Zwiespalt durch Waffengewalt 32
gebrochen, durch den Gerechtigkeitssinn des Siegers getilgt – so bleibt nur, daß alle dasselbe wollen, die nicht nur ein wenig Verstand, sondern auch einiges Augenmaß bewahrt haben. Wenn du nicht erhalten bleibst und dich nicht weiterhin von den Grundsätzen leiten läßt, die du, wie schon zuvor, so insbesondere am heutigen Tage befolgt hast, dann können auch wir nicht erhalten bleiben. Daher richten wir

alle, die wir das Bestehende erhalten wissen wollen, an dich die beschwörende Bitte: denk an dein Leben, an deine Erhaltung, und wir alle (um auch im Namen anderer zu sagen, was für mich selbst feststeht) versprechen dir – da du ja glaubst, daß einiger Grund zur Vorsicht bestehe – nicht nur Wachen und Schutz, sondern auch den Einsatz von Leib und Leben[22].

33 Doch um diese Rede ebendort enden zu lassen, wo sie begann: wir alle bekunden dir größte Dankbarkeit, C. Caesar, und empfinden noch größere. Denn hierin sind wir alle einer Meinung, wie du den allgemeinen Bitten und Tränen hast entnehmen können. Doch während nicht alle verpflichtet sind, sich zu erheben, um etwas zu sagen, erwartet man, daß ich etwas sage, der ich irgendwie dazu verpflichtet bin, und ich sehe auch, daß hiermit genau das geschieht, was angemessen ist, nachdem diese Versammlung und das römische Volk und unser Staatswesen M. Marcellus von dir zurückerhalten haben. Denn ich spüre, daß sich alle Welt freut: nicht wie über die Rettung eines Einzelnen, sondern wie über die aller.

34 Meine große Zuneigung ihm gegenüber ist seit jeher allgemein bekannt; ich stehe hierin kaum dem C. Marcellus, seinem vortrefflichen und geliebten Vetter[23], außer ihm aber niemandem nach. Da ich ihm diese Zuneigung durch meine unermüdlichen Sorgen und Mühen erzeigt habe, solange man an seiner Rettung zweifelte, muß ich sie ihm gewiß auch jetzt erzeigen, nachdem ich großer Nöte, Schwierigkeiten und Bitternisse überhoben bin. Ich sage dir daher Dank, C. Caesar, in dem Bewußtsein, daß du mich schon vorher in jeder Hinsicht nicht nur geschont, sondern sogar ausgezeichnet und jetzt gleichwohl deine zahllosen Verdienste allein mir gegenüber (was ich nie für möglich gehalten hätte) durch diese eine Tat beträchtlich überboten hast.

REDE FÜR Q. LIGARIUS

Einleitung

Die vollständig erhaltene Rede für Q. Ligarius, die zweite in der Reihe der sogenannten Caesar-Reden*, ist aus einem politischen Strafprozeß hervorgegangen, der im Herbst des Jahres 46 v. Chr. stattgefunden hat. Der Angeklagte sollte sich des Hochverrats schuldig gemacht haben: nicht so sehr, weil er während des Bürgerkrieges auf seiten des Pompeius gestanden hatte, als vielmehr wegen seiner Verbindung mit einem Landesfeind, dem Numidierkönig Iuba. Ankläger war Q. Aelius Tubero, ein damals noch junger Mann, der später ein berühmter Jurist wurde. Als Verteidiger sprachen der Caesarianer C. Vibius Pansa, der nachmalige Konsul des Jahres 43 v. Chr., sowie – an zweiter Stelle – Cicero. Die Verhandlung fand auf dem Forum statt. Als Richter fungierte kraft seiner diktatorischen Machtvollkommenheit Caesar.

Der Angeklagte, ein Sproß einer wenig bekannten Familie, hatte sich im Jahre 50 v. Chr. als Legat (Adjutant) des Statthalters C. Considius Longus nach Afrika begeben. Longus kehrte im Sommer desselben Jahres nach Rom zurück; er ließ sich in seiner Provinz durch Ligarius vertreten. Im Januar 49 v. Chr., bei Ausbruch des Bürgerkrieges, wurde L. Aelius Tubero, der Vater des Anklägers, zum Statthalter von Afrika bestimmt; er zögerte indes, das Amt zu übernehmen. So erhielt P. Attius Varus, ein tatkräftiger Pompejaner

* Siehe hierüber die Einleitung zur Rede für M. Marcellus.

und einstiger Statthalter Afrikas, Gelegenheit, sich im Namen seiner Partei des Oberkommandos in Afrika zu bemächtigen. Ligarius fügte sich; er wurde mit der Bewachung der Küste betraut. Als im Frühjahr 49 v. Chr. Tubero, der legitime Statthalter, eintraf, verwehrten ihm Varus und Ligarius die Landung. Die Gründe für diesen feindseligen Akt unter Pompejanern sind unbekannt; vielleicht zweifelten Varus und Ligarius an der politischen Zuverlässigkeit Tuberos. Jedenfalls blieb Tubero und seinem ihn begleitenden Sohne keine andere Wahl, als sich nach Griechenland ins Lager des Pompeius zu begeben. Dort wurden die beiden nach der Schlacht bei Pharsalus von Caesar begnadigt.

Im Sommer 49 v. Chr. landete Caesars General C. Scribonius Curio mit ansehnlichen Truppen in Afrika; er wurde von den Numidiern unter Iuba, die auf seiten des Pompeius standen, vernichtend geschlagen und fiel. Der Senat Caesars in Rom erklärte daraufhin Iuba zum Staatsfeind. Nach Pharsalus (August 48 v. Chr.) sammelten sich die geschlagenen Pompejaner, soweit sie noch nicht bereit waren, den Kampf aufzugeben, in Afrika; der prominenteste Truppenführer war M. Porcius Cato Uticensis. Anfang 46 v. Chr. wandte sich Caesar dem afrikanischen Schauplatz zu; er brachte den Pompejanern vor Thapsus eine schwere Niederlage bei (April 46 v. Chr.). Cato nahm sich das Leben, andere flüchteten nach Spanien, um dort den Kampf fortzusetzen, wieder andere ergaben sich Caesar, darunter Ligarius, der sich in der ganzen Zeit nicht sonderlich hervorgetan hatte. Caesar verbot ihm, nach Italien zurückzukehren.

Bereits im Sommer 46 v. Chr. bemühten sich Freunde und Verwandte des Ligarius um die Aufhebung des Banns. Auch Cicero gehörte zu den Bittstellern; zwei Briefe, die er in dieser Angelegenheit an Ligarius richtete (Ad Familiares 6,13/14), bekunden eindrucksvoll, wie er sich bei Caesarianern und schließlich auch bei Caesar selbst für ihn einsetzte. Die Begnadigung schien nahe; da reichte der Sohn Tubero seine Klage ein. Nur durch Quintilian (Institutio oratoria 11,1,80) ist bekannt, daß Ligarius hauptsächlich wegen seiner Kollaboration mit Iuba zur Verantwortung gezogen wurde. Ciceros Plädoyer geht auf diesen Vorwurf mit keinem Wort ein – offenbar hatte sich bereits Pansa, der an erster Stelle sprechende Verteidiger, damit befaßt.

Vielmehr stellt Cicero die Sache zu Beginn der kurzen Einleitung (1 f.) nicht ohne Witz so dar, als habe Tubero dem Angeklagten nichts anderes als den Aufenthalt in Afrika zur Last gelegt – um hieraus alsbald drei Hauptmotive des ganzen Plädoyers abzuleiten:

1. Da Cicero die Richtigkeit dieses Vorwurfs nicht bestreiten könne, bleibe ihm nur die Möglichkeit eines Appells an Caesars Barmherzigkeit;
2. die Parteinahme für Pompeius sei kein Verbrechen, sondern ein Irrtum;
3. auch der Ankläger und sein Vater hätten sich während des Bürgerkrieges zu Pompeius bekannt.

Das erste Motiv bestimmt den taktischen Plan der Rede, ihren Typus: sie ist eine *deprecatio* («Bitte um Verzeihung»), wie der einschlägige Terminus der rhetorischen Theorie lautet. Hierüber heißt es in der pseudo-ciceronischen Rhetorik Ad Herennium (2, 25 f.): «Wir bedienen uns der *deprecatio,* wenn wir zugeben müssen, daß wir gefehlt haben, und uns weder auf Fahrlässigkeit noch auf einen Zufall oder Zwang berufen können – und wenn wir gleichwohl um Gnade bitten. Gründe für die Begnadigung lassen sich aus folgenden Gesichtspunkten ableiten: ... wenn sich der Angeklagte nicht aus Haß oder Grausamkeit, sondern aus Pflichtbewußtsein oder ehrenhaften Absichten vergangen hat; wenn wegen derselben Tat schon andere begnadigt worden sind ...

Als Gemeinplätze dienen hier: die Menschlichkeit, das Schicksal, das Mitleid, die Unberechenbarkeit der Verhältnisse.» Cicero, der von den hier genannten Argumenten der Rhetorik Ad Herennium mehr oder minder ausgiebig Gebrauch macht, kommt zu Beginn des bekrönenden dritten Abschnitts mit Nachdruck darauf zurück, daß sein Plädoyer kein Rechtfertigungsversuch, sondern eine *deprecatio* sei (29f.): «Hast du nun etwa den Eindruck, ich ginge ganz darin auf, Ligarius zu rechtfertigen, und befaßte mich mit seiner Tat? Nein: alles, was ich gesagt habe, soll einzig und allein an deine Menschlichkeit oder Milde oder Barmherzigkeit appellieren ... Er hat gefehlt und unüberlegt gehandelt; es tut ihm leid; ich nehme Zuflucht zu deiner Milde, ich hoffe auf Gnade für sein Vergehen, ich bitte um Verzeihung.»

Auf die Einleitung folgt freilich zunächst ein Abschnitt, der eine konventionelle Rechtfertigung, bestehend aus einer kurzen *narratio* und einer ebenso kurzen *argumentatio,* zu enthalten scheint (2–5). Cicero mag diese Partie als Pflichtübung eines Anwalts, der keine Vorsicht außer acht lassen will, eingefügt haben; jedenfalls wendet er sich bald dem zweiten und längsten Abschnitt seines Plädoyers und hiermit der eigentlichen Ebene seiner Argumentation zu (6–29), und dort ist auch die sedes materiae der beiden übrigen Hauptmotive, die sich schon in der Einleitung angedeutet finden. Cicero unternimmt jetzt keinerlei Versuch mehr, die Vorwürfe des Anklägers zu widerlegen, er befaßt sich stattdessen durchweg mit dem Ankläger selbst, mit seinen Motiven, der Art seines Vorgehens und seiner Gesinnung – übrigens, da er mit dem Vater Tubero befreundet war, in meist zurückhaltendem, nur gelegentlich scharf zupackendem Ton. Eine erste Sequenz von Gesichtspunkten (6–16) zielt auf das gegenwärtige Verhalten des Anklägers, auf die Tatsache, daß er gegen Ligarius prozessiert: hiermit begehe er eine Unklugheit, da er Ligarius die Parteinahme für Pompeius und somit eine politische Einstellung vorwerfe, deren er selbst sich in nicht geringem Maße schuldig gemacht habe; hiermit begehe er zugleich eine Grausamkeit, da seine Anklage offensichtlich auf die Todesstrafe ziele oder jedenfalls darauf, daß Ligarius nicht begnadigt werde. Eine zweite Partie (17–29) befaßt sich mit der Vergangenheit, mit den Anhängern des Pompeius im allgemeinen, die man nicht, wie Tubero wolle, Caesar hingegen keineswegs wolle, als Verbrecher betrachten dürfe, und mit Vater und Sohn Tubero im besonderen, die sich als treue Anhänger des Pompeius hervorgetan hätten. Der schon erwähnte dritte Abschnitt, die eigentliche *deprecatio* (29–38), fordert Caesar auf, nicht als Richter zu verurteilen, sondern wie ein Vater zu verzeihen – hiermit erweise er vielen seiner Freunde einen bedeutenden Dienst, zumal den beiden Brüdern des Angeklagten; außerdem dürfe er, was er unlängst einem Marcellus zugebilligt habe, einem Ligarius nicht verweigern.

Plutarch weiß in seiner Cicero-Biographie (39,6f.) über den Hergang des Prozesses folgendes mitzuteilen: «Quintus Ligarius wurde als vormaliger Feind Caesars gerichtlich belangt, und Cicero übernahm seine Verteidigung. Da soll Caesar zu seinen Freunden gesagt haben: ‹Was hindert uns, einmal wieder Cicero reden zu hören; von Ligarius steht ja längst fest, daß er ein Bösewicht und unser Feind ist.› Doch Cicero hatte kaum zu sprechen begonnen, als er auch schon einen starken Eindruck hervorrief, und wie er mit seiner wirkungsvollen, ihrer Schönheit wegen bewundernswerten Rede fortfuhr, da änderte Caesar oft seine Gesichtsfarbe und verriet dadurch, was jeweils in seiner Seele vorging. Als der Redner schließlich die Kämpfe bei Pharsalus berührte, da habe er, von seinen Empfindungen überwältigt, am ganzen Leibe gezittert und einige Schriften zu Boden fallen lassen.

So sah er sich gezwungen, den Angeklagten von aller Schuld loszusprechen.» Die Anekdote sucht offenbar ein allzu naives Bild von der Überzeugungskraft ciceronischer Beredsamkeit zu vermitteln; in Wahrheit haben gewiß auf beiden Seiten, bei Cicero wie bei Caesar, politische Erwägungen eine erheblich größere Rolle gespielt. Cicero suchte den Diktator auf seine Versöhnungspolitik festzulegen, wie er das bereits in der Danksagung für Marcellus getan hatte; vielleicht ließ er sich von der trügerischen Hoffnung leiten, hiermit zur Wiederherstellung der von Caesar zertrümmerten *res publica* beizutragen. Caesar wiederum mag die Anklage des unbedeutenden Ligarius gebilligt oder gar inszeniert haben, weil sie ihm Gelegenheit zu einer wirkungsvollen Begnadigung gab – im Hinblick auf die in Spanien versammelten Reste der pompejanischen Partei, denen die Möglichkeit der Versöhnung vor Augen gestellt werden sollte.

Der Freigesprochene schloß sich der Verschwörung gegen Caesar an; er wurde – wie sein Anwalt Cicero – ein Opfer der Ächtungen des Jahres 43 v. Chr. Das erfindungsreiche und zugleich überaus behutsam formulierte Plädoyer machte auf die Zeitgenossen sofort großen Eindruck; es galt der Nachwelt als eine der besten Leistungen Ciceros.

Literatur

Kommentierte Ausgabe:

V. Bolzan, M. Tullio Cicerone, Orazione Pro Ligario, Florenz 1955.

Abhandlungen:

G. Walser, Der Prozeß gegen Q. Ligarius im Jahre 46 v. Chr., Historia 8, 1959, 90–96.

W. C. McDermott, In Ligarianam, Transactions and Proceedings of the American Philological Association 101, 1970, 317–347.

REDE FÜR Q. LIGARIUS

Ein neues und bis zum heutigen Tage unerhörtes Vergehen, 1
C. Caesar, hat mein Verwandter Q. Tubero[1] vor dich gebracht: Q. Ligarius sei in Afrika gewesen, und das hat C. Pansa, ein grundgescheiter Mann – wohl weil er sich auf das freundschaftliche Verhältnis verließ, das ihn mit dir verbindet –, bereitwillig zugegeben. So bin ich denn ratlos. Ich war ja in der Absicht gekommen – da du weder aus eigener Kenntnis etwas wußtest noch durch andere davon gehört haben konntest – deine Ahnungslosigkeit auszunutzen, um den Unglücklichen zu retten[2]. Da nun aber der Scharfsinn eines Feindes aufgespürt hat, was verborgen war, ist, scheint mir, ein Geständnis unumgänglich, zumal ja auch mein Freund Pansa dafür gesorgt hat, daß wir nicht mehr freie Hand haben; ich muß also aufs Bestreiten verzichten und meine Rede ganz und gar auf deine Barmherzigkeit abstellen, die ja schon viele gerettet hat, indem sie von dir nicht etwa die Vergebung einer Schuld, sondern Nachsicht für einen Irrtum erlangten[3].

Du hast also, Tubero, was sich ein Ankläger am allermei- 2
sten wünscht, einen geständigen Angeklagten – der indes lediglich gesteht, daß er dieselbe Sache verfochten habe wie du und ein in jeder Hinsicht preiswürdiger Mann, dein Vater. Ihr solltet daher euer eigenes Vergehen eingestehen, ehe ihr dem Ligarius irgend etwas anzulasten sucht.

Denn Q. Ligarius hat sich, als man noch nichts vom Kriege ahnen konnte, als Legat zu C. Considius nach Afrika begeben, und er war in diesem Amt bei Bürgern wie Bundesgenossen sehr gut angeschrieben. Considius konnte daher die Leute bei seinem Abschied aus der Provinz nur dadurch zufriedenstellen, daß er niemand anderen als ihn mit der Leitung der Provinz betraute. So hat Ligarius, da sein hartnäckiges Sträuben nichts fruchtete, widerwillig die Provinz übernommen; er hat sie, als noch Frieden war, so geleitet, daß sich Bürger und Bundesgenossen in höchstem Maße seines geraden Sinnes und seiner Lauterkeit zu erfreuen hatten.

3 Der Krieg brach plötzlich aus; wer in Afrika war, hörte eher von den Kämpfen als von den Vorbereitungen. Als man davon hörte, suchten manche in bedenkenlosem Eifer, andere in blinder Furcht zuerst für ihr Leben, dann auch für ihre politische Richtung nach einem Führer; Ligarius jedoch, im Gedanken an die Heimat und von dem Wunsche beseelt, zu den Seinen zurückzukehren, ließ sich in nichts hineinziehen. Inzwischen traf P. Attius Varus, ein früherer Statthalter Afrikas, in Utica[4] ein; er fand sofort großen Zulauf. Er aber riß mit nicht geringer Gier den Oberbefehl an sich – wenn das als Oberbefehl gelten konnte, was das Geschrei einer unwissenden Menge einem amtlosen Manne ohne jede öffentliche Vollmacht übertrug. So hatte Ligarius, der sich allen diesen Dingen entzog, nach der Ankunft des Varus ein wenig Ruhe.

4 Bis hierher, C. Caesar, ist Q. Ligarius frei von jeder Schuld. Er zog von dannen, als es keinerlei Krieg und nicht einmal das geringste Anzeichen eines Krieges gab; er, der in Friedenszeiten als Legat aufgebrochen war, hat sich in der friedlichsten aller Provinzen so verhalten, daß ihm an der Fortdauer des Friedens gelegen sein mußte[5]. Seine Abreise aus Rom kann dich also schon gar nicht treffen. Etwa sein Bleiben? Dies noch viel weniger. Denn seine Abreise war durch einen ganz unbedenklichen Entschluß bedingt, sein Bleiben sogar durch eine Notwendigkeit, die ihm Ehre machte[6]. Diese beiden Abschnitte sind also frei von Schuld: der eine, als er die Legatenstelle antrat, der andere, als er auf Drängen der Provinz mit der Leitung Afrikas betraut wurde.

Der dritte Abschnitt, die Zeit, die er nach Ankunft des 5
Varus in Afrika zugebracht hat: wenn das ein Fehler war, dann muß man den Umständen die Schuld geben, nicht den Absichten des Ligarius. Hätte er sich denn, wenn es ihm möglich gewesen wäre, von dort zu entkommen, lieber in Utica als in Rom, lieber bei P. Attius als im vertrauten Kreise seiner Brüder[7] und lieber unter Fremden als bei seinen Angehörigen aufgehalten? Schon das Legatenamt war wegen seiner beispiellosen Zuneigung zu den Brüdern von Sehnsucht und Unruhe erfüllt: wie konnte ihm dann gleichgültig sein, daß ihn die Zwietracht des Krieges von den Brüdern trennte?

Bislang, Caesar, kannst du somit bei Q. Ligarius kein 6
Anzeichen einer gegen dich gerichteten Absicht entdecken. Beachte jetzt bitte, wie rückhaltlos ich mich nunmehr seiner Sache annehmen will: ich gebe meine eigene preis! Welch bewundernswerte Großmut, wie würdig, gelobt und gepriesen und dem Andenken der Nachwelt überliefert zu werden! M. Cicero wagt vor dir zu behaupten, einem anderen sei die Gesinnung fremd gewesen, die ihm selbst, wie er offen eingesteht, nicht fremd war, und er scheut weder deine geheimen Gedanken, noch kümmert ihn, was du, während du über einen anderen zu Gericht sitzt, von ihm selbst denkst. Sieh, wie wenig mich das kümmert; sieh, wie mir deine Großzügigkeit und Weisheit, während ich vor dir spreche, hell voranleuchten: so laut ich kann, werde ich reden, damit auch das römische Volk meine Worte versteht.

Nachdem der Krieg begonnen hatte, Caesar, ja als er 7
bereits in vollem Gange war, habe ich mich ohne äußere Nötigung und aus eigenem Entschluß und Willen zu den Truppen begeben, die man gegen dich aufgestellt hatte[8]. Und vor wem spreche ich das aus? Doch wohl vor dem, der hiervon wußte und mich trotzdem, ehe er mich wiedersah,

dem Staat zurückgegeben hat; der mir brieflich aus Ägypten mitteilte, ich solle meine Stellung für unverändert halten; der mich, obwohl er selbst der einzige Feldherr im ganzen Machtbereich des römischen Volkes war, als zweiten Feldherrn gelten ließ; der mir erlaubte (wobei kein anderer als der hier anwesende C. Pansa mir die Nachricht überbrachte), die lorbeergeschmückten Rutenbündel so lange zu behalten, wie ich das für richtig hielt; der mich nur dann wahrhaft zu begnadigen glaubte, wenn er mich ohne jede Beschränkung meiner Vorrechte begnadigte[9].

8 Sieh jetzt bitte, Tubero, wie ich, der ich nicht anstehe, von meinem eigenen Tun zu reden, von dem des Ligarius zu reden wage. Und von mir habe ich geredet, damit mir Tubero, wenn ich von ihm im gleichen Sinne rede, nicht zürnt. Zwar freue ich mich über seinen lobenswerten Eifer: weil ich nahe mit ihm verwandt bin oder weil mir sein Talent und sein Wissen gefallen oder weil ich glaube, daß die Erfolge eines jungen Verwandten auch mir irgendwie zugute kommen.
9 Doch danach muß ich fragen: wer ist's denn, der da glaubt, es sei ein Verbrechen, sich in Afrika aufzuhalten? Ausgerechnet jemand, der selbst dieselbe Provinz hat aufsuchen wollen und sich darüber beschwert, daß Ligarius ihn daran gehindert habe, und der jedenfalls in Person gegen Caesar zum Kampf angetreten ist? Denn was bezweckte das Schwert, Tubero, das du in der Schlacht von Pharsalus gezückt hattest? Auf wessen Brust war die Spitze gerichtet? Welches Ziel suchten deine Waffen? Was beschäftigte deine Gedanken, was die Augen, die Hände, das Feuer deines Geistes? Was wolltest, was hofftest du? Doch ich setze dem jungen Mann allzu sehr zu; er droht die Fassung zu verlieren.

10 Zurück zu mir selbst: ich stand im gleichen Lager. Haben wir damit etwas anderes bezweckt, Tubero, als daß *wir*

vermöchten, was dieser Mann jetzt vermag? Jeder Fall von Straflosigkeit bekundet deine Großmut, Caesar, und die Reden dieser Leute sollen dich zu harten Maßnahmen antreiben? In diesem Prozeß vermisse ich gewiß auch deine eigene Klugheit, Tubero, doch noch viel mehr die deines Vaters: daß ein so hervorragend befähigter und gebildeter Mann nicht erkannt hat, was für ein Fall hier vorliegt! Denn wenn er das erkannt hätte, dann hätte er dir bestimmt zu jeder beliebigen Art, ihn zu behandeln, eher geraten als zu dieser. Du willst ja einen Geständigen überführen. Damit nicht genug: du klagst jemanden an, mit dessen Sache es entweder, wie *ich* behaupte, besser bestellt ist als mit deiner oder, wie *du* willst, ebensogut.

Dies ist erstaunlich, doch einer Ungeheuerlichkeit kommt 11
nahe, was ich jetzt sagen will. Diese Anklage bezweckt ja nicht, daß Q. Ligarius verurteilt, sondern daß er hingerichtet wird. Das hat vor dir kein römischer Bürger je fertiggebracht: nur im Ausland findet man solche Sitten – bei den leichtfertigen Griechen oder den rohen Barbaren[10]. Denn worauf willst du sonst hinaus? Daß ihm Rom versagt ist, daß er sein Hauswesen entbehren muß, daß er nicht mit seinen trefflichen Brüdern, mit seinem Onkel, dem hier anwesenden T. Brocchus[11], mit dessen Sohn, seinem Vetter, oder mit uns verkehren kann, daß er nicht in seinem Vaterlande leben darf? Darf er's denn, kann ihm dies alles noch mehr verwehrt sein, als es das jetzt schon ist? Italien darf er nicht betreten, er ist verbannt. Du willst ihm also nicht das Vaterland nehmen,
das er schon jetzt entbehren muß, sondern das Leben. Doch 12
das hat noch nie jemand auf diese Weise durchzusetzen versucht – nicht einmal bei *dem* Diktator, der alle, die er haßte, mit dem Tode bestrafte. Der befahl von sich aus zu töten, ohne daß ihn jemand darum anging, und forderte durch Belohnungen dazu auf. Diese Grausamkeit wurde

jedoch einige Jahre später von eben dem Manne bestraft, den du jetzt grausam haben willst[12].

«Nein, das verlange ich nicht», wirst du einwenden. Das glaube ich dir gern, lieber Tubero. Denn ich kenne dich und deinen Vater, ich kenne euer Haus und euren Namen; daß sich eure ganze Familie an die Gebote des Anstands, der Menschlichkeit, der Moral und an zahlreiche vortreffliche
13 Grundsätze hält, ist mir wohlbekannt. So bin ich denn fest davon überzeugt, daß ihr kein Blut wollt – aber ihr seht euch zu wenig vor. Die Sache selbst legt ja den Schluß nahe, daß ihr mit der Strafe, die Q. Ligarius schon jetzt verbüßt, nicht zufrieden seid. Doch welche bleibt dann noch außer dem Tode? Wenn er verbannt ist – und das ist er doch –, was wollt ihr mehr? Soll ihm nicht verziehen werden? Das wäre noch viel bitterer und härter. Was wir durch Bitten und Tränen zu erreichen suchen, indem wir uns Caesar zu Füßen werfen und nicht so sehr unserer Sache wie seiner Menschlichkeit vertrauen, dagegen willst du dich zur Wehr setzen und in unsere Klagen hineinfahren und uns, die wir zu seinen Füßen
14 liegen, den Weheruf des Flehenden abschneiden? Wenn wir uns in seinem Hause an ihn wendeten – was wir bereits getan und, wie ich hoffe, nicht vergebens getan haben[13] – und du plötzlich dazwischenführest und zu schreien anfingst: «C. Caesar, daß du niemandem vertraust, niemandem verzeihst, niemandem nachgibst, der dich als Bruder um die Begnadigung seines Bruders bittet!» – hättest du dich dann nicht gänzlich der Menschlichkeit begeben? Dann aber ist dies doch wohl die größte Härte: was wir bei ihm zu Hause zu erreichen suchen, das wird von dir auf dem Forum bekämpft, so daß in diesem allgemeinen Elend auch die Zuflucht zum Mitleid dahin ist?

15 Ich will offen aussprechen, Caesar, was ich denke. Wenn du in deiner gewaltigen Machtstellung nicht so viel Milde

zeigtest, eine Milde, die du dir allein verdankst (ich sage: dir allein, und weiß, was ich sage): bitterstes Leid wäre mit deinem Siege verbunden. Denn wie viele unter den Siegern würden wünschen, daß du Härte zeigst – wenn dieser Wunsch schon unter den Besiegten laut wird! Wie viele würden wünschen, daß du niemandem verzeihst, und deiner Versöhnlichkeit entgegenarbeiten – wenn dir selbst diejenigen, denen du verziehen hast, verbieten möchten, daß du anderen gegenüber mitleidig bist!

Wenn wir Caesar glauben machen könnten, Ligarius sei 16
gar nicht in Afrika gewesen, wenn wir mit Hilfe einer frommen, von Mitleid diktierten Lüge einen unglücklichen Bürger retten wollten, dann wäre es trotzdem niemandem erlaubt, unsere Lüge angesichts der großen Bedrängnis und Gefahr eines Bürgers zu entlarven und zu widerlegen, und wenn es wem erlaubt sein sollte, dann bestimmt nicht dem, der sich in derselben schwierigen Lage befunden hat. Und doch ist das etwas anderes: nicht zu wollen, daß Caesar falsch unterrichtet ist, und nicht zu wollen, daß er sich erbarmt. In dem einen Falle würdest du sagen: «Caesar, du darfst ihm nicht glauben: er war in Afrika; er hat gegen dich gekämpft.» Und was sagst du jetzt? «Du darfst ihm nicht verzeihen.» Diese Rede ist weder eines Menschen würdig noch einem Menschen gegenüber erlaubt: wer sie vor dir, Caesar, im Munde führt, der büßt eher seine eigene Menschlichkeit ein, als daß er dir die deinige raubt.

Die erste Verlautbarung und Ankündigung Tuberos 17
bestand, glaube ich, darin, daß er sich mit dem Verbrechen des Q. Ligarius befassen wolle. Ich bin sicher, daß du dich gewundert hast: weil ausgerechnet Ligarius belangt wurde, weil jemand auftrat, der sich in derselben Lage befunden hatte, und was für eine neue Art von Verbrechen er wohl anprangern würde. Ein Verbrechen nennst du das, Tubero –

warum? Denn diesen Begriff hat man auf unseren Fall bislang noch nicht angewandt. Einige reden von einem Irrtum[14], andere von Furcht; wer härter urteilt, sagt Schwärmerei, Voreingenommenheit, Haß, Eigensinn, wer die strengsten Maßstäbe anlegt, nennt's bodenlosen Leichtsinn. Verbrechen: dieser Ausdruck war bislang dir vorbehalten. Und ich meinerseits glaube (wenn man mich nach dem richtigen und wahren Namen unseres Unglücks fragt), daß ein Verhängnis über uns hereingebrochen ist und uns unversehens überrumpelt hat – niemand braucht sich also zu wundern, daß der Wille der Götter stärker war als alles
18 menschliche Planen. Wir mögen arm dran sein (was freilich bei einem solchen Sieger gar nicht möglich ist) – doch ich rede gar nicht von uns, sondern von denen, die gefallen sind: sie mögen voreingenommen, mögen unbeherrscht, mögen eigensinnig gewesen sein, doch der Vorwurf des Verbrechens, der Raserei, des Mordens bleibe dem toten Cn. Pompeius, bleibe vielen anderen erspart.

Wer hat je so etwas von dir vernommen, Caesar, oder hatte dein Kampf ein anderes Ziel als die Abweisung der Schmach, die dir widerfahren war? Worum ging es deinen unbesiegbaren Truppen, wenn nicht um die Wahrung ihrer Rechtsansprüche und *deines* Ranges[15]? Wie – als du nach Frieden riefst, wolltest du dich da mit Verbrechern verstän-
19 digen oder mit rechtschaffenen Bürgern? Ich könnte deine großen Verdienste um mich für so bedeutend nicht halten, Caesar, wenn ich annehmen müßte, ich sei als Verbrecher von dir begnadigt worden. Und wie stünde es mit deinen Verdiensten um den Staat, wenn du bereit gewesen wärst, so viele Verbrecher in Rang und Würden zu belassen? An ein Zerwürfnis hast du zunächst geglaubt, Caesar, nicht an einen Krieg, und nicht an Haß wie unter Feinden, sondern an einen Streit wie unter Bürgern: beide Parteien wollten ja für

unseren Staat das Beste, verfehlten jedoch – teils wegen ihrer Absichten, teils wegen ihrer Vorurteile – das Wohl der Gesamtheit. Das Ansehen der Führer war nahezu gleich; ungleich war vielleicht das der Gefolgschaften[16]. In der Sache konnte man damals zweifeln, weil sich beide Parteien auf Gründe beriefen, die sich hören ließen; jetzt muß *die* Sache für besser gelten, die auch die Götter gefördert haben. Ist aber nicht jeder, der deine Milde kennt, bereit, einen Sieg gutzuheißen, für den nur Soldaten haben sterben müssen?

Doch lassen wir die allgemeinen Probleme beiseite; be- 20
trachten wir unsere eigenen! Was, glaubst du, wäre wohl eher möglich gewesen, Tubero: daß Ligarius Afrika verließ oder ihr von Afrika fortbliebt? «Konnten wir anders», wirst du sagen, «wo doch der Senatsbeschluß[17] vorlag?» Wenn du mich fragst: keineswegs – immerhin hatte derselbe Senat Ligarius zum Legaten ernannt. Und der hat sich ihm zu einer Zeit gefügt, zu der man sich ihm fügen mußte, ihr aber erst dann, als sich ihm nur noch fügte, wer hierzu bereit war. Ich erteile euch also eine Rüge? Nein, durchaus nicht; ihr wart ja eurem Namen und Geschlecht, eurer Herkunft und Einstellung nichts anderes schuldig. Doch das kann ich nicht zulassen, daß ihr die Dinge, die ihr in eurem Falle rühmt, bei anderen für verwerflich haltet.

Tubero kam durch das Los an sein Amt, auf Grund des 21
Senatsbeschlusses – obwohl er selbst nicht dabei war, ja eine Krankheit ihn festhielt; er hatte schon beschlossen abzulehnen. Das weiß ich wegen all der Beziehungen, die mich mit L. Tubero verbinden: wir sind in *einem* Hause erzogen worden, waren im Militärdienst Kameraden, dann durch Heirat miteinander verwandt und unser Leben lang Freunde; besonders nahe bringt uns der Umstand, daß wir seit jeher denselben Grundsätzen huldigen. Ich weiß, daß Tubero zu Hause bleiben wollte; doch einige setzten ihm

derart zu, hielten ihm derart den hochheiligen Namen des Vaterlandes vor Augen, daß er sich, auch wenn er anders
22 dachte, dem Gewicht dieser Argumente beugen mußte. Er ließ sich durch das Ansehen eines hochberühmten Mannes[18] leiten, oder vielmehr: er fügte sich ihm; er brach gemeinsam mit denen auf, die für dieselbe Sache eintraten. Er ließ sich auf der Reise Zeit; so kam er nach Afrika, als es schon besetzt war.

Das hat dem Ligarius die Anklage eingebracht oder vielmehr den Unwillen. Wenn aber schon die Absicht zu einer Anklage berechtigt, dann gilt es gleich viel, ob ihr Afrika, die Trutzburg unter den Provinzen, wie geschaffen, Krieg gegen unsere Stadt zu führen, habt besetzen wollen oder ob ein anderer euch hierbei zuvorkam. Dieser andere aber war nicht Ligarius: Varus erklärte, er habe den Oberbe-
23 fehl – Rutenbündel hatte er bestimmt. Doch wie sich das auch verhalten mag: eure Beschwerde, Tubero, was bedeutet sie? «Man hat uns nicht in die Provinz gelassen.» Angenommen, man hätte: was wolltet ihr damit – sie Caesar überantworten oder gegen Caesar besetzt halten?

Sieh, Caesar, welche Freiheit uns deine Großzügigkeit gibt, oder vielmehr: welche Kühnheit. Wenn Tubero jetzt sagt, sein Vater hätte Afrika, das ihm vom Senat und durch das Los anvertraut worden war, dir überantwortet, dann werde ich nicht zögern, seine Absicht auch vor dir, dem doch an dieser Handlungsweise gelegen hätte, mit den schärfsten Worten zu tadeln. Denn nicht schon deshalb, weil etwas dir willkommen gewesen wäre, hättest du es auch gutgeheißen[19].

24 Doch dieser Punkt ist jetzt für mich erledigt. Ich habe deine geduldigen Ohren nur strapaziert, um Tubero vor dem Verdacht zu bewahren, er habe etwas getan, was er nie beabsichtigt hat. Ihr kamt also in *die* Provinz, die den Sieg

der Sache Caesars am entschiedensten ablehnte, mit einem mächtigen König, der ihr feind[20], sowie einer starken und großen Gemeinde römischer Bürger, die ihr abgeneigt war.

Da frage ich: was wolltet ihr tun? Ich zweifle noch, was ihr tun wolltet, wo ich sehe, was ihr getan habt? Man hat euch verboten, auch nur einen Fuß in eure Provinz zu setzen, und
man hat das in der kränkendsten Form getan[21]. Wie habt ihr 25
das aufgenommen, bei wem wegen dieser Ungerechtigkeit Beschwerde geführt? Natürlich bei dem, dessen Ansehen euch während des Krieges auf seine Seite geführt hatte. Wenn ihr euch Caesars wegen in die Provinz begeben wolltet, dann wäret ihr nach dem Einreiseverbot bestimmt zu ihm gegangen. Ihr gingt zu Pompeius.

Warum richtet ihr jetzt eure Beschwerden an Caesar – wo ihr euch doch in eurer Anklage über jemanden beschwert, der euch gehindert hat, gegen Caesar Krieg zu führen? Und nun könnt ihr, wenn ihr wollt, eine Lüge vorbringen und euch meinetwegen rühmen, daß ihr die Provinz an Caesar übergeben hättet. Auch wenn in Wirklichkeit Varus und einige andere euch gehindert haben: ich will trotzdem zugeben, daß es die Schuld des Ligarius war, der euch um eine solche Gelegenheit, Ruhm zu erwerben, gebracht hat[22].

Sieh doch bitte, Caesar, auf die Treue unseres trefflichen 26
L. Tubero – ich würde sie, und wenn ich noch so sehr von ihr angetan wäre (wie das der Fall ist), trotzdem nicht erwähnen, wenn ich nicht wüßte, daß du keinen Vorzug so zu loben pflegst wie diesen. Wann hätte also je ein Mensch so viel Treue bewiesen? Ich sage Treue – ich spräche vielleicht besser von Duldsamkeit. Denn wer hätte sich schon dazu bereit gefunden, in einem Bürgerzwist bei der Partei, die ihn nicht aufgenommen, die ihn sogar mit brutaler Härte zurückgewiesen hat, ein zweites Mal anzufragen? Das zeugt

doch von einer großen Denkart, von einem Manne, der sich durch keine Schmach, keine Gewalt und keine Gefahr von seiner Sache und seiner Überzeugung, wie er sie einmal gewonnen hat, abbringen läßt.

27 Nehmen wir an, alles übrige – Rang, Würde, Ansehen und Talent – sei bei Varus in gleichem Maße vorhanden gewesen wie bei Tubero (was keineswegs der Fall war): dies hatte Tubero dem anderen bestimmt voraus, daß er auf Grund eines Senatsbeschlusses als Inhaber eines rechtmäßigen Oberkommandos in seine Provinz gekommen war. Von dort zurückgewiesen, ging er weder zu Caesar (er wollte nicht verbittert scheinen) noch nach Hause (und auch nicht mattherzig) noch sonstwohin (man sollte nicht meinen, daß er nunmehr die Sache ablehne, die er bislang verfochten hatte): er ging nach Makedonien, ins Lager des Cn. Pompeius, zu der Partei, die ihn schmählich zurückgewiesen hatte.

28 Was nun? Als diese Entscheidung den Mann völlig ungerührt ließ, zu dem ihr gekommen wart, da kühlte euer Eifer, möchte ich meinen, merklich ab: ihr ließt euch nur noch im Lager sehen, während ihr euch innerlich von der Sache abgewandt hattet[23]. Oder, wie es in Bürgerkriegen zu gehen pflegt ... bei euch ebensowenig wie bei den anderen[24]; wir waren ja alle ganz versessen darauf zu siegen. Zwar bin ich stets für den Frieden eingetreten, doch damals war es zu spät: nur ein Verrückter hätte ja angesichts der Schlachtreihen noch an Frieden gedacht. Allesamt, sage ich, wollten wir siegen, und du ganz besonders; du hattest dich an einen Ort begeben, wo es eigentlich um dich hätte geschehen sein müssen, wenn du nicht siegtest[25]. Allerdings, wie es jetzt steht: ich zweifle nicht, daß du deine nunmehrige Rettung dem einst erhofften Siege vorziehst.

29 Ich würde nicht davon reden, Tubero, wenn ihr eure

Treue zu bereuen hättet oder Caesar seine Großzügigkeit. Da muß ich fragen, was ihr sucht: Vergeltung für euch oder für den Staat? Für unsern Staat: wie wollt ihr dann euer Ausharren auf der anderen Seite rechtfertigen? Für euch: ihr irrt euch bestimmt, wenn ihr glaubt, Caesar werde euren Feinden zürnen, nachdem er den eigenen verziehen hat.

Hast du nun etwa den Eindruck, ich ginge ganz darin auf, Ligarius zu rechtfertigen, und befaßte mich mit seiner Tat? Nein: alles, was ich gesagt habe, soll einzig und allein an deine Menschlichkeit oder Milde oder Barmherzigkeit ap-
pellieren. Ich bin schon in manchem Prozeß gemeinsam mit 30
dir aufgetreten, Caesar, als dich deine Ämterlaufbahn ans Forum band – doch nie hast du mich sagen hören: «Verzeiht, ihr Richter, er hat gefehlt, er ist gestrauchelt, er hat nicht bedacht ... Wenn es noch einmal geschieht ...» Zu einem Vater pflegt man so zu reden, doch zu Richtern: «Er hat's nicht getan, nicht zu tun beabsichtigt; die Zeugen sind falsch, der Vorwurf erfunden.» Sag, du wollest als Richter über die Tat des Ligarius urteilen, Caesar; prüfe, bei welchen Truppen er sich befunden hat: ich sage nichts mehr, ich trage nicht einmal mehr Dinge zusammen, die vielleicht auch auf einen Richter Eindruck machten: «Er ist als Legat vor Kriegsausbruch in die Provinz gereist, blieb, als noch Friede war, dort zurück, wurde vom Kriege überrascht, nahm ohne Erbitterung daran teil und steht jetzt mit Herz und Seele auf deiner Seite.» Vor einem Richter spräche ich so; doch ich wende mich ja an einen Vater: «Er hat gefehlt und unüberlegt gehandelt; es tut ihm leid; ich nehme Zuflucht zu deiner Milde, ich hoffe auf Gnade für sein Vergehen, ich bitte um Verzeihung.» Wenn noch nie jemand Erfolg bei dir hatte, dann wäre ich unbescheiden, wenn schon sehr viele, dann mußt du, der du uns Hoffnung gemacht hast, auch hier
helfen. Oder soll Ligarius keinen Grund haben zu hoffen, 31

obwohl ich von dir manche Gelegenheit erhalte, auch für andere Abbitte zu tun[26]?

Die Aussichten dieses Falles hängen jedoch weder von meiner Rede noch von den Bemühungen derer ab, die sich als deine Freunde[27] für Ligarius einsetzen. Ich habe nämlich bemerkt und festgestellt, worauf du vor allem achtest, wenn sich viele Leute um jemandes Begnadigung bemühen: die Gründe der Bittsteller machen mehr Eindruck auf dich als ihre Person, und du siehst nicht so sehr darauf, ob der Bittsteller dir, sondern ob er dem nahesteht, für den er sich bemüht. So machst du deinen Leuten so große Zugeständnisse, daß mir manchmal die Nutznießer deiner Großzügigkeit glücklicher vorkommen als du selbst, der Urheber der vielen Wohltaten; immerhin bemerke ich, wie gesagt, daß bei dir die Gründe schwerer wiegen als die Bitten und daß du dich vor allem von denen umstimmen läßt, deren Klagen dir, wenn sie dich bitten, am ehesten gerechtfertigt scheinen.

32 Wenn du Q. Ligarius begnadigst, dann erweisest du vielen deiner Freunde einen Dienst – doch laß dich bitte hierbei von denselben Gründen leiten wie sonst. Ich kann dir sehr tüchtige Männer vorführen, Sabiner, die sich ausgezeichnet bei dir bewährt haben, ja das ganze Sabinerland[28], die Blüte Italiens und den Kern unserer Bürgerschaft – du kennst die Leute sehr genau. Schau, wie traurig und niedergeschlagen sie alle sind. Dort steht T. Brocchus[29] (mir ist nicht zweifelhaft, was du von ihm hältst): du siehst die Tränen und den Kummer, bei ihm selbst und bei seinem Sohn.

33 Muß ich noch auf seine Brüder hinweisen? Du darfst nicht meinen, Caesar, daß es hier nur um die Existenz eines einzelnen geht: es sind drei Ligarier, die du entweder in der Bürgerschaft dulden oder aus der Bürgerschaft verstoßen mußt. Den beiden hier ist jeder beliebige Verbannungsort willkommener als das Vaterland, die Heimat, der häusliche

Herd, solange ihr Bruder in der Fremde leben muß. Wenn Brudersinn, wenn Liebe, wenn Schmerz sie so handeln läßt, beuge dich ihren Tränen, ihrer Liebe, ihrer brüderlichen Verbundenheit; richte dich nach dem Wort, dem du deinen Sieg verdankst. Wir hörten dich nämlich sagen, daß *wir* alle für Gegner hielten, die nicht für uns, *du* jedoch alle für Freunde hieltest, die nicht gegen dich seien. Du siehst ja die glänzende Versammlung dort: die Familie Brocchus, L. Marcius, C. Caesetius, L. Corfidius, die vielen römischen Ritter, die sich in Trauerkleidung eingefunden haben, lauter dir bekannte, ja von dir erprobte Männer. Und wir waren über sie empört, wir ließen sie suchen, und einige von uns haben ihnen sogar gedroht[30]. Erhalte also deinen Freunden die Freunde: wie alles andere, was du gesagt hast, so soll sich auch das erwähnte Wort voll und ganz als wahr erweisen!

Wenn du deutlich genug erkennen könntest, wie einmütig 34
die Brüder Ligarius sind: du würdest meinen, sie hätten allesamt auf deiner Seite gestanden. Oder wagt jemand zu bezweifeln, daß Q. Ligarius, wenn er sich in Italien hätte aufhalten dürfen, dieselbe Entscheidung getroffen hätte wie seine Brüder? Wer kennt die verschworene und geradezu unauflösliche Gemeinschaft dieser fast gleichaltrigen Brüder und ist nicht überzeugt, daß alles wahrscheinlicher gewesen wäre, als daß sie sich in ihren Anschauungen und Lebenswegen trennen? Mit ihrem Herzen standen sie also allesamt auf deiner Seite; durch einen Unglücksfall wurde einer von ihnen fortgerissen – der wäre, selbst wenn er vorsätzlich gehandelt hätte, ein ähnlicher Fall wie die Leute, die du gleichwohl begnadigt wissen wolltest.

Doch angenommen, er wäre in den Krieg gezogen, er 35
hätte sich nicht nur von dir, sondern auch von seinen Brüdern losgesagt: die dort, deine Leute, wenden sich an dich. Ich meinesteils, der ich bei allen deinen Unternehmungen

dabei war, kann mich noch gut erinnern, welche Achtung T. Ligarius als Stadtquästor[31] dir und deinem Namen erwiesen hat. Doch damit ist es nicht getan, daß ich mich erinnere: ich hoffe, daß auch du, der du nur Kränkungen zu vergessen pflegst (wie es deinem Charakter, deinem Wesen gemäß ist), ein wenig an die Dienste seiner Quästur denkst, wobei du noch gewisse andere Quästoren in Betracht ziehen kannst.

36 Derselbe T. Ligarius, dem es damals nur darum ging (was jetzt eingetreten ist, konnte er ja nicht voraussehen), sich vor dir als Anhänger deiner Sache und als rechtschaffener Mann zu erweisen – er bittet dich heute flehentlich um die Begnadigung seines Bruders. Mach, in Anbetracht seiner Ergebenheit, den beiden Brüdern dieses Geschenk: du gibst drei ebenso tüchtige wie redliche Männer nicht nur sich selbst, nicht nur der ansehnlichen Versammlung dort und uns, deinen Freunden, sondern auch dem Staate zurück.

37 Was du neulich in der Kurie für einen hochangesehenen und weitberühmten Mann getan hast[32], das mußt du jetzt in gleicher Weise auf dem Forum tun: für drei vortreffliche Brüder, die bei den zahlreichen Anwesenden in bestem Rufe stehen. Wie du den anderen dem Senat zugestanden hast, so schenke diesen hier dem Volke, dessen Willen dir stets das Teuerste gewesen ist, und wenn jener Tag für dich ein rühmliches, für das römische Volk ein glückliches Ereignis war, dann darfst du, ich bitte dich, C. Caesar, nicht zögern, dich so oft wie möglich um denselben Ruhmestitel zu bemühen. Nichts ist dem Volke so willkommen wie Güte, und von deinen zahlreichen Vorzügen verdient keiner so viel Bewunderung und Dankbarkeit wie deine Barmherzig-
38 keit. Denn durch nichts kommen Menschen den Göttern näher als dadurch, daß sie Menschen das Heil schenken. Nichts Herrlicheres enthält deine Machtstellung, als daß du

imstande, nichts Schöneres dein Charakter, als daß du bereit bist, so viele wie möglich zu retten.

Die Sache würde vielleicht eine längere Rede erfordern, für deine Wesensart hätte gewiß eine kürzere ausgereicht. Da ich es für besser halte, daß du selbst dir zuredest, als daß ich oder sonstwer es tut, will ich's hiermit genug sein lassen. Nur darauf möchte ich noch hinweisen: wenn du *dem* Rettung schenkst, der abwesend ist, dann schenkst du sie zugleich all denen, die hier anwesend sind.

REDE FÜR DEN KÖNIG DEIOTARUS

Einleitung

Das vollständig erhaltene Plädoyer für Deiotarus ist das dritte und letzte Stück in der Reihe der sogenannten Caesar-Reden*. Es hat eine politische Strafsache zum Gegenstand, die wohl im November 45 v. Chr., also etwa vier Monate vor der Ermordung des Diktators, verhandelt worden ist. Angeklagter war – und zwar in absentia – ein römischer Vasall, der Galaterfürst und Titularkönig Deiotarus: er sollte sich eines zweifachen Mordversuchs an Caesar und weiterer hochverräterischer Handlungen schuldig gemacht haben. Als Ankläger fungierten Kastor, ein Enkel des Deiotarus, und – vielleicht als Nebenankläger – Pheidippos, der Leibarzt des Deiotarus. Die Rolle des Verteidigers nahm, wie üblich, Cicero wahr; der abwesende König ließ sich durch eine anscheinend vierköpfige Gesandtschaft vertreten, und außerdem hatte Cicero drei römische Entlastungszeugen geladen. Alleiniger Richter war der Diktator Caesar; die Verhandlung fand in seinem Hause statt.

In der ersten Hälfte des 3. Jahrhunderts v. Chr. war ein Keltenschwarm bis nach Kleinasien vorgedrungen: die – vor allem als Adressaten eines Paulus-Briefes bekannten – Galater, die sich in der zentralen Hochebene um Ankyra (heute Ankara), am Oberlauf des Sangarios und des Halys, niederließen. Das kriegerische, nur oberflächlich helleni-

* Siehe hierüber die Einleitung zur Rede für M. Marcellus.

sierte Volk gliederte sich in die drei Stämme der Tolistobogier, Trokmer und Tektosagen, die zunächst je vier, später – seit der Reorganisation durch Pompeius – je einem Gaufürsten (Tetrarchen) unterstanden.

Etwa seit Beginn des 1. Jahrhunderts v. Chr. herrschte im Stamme der Tolistobogier der Gaufürst Deiotarus, ein tüchtiger, ehrgeiziger und verschlagener Mann, der seinen Machtbereich zu erweitern und schließlich ganz Galatien unter sein Zepter zu bringen verstand. Während der mithridatischen Kriege* hielt er treu zu den Römern; Pompeius belohnte ihn mit der Herrschaft über den ganzen Tolistobogierstamm sowie über stattliche Gebiete des einstigen Königreichs Pontos und verlieh ihm den Königstitel (63 v. Chr.). In den darauf folgenden Jahren unterhielt er gute Beziehungen mit den Römern; insbesondere half er Cicero, der sich als Statthalter von Kilikien starkem parthischem Druck ausgesetzt sah (51/50 v. Chr.). Er vergaß darüber den eigenen Vorteil nicht: er brachte das Gebiet der Trokmer sowie Kleinarmenien in seine Gewalt.

Im Bürgerkrieg schloß er sich, wie es für ihn nahe lag, Pompeius an; er nahm trotz seines hohen Alters mit einer Reitertruppe an der Schlacht bei Pharsalus teil. Nach dem Tode des Pompeius trat er zu Caesar über. Pharnakes II., ein Sohn des berühmten pontischen Königs Mithridates VI., gebot über das bosporanische Reich, das heißt über die Halbinseln beiderseits des kimmerischen Bosporos (der heutigen Straße von Kertsch); er versuchte im Jahre 48 v. Chr., das Land seiner Väter an der Südküste des Schwarzen Meeres zurückzugewinnen. Caesar entsandte seinen General Cn. Domitius Calvinus nach Kleinasien, gegen Pharnakes vorzugehen; Deiotarus unterstützte ihn mit zwei

* Siehe hierüber die Einleitung zur Rede über den Oberbefehl des Cn. Pompeius.

Legionen. Calvinus erlitt eine Niederlage. Caesar griff selbst ein und errang bei Zela jenen Blitzsieg, der ihm den Ausspruch *veni, vidi, vici* («ich kam, ich sah, ich siegte») entlockte – abermals war Deiotarus mit seinen Truppen zur Stelle (August 47 v. Chr.). Auf der Rückreise in die römische Provinz Asien durchquerte Caesar Galatien, wo er gastliche Aufnahme bei Deiotarus fand. Anschließend belohnte er seine Helfer, wobei Deiotarus, der einstige Pompejaner, beträchtliche Gebietsverluste (Gebiet der Trokmer u. a.) hinnehmen mußte.

Deiotarus resignierte nicht: im Jahre 45 v. Chr. sandte er einen Vertrauensmann zu Caesar nach Spanien – Caesar sollte offensichtlich veranlaßt werden, zumindest einen Teil seiner harten Maßnahmen rückgängig zu machen. Diese Bemühungen durchkreuzte die Anklage, die das Plädoyer Ciceros hervorrief. Deiotarus hatte sich durch seine Rücksichtslosigkeit und Herrschsucht selbst im eigenen Hause manche Feindschaft zugezogen; der Enkel Kastor, der Sohn eines gleichnamigen Schwiegersohns, ging gewiß nicht nur aus eigenem Antrieb gegen Deiotarus vor. Kastor gewann in dem Arzt Pheidippos, einem Sklaven, einen Zeugen für seinen Hauptvorwurf, den doppelten Mordanschlag, und als Motiv für diesen verbrecherischen Plan konnte er dic Haßgefühle namhaft machen, die der Pompejaner Deiotarus Caesar gegenüber hegen müsse, zumal er für seine Parteinahme mit einer erheblichen Beschneidung seiner Macht gebüßt hatte. Die Anklage war daher, so verwegen sie klang, alles andere als ungefährlich; überdies konnten Kastor und seine Hintermänner mit einer nicht unbeträchtlichen Voreingenommenheit auf seiten Caesars rechnen.

Die Einleitung des ciceronischen Plädoyers (1–7) bringt mit großem Freimut einige verwirrende, ja bestürzende Besonderheiten des Deiotarus-Prozesses zur Sprache. Zunächst der Angeklagte: er hat königlichen Rang und ist ein treuer Bundesgenosse der Römer. Dann die Ankläger: im einen Falle der eigene Enkel, im anderen ein Sklave, obwohl doch nach altem römischem Herkommen Sklaven nicht einmal als Zeugen gegen ihren Herrn auftreten dürfen. Drittens: Caesar richtet in eigener Sache, ein Umstand, der freilich bei dem Gedanken an Caesars Charakter seinen Schrecken wieder verliert. Und schließlich: die Verhandlung wird nicht auf dem Forum, in der Öffentlichkeit, sondern hinter verschlossenen Türen geführt. Eine eindrucksvolle Partie, die von freiheitlich-republikanischer Gesinnung zeugt: Cicero rügt, daß sich der Diktator über die Sicherungen hinwegsetzt, die das ordentliche Verfahren vor dem Geschworenengerichtshof dem Angeklagten gewährt hatte (kein Sklavenzeugnis, kein Richten in eigener Sache, Kontrolle durch die Öffentlichkeit).

Der erste, kürzere Abschnitt des Hauptteils (8–14) ist die logische Konsequenz der Tatsache, daß Caesar in eigener Sache richtet: er befaßt sich noch nicht mit dem Anklagestoff, sondern mit der von den Anklägern vermuteten Einstellung Caesars, mit seiner Voreingenommenheit, seinem Unmut gegenüber Deiotarus. Cicero appelliert an Caesar, diese Erwartungen der Ankläger Lügen zu strafen: der Anschluß an den großen Pompeius, ein verbreiteter Irrtum, sei im Falle des in der Ferne einseitig unterrichteten Deiotarus doppelt begreiflich. Caesar dürfe sich schon im Namen seines eigenen Grundsatzes der Milde nicht im mindesten von Zorn bestimmen lassen, ja er habe Deiotarus bereits verziehen und ihn als König anerkannt.

Der zweite Abschnitt des Hauptteils (15–34) gilt der Widerlegung der Anklage. Cicero befaßt sich zunächst mit dem Vorwurf der Mordabsicht (15–22). Ein solches Unternehmen wäre heller Wahnsinn gewesen. Deiotarus hätte die ganze Welt gegen sich aufgebracht. Außerdem verbiete sich diese Beschuldigung angesichts der Wesensart des Deiotarus, seiner Redlichkeit, seiner soliden Grundsätze – mit diesem schmeichelhaften Porträt scheint sich Cicero erheblich von der Wirklichkeit zu entfernen. Desto überzeugender klingen seine Ausführungen über den dritten und letzten Punkt, den angeblichen Tathergang, den er mit Witz und Ironie als ungereimtes Lügengewebe entlarvt. Er geht sodann auf zwei weitere Anklagepunkte ein (22 ff.): Deiotarus habe gegen Caesar gerüstet; er habe stets auf der Lauer gelegen, ihm zu schaden, da er ihn haßte. Cicero weist die durchweg läppischen Beschuldigungen scharfsinnig und schlagfertig zurück, wobei er abermals viel Löbliches über den Charakter des Deiotarus mitzuteilen weiß. Und er tritt alsbald zu einem Gegenangriff an: er wendet sich an Kastor und hält ihm die Verwerflichkeit seines Tuns vor Augen, wobei er vor allem die Komplizenschaft mit dem Sklaven Pheidippos beanstandet. Er kehrt sodann – und hiermit endet die Widerlegung der Anklage – zu dem Vorwurf zurück, Deiotarus liege unentwegt gegen Caesar auf der Lauer (33 f.): dieses Mal handelt es sich um Nachrichten über die angebliche Unbeliebtheit des «Tyrannen» Caesar, die er sich von seinem Gesandten aus Rom habe zukommen lassen. Die Partie wirkt befremdlich: man wundert sich, daß die Ankläger ihrer Sache einen Dienst zu erweisen glaubten, wenn sie ein derart peinliches Thema überhaupt berührten; man wundert sich auch über Cicero, dessen Gegenargumente dürftig und hergeholt klingen.

Der Schluß (35–43) gibt noch einmal – und mit besonderem Nachdruck – ein Bild vom Angeklagten, von der vornehmen Größe seines Wesens: er blickt auf ein ruhmreiches Leben zurück, er hat vielerlei Anerkennung von seiten des römischen Volkes erfahren, er ist abgeklärt und weiß sich frei von jeglichen Ressentiments gegen Caesar. Darauf nimmt Cicero ein Motiv wieder auf, das er bereits im ersten Abschnitt des Hauptteils gebracht hatte, das Grundmotiv aller Caesar-Reden: die einmal geübte Milde verpflichte – Caesar habe Deiotarus längst verziehen und hierzu dürfe er sich nicht in Widerspruch setzen. Dann noch ein Hinweis auf die Abgesandten des Deiotarus: sie beteuern die Unschuld ihres Gebieters.

Über den Ausgang des Prozesses ist nichts bekannt; Caesar hat offenbar keine Entscheidung getroffen. Deiotarus nahm nach Caesars Ermordung das Gebiet der Trokmer wieder in Besitz; Antonius bestätigte die Annexion. Außerdem brachte Deiotarus seinen Schwiegersohn Kastor um und eignete sich auch dessen Gebiet an, so daß er gegen Ende seines Lebens über ganz Galatien herrschte. Er starb im Jahre 40 v. Chr.

Literatur

Kommentierte Ausgabe:

A. Palladino, Cicerone, Orazione Pro rege Deiotaro, Florenz 1958.

Abhandlung:

E. Olshausen, Die Zielsetzung der Deiotariana Ciceros, Monumentum Chiloniense – Festschrift E. Burck, Amsterdam 1975, 109–123.

REDE FÜR DEN KÖNIG DEIOTARUS

Bei allen Prozessen von einigem Gewicht pflege ich, wenn 1
ich zu sprechen beginne, stärker erregt zu sein, C. Caesar, als man angesichts meiner Erfahrung oder meines Alters erwarten würde, und erst recht hat dieser Prozeß so viel Verwirrendes für mich, daß in demselben Maße, in dem mein Vertrauen auf die Rettung von König Deiotarus meinen Eifer beflügelt, die Furcht mein Können beeinträchtigt. Denn erstens spreche ich für einen König, dessen Kopf und Vermögen auf dem Spiel stehen. Das ist nicht unangemessen, da es um deine Sicherheit geht; andererseits ist ein König als Angeklagter eines Kapitalverbrechens etwas so Ungewöhnliches, daß man bis zum heutigen Tage noch nie
davon gehört hat. Zweitens handelt es sich um einen König, 2
den ich bislang ebenso wie der ganze Senat immer wieder für seine Dienste unserem Staat gegenüber auszuzeichnen Gelegenheit hatte[1] – und den muß ich jetzt vor einem abscheulichen Vorwurf in Schutz nehmen.

Damit nicht genug: auch die Ankläger verwirren mich, wegen Grausamkeit der eine, wegen Unwürdigkeit der andere. Grausam ist Kastor (um sein Verhalten nicht verbrecherisch und niederträchtig zu nennen): er, der Enkel, hat seinen Großvater in eine äußerst gefährliche Lage gebracht, hat mit der Rücksichtslosigkeit seiner Jugend *den* überfallen, dessen Alter er schützen und schirmen sollte, hat seine jungen Jahre durch Niedertracht und Verbrechen zu empfehlen gesucht, hat den Sklaven des Großvaters, indem er ihn bestach, dazu gebracht, den eigenen Herrn anzuklagen, und ihn aus dem Dienervolk der Gesandten mit sich ins Haus genommen.

Dieser Ausreißer erst, der seinen Herrn anklagt, einen 3
Herrn, der abwesend ist, einen Herrn, den enge Freundschaft

mit unserem Staat verbindet – als ich seine Visage sah und seine Reden hörte, da schmerzte mich nicht so sehr die geschändete Königswürde: eher fürchtete ich für die Zukunft von uns allen. Denn nach altem Herkommen dürfen Sklaven nicht einmal auf der Folter gegen ihren Herrn verhört werden (obwohl doch bei einem solchen Verhör der Schmerz auch einem Widerspenstigen die Wahrheit abzunötigen vermag), und da tritt ein Sklave auf, der jemanden, den er nicht einmal auf dem Folterstuhl hätte nennen dürfen, aus freien Stücken anklagt[2]!

4 Mich verwirrt manchmal auch der folgende Umstand, C. Caesar, obwohl er, wenn ich mich gehörig auf deine Art besinne, seinen Schrecken wieder verliert – an sich ist er nämlich ungünstig, und nur wegen deiner Besonnenheit wirkt er sich überaus günstig aus. Denn sich vor *dem* wegen einer geplanten Tat zu verantworten, gegen dessen Leben sich die Tat gerichtet haben soll, ist mißlich, wenn man auf die Sache selbst blickt; fast niemand denkt ja, wenn er zugleich Opfer und Richter ist, nicht eher an sich selbst als an den Angeklagten. Doch dein hervorragender, unvergleichlicher Charakter, Caesar, verringert meine Sorge. So fürchte ich denn kaum noch, wie du über König Deiotarus urteilen wirst, da ich weiß, wie du von anderen beurteilt zu werden wünschst.

5 Mich beeindruckt auch die ungewohnte Umgebung: daß ich in einer solchen Sache, wie sie noch nie verhandelt worden ist, hinter verschlossenen Türen[3], daß ich weitab von der Öffentlichkeit und von jener Menge spreche, die den Bemühungen der Redner Widerhall zu verleihen pflegt. An deinem Blicke, an deinem Gesichtsausdruck suche ich Halt; dich allein sehe ich an; dir allein gilt meine ganze Rede. Das trägt zwar viel zu meiner Zuversicht bei, daß die Wahrheit sich durchsetzen wird, ist aber zugleich meiner geistigen

Spannkraft und allem Schwung und Feuer beim Reden ziemlich abträglich.

Denn wenn ich diese Sache auf dem Forum verträte, 6
C. Caesar, ebenfalls vor dir als Zuhörer und Richter: welche Eindringlichkeit würde mir die Anwesenheit des römischen Volkes schenken! Denn welcher Bürger wäre einem König nicht gewogen, von dem er wüßte, daß er sich sein Leben lang in Kämpfen für das römische Volk aufgerieben hat? Ich sähe die Kurie, ich blickte auf das Forum, ich hätte den Himmel selbst zum Zeugen. Und wenn ich mich so der Wohltaten erinnerte, die die unsterblichen Götter, das römische Volk und der Senat König Deiotarus erwiesen haben, dann würden mir bestimmt keinen Augenblick die Worte ausgehen.

Da mich nun aber Wände beengen und die Räumlichkeit 7
dem Vortrag in einer hochbedeutsamen Sache viel von seiner Wirkung nimmt, mußt du, der du ja schon oft und für viele gesprochen hast, Caesar, dir vorzustellen versuchen, wie mir jetzt zumute ist; dann vermögen dein Sinn für Gerechtigkeit und deine Fähigkeit im Zuhören desto eher meine Betroffenheit auszugleichen.

Doch bevor ich mich mit der Anklage selbst befasse, möchte ich etwas über die Erwartungen der Ankläger sagen; wenn diese Leute weder Talent noch Geschick noch Übung besitzen, dann sind sie trotzdem nicht ohne Erwartungen und Hintergedanken an diesen Prozeß herangetreten[4].

Daß du über König Deiotarus aufgebracht warst, wußten 8
sie sehr wohl: sie erinnerten sich, daß er wegen deines Unmuts bereits einige Zurücksetzungen und Nachteile erlitten hatte. Daß du nicht nur über ihn aufgebracht, sondern auch ihnen selbst gewogen sein würdest, hatten sie gut begriffen, und von allem, was sie vor dir über deine Gefährdung sagen würden, glaubten sie, daß sie, so verlogen

ihre Beschuldigungen auch waren, bei deiner Erbitterung leicht damit Gehör fänden. Daher mußt du uns zuerst, Caesar – im Namen deiner Redlichkeit, Zuverlässigkeit und Milde –, *die* Besorgnis nehmen, wir hätten damit zu rechnen, daß eine Spur von Zorn in dir zurückgeblieben wäre. Darum bitte ich dich bei deiner Rechten, die du König Deiotarus, der Freund dem Freunde, gereicht hast, bei deiner Rechten, sage ich, auf die man sich in Kriegen und Schlachten und noch mehr bei Zusagen und Treueworten verlassen kann. Du hast ihn bei sich zu Haus aufsuchen, du die alte Gastfreundschaft[5] erneuern wollen; dich empfingen seine häuslichen Götter, dich, den Gönner und Freund, sahen der Altar und der Herd des Königs Deiotarus.

9 Leicht läßt du dich um ein Zugeständnis bitten, Caesar; erst recht beachtest du, was du einmal zugestanden hast. Kein Feind, dem du verziehen, hätte je gespürt, daß der geringste Rest von Groll in dir haften geblieben wäre. Außerdem: weiß nicht alle Welt, was du Deiotarus vorgeworfen hast? Nie galt er dir als Feind, wenn du dich über ihn beklagtest, sondern als pflichtvergessener Freund, dem die Freundschaft mit Cn. Pompeius mehr bedeutet habe als die mit dir; du hättest ihm trotzdem verziehen, sagtest du, wenn er damals nur Hilfstruppen und auch seinen Sohn zu Pompeius gesandt, sich selbst aber mit seinem Alter entschuldigt hätte.

10 So hast du, indem du ihn von den schwersten Vorwürfen freisprachst, nur einen geringen Verstoß gegen eure Freundschaft übriggelassen; dafür aber hast du ihn nicht bestraft, ja du hast alle Furcht von ihm genommen, ihn als Gastfreund anerkannt und als König bestätigt[6]. Denn nicht Haß gegen dich lenkte seine Schritte, sondern ein verbreiteter Irrtum brachte ihn zu Fall[7]. Ein König, den der Senat in den schmeichelhaftesten Beschlüssen oft mit diesem Titel bedacht, der

seinerseits von Jugend an mit größter Achtung und Ehrfurcht zu diesem Stande aufgeblickt hatte: er ließ sich als Fremder in einem fernen Lande von denselben Ereignissen in Verwirrung bringen wie wir, die wir im Mittelpunkt dieses Staates geboren und stets dort geblieben sind.

Als er erfuhr, man habe auf Grund eines einhelligen 11
Senatsbeschlusses zu den Waffen gegriffen und den Konsuln, den Prätoren, den Volkstribunen und uns Oberkommandierenden den Schutz des Staates anvertraut[8], da geriet er in Unruhe und machte sich, unserer Herrschaft ergeben wie er war, Sorgen um das Wohl des römischen Volkes, von dem, wie er sah, auch sein eigenes abhing; er beschloß indes trotz seiner großen Besorgnis, sich ruhig zu verhalten. Er war dann allerdings sehr betroffen, als er hören mußte, die Konsuln seien aus Italien geflohen und alle ehemaligen Konsuln (so stellte man ihm nämlich die Dinge dar), der gesamte Senat und ganz Italien hätten sich davongemacht – denn nur solche Nachrichten und Gerüchte fanden damals einen Weg nach Osten, und zwar, ohne daß je eine Berichtigung gefolgt wäre. So konnte Deiotarus auch nichts von deinen Anerbietungen, nichts von deinen Bemühungen um Waffenruhe und Frieden und nichts von dem Bunde erfahren, den gewisse Leute geschlossen hatten, um deine Stellung zu untergraben[9]. Trotzalledem hielt er sich so lange zurück, bis ihn Boten und ein Brief von Cn. Pompeius erreichten.

Verzeih ihm bitte, verzeih ihm, Caesar, wenn er, König 12
Deiotarus, sich dem Ansehen *des* Mannes beugte, dem wir alle gefolgt sind, den Götter und Menschen mit Ehren aller Art überhäuft haben, du selbst sogar mit den meisten und größten[10]. Denn wenn deine Taten den Ruhm aller anderen verdunkelt haben, dann ist uns deshalb keineswegs die Erinnerung an Cn. Pompeius verloren gegangen. Wie groß

sein Name war, seine Macht, sein Ruhm in jeder Art Krieg, die Auszeichnungen, die er teils vom römischen Volk, teils vom Senat, teils von dir erhalten hatte: wem wäre das nicht gegenwärtig? Er hatte seine Vorgänger in demselben Maße an Ruhm übertroffen, in dem du alles hinter dir zurückgelassen hast. So zählten wir voller Bewunderung die Kriege, Siege, Triumphe und Konsulate des Cn. Pompeius – die deinen können wir gar nicht mehr in Zahlen fassen.

13 Zu *dem* Manne also kam König Deiotarus in diesem unglücklichen und verhängnisvollen Kriege, dem er zuvor in gerechten Kriegen gegen auswärtige Feinde beigestanden hatte, mit dem ihn nicht nur ein Gastfreundschaftsvertrag, sondern auch vertraulicher Umgang verband, und er kam, weil er als Freund gebeten oder als Bundesgenosse herbeigerufen oder als jemand, der dem Senat zu gehorchen pflegte, aufgefordert worden war; außerdem kam er zum Fliehenden[11], nicht zum Verfolger, das heißt um die Gefahr, nicht um den Sieg zu teilen. Daher hat er sich nach der Schlacht von Pharsalus wieder von Pompeius getrennt: er wollte sich nicht an einem aussichtslosen Unternehmen beteiligen; er glaubte, sich seiner Pflicht (wenn er etwas schuldig gewesen war) oder seinem Irrtum (wenn er die Lage falsch eingeschätzt hatte) lange genug hingegeben zu haben; er begab sich wieder nach Hause und stand während deines Feldzugs gegen Alexandrien für deine Belange zur Verfügung.

14 Denn er hat die Truppen des hochberühmten Cn. Domitius mit Quartier und Lebensmitteln versorgt; er hat nach Ephesus – an den Mann, den du aus allen deinen Leuten als den getreuesten und bewährtesten ausersehen hattest – Geld gesandt[12]; er hat zwei-, ja dreimal Besitz versteigert, um dir den Erlös für deine Kriegsausgaben zukommen zu lassen; er hat sein Leben aufs Spiel gesetzt und an deiner Seite gegen Pharnakes gekämpft – dein Feind, glaubte er, sei auch der

seine. All das ist von dir belohnt worden, Caesar: dadurch, daß du ihm den höchsten Rang und Titel, den eines Königs, zuerkannt hast.

Dieser Mann also, den du nicht nur aus einer bedrohlichen 15
Lage befreit[13], sondern auch auf die ehrenvollste Weise ausgezeichnet hast, wird beschuldigt, er habe die Absicht gehabt, dich in seinem Hause zu ermorden. Du aber kannst das, wenn du ihn nicht für gänzlich wahnsinnig halten willst, in keiner Weise annehmen. Denn um gar nicht erst darauf einzugehen, welch entsetzliches Verbrechen das gewesen wäre, vor den Augen der Hausgötter einen Gastfreund zu töten, welche abscheuliche Tat, aller Völker und Zeiten strahlendstes Licht auszulöschen, welche Unverfrorenheit, nicht vor dem Manne zu zittern, der den Erdkreis besiegt hat, welch unmenschlicher Undank, dem gegenüber als Tyrann erfunden zu werden, von dem man das eigene Königtum erhalten hat – um darauf nicht einzugehen: welch toller Wahnwitz wäre es gewesen, alle Könige, von denen nicht wenige seine Nachbarn sind, alle freien Völker, alle Bundesgenossen, alle Provinzen, kurz alle Truppen der ganzen Welt gegen sich allein aufzubringen? Wie hätte er sich von seinen Untertanen, seinem Hause, seiner Gattin, seinem teuren Sohne entfremdet, wenn er ein solches Verbrechen nicht etwa ausgeführt, sondern nur geplant hätte?

Doch halt, könnte man meinen: das hat der Mensch, 16
bedenkenlos und verwegen wie er ist, gar nicht bedacht. Nein: wer wäre umsichtiger, wäre achtsamer, wäre besorgter als er? Allerdings kommt es jetzt, scheint mir, bei der Verteidigung des Deiotarus weniger auf seine Klugheit und Sorgsamkeit an als auf seine zuverlässige, gewissenhafte Wesensart. Du kennst ja doch seine Redlichkeit, C. Caesar, seine Grundsätze, seinen festen Charakter. Wem wäre nicht – vorausgesetzt, er hat überhaupt von der Existenz des

römischen Volkes gehört – zu Ohren gekommen, wie lauter, bedachtsam, gediegen und treu ergeben Deiotarus ist[14]? Eine Tat also, die weder ein Wagehals beginge (aus Furcht vor der prompten Strafe) noch ein Halunke (es sei denn, er wäre von allen guten Geistern verlassen) – die habe sich, wollt ihr uns weismachen, ein vortrefflicher Mann, der alles andere als ein Narr ist, in den Kopf gesetzt?

17 Doch wie unglaubwürdig ist das alles, ja ohne jedes Verdachtsmoment! «Als du», heißt es, «die Burg Peion[15] erreichtest und bei dem König, deinem Gastfreunde, Quartier nahmst, da war dort ein Zimmer eingerichtet, in das der König die dir zugedachten Geschenke gebracht hatte. Das wollte er dir nach dem Bade, bevor du zu Tisch gingest, zeigen; in diesem Zimmer hatte er nämlich bewaffnete Leute aufgestellt, die dich töten sollten.» Das nenne ich eine Beschuldigung, das einen Grund, daß ein Davongelaufener seinen König, ein Sklave seinen Herrn anklagt!

Wahrhaftig, Caesar, zu Anfang, als man mir den Fall vortrug – Pheidippos, Arzt und Sklave des Königs, ein Begleiter der Gesandtschaft, sei von diesem jungen Manne bestochen worden –, da durchzuckte mich der Verdacht: «Er hat einen Arzt für die Anzeige vorbereitet, er wird sich also eine Untat mit Gift ausdenken.» Dann wäre die Sache zwar noch weit von der Wahrheit, aber nicht sehr weit von der üblichen Art, Verdächtigungen vorzubringen, entfernt gewesen.
18 Was aber sagt der Arzt? Kein Wort von Gift. Dabei hätte sich das erstens unauffälliger machen lassen: in einem Getränk, einer Speise; zweitens entgeht man eher der Strafe bei einer Tat, die man, nachdem sie ausgeführt ist, leugnen kann. Wenn er dich handgreiflich ermordet hätte, dann hätte er nicht nur den Haß, sondern auch die Truppenmacht der ganzen Welt auf sich gezogen, wenn hingegen mit Gift, dann wäre seine Tat zwar unter keinen Umständen vor Jupiter,

dem göttlichen Schutzherrn der Gastfreundschaft, verbor-
gen geblieben, wohl aber vielleicht vor den Menschen. Was
er also heimlicher hätte vorbereiten und sicherer hätte
ausführen können, das hat er dir, einem erfahrenen Arzt und
(wie er glaubte) treuen Diener, nicht anvertraut – doch über
Waffen, über Dolche, über ein Attentat wollte er dich nicht
im unklaren lassen? Ei, wie geistreich hat man die Anklage 19
zusammengebraut: «Dein Glück», heißt es, «dasselbe, das dir
schon oft beistand, hat dich gerettet: du sagtest, du wollest
dir das Zimmer erst später ansehen.»

Was geschah dann? Hat Deiotarus, nachdem er sein Unternehmen damals nicht hatte ausführen können, seine Armee[16] sofort nach Hause geschickt? Hatte er keine andere Gelegenheit für das Attentat? Du sagtest doch, du wollest nach dem Essen hingehen, und das hast du auch getan. Was wäre dabei gewesen, die bewaffneten Leute ein oder zwei Stunden dort, wo sie versteckt waren, warten zu lassen? Du warst beim Essen liebenswürdig und vergnügt; dann bist du, wie versprochen, dorthin gegangen. Dort aber hast du gesehen, daß Deiotarus dir gegenüber ebenso eingestellt ist wie einst König Attalos gegenüber P. Africanus: der hat Africanus, wie wir berichtet finden, die herrlichsten Gaben von Asien aus bis nach Numantia geschickt, und Africanus hat sie vor den Augen seiner Truppen in Empfang genommen[17]. Nachdem Deiotarus höchstpersönlich die gleiche königliche Haltung und Art gezeigt hatte, hast du dich in dein Schlafgemach zurückgezogen.

Ich bitte dich, Caesar: ruf dir jene Zeit ins Gedächtnis 20
zurück, stell dir den bewußten Tag vor Augen, erinnere dich der Blicke, die auf dich gerichtet waren und dich bewunderten: hat sich irgendwo Aufregung, irgendwo Verwirrung gezeigt, ging nicht alles ganz gemessen, ganz ruhig vonstatten, wie es der Lebensart eines überaus besonnenen und

gewissenhaften Mannes angemessen ist? Läßt sich denn irgendein Grund dafür ausfindig machen, weshalb er dich nur nach dem Bade, nicht aber nach dem Essen hätte umbringen wollen?

21 «Er verschob die Sache auf den folgenden Tag», wendet man ein; «er hatte die Absicht, seinen Plan erst nach der Ankunft in der Burg Blukion[18] auszuführen.» Ich sehe keinen Grund für die Verlegung des Tatorts; doch immerhin: der Vorwurf klingt verdachterregend. «Du sagtest», heißt es, «du wollest dich nach dem Essen erbrechen[19], und man schickte sich an, dich ins Bad zu führen; dort lauerten die Mörder. Doch einmal mehr rettete dich dein Glück: du sagtest, du wollest lieber ins Schlafzimmer gehn.» Zum Henker mit dir, du Ausreißer! Du bist ein Schurke und Taugenichts und obendrein noch ein Narr und Dummkopf! Wie? Hatte Deiotarus denn eherne Standbilder auf die Lauer gestellt, die nicht imstande waren, vom Bad ins Schlafzimmer zu gehen? Das ist die ganze Mordanklage; sonst hat er nichts vorgebracht. «Von diesen Dingen», sagt er, «wußte ich.» Wie, bitte? Deiotarus war so hirnverbrannt, daß er *den* Mann, der von einem solchen Verbrechen wußte, von sich fortließ und gar nach Rom sandte, wo sich, wie ihm bekannt war, sowohl sein Todfeind, sein Enkel, aufhielt als auch C. Caesar, dem der Anschlag gegolten hatte – obwohl dieser Mann der einzige war, der ihn, den Abwesenden, anzeigen
22 konnte? «Und meine Brüder», sagt er, «hat er, weil sie davon wußten, ins Gefängnis geworfen.» Während er also die gefangen hielt, die bei ihm blieben, ließ er dich frei herumlaufen und nach Rom reisen, obwohl du deinen eigenen Worten nach ebensoviel wußtest wie sie?

Der Rest der Anklage bestand aus zwei Punkten: einmal, daß der König stets nach einer Gelegenheit Ausschau gehalten habe, da er dich haßte, und zum anderen, daß auf sein Betreiben ein großes Heer gegen dich bereitstand[20]. Wegen des Heeres will ich mich kurz fassen, wie auch bei dem übrigen. Nie hat König Deiotarus über Truppen verfügt, die ihm erlaubt hätten, das römische Volk anzugreifen: sie sollten lediglich sein Land vor Überfällen und Raubzügen schützen und unseren Feldherren als Verstärkung dienen[21]. Und wenn er früher ein größeres Heer unterhalten konnte, so reichen seine Mittel jetzt gerade noch für eine ganz geringe Mannschaft.

Aber er wollte Verbindung mit einem gewissen Caecilius 23
aufnehmen; die Boten, die sich weigerten hinzugehen, ließ er ins Gefängnis werfen. Ich frage nicht, wie unwahrscheinlich es ist, daß er, der König, keine geeigneten Boten hatte oder ihm die, denen er den Auftrag erteilte, nicht gehorchten oder daß er Leute, die ihm bei einer so wichtigen Sache den Gehorsam verweigerten, ins Gefängnis warf, statt sie hinzurichten. Doch gesetzt, er wollte Verbindung mit Caecilius aufnehmen: wußte er nichts von der Niederlage dieser Partei, oder hielt er Caecilius für einen bedeutenden Mann? Denn in der Tat: Deiotarus, der unsere Leute ausgezeichnet kennt, hätte ihn verachtet – weil er ihn nicht kennt oder weil er ihn nur zu gut kennt[22].

Man wirft ihm noch vor, er habe nicht die besten Reiter 24
zur Verfügung gestellt. Gewiß, Caesar: das war nichts, verglichen mit deiner Reiterei; immerhin hat er dir aus denen, die er hatte, die besten ausgesucht. Es heißt, einer von diesen Leuten habe sich als Sklave erwiesen. Das glaube ich nicht; davon weiß ich nichts; doch wenn das passiert wäre, dann würde ich dem Könige keinerlei Schuld daran beimessen[23].

Daß er dich gehaßt hätte, woraus ging das hervor? Er hoffte wohl, es werde dir schwerlich gelingen, aus Alexandrien zu entrinnen, wegen der Beschaffenheit des Geländes und des Flusses. Er hat aber doch eben damals Zahlungen geleistet, Truppen verpflegt und es dem Manne gegenüber, den du in Asien eingesetzt hattest, an nichts fehlen lassen; dir selbst stand er nach deinem Siege nicht nur als Gastgeber, sondern auch als Teilhaber deiner Gefahren und Kämpfe zur Verfügung[24].

25 Dann folgte der afrikanische Krieg. Über dich traf böse Kunde ein, die auch den verrückten Caecilius auf den Plan rief. Welche Gesinnung hat damals der König gezeigt, der Versteigerungen durchführte und lieber seinen Besitz drangeben als dir nicht mit Geld zu Diensten sein wollte? «Doch eben damals», behauptet der Ankläger, «schickte er Boten nach Nikäa und Ephesus; die sollten sich nach Neuigkeiten aus Afrika erkundigen und ihm unverzüglich Bericht erstatten. Als er so erfuhr, daß Domitius durch Schiffbruch umgekommen sei und du in einer Burg belagert werdest, da zitierte er im Hinblick auf Domitius einen griechischen Vers, der dasselbe bedeutet wie unser Ausspruch: ‹Der Freund mag sterben, wenn mir auch der Feind verdirbt!›» Das hätte er, und wäre er dein Erzfeind, nie gesagt; denn Deiotarus ist die Güte selbst und der Spruch eine Ungeheuerlichkeit. Wie aber konnte er der Freund des Domitius sein, wenn er dein Feind war? Doch warum sollte er dein Feind sein: er, den du nach Kriegsrecht hättest töten können, erinnerte sich sehr wohl, daß du seinen und seines Sohnes königlichen Rang bestätigt hattest[25]!

26 Was dann? Wie weit wagt sich der Schurke vor? Er sagt, aus Freude über diese Nachrichten habe sich Deiotarus einen Weinrausch angetrunken und während des Mahles nackt getanzt. Welche Strafe wäre qualvoll genug für diesen Ausreißer? Deiotarus hätte man je tanzen oder sich betrinken sehen? Alle Tugenden eines Königs sind in ihm vereinigt, was du, glaube ich, sehr wohl erkannt hast, Caesar;

doch vor allem ist er von seltener und bewundernswerter Schlichtheit, wobei ich weiß, daß es ungewöhnlich ist, mit diesem Ausdruck einen König zu preisen. Ein schlichter Mensch zu heißen, gilt bei einem Könige nicht als großes Lob; er sei tapfer und gerecht, streng, charakterfest, hochherzig, großzügig, hilfsbereit, edelmütig: so preist man einen König – Schlichtheit ist etwas Privates. Jeder mag darüber denken, wie er will; ich für mein Teil halte Schlichtheit, das heißt Mäßigung und Selbstbeherrschung, für eine sehr große Tugend. Die aber hat bei ihm von seinen Anfängen an ganz Asien, haben unsere Statthalter und Truppenführer und nicht zuletzt die römischen Ritter, die dort Handel trieben, anerkannt und geschätzt.

Er ist durch vielerlei Dienste, die er unserem Staat erwies, 27
zu diesem königlichen Ruhm gelangt; zugleich hat er, wann immer er nicht an einem Krieg des römischen Volkes beteiligt war, mit einzelnen Leuten von uns Beziehungen angeknüpft, Freundschaften geschlossen und Handelsgeschäfte abgewickelt; so hat er sich nicht nur als vortrefflicher Stammesfürst, sondern auch als ausgezeichneter Hausvater sowie als mustergültiger Landwirt und Viehzüchter einen Namen gemacht. Wer schon in seinen jungen Jahren, bevor er so berühmt wurde, stets ein äußerst zurückhaltendes und gesetztes Betragen gezeigt hat, der soll bei diesem Ruf und in diesem Alter getanzt haben?

Zum Vorbild, Kastor, hättest du dir den Charakter und 28
die Lebensweise deines Großvaters nehmen sollen, statt den vortrefflichen und hochangesehenen Mann durch den Mund eines Ausreißers zu verleumden. Wenn du einen Tänzer zum Großvater hättest und nicht einen Mann, dessen Strenge und Sittsamkeit für manch einen beispielhaft sein könnten, dann wäre trotzdem eine derartige Kränkung seinem Alter gegenüber höchst ungehörig. Die Übungen, durch die er sich von

Jugend auf ertüchtigt hatte, nicht um ein Tänzer, sondern um ein guter Fechter und ein sehr guter Reiter zu werden, konnten ihm schließlich, als er ein hohes Alter erreicht hatte, nicht mehr helfen. Da waren wir denn, wenn ihn mehrere Leute aufs Pferd gehoben hatten, immer wieder erstaunt, wie der alte Herr sich im Sattel zu halten vermochte.

Doch der junge Mann hier, der bei mir in Kilikien gedient hatte und in Griechenland mein Waffengefährte war – der ritt in unserer Armee mit den ausgesuchten Reitern einher, die sein Vater[26] gemeinsam mit ihm zu Pompeius entsandt hatte: was für Aufsehen pflegte er zu erregen, wie warf er sich in die Brust, wie prahlte er, wie eifrig war er bestrebt, sich bei unserer damaligen Sache von niemandem an Ein-
29 satzbereitschaft überflügeln zu lassen! Und selbst hernach, als es um unser Heer geschehen war, da habe ich, der ich stets für den Frieden eingetreten bin und nach der Schlacht von Pharsalus erst recht drängte, die Waffen zu strecken, ja wegzuwerfen, den Mann nicht von der Richtigkeit meiner Auffassung überzeugen können, weil er von Feuereifer für den Krieg entbrannt war und sich außerdem für verpflichtet hielt, seinen Vater zufriedenzustellen. Glückliche Familie: sie hat nicht nur Straflosigkeit erwirkt, sondern darf auch nach Belieben Anklage erheben; bejammernswerter Deiotarus: er sieht sich von jemandem angeklagt, der demselben Lager angehörte, und zwar vor dir und dazu noch von seiten der eigenen Angehörigen! Könnt ihr mit eurem glücklichen Lose nicht zufrieden sein, Kastor: bedürft ihr noch des Unglücks eurer Verwandten?

30 Zugegeben, daß ihr miteinander verfeindet seid (obwohl das nicht so zu sein brauchte; denn König Deiotarus hat eure bedeutungslose und unbekannte Familie aus dem Dunkel ans Licht hervorgeholt: wer hätte je von deinem Vater gehört, bevor er der Schwiegersohn des Deiotarus wurde?)

– doch ihr mochtet noch so undankbar und lieblos jede Rücksicht auf eure Verwandtschaft ablehnen: ihr hättet eure Feindschaft auf menschliche Weise austragen können, ohne Deiotarus mit einer Falschanklage zu verfolgen, ohne ihm nach dem Leben zu trachten, ohne seinen Kopf zu fordern. Doch sei's: man mag euch auch dieses Ausmaß bitterbösen Hasses zugestehen – durfte man sich deshalb über alle Gebote eines gedeihlichen Zusammenlebens, ja über die Grundlagen unserer Gesellschaft hinwegsetzen? Einen Sklaven aufwiegeln, ihn mit schönen Worten und Versprechungen gefügig machen, ihn zu sich ins Haus nehmen und mit Waffen gegen den eigenen Herrn ausrüsten: das heißt nicht einem einzelnen Familienmitglied, sondern sämtlichen Familien einen scheußlichen Krieg erklären. Denn wenn das Aufwiegeln von Sklaven nicht nur straflos bleibt, sondern gar von einer so angesehenen Persönlichkeit gutgeheißen wird, dann bürgen keine Mauern, keine Gesetze und kein Recht mehr für unsere Sicherheit. Denn sobald unser Privatleben straflos nach außen dringen und sich dort gegen uns wenden kann, wird der Herr zum Sklaven, der Sklave zum Herrn.

Welche Zeiten, welche Sitten! Cn. Domitius, der Mann, 31
den wir in unserer Kindheit als Konsul, als Zensor, als ersten Oberpriester erlebt haben, hatte als Tribun vor dem Volke gegen M. Scaurus, das Haupt unserer Bürgerschaft, Anklage erhoben[27]. Da schlich sich ein Sklave des Scaurus zu ihm ins Haus und erklärte, daß er bereit sei, strafwürdige Handlungen seines Herrn anzuzeigen; doch Domitius ließ ihn ergreifen und zu Scaurus zurückschaffen. Man beachte den Unterschied (wenn ich auch nicht recht daran tue, einen Kastor mit einem Domitius zu vergleichen): er hat den Sklaven zu seinem Feinde zurückgeschickt, du hast ihn deinem Großvater abspenstig gemacht; er hat einen unbestochenen

Zeugen zu hören verschmäht, du hast Bestechung geübt; er hat den Sklaven nicht zum Helfer gegen den Herrn haben wollen, du hast ihn gar zum Ankläger gemacht.

32 Immerhin habt ihr ihn nur einmal bestochen. Ist er nicht, nachdem er hierher gelangt war und sich dir angeschlossen hatte, eilends zu den Gesandten zurückgekehrt? Hat er sich dann nicht bei Cn. Domitius (er ist hier zugegen) eingefunden? Hat er nicht im Beisein des hier anwesenden Ser. Sulpicius, unseres hochberühmten Mitbürgers, der damals zufällig bei Domitius zu Gast war, und des ebenfalls anwesenden T. Torquatus, eines vielversprechenden jungen Mannes, zugegeben, er sei von dir bestochen und durch deine Versprechungen zur Falschaussage verleitet worden[28]? Was bedeutet dies zügellose Wüten, diese Unmenschlichkeit ohne Maß und Ziel? Bist du zu nichts anderem in diese Stadt gekommen, als um die Gesetze und Gepflogenheiten dieser Stadt zu mißachten und um die milden Sitten unseres Gemeinwesens durch die grausame Denkart deiner Heimat zu beschmutzen?

33 Und mit welchem Scharfsinn hat man belastende Umstände zusammengetragen! «Blesamius», heißt es (der Ankläger benutzte ja den Namen dieses vortrefflichen, dir nicht unbekannten Mannes[29], dich zu verunglimpfen), «wurde nicht müde, dem König zu schreiben, daß du verhaßt seiest, als Tyrann geltest, durch das Standbild, das man neben denen der Könige aufgestellt habe[30], bei den Leuten größten Anstoß erregtest, keinerlei Beifall bekämest.» Merkst du nicht, Caesar, daß die Ankläger alles Geschwätz zusammengetragen haben, das böse Zungen in der Stadt verbreiten? Blesamius hätte Caesar einen Tyrannen genannt? Gewiß doch: er hatte gesehen, wie die Köpfe vieler Bürger rollten, wie auf Caesars Befehl viele Leute verfolgt, ausgepeitscht und getötet, viele Familien schwer heimgesucht und zu-

grunde gerichtet wurden und das Forum ringsum von Truppen besetzt war. Denn was wir bislang nach jedem Bürgerkriegssiege erleben mußten, das blieb uns nach deinem Siege erspart. Wahrhaftig, du bist der einzige, 34
C. Caesar, der seinen Sieg ohne das Blut wehrloser Zivilisten errungen hat. Und bei dem Manne, den wir, freie Bürger, geboren in einer Zeit größter Freiheit unseres Staates, keineswegs als Tyrannen, sondern als äußerst maßvollen Sieger erlebt haben, kommt einem Blesamius, dem Untertan eines Königs, der Gedanke, von Tyrannei zu reden?

Wer beschwert sich schon über ein Standbild, insbesondere über ein bestimmtes, wo man doch so viele sehen kann[31]? Gewiß haben wir Grund, uns mächtig über die Standbilder des Mannes zu ärgern, dessen Siegeszeichen uns durchaus keinen Ärger bereiten. Doch wenn der Ort den Ärger verursacht: für ein Standbild ist keiner ehrenvoller als die Rednertribüne[32]. Und was soll ich wegen des Beifalls antworten? Du warst nie darauf erpicht, und manchmal verstummte er, weil die Leute vor Bewunderung erstarrten, und vielleicht hat man dir deshalb keinen gespendet, weil sich etwas so Gewöhnliches nicht mit deiner Würde zu vertragen scheint.

Ich habe, glaube ich, nichts vergessen, wohl aber etwas für 35
den Schluß meiner Rede aufgespart: mit Hilfe dieses Punktes müßte meine Verteidigung imstande sein, dein freundliches Verhältnis zu Deiotarus vollauf wiederherzustellen. Ich fürchte ja nicht mehr, du könnest gegen ihn aufgebracht sein; wohl aber habe ich Bedenken, daß du vermutest, er sei gegen dich noch stets etwas aufgebracht. Hiervon kann keine Rede sein – glaub mir, Caesar. Denn was dein Wille ihm läßt, ist ihm gegenwärtig, nicht, was er eingebüßt hat. Er nimmt auch nicht an, daß er von dir bestraft worden sei; er hat vielmehr, da du glaubtest, vielen Leuten vielerlei schul-

dig zu sein, anerkannt, daß er, der auf der anderen Seite gestanden hatte, hierzu beisteuern müsse.

36 Antiochos der Große, König von Asien, wurde nach der Niederlage, die L. Scipio ihm beigebracht hatte[33], angewiesen, sich mit der Herrschaft über das Land jenseits des Taurus zu begnügen, so daß er das ganze Gebiet, das jetzt unsere Provinz Asien ausmacht, einbüßte; wenn der zu sagen pflegte, das römische Volk habe ihm eine Wohltat erwiesen, weil er nunmehr, von einer allzu drückenden Bürde befreit, über ein Reich von überschaubarer Größe gebiete, dann kann sich Deiotarus noch viel leichter trösten: Antiochos büßte für seine Vermessenheit, er selbst hingegen für einen Irrtum[34]. Deiotarus verdankt dir alles, Caesar, da du ihm selbst und seinem Sohne den Königstitel belassen hast. Solange er diesen Titel führen und beanspruchen darf, ist in seinen Augen keine Wohltat des römischen Volkes und keine Auszeichnung geschmälert, die er vom Senat empfangen hat.

Sein Sinn ist groß und vornehm, und er wird sich nie
37 seinen Feinden beugen, auch dem Schicksal nicht. Er glaubt, durch seine Leistungen vieles vollbracht und in seinem tapferen Herzen fest ergriffen zu haben, was ihm auf keine Weise genommen werden kann. Denn welches Schicksal oder welche Fügung oder welches noch so große Unrecht wäre imstande, all das ungeschehen zu machen, was unsere Feldherren[35] zugunsten des Deiotarus verfügt haben? Ihm sind nämlich, seit ihm sein Alter erlaubte, sich in unseren Feldlagern aufzuhalten, Ehrungen von all denen zuteil geworden, die in Asien, Kappadokien, Pontos, Kilikien oder Syrien Krieg geführt haben – und erst die zahlreichen und ehrenvollen Auszeichnungen, die der Senat ihm zuerkannt hat, in amtlichen Urkunden des römischen Volkes verbrieft und bestätigt: welche Zeitspanne kann sie je

verdunkeln oder welches noch so große Vergessen sie auslöschen? Muß ich noch über seine Mannhaftigkeit und Geistesgröße, über seinen besonnenen und festen Charakter reden? Diese Eigenschaften gelten doch bei allen gebildeten und klugen Menschen für das höchste, bei einigen[36] sogar für das einzige Gut: sie genügten, heißt es, dem sittlichen Bewußtsein nicht nur für ein gutes, sondern auch für ein
glückliches Leben. Indem er dies erwägt und Tag und Nacht 38
bedenkt, ist er keineswegs gegen dich aufgebracht (da wäre er ja nicht nur undankbar, sondern auch dumm); er weiß sich vielmehr für alle Ruhe und Behaglichkeit seines Alters deiner Milde verpflichtet.

So hat er die Sache von Anfang an aufgefaßt, und erst recht hat ihn zweifellos das Schreiben, von dem ich eine Kopie habe verlesen lassen (du hattest es in Tarraco[37] dem hier anwesenden Blesamius zur Beförderung an ihn ausgehändigt), aufgerichtet und von jeder Sorge befreit. Denn du ermunterst ihn dort, er solle zuversichtlichen und guten Mutes sein – was du, wie ich weiß, nicht aufs Geratewohl zu schreiben pflegst. Ich erinnere mich nämlich, daß du dich mit nahezu denselben Worten an mich gewandt und mich in deinem Brief nicht ohne Grund zur Zuversicht ermuntert hast[38].

Ich sorge mich gewiß auch um König Deiotarus: ihm 39
gegenüber hat die Politik mich zum Freunde gemacht, hat unser beider Bereitschaft ein Verhältnis wechselseitiger Gastlichkeit begründet, hat lange Gewohnheit einen vertraulichen Umgang ermöglicht, haben die großen Dienste, die er mir und meinen Truppen erwies, engste Bindungen entstehen lassen. Doch ich sorge mich nicht nur um ihn, sondern auch um viele hochangesehene Männer: sie müssen ein für alle Mal Verzeihung von dir erlangt haben; deine Wohltat darf keinem Zweifel ausgesetzt, die Menschen

dürfen nicht von immerwährender Angst erfüllt sein, und es geht nicht an, daß jemand dich wieder zu fürchten beginnt, den du bereits von seiner Furcht befreit hast.

40 Ich brauche mir nicht, Caesar, wie es sonst vor einer so schwerwiegenden Entscheidung üblich ist, zu überlegen, ob ich dich durch meine Worte irgendwie mitleidig stimmen kann. Dessen bedarf es nicht. Dein Mitleid pflegt den Bitten Unglücklicher von sich aus entgegenzueilen, ohne auf Zuspruch von anderer Seite zu warten. Vergegenwärtige dir die beiden Fürsten[39] und suche dir im Geiste vorzustellen, was du mit leiblichen Augen nicht sehen kannst: du wirst gewiß deinem Mitleid den Einfluß zugestehen, den du deinem Zorne versagt hast. Zahlreich sind die Zeugnisse deiner Milde, doch vor allem verdient das Wohlergehen derer Erwähnung, denen du das Leben geschenkt hast. Wenn deine Grundsätze schon bei gewöhnlichen Bürgern ein Ruhmestitel sind, dann werden sie, auf Könige angewandt, noch viel mehr Aufsehen erregen.

41 Der Königstitel ist in diesem Staate stets geachtet worden, am meisten der verbündeter und befreundeter Könige. Diese beiden Fürsten hatten nach deinem Siege gefürchtet, ihn zu verlieren: da sie ihn behalten durften und er von dir bestätigt wurde, verlassen sie sich fest darauf, daß sie ihn auch ihren Nachkommen übermachen können.

Leib und Leben geben diese königlichen Abgesandten für das Heil ihrer Könige in deine Hand: Hieras und Blesamius und Antigonos, dir und uns allen schon seit langem bekannt, ferner, ebenso zuverlässig und tüchtig wie sie, Dorylaos, der kürzlich gemeinsam mit Hieras als Gesandter zu dir entboten worden ist – sie alle sind enge Vertraute der fürstlichen Herren und erfreuen sich, wie ich hoffe, auch deiner Wertschätzung.

42 Erkundige dich bei Blesamius, ob er dem Könige irgend

etwas Abträgliches über dich geschrieben hat. Und Hieras ist bereit, die ganze Sache zu übernehmen, sich anstelle des Königs wegen sämtlicher Anklagepunkte zu verantworten. Er appelliert an dein Erinnerungsvermögen, das ganz ausgezeichnet ist: er habe sich, behauptet er, im Reiche des Deiotarus nie einen Schritt von dir entfernt; er sagt, er sei dir sogleich bei deiner Ankunft zu Diensten gewesen und habe dich bis zum Schluß begleitet; als du aus dem Bade kamst, sei er bei dir gewesen, und ebenso, als du dir nach dem Essen die Geschenke ansahst und als du dich in deinem Zimmer zur Ruhe legtest, und mit derselben Unermüdlichkeit habe er dir
auch am Tage darauf zur Verfügung gestanden. Falls daher 43
irgend etwas von dem, was die Ankläger uns vorwerfen, beabsichtigt war, dann soll es ihm recht sein, wenn du keinem anderen als ihm die Schuld zuschreibst.

Bedenke bitte, C. Caesar, daß deine heutige Entscheidung den beiden Fürsten entweder einen kläglichen Untergang in äußerster Schande oder die Rettung in Ehre und Ansehen bringen wird. Das eine zu wünschen, ist der Grausamkeit der Ankläger, das andere zu vollziehen, deiner Milde gemäß.

EINFÜHRUNG IN DIE PHILIPPISCHEN REDEN

Einige äußere Daten

Athen, um die Mitte des 4. Jahrhunderts v. Chr.: als der Machthunger König Philipps II. von Makedonien, der im Norden Griechenlands eine Hafenstadt nach der anderen eroberte, für die Interessensphäre der Stadt und ihrer Bundesgenossen bedrohlich zu werden begann, erkannte Demosthenes, Athens größter Redner, im Kampf gegen den Makedonenkönig seine vornehmste Aufgabe, und er hielt um dieses Kampfes willen in dem Jahrzehnt von 351 bis 341 v. Chr. eine Anzahl leidenschaftlicher Reden, deren vier unter dem Titel «Philippische Reden» überliefert sind.

Rom, nach der Ermordung Caesars an den Iden des März: als der Machthunger des Antonius, des zweiten Mannes unter Caesar, die Hoffnungen der Caesarmörder – sie hatten die Republik wiederherstellen wollen – zunichte zu machen drohte, erkannte Cicero, daß ihn der Kampf gegen Antonius noch einmal, wie einst der Kampf gegen Catilina, an die Spitze des Senats stellen könne, und er hielt um dieses Kampfes willen in den Monaten September 44 bis April 43 v. Chr. vierzehn leidenschaftliche Reden, die eigentlich «Reden gegen Antonius» heißen müßten, die indes unter dem Namen «Philippische Reden» überliefert sind.

Der sinnbildliche Titel geht auf Cicero selbst zurück. M. Brutus, das Haupt der Caesarmörder, damals Oberbefehlshaber der republikanischen Streitkräfte in Griechenland, schrieb am 1. April 43 v. Chr. an Cicero (Ad Brutum 3,4

Sjögren-Watt): «Ich habe deine beiden Reden gelesen: die eine, die du am 1. Januar gehalten hast» (die fünfte Philippica), «und die andere über meinen Bericht, in der du gegen Calenus Stellung nimmst» (die zehnte Philippica). «Jetzt erwartest du gewiß, daß ich sie lobe. Ich weiß nicht, was in diesen Broschüren mehr Lob verdient, deine Gesinnung oder dein Talent; ich bin ganz damit einverstanden, daß man sie die ‹philippischen› nennt, wie du einmal zum Spaß in einem Briefe vorgeschlagen hast.» Dieser Brief ist nicht erhalten, wohl aber ein anderer, in dem sich Cicero wie folgt vernehmen läßt (Ad Brutum 4, 2; vom 12. April 43 v. Chr.): «Wegen Cassius» (er war das andere Haupt der Caesarmörder und baute damals in Syrien aus eigener Initiative eine republikanische Streitmacht auf) «freue ich mich und preise den Staat glücklich, ebenso mich selbst, der ich gegen den erbitterten Widerstand Pansas den Antrag gestellt habe, Cassius mit dem Kampf gegen Dolabella zu betrauen. Und ich behauptete kühn, daß er auch ohne unseren Senatsbeschluß bereits mit diesem Kampf begonnen habe. Auch über dich habe ich in diesem Zusammenhang gesagt, was ich zu sagen für geboten hielt. Die betreffende Rede» (die elfte Philippica) «wird dir zugehen; ich sehe ja, daß dir meine Philippiken Freude machen.»

Was hat Cicero mit diesem Titel ausdrücken wollen? Gewiß auch etwas Formales: er, der sich als Philosoph in seinen Schriften Über den Staat und Über die Gesetze vom Vorbilde Platons hatte leiten lassen, deutete nunmehr an, daß er als Redner dem größten Redner Athens gewachsen sei – der Titel bekundet somit wie viele andere Äußerungen klassischer römischer Schriftsteller von Lukrez bis zu den augusteischen Dichtern, daß man den besten Leistungen der Griechen Ebenbürtiges zur Seite stellen wolle. Vor allem aber wird Cicero an die Ähnlichkeit der Sache, der politischen Situation gedacht haben: hier wie dort – in Athen um die Mitte des 4. Jahrhunderts v. Chr. und in Rom nach Caesars Tod – fühlte sich ein Staatsmann zum unversöhnlichen Kampf gegen einen gefährlichen, die Freiheit bedrohenden Feind berufen, und hier wie dort galt es, die auseinanderstrebenden eigenen Kräfte zu innerer Geschlossenheit, zu umfänglichen Rüstungen und zum Krieg als dem einzigen Ausweg anzutreiben. Eine weitere Gemeinsamkeit indes hat Cicero sicherlich nicht in Betracht gezogen; sie drängt sich erst demjenigen auf, der auch den Ausgang des dramatischen Ringens kennt: daß sowohl der griechische als auch der römische Redner eine überholte und somit wirklichkeitsfremde Politik trieben, daß sie Idealen anhingen, die der Vergangenheit angehörten, und daß sie daher scheitern mußten.

Das Corpus der Philippischen Reden ist offenbar vollständig erhalten. Cicero hat während seines wechselvollen Kampfes gegen Antonius in Wirklichkeit viel öfter das Wort ergriffen als zu den vierzehn Gelegenheiten, aus denen die ausgearbeiteten und veröffentlichten Ansprachen hervorgegangen sind – er hat eben nur diese Ansprachen der Ausarbeitung für wert befunden. Andererseits enthält das Corpus ein Stück (es ist bei weitem das längste), das nur vorgibt, die Ausarbeitung einer wirklich gehaltenen Rede zu sein: Cicero hat die zweite Philippica, eine heftige Invektive gegen Antonius, nie gehalten, ja Andeutungen in Briefen an Atticus (15, 13, 1 und 7. 16, 11, 1) lassen vermuten, daß sie zu seinen Lebzeiten nicht einmal als Buch, als Flugschrift, veröffentlicht worden ist. Ein einziger Gewährsmann, Arusianus Messius (4. Jahrhundert n. Chr.), weiß nicht nur – wie alle anderen Grammatiker, Rhetoren und sonstigen Zeugen – aus den vorhandenen vierzehn Reden zu zitieren: er bringt in seiner Sammlung grammatischer Beispiele je ein kurzes

Sätzchen aus einer sechzehnten und siebzehnten Philippica. Was es mit diesen Fragmenten auf sich hat, ist unklar; sie bekunden schwerlich, daß einst eine größere Sammlung ausgearbeiteter Philippiken existiert hat.

Die Philippischen Reden sind während eines politischen Intermezzos entstanden: in der kurzen Zeitspanne, welche die Diktatur Caesars von der Diktatur der Triumvirn («Dreimänner») Antonius–Oktavian–Lepidus trennt und in welcher die republikanischen Kräfte noch einmal einen Versuch unternahmen, die alte Staatsordnung wiederherzustellen. Daß dieser Versuch überhaupt gewagt werden konnte, war durch einen Hausstreit im Lager der Caesarianer bedingt: durch die Tatsache, daß sich Antonius, der erfahrene General, zunächst weigerte, den noch nicht neunzehnjährigen Caesar-Erben Oktavian, ein gänzlich unbeschriebenes Blatt, anzuerkennen. Der Versuch endete mit einer Katastrophe, die auch Cicero, einem der Vorkämpfer der republikanischen Sache, den Untergang bereitete – der letzte Kampf um die Republik ist als eines der verworrensten und schrecklichsten Kapitel der römischen Geschichte in die Überlieferung eingegangen.

Die Caesarmörder hatten zunächst geglaubt, mit der Beseitigung des «Tyrannen» werde sich die republikanische Ordnung von selbst wiederherstellen, und so hatten sie versäumt, dafür zu sorgen, daß sie nach der Tat die Exekutivgewalt in ihre Hand bekamen. Daher fehlte es zunächst an jedweder Initiative – nicht nur auf seiten der Republikaner, sondern auch auf seiten der völlig überrumpelten Caesarianer. Einzig Antonius, der eine Konsul, den es noch gab (der andere war Caesar gewesen), packte energisch zu; er wußte sich innerhalb weniger Monate, bis zum Sommer 44 v. Chr., eine respektable Machtstellung zu verschaffen und beherrschte die Stadt Rom und den Senat.

Da trat ein für alle Beteiligten gänzlich unerwartetes Ereignis ein: der Großneffe und Erbe Caesars, C. Octavius, der sich nach dem Antritt der Erbschaft als Adoptivsohn des Erblassers Gaius Iulius Caesar (Octavianus) nannte, machte seine Rechte geltend, und zwar bei Antonius, der in der ersten Verwirrung nach den Iden des März den caesarischen Nachlaß an sich gebracht hatte und nunmehr auf dem besten Wege war, Caesars tatsächlicher Erbe zu werden. Da Antonius glaubte, diese Forderungen ignorieren zu können, wagte Oktavian etwas Ungeheures: er verschaffte sich ohne die mindeste Legitimation durch Werbung bei den ehemaligen Soldaten Caesars ein Heer, ja er brachte es fertig, durch hohe Geldangebote zwei der Legionen, die Antonius aus dem Osten nach Italien hatte kommen lassen, auf seine Seite zu ziehen.

Nunmehr änderte sich die Konstellation abermals auf eine überraschende, ja geradezu paradoxe Weise: Oktavian, der «Sohn» und Erbe Caesars, verbündete sich mit den Republikanern, der Partei der Caesarmörder. Dieses politische Geschäft brachte den Beteiligten eben das ein, dessen sie jeweils am dringendsten bedurften, um handeln zu können: den Republikanern eine Streitmacht, dem jungen Oktavian die Legitimation seines eigenmächtigen Vorgehens. Das sonderbare Bündnis zeitigte im Frühjahr 43 v. Chr. Erfolge, bei denen beide Seiten auf ihre Rechnung kamen: Antonius, der sich in den Besitz Oberitaliens zu bringen suchte und dortselbst, in Mutina (dem heutigen Modena), den Republikaner D. Brutus belagerte, wurde geschlagen und mußte die Belagerung aufgeben. Diese Kette von Ereignissen war im wesentlichen das Verdienst Ciceros: er hatte im September 44 v. Chr. die Initiative ergriffen und den Senat durch seine Philippischen Reden in die Gegnerschaft zu Antonius und das Bündnis mit Oktavian getrieben.

2. Triumvirat

Die letzte Rede, die vierzehnte Philippica, hielt Cicero an eben dem Tage, der D. Brutus die Befreiung brachte, und es sah ganz so aus, als stünden die Republikaner kurz vor dem Ziel: da nahmen die Ereignisse infolge einer neuerlichen Wende eine dem bisherigen Verlauf entgegengesetzte Richtung. Oktavian, der sich nur aus taktischen Gründen auf das Zusammengehen mit dem Senat eingelassen hatte, glaubte (und wie sich alsbald zeigte, mit Recht), daß Antonius nunmehr bereit sei, mit ihm zu verhandeln und ihn als politischen Partner anzuerkennen: er schwenkte um und vereinbarte mit ihm und mit dessen Bundesgenossen Lepidus das sogenannte zweite Triumvirat*, eine von einer Dreimänner-Junta geführte Militärdiktatur, die im November 43 v. Chr. gesetzlich sanktioniert wurde. Zu den Vereinbarungen gehörte eine Liste politischer Gegner, die für ihren Widerstand mit dem Leben bezahlen sollten; hierunter befand sich an exponierter Stelle Cicero, der Todfeind des Antonius. Im Herbst 42 v. Chr. wurden die letzten republikanischen Streitkräfte, die Truppen des Brutus und Cassius, in der Doppelschlacht bei Philippi (Makedonien) geschlagen; die Republik war endgültig beseitigt.

Die folgenden Seiten enthalten eine genauere Schilderung des überaus verwickelten Geschehens, das hier nur in den gröbsten Umrissen skizziert wurde; sie bringen zuvor knappe Porträts all der Männer, die die führenden Positionen innehatten und die daher auch in den Philippischen Reden eine maßgebliche Rolle spielen.

* Über das erste Triumvirat siehe die Einleitung zur Rede für L. Flaccus.

Das Geschehen: Die Hauptbeteiligten

Was die Philippischen Reden bezeugen, war im Grunde nicht mehr als eine Episode innerhalb einer Episode: eine Phase im letzten Kampf für die Republik, in einem Kampf, der nicht durch die wechselnden Bündnisse des Jahres 43 v. Chr., sondern erst im folgenden Jahre auf den Schlachtfeldern bei Philippi entschieden wurde. Diese Phase aber hätte ohne *Cicero* schwerlich stattgefunden: er war es, der den Senat noch einmal zum Mittelpunkt einer republikanischen Opposition machte und ihn dazu bestimmte, in einem Pakt mit Oktavian die Rettung vor dem, wie es schien, mächtigeren Caesarianer, vor Antonius, zu suchen.

Ursprünglich hatte Cicero kaum daran gedacht, so nachdrücklich die Initiative an sich zu reißen. Er, der nicht in die Verschwörung gegen Caesar eingeweiht worden war, stimmte zunächst, unmittelbar nach dem Tode des «Tyrannen», in den Jubel aller republikanisch Gesinnten ein. Doch schon wenige Wochen später, als inmitten der allgemeinen Unsicherheit und Lähmung einzig Antonius Vorteil um Vorteil für sich herauszuschlagen verstand, begann er Kritik an den Iden des März zu äußern: damals sei nur halbe Arbeit getan worden, man habe, indem man Antonius überleben ließ, nur einen Tyrannen, nicht aber die Tyrannei beseitigt. Er nahm zunächst, in den Monaten März und April 44 v. Chr., noch an den Senatssitzungen teil – sein wichtigster Beitrag war der Kompromiß, der am 17. März geschlossen wurde: die Caesarmörder erhielten Straffreiheit, andererseits sollten alle Amtshandlungen Caesars gültig bleiben. Dann aber hielt er sich zurück, da der von Antonius ausgehende Druck freie Entschlüsse unmöglich zu machen schien, und er schwankte lange, ob er bleiben oder sich bis zum Amtsantritt der neuen Konsuln am 1. Januar 43 v. Chr. nach

Griechenland zurückziehen solle. Schließlich entschied er sich zu reisen; er gelangte nach Süditalien und versuchte von dort aus die Überfahrt.

Widrige Winde hielten ihn zurück; er wartete und empfing Nachrichten aus Rom, die ihm Aussichten auf ein erfolgreiches politisches Wirken zu eröffnen schienen. Überdies traf ein Brief des Freundes Atticus ein, der nicht mit Vorwürfen sparte: ein derartiger Rückzug könne allenfalls einem Epikureer nachgesehen werden. Cicero besann sich, ja er hat wohl eine Art innerer Wende erlebt: er kehrte alsbald um, traf am 31. August wieder in Rom ein und widmete sich von nun an ohne jedes Schwanken und Zaudern mit ganzer Kraft dem großen Kampf gegen Antonius. Diesen Kampf aber hat der damals Einundsechzigjährige mit Mut, Zähigkeit und – wenn man von dem freilich kardinalen Rechenfehler absieht, der in dem Bündnis mit Oktavian enthalten war – mit beträchtlichem Geschick geführt.

M. Antonius, der Gegenspieler, nach Catilina und Clodius Ciceros dritter Erzfeind, der, wie die Vorgänger, vom Redner in der ihm eigenen isolierenden Betrachtungsweise als die einzige Ursache all der Übel hingestellt wird, die den Staat bedrängen: dieser Antonius war gewiß eine skandalumwitterte, die Zerrüttung der römischen Aristokratie besonders handgreiflich spiegelnde Erscheinung, er war indes nicht schlechtweg jener nur auf Mord und Vernichtung erpichte Gewalttäter, als den ihn Cicero in immer neuen Wendungen hinzustellen sucht. Er stammte aus einem plebejischen Hause; sein gleichnamiger Großvater, eine Hauptfigur in Ciceros Dialog Über den Redner, war als erster zum Konsulat aufgestiegen. Seine Mutter, eine Iulia, schloß eine zweite Ehe mit dem nachmaligen Catilinarier P. Cornelius Lentulus Sura; die Hinrichtung des Stiefvaters mag den ersten Grund zur späteren Todfeindschaft zwi-

Antonius

schen ihm und Cicero gelegt haben. Seine vier Ehen – die letzte mit Octavia, der Schwester Oktavians (durch sie wurde er der Urgroßvater zweier Ungeheuer auf dem römischen Kaiserthrone, Caligulas und Neros) – sowie seine Verbindung mit der ägyptischen Königin Kleopatra machen ein besonders ergiebiges Kapitel der damaligen Sittengeschichte aus.

Der im Jahre 83 oder 82 v.Chr., inmitten des sullanisch-marianischen Bürgerkriegs, Geborene begann seine politisch-militärische Laufbahn im Gefolge des syrischen Statthalters Gabinius, wo er sich als Reiterführer hervortat (57–55 v.Chr.). Er soll schon damals Noblesse und gewinnende Umgangsformen an den Tag gelegt haben und bei seinen Soldaten überaus beliebt gewesen sein. Im Jahre 54 v.Chr. begab er sich nach Gallien und trat in die Dienste Caesars, den damals ein Aufstand der Treverer und einiger anderer Stämme in Atem hielt. Er führte in den folgenden Jahren diesen oder jenen militärischen Auftrag aus, tat sich jedoch nicht durch spektakuläre Erfolge hervor. Als Volkstribun des Jahres 49 v.Chr. gehörte er in den hitzigen Verhandlungen unmittelbar vor Ausbruch des Bürgerkrieges zu den eifrigsten Parteigängern Caesars; als der Senat den Ausnahmezustand beschloß, eilte er gemeinsam mit seinem Kollegen und Gesinnungsgenossen Q. Cassius Longinus zu seinem Auftraggeber. Während des spanischen Feldzugs verwaltete er Rom und Italien; aus dieser Zeit ist ein – wohl auf Weisung Caesars geschriebener – Brief von ihm an Cicero erhalten, eine in überaus freundschaftlichem Tone abgefaßte Warnung vor einer unbedachten Abreise zu Pompeius (Ad Atticum 10, 8 A). Am Balkankriege nahm er teil; bei Pharsalus befehligte er den linken Flügel. Während Caesar in Ägypten festgehalten wurde, fungierte er abermals als dessen römischer Stellvertreter. Er entfaltete damals ein aufwendiges und extravagantes Genußleben; er versagte völlig, als radikale Elemente Unruhen anzettelten. Er fiel daher in Ungnade und blieb während des Afrikakrieges ohne Auftrag und Amt; Caesar söhnte sich erst bei seiner Rückkehr vom zweiten Spanienfeldzug wieder mit ihm aus und machte ihn im Konsulat des Jahres 44 v. Chr. zu seinem Kollegen.

Nach den Iden des März suchte Antonius, eine stattliche Erscheinung, die vor allem die Frauen beeindruckte, ein tapferer Soldat von nicht unbeträchtlicher militärischer Begabung, ein Mensch, der sich offenbar ebenso leicht großzügig wie brutal geben konnte, möglichst viel Macht an sich zu reißen. Was er letztlich damit bezweckt hat, ist unergründlich; wahrscheinlich hat Cicero recht, wenn er ihm vorwirft, daß er die Nachfolge Caesars habe antreten wollen, und später, nach seiner Zustimmung zum Triumvirat, mag er an eine Realteilung gedacht haben, die Oktavian die westliche und ihm selber die östliche Reichshälfte zu dauernder und uneingeschränkter Verfügungsmacht zuwies.

Eine nicht minder bedeutsame Rolle als Antonius hat – jedenfalls aus der Perspektive des rückblickenden Betrachters – in dem furchtbaren Ringen *Oktavian* gespielt, der nachmalige Kaiser Augustus, der damals noch blutjunge Mann, den Cicero als Werkzeug gegen seinen Erzfeind zu benutzen gedachte. Er kam in Ciceros Konsulatsjahr zur Welt (63 v. Chr.). Er stammte aus einem wohlhabenden, jedoch nicht sehr angesehenen Hause – immerhin war seine Mutter Atia eine Nichte Caesars. Er wuchs bei seinem Stiefvater L. Marcius Philippus auf und geriet frühzeitig in den Bannkreis seines mächtigen Großonkels: er nahm am afrikanischen Triumph teil und reiste, sobald er von einer Krankheit genesen war, auf den spanischen Kriegsschauplatz nach. Den geplanten Feldzug gegen die Parther sollte er in Caesars nächster Umgebung mitmachen; er eilte mit seinen Freunden nach Apollonia voraus (an der albanischen Küste; Herbst 45 v. Chr.). Dort erreichte ihn die Nachricht von der Ermordung Caesars, vom Testament und von der Adoption, und nunmehr nahmen die Ereignisse ihren erstaunlichen, für Oktavian so überaus erfolgreichen Verlauf.

Die Zeitgenossen, allen voran Cicero und Antonius, konnten zunächst nicht ahnen, was es mit dem jungen Manne, der auf seine Erbschaft pochte, für eine Bewandtnis habe. «Auf Oktavius pfeife ich», lautet die früheste Äußerung Ciceros über ihn, die sich erhalten hat (Ad Atticum 14, 6, 1; vom 12. April 44 v. Chr.). Und als Oktavian erste Proben von seinen Fähigkeiten abgelegt und sich aus eigener Initiative eine Streitmacht verschafft hatte, da unterschätzte ihn Cicero noch immer ganz erheblich: er vermochte in ihm lediglich den Bundesgenossen von heute zu sehen, nicht aber den Feind von morgen. So schrieb man ihm damals gar das böse Wort zu: *laudandum adulescentem, ornandum, tollendum* – «man muß den jungen Mann loben, ausrüsten und dann beseitigen» (Ad Familiares 11, 20, 1).

Oktavians Eignung zum Bundesgenossen der Republikaner war Gegenstand der Meinungsverschiedenheiten, die Cicero und M. Brutus in ihrer Korrespondenz austrugen. Während sich Cicero für ihn stark machte – so, wie er das auch in öffentlicher Rede, in der fünften Philippica, mit großem Nachdruck getan hatte (42 ff., besonders 51) –, ahnte Brutus, daß Oktavian den Pakt mit dem Senat für seine Zwecke zu benutzen gedachte, und so ließ er sich warnend vernehmen (Ad Brutum 12, 3): «Wenn Antonius durch das von einem anderen hinterlassene Rüstzeug zum Herrschen Gelegenheit erhielt, sich zum Herrscher aufzuwerfen, wie – meinst du – wird sich dann jemand verhalten, der sich nicht durch den Untergang eines Tyrannen, sondern durch das Wort des Senats dazu ermächtigt glaubt, beliebige Befehlshaberstellen zu fordern? Ich werde daher dein Glück und deine Voraussicht erst loben, wenn für mich feststeht, daß Caesar mit den außerordentlichen Ämtern, die man ihm bisher übertragen hat, zufrieden ist. Du wirst jetzt sagen: ‹Willst du mich denn für eine fremde Schurkerei verantwortlich machen?› Gewiß, wenn man hätte verhindern können, daß sie begangen wird! Wenn du dir doch vorstellen könntest, was ich von diesem Manne fürchte!» Cicero versteht sich in einem Briefe vom 27. Juli 43 v. Chr., dem letzten aus seiner Hand, der erhalten blieb, zu dem Eingeständnis, daß er sich in Oktavian getäuscht haben könne (Ad Brutum 26, 3): «Am meisten aber schmerzt mich in diesem Augenblick, daß ich mich für den jungen Mann, der fast noch ein Knabe ist, dem Staate gegenüber verbürgt habe und kaum noch Möglichkeiten sehe, für mein Versprechen einzustehen.»

Für die republikanische Sache traten – außer Cicero – vornehmlich drei untereinander und mit Antonius etwa gleichaltrige Männer ein, die allesamt nach großzügiger Förderung durch Caesar (sie erreichten in den Jahren 45/44 v. Chr. die Prätur) zu maßgeblichen Mitgliedern der Verschwörung geworden waren: M. Brutus, C. Cassius und D. Brutus. *M. Iunius Brutus,* von seinem Onkel Cato Uticensis zu einem etwas herben und starren Stoiker herangezogen, zeichnete sich durch seine vielseitige Begabung aus: er begann in den fünfziger Jahren, sich als Politiker und Anwalt zu betätigen; er schrieb philosophische Abhandlungen und versuchte sich sogar als Dichter. Im Bürgerkrieg schloß er sich Pompeius an; nach Pharsalus bat er mit Erfolg um Begnadigung. Die Korrespondenz mit Cicero begann wohl im Jahre 50 v. Chr.; erhalten sind lediglich geringe

Reste, fünf Briefe Ciceros aus dem Jahre 46 v. Chr. (Ad Familiares 13, 10–14) sowie etwa 25 Briefe von seiner und Ciceros Hand aus dem Frühjahr und Sommer 43 v. Chr. (Ad Brutum). Cicero mag in ihm seinen geistigen Erben gesucht haben: den Erben seiner Bildung, seines rednerischen und schriftstellerischen Könnens und zumal seiner politischen Gesinnung. Er hat ihm in den Jahren 46/45 v. Chr., als ihre Freundschaft oder richtiger ihr Vater-Sohn-Verhältnis den Höhepunkt erreicht hatte, eine Reihe von Schriften gewidmet, darunter den Dialog Brutus, einen Überblick über die Geschichte der römischen Beredsamkeit. An der Verschwörung gegen Caesar beteiligte sich Brutus erst nach schweren Gewissenskämpfen; kraft seines Ansehens fiel ihm alsbald die Führung zu. Nach vollbrachter Tat ließ er es zunächst – wie alle Republikaner – gänzlich an Initiative fehlen; er hatte zwar den «Tyrannen» beseitigt, unternahm jedoch nichts für die Sicherung des Senatsregiments. Er ging nach Griechenland, wo er – ab Herbst 44 v. Chr. – ein Heer sammelte; er gab sich nach der zweiten Schlacht von Philippi den Tod.

C. Cassius Longinus, ein Schwager des M. Brutus, ein tüchtiger Offizier, der sich im Bürgerkrieg als Kommandant der pompejanischen Flotte hervorgetan hatte. Er wurde nach Pharsalus von Caesar begnadigt und zum Legaten (Adjutanten) ernannt, ohne jedoch ernstlich Verwendung zu finden. Er galt als der Urheber der Verschwörung; er blieb nach den Iden des März monatelang untätig und begab sich erst im Herbst 44 v. Chr. nach Syrien, wo er die dortselbst stationierten Truppen an sich brachte. Er schritt erfolgreich gegen Dolabella, den Verbündeten des Antonius, ein und schloß sich mit seiner Streitmacht Brutus an; nach der ersten Schlacht bei Philippi nahm er sich das Leben. In der ciceronischen Korrespondenzsammlung Ad Familiares sind zehn Briefe Ciceros an ihn sowie drei Briefe von ihm an Cicero erhalten (12, 1–13; aus den Jahren 44/43 v. Chr.).

D. Iunius Brutus Albinus, Offizier und Gefolgsmann Caesars seit dem Jahre 56 v. Chr., zeichnete sich im Bürgerkrieg als Flottenkommandant aus und hatte zunächst die Statthalterschaft in Gallien, dann – nach der Prätur, ab Anfang 44 v. Chr. – in Oberitalien (Gallia Cisalpina) inne. Er schloß sich den Verschwörern an; er holte Caesar an den Iden des März zur Senatssitzung ab. Er widerstand dem Ansinnen des Antonius, ihm die Provinz abzutreten; er wurde von ihm in Mutina belagert und im Frühjahr 43 v. Chr. von den Konsuln und Oktavian befreit. Antonius brachte ihn, als er versuchte, sich zu M. Brutus nach Makedonien durchzuschlagen, in seine Gewalt und ließ ihn töten. In der Sammlung Ad Familiares finden sich elf Briefe, die D. Brutus an Cicero und andere gerichtet hat, sowie vierzehn Briefe von Cicero an ihn (11, 1 und 4–26; aus den Jahren 44/43 v. Chr.).

P. Cornelius Dolabella (69–43 v. Chr.), aus altadeligem Hause, ein Wüstling und gesinnungsloser Lump, war in den Jahren 50–46 v. Chr. mit Ciceros einziger Tochter Tullia verheiratet. Seine Schuldenlast veranlaßte ihn, sich Caesar anzuschließen; er suchte als Volkstribun (47 v. Chr.) gegen Caesars Willen einen allgemeinen Schuldenerlaß durchzusetzen, worüber es zu schweren Ausschreitungen kam. Er fiel gleichwohl nicht in Ungnade; er wurde im Jahre 44 v. Chr. für die Zeit, da Caesar – wie geplant war – gegen die Parther zu Felde ziehen werde, zum Konsul bestimmt. Er schlug sich an den Iden des März auf die Seite der Caesarmörder und ließ sich von ihnen das Konsulat bestätigen. Er paktierte bald darauf mit Antonius und begab sich eilends in seine Provinz Syrien; unterwegs tötete er C. Trebonius, den Statthalter von Asien. Bei dem Versuch, Syrien an sich zu bringen, fand er in Cassius, der ihm zuvorgekommen war, seinen Meister; er endete durch Selbstmord. In der Sammlung Ad Familiares sind ein Brief von ihm an Cicero sowie fünf Briefe von Cicero an ihn erhalten (9, 9–14; aus den Jahren 48–44 v. Chr.).

M. Aemilius Lepidus (90–12 v. Chr.), ein Schwager des M. Brutus, eine farblose, durchaus mittelmäßige Persönlichkeit, machte als Gefolgsmann Caesars Karriere. Er war Statthalter in Spanien (48/47 v. Chr.), teilte sich im Jahre darauf mit Caesar ins Konsulat und fungierte sodann als dessen Stellvertreter in Rom. Am Abend des 14. März 44 v. Chr. weilte Caesar bei ihm zu Gast; bei der Ausführung der Mordtat war er abwesend. Er unterstützte Antonius und trat sodann die Statthalterschaft in den Provinzen Gallia Narbonensis und Hispania Citerior an, die ihm noch von Caesar zugewiesen worden war. Er fand sich nicht dazu bereit, gegen Antonius vorzugehen, ja er vereinigte sich mit ihm und vermittelte die Verständigung zwischen ihm und Oktavian. Als Triumvir war er der schwächere Dritte; nach unglücklichem Aufbegehren kaltgestellt (36 v. Chr.), behielt er lediglich die Würde des ersten Oberpriesters *(pontifex maximus)*. Die Sammlung Ad Familiares enhält einen Brief Ciceros an Lepidus sowie drei Briefe von Lepidus an Cicero (10, 27 und 34–35; vom Jahre 43 v. Chr.).

Q. Fufius Calenus (etwa 99–40 v. Chr.), der Schwiegervater des Konsuls Pansa, ein ziemlich unbedeutender Caesarianer, Konsul im Jahre 47 v. Chr., suchte nach den Iden des März den Senat für eine Verständigung mit Antonius zu gewinnen und war der Wortführer all derer, die sich der Kriegspolitik Ciceros widersetzten. Als zu Beginn der Dreimänner-Herrschaft die Jagd auf die Geächteten einsetzte, rettete er dem Forscher und Schriftsteller M. Terentius Varro das Leben.

Ser. Sulpicius Rufus (etwa 105–43 v. Chr.), mit Cicero

befreundet, ein lauterer Charakter und einer der bedeutendsten Juristen der Republik, hatte sich im Jahre 63 v. Chr. erfolglos um das Konsulat beworben und daraufhin seinen glücklichen Rivalen Murena wegen unerlaubter Wählerbeeinflussung angeklagt*. Er verfolgte als Politiker – zumal während seines Konsulats im Jahre 51 v. Chr. – einen vorsichtigen, ausgleichenden Kurs; er verwaltete in den Jahren 46/45 v. Chr. die Provinz Achaia. Nach den Iden des März unterstützte er die Politik Ciceros; er verstarb während einer Gesandtschaftsreise zu Antonius. Cicero hat ihm in der neunten Philippischen Rede ein würdiges Denkmal gesetzt (besonders 10 f.). Die Korrespondenz Ad Familiares enthält zwei Briefe von ihm an Cicero und achtzehn Briefe von Cicero an ihn (4, 1–6 und 13, 17–28a; aus den Jahren 49–45 v. Chr.).

A. Hirtius († 43 v. Chr.), ein treuer Gefolgsmann und naher Vertrauter Caesars, der Verfasser des 8. Buches von dessen Gallischem Krieg, unterhielt auch zu Cicero, seinem Lehrmeister in der Redekunst, gute Beziehungen. Von Caesar zum Konsul für das Jahr 43 v. Chr. bestimmt, trat er nach den Iden des März – wohl vor allem wegen Krankheit – nicht sonderlich hervor. Als Konsul hielt er loyal zur Republik; er fiel am 21. April 43 v. Chr. vor Mutina in siegreichem Kampf gegen Antonius.

C. Vibius Pansa, im Konsulat des Jahres 43 v. Chr. Kollege des Hirtius, wie dieser ein rechtschaffener Caesarianer, ließ sich als Konsul ebenfalls – wenn auch erst nach einigem Zögern – auf die antoniusfeindliche Politik Ciceros ein. Er leitete zunächst die Senatsitzungen und hob Truppen aus; am 20. März verließ er Rom, um gemeinsam mit Hirtius und Oktavian gegen Antonius zu Felde zu ziehen. Er wurde in

* Siehe hierüber die Einleitung zur Rede für L. Murena.

der Schlacht bei Forum Gallorum (südöstlich von Mutina, in der Nähe des heutigen Castelfranco dell'Emilia) verwundet und starb kurz nach der Schlacht bei Mutina.

Das Geschehen: Die Hauptlinien

Caesars Tod verursachte in dem vom Bürgerkrieg zerrütteten, noch längst nicht wiederhergestellten römischen Staatswesen ein Vakuum. Einerseits hatte der Versuch, ein monarchisches Regiment einzurichten, in eine Katastrophe geführt; andererseits war das republikanische Lager nicht stark genug, die Traditionen, die das Auftreten Caesars unterbrochen hatte, zu erneuern. Überdies fehlte es hüben und drüben, bei den Caesarianern ebenso wie bei den Republikanern, an Persönlichkeiten mit Durchsetzungsvermögen und integrierender Kraft. Caesar hinterließ – von Antonius abgesehen – Kreaturen, die gewohnt waren, seine Weisungen zu befolgen, die indes zu eigener politischer Initiative gar nicht das Zeug hatten. Der Senat als der Hort der republikanischen Überlieferung litt Mangel an Älteren, an sogenannten Konsularen (ehemaligen Konsuln) mit politischer Erfahrung und mit Autorität, und die wenigen, die sich wie Cicero noch einmal bemühten, eine unabhängige Politik im Sinne der alten Republik zu betreiben, fanden nicht mehr genügend Resonanz. So erklärt sich die Erstarrung, die mit den Iden des März das politische Leben Roms ergriff: Caesars Tod blieb einstweilen ungerächt; die Verschwörer wiederum unternahmen nichts, die Früchte ihrer Tat einzubringen. Die eigentliche Energie steckte in den ehemaligen Soldaten, den Veteranen, und den noch dienenden Truppen, die meist caesarisch gesinnt und jedenfalls nicht mehr in das

Ganze des Staates integriert waren; sie dachten an nichts als an Beute und warteten nur darauf, sich dem Meistbietenden zur Verfügung zu stellen.

M. Brutus hatte verhindert, daß mit Caesar auch Antonius getötet wurde – nach Ciceros wiederholter Versicherung eine Halbheit, welche die herrliche Tat von Anfang an um den angestrebten Erfolg gebracht hatte. In der Tat raubte die Existenz des Antonius den Häuptern der Verschwörung, Brutus und Cassius, eben die Handlungsfreiheit, die ihnen, den Prätoren, von selbst zugefallen wäre, wenn sie keinen Konsul über sich gehabt hätten. Antonius ergriff die Initiative. Er stellte sich zunächst zum Schein auf den Boden der Republik; in Wahrheit war es ihm offenbar nur darum zu tun, sich eine der caesarischen vergleichbare Machtstellung zu verschaffen. Er wußte sofort Caesars gesamten Nachlaß, die Geldmittel wie die Aufzeichnungen, an sich zu bringen – ein, wie sich alsbald zeigte, unschätzbarer Gewinn. Denn der Kompromiß, den man am 17. März geschlossen hatte (Straffreiheit für die Caesarmörder; Gültigkeit aller Amtshandlungen Caesars, der *acta Caesaris*), kam vor allem ihm zugute: er berief sich nicht nur auf die Verfügungen, die bereits in Kraft getreten waren, sondern auch auf allerlei noch unveröffentlichte Papiere, ja er schreckte vor massiven Fälschungen nicht zurück.

Eine Senatssitzung des April hatte den Konsuln – Antonius und dem inzwischen anerkannten Dolabella – die Provinzen Makedonien und Syrien zugewiesen. In den folgenden Wochen hat Antonius offenbar eingesehen, daß diese Regelung unvorteilhaft für ihn war, und so strebte er eine Machtposition an, die ihm erlaubte, in Italien zu bleiben. Einige Beschlüsse der ihm hörigen Volksversammlung stellten die gewünschte Rechtslage her: er erhielt mit sofortiger Wirkung Oberitalien (Gallia Cisalpina), das sich in der

Hand des D. Brutus befand, sowie vom folgenden Jahre an die Provinz Gallia Transalpina, und zwar – nach caesarischem Muster* – für insgesamt fünf Jahre (bis 39 v. Chr.); D. Brutus bekam statt Oberitaliens Makedonien, freilich ohne die dort stationierten Truppen – die hatte sich wiederum Antonius ausbedungen. Das im Sommer 44 v. Chr. perfekte Ergebnis war eine erhebliche Machtverschiebung zuungunsten der republikanischen Sache: Antonius hatte auf legalem Wege im Westen ein starkes Übergewicht erlangt, und es sah aus, als sei Caesar ganz vergebens getötet worden.

Am 6. Mai 44 v. Chr. war Oktavian in Rom eingetroffen, trotz wohlgemeinter Warnungen gewillt, die Erbschaft seines Großonkels und Adoptivvaters anzutreten – mit allen Konsequenzen, die sich für ihn daraus ergaben. Er stellte sich dem Volke vor; er zahlte aus eigenen Mitteln die riesigen Vermächtnisse, die ihm Caesars Testament auferlegte; er veranstaltete Festspiele von unerhörter Pracht. Vor allem aber verlangte er das Vermögen Caesars, das Antonius sich angeeignet und zur Tilgung seiner enormen Schulden verwendet hatte – seither gab es zwei Prätendenten auf die Nachfolge Caesars, und die Möglichkeit eines Konflikts zwischen ihnen zeichnete sich ab.

Im Sommer 44 v. Chr. erhoben einzelne Senatoren ihre Stimme gegen das selbstherrliche Gebaren des Antonius; eine republikanische Opposition begann sich zu formieren. Am 1. August wagte L. Calpurnius Piso Caesoninus, Ciceros einstiger Feind**, eine scharfe Attacke, und einen Monat später, am 2. September, ging Cicero in seiner ersten Philippischen Rede mit den Gesetzen ins Gericht, die Antonius seit Anfang Juni hatte beschließen lassen. Antonius schlug

* Siehe hierüber die Einleitung zur Rede für L. Flaccus.

** Siehe hierüber die Einleitung zur Rede gegen L. Piso.

zurück: seine Antwort vom 19. September (ihre Leitgedanken sind aus Ciceros zweiter Philippischer Rede, einer wohl erst postum veröffentlichten Flugschrift, ersichtlich) suchte Cicero als den Urheber all der Übel hinzustellen, die den römischen Staat in den letzten zwanzig Jahren heimgesucht hatten. Mit diesem Rededuell begann zwischen den beiden Männern jene unversöhnliche Feindschaft, welche das politische Geschehen der folgenden Monate maßgeblich bestimmen sollte.

Anfang Oktober führten die gespannten Beziehungen zwischen Antonius und Oktavian zu einem offenen Bruch. Beide verließen jetzt Rom: Antonius begab sich nach Brundisium, zu den vier Legionen, die er aus Makedonien herbeibefohlen hatte; Oktavian ging nach Kampanien, um bei den Veteranen seines Adoptivvaters Truppen anzuwerben. In Brundisium suchte Antonius durch drakonische Strafen der allgemeinen Unzufriedenheit Herr zu werden; er setzte die Legionen gegen D. Brutus nach Ariminum (dem heutigen Rimini) in Marsch und kehrte selbst für kurze Zeit nach Rom zurück. Dort trat er mit großem militärischem Gepränge auf, zweifellos in der Absicht, den Senat einzuschüchtern. Er war auch schon im Begriff, Oktavian zum Staatsfeind erklären zu lassen – da wurde ihm berichtet, daß es dem Rivalen gelungen sei, zwei der makedonischen Legionen zum Übertritt auf seine Seite zu bewegen. Er begnügte sich daraufhin mit einer eiligen Senatssitzung, in welcher die prätorischen Provinzen verlost wurden (28. November), und reiste in der folgenden Nacht nach Oberitalien ab.

Dort hatte sich D. Brutus, zum Widerstand entschlossen, in Mutina festgesetzt; Antonius begann, ihn zu belagern. Im Senat gewannen nunmehr die Republikaner die Oberhand, und als am 20. Dezember, kurz vor Beginn einer Sitzung, von D. Brutus die Nachricht eintraf, er beabsichtige, seine

Provinz zu freier Verfügung von Senat und Volk zu behaupten, da hielt Cicero den Augenblick des Losschlagens für gekommen. Er forderte den Senat in der dritten Philippischen Rede zu Maßnahmen auf, die seinen neuen Kurs – das Bündnis mit Oktavian und den Krieg gegen Antonius – vorbereiten sollten; der Senat hob seinem Antrag gemäß den Beschluß vom 28. November, der die Verteilung der Provinzen sanktioniert hatte, wieder auf.

1. Januar 43 v.Chr.: die neuen Konsuln, Hirtius und Pansa, traten ihr Amt an. Nunmehr begann im Senat das monatelange Ringen zweier Auffassungen: einer radikalen, die den Krieg forderte (ihr Wortführer war Cicero), und einer gemäßigten, die Verhandlungen und hinhaltendes Taktieren vorzog (sie fand vor allem in Fufius Calenus einen beredten Anwalt). Die Sitzungskampagne der ersten Januartage endete mit einem Kompromiß. Cicero vermochte lediglich die Ehrungen durchzusetzen, die er in seiner fünften Philippischen Rede beantragt hatte (sie bezweckten insbesondere die Legalisierung von Oktavians eigenmächtigem Vorgehen); er konnte hingegen nicht verhindern, daß dem von Fufius Calenus ersonnenen, auch von Ser. Sulpicius unterstützten Projekt einer Gesandtschaft an Antonius eine Mehrheit zuteil wurde, und so blieb ihm nur übrig, in der sechsten und siebten Philippischen Rede die seiner Meinung nach verfehlte Maßnahme zu bedauern. Immerhin wurde bald darauf angeordnet, daß der eine Konsul – das Los traf Hirtius – zum Heere abgehen und der andere Aushebungen vornehmen solle; außerdem erwirkte Cicero durch seine achte Philippische Rede einen Beschluß, der allen Soldaten des Antonius Straflosigkeit zusicherte, die bis zum 15. März zu den vom Senat anerkannten Befehlshabern übergingen (3. Februar).

Während der zweiten Februarhälfte kamen im Senat

wiederholt die jüngsten Entwicklungen im Osten zur Sprache. So hatte M. Brutus, der eigentlich zum Statthalter von Kreta bestimmt war, die Provinzen Makedonien und Illyrien samt nahezu allen dort stationierten Truppen in seine Gewalt gebracht; C. Antonius, der Bruder des M. Antonius, der ebenfalls Makedonien hatte in Besitz nehmen wollen (diese Provinz war ihm vom Beschluß des 28. November zu-, von dem des 20. Dezember 44 v. Chr. wieder aberkannt worden), sah sich auf Apollonia beschränkt, wo er wenige Wochen später vor M. Brutus kapitulierte. Pansa stellte das Schreiben zur Debatte, in dem M. Brutus von seinen Erfolgen berichtete. Während Fufius Calenus verlangte, der Senat möge M. Brutus anweisen, seine Truppen sofort abzugeben, beantragte Cicero in seiner zehnten Philippischen Rede die nachträgliche Billigung des Geschehenen: M. Brutus sei als Statthalter von Makedonien, Griechenland und Illyrien anzuerkennen. Ciceros Votum drang durch. Bald darauf traf Kunde von dem Mord ein, den Dolabella an Trebonius, dem Statthalter von Asien, verübt hatte; Dolabella wurde einstimmig zum Staatsfeind erklärt. Die Debatte des folgenden Tages galt dem Oberbefehl bei der nunmehr fälligen Maßnahme. Cicero empfahl in seiner elften Philippischen Rede, Cassius mit dieser Aufgabe zu betrauen; der Senat gab einem anderen Antrag den Vorzug, der hierfür die amtierenden Konsuln ausersah. Cicero schrieb daraufhin an Cassius, er erwarte von ihm, daß er sich auch ohne Senatsbeschluß für die Republik einsetze.

In den folgenden Wochen ging das Tauziehen um Ciceros Kriegspolitik weiter. So warben Fufius Calenus und andere für eine zweite Gesandtschaft zu Antonius; der Beschluß, der daraufhin zustande kam, bestimmte fünf Senatoren, darunter Cicero, zu Unterhändlern. Nachdem ein anderes Mitglied seine Zustimmung widerrufen hatte, erklärte sich

Cicero in seiner zwölften Philippischen Rede ebenfalls außerstande, an der Gesandtschaft teilzunehmen. Das Projekt wurde daraufhin aufgegeben. Am 20. März kamen Briefe der Statthalter M. Aemilius Lepidus (Gallia Narbonensis, Hispania Citerior) und L. Munatius Plancus (Gallia Ulterior) zur Sprache, die zum Frieden mit Antonius rieten. Cicero vermochte diesen neuen Versuch, den Kampfwillen des Senats zu untergraben, mit seiner dreizehnten Philippischen Rede abzuwehren.

Am 14. und 21. April erfochten die verbündeten Truppen der Konsuln und des Proprätors Oktavian den Doppelsieg bei Forum Gallorum und Mutina; Antonius zog sich über die Alpen ins narbonensische Gallien zurück. Cicero, der sich in der vierzehnten Philippischen Rede (am 21. April, nach Eintreffen der Nachricht vom ersten Siege) noch einmal eines in seinen Augen allzu lauen Vorschlags hatte erwehren müssen, sah sich nunmehr am Ziel seines Strebens: in der Senatssitzung vom 26. April wurden Antonius und seine Anhänger zu Staatsfeinden erklärt. Diese Maßnahme zeitigte freilich keinerlei Wirkung, da sich Oktavian in den folgenden Monaten von den Republikanern löste und Schritt für Schritt seinem bisherigen Gegner näherte – von eben dem Tage an, der Cicero den größten Triumph brachte, begann seine Politik in nichts zu zerrinnen wie ein Phantom.

Die Reden: ein Drama in vierzehn Auftritten

Der Zyklus der Philippischen Reden ist ohne Abschluß geblieben; Cicero brach ihn ab, als es für ihn und den von ihm geführten Senat nichts Wesentliches mehr zu tun gab. Das Vorhandene aber läßt eine Geschlossenheit erkennen, die nicht nur durch die sachlichen Zusammenhänge, zumal durch die Gegnerschaft zu Antonius, bedingt ist; es zeigt eine Folgerichtigkeit von geradezu dramatischer Wucht. In dem Ablauf der vierzehn Auftritte kann nichts ohne Schaden für das Ganze von seinem Platz gerückt werden; eine Phase geht mit Notwendigkeit aus der anderen hervor, und die inneren Entwicklungen (die Stimmungen sowie das jeweilige politische Kalkül Ciceros) sind eng mit den äußeren Einwirkungen (den oppositionellen Kräften im Senat, den Berichten aus den Provinzen) verzahnt.

Die beiden ersten Reden machen gewissermaßen die Exposition aus. In ihnen und durch sie vollzieht sich der Bruch zwischen Cicero und Antonius, den beiden Hauptbeteiligten. Sie schaffen so die persönlichen Vorbedingungen des erbitterten Ringens. Hieran ändert auch der Umstand nichts, daß der zeitgenössischen Öffentlichkeit nur das erste, im Tone noch gemäßigte Stück zugänglich gewesen zu sein scheint: Cicero überschritt offenbar gerade mit dem zweiten Stück, der Antwort auf einen heftigen Angriff des Antonius, eine Schwelle der Empörung und des Hasses, die ihm kein Zurück mehr erlaubte. Die beiden ersten Reden sind zudem die subjektive Vorwegnahme des weiteren Geschehens: Cicero hat sich ohne zwingende oder auch nur dringende objektive Umstände – allenfalls angestachelt durch das Vorbild Pisos und im übrigen aus freiem Entschluß – in das Zerwürfnis mit Antonius hineingesteigert.

Die innere Hohlform war da; sie bedurfte jetzt nur noch der Füllung durch die äußere Lage. Diese Lage aber ließ nicht lange auf sich warten; sie trat ein, als offenkundig wurde, daß Oktavian gegen Antonius rüstete, und sie war vollends gegeben, als sich der Statthalter D. Brutus, der mit Oberitalien eine Schlüsselstellung innehatte, zur Republik bekannte. Cicero nutzte die Chance; er griff mit dem Doppelauftritt vom 20. Dezember 44 v. Chr., der dritten und vierten Philippischen Rede, die den zweiten Akt des Dramas bilden, energisch in das komplizierte Räderwerk der innenpolitischen Auseinandersetzungen ein. Dieses Redepaar enthält nicht weniger als den Umriß von Ciceros gesamtem Konzept: das Bündnis mit Oktavian soll die Vernichtung des Staatsfeindes Antonius und die Wiederherstellung der freiheitlichen republikanischen Staatsordnung ermöglichen. Formale Gegebenheiten hinderten Cicero, schon jetzt auf wesentliche Schritte zur Verwirklichung seines Plans zu dringen: der Senat war von einigen Volkstribunen einberufen worden, und es fehlte an dem Vorsitz eines Konsuls; laut Tagesordnung stand nur die Frage einer Schutzwache zur Debatte, welche die bevorstehende feierliche Sitzung vom 1. Januar vor Störungen bewahren sollte. Immerhin gelang Cicero mit der Aufhebung des von Antonius inszenierten Beschlusses vom 28. November eine erste vorbereitende Maßnahme.

Ciceros auf einen Krieg zusteuernde Politik rief Gegenwirkungen hervor; im Senat begannen sich starke Kräfte zu regen, die einem endgültigen Bruch mit Antonius widerstrebten. So kam das Gesandtschaftsprojekt auf den Verhandlungstisch, ein Thema, das – als eine Art retardierenden Moments – die folgenden fünf Philippischen Reden miteinander verbindet; diese Reden konstituieren demgemäß den dritten Akt des ciceronischen Kampfes um die Republik. Der erste Auftritt, die fünfte Rede, setzt noch den Schwung des 20. Dezember fort und sucht die Bastionen der Widersacher im Handstreich zu nehmen – Cicero siegt in einer Nebensache, den Auszeichnungen für Oktavian und andere, er scheitert dagegen in der Hauptsache, dem Gesandtschaftsprojekt. Diese Abstimmungsniederlage hat das behutsamere Tempo der folgenden Auftritte vorgezeichnet.

Während die fünfte Rede das Ziel, den Krieg gegen Antonius, noch direkt anvisiert hatte (Cicero stellte im Rahmen einer Sentatssitzung einen der Tagesordnung entsprechenden Antrag), begnügten sich die sechste und siebte Rede mit einer indirekten Kampfweise: sie konnten, da sie außerhalb des Senats (sechste Rede) oder außerhalb der Tagesordnung (siebte Rede) vorgetragen wurden, keine bestimmte Maßnahme durchsetzen wollen; sie suchten lediglich, vor allem durch scharfe Kritik an dem Gesandtschaftsbeschluß, die öffentliche Meinung im Sinne der ciceronischen Linie zu beeinflussen. Die achte, nach der Rückkehr der Gesandtschaft gehaltene Rede ist dann gewissermaßen eine Kombination von indirektem und direktem Vorgehen: sie setzt einerseits durch ihre breite Polemik gegen jedwede Verständigungsbereitschaft die Kampagne der Meinungsbeeinflussung fort; sie trägt andererseits – und mit Erfolg – einen verhältnismäßig bescheidenen Antrag vor, um hiermit den Gang der Ereignisse dem angestrebten Ziele ein wenig näher zu bringen. Die neunte Rede endlich hat den Charakter eines Intermezzos: sie gilt den Ehrungen des während der Reise verstorbenen Gesandtschaftsmitgliedes Ser. Sulpicius und zeichnet sich wohltuend dadurch aus, daß sie nahezu frei ist von Angriffen auf Antonius.

Mit dem Scheitern der Gesandtschaft begann das Geschehen auf dem römisch-italischen Schauplatz zu stagnieren – da brachten die Nachrichten, die während der zweiten Februarhälfte von einem anderen Schauplatz, aus den östlichen Provinzen, in Rom einliefen, wieder Bewegung in die festgefahrene Politik Ciceros. Von dieser neuen Phase legen die zehnte und elfte Philippische Rede, als eng zusammengehöriges Paar der vierte Akt des Ganzen, Zeugnis ab, und sie bekunden abermals, wie sich Cicero, durch einen ersten Erfolg ermutigt, bei einem zweiten Versuch allzu weit vorwagt. Denn die zehnte Rede, der Antrag auf Legalisierung der von M. Brutus geübten Eigenmacht, führte zu einem vollen Sieg; die elfte hingegen, die das Vorgehen des Cassius ebenso behandelt wissen wollte, mutete offensichtlich der Mehrheit der Senatoren zu viel zu – sie endete mit einer Schlappe.

Die drei letzten Reden endlich haben die Gemeinsamkeit, daß sie sich wieder mit der westlichen Sphäre, zumal mit Italien und Rom, befassen; das Grundmotiv, das sie miteinander verbindet, ist die Beseitigung abermaliger Widerstände gegen die ciceronische Kriegspolitik. Das zwölfte Stück wehrt einen Versuch ab, die Taktik des Verhandelns zu erneuern; das dreizehnte Stück verurteilt die Friedensverhandlungen westlicher Statthalter, und das vierzehnte, das an den Sieg bei Forum Gallorum anknüpft, warnt vor allzu rascher Friedensbereitschaft. Aus diesen drei Reden und dem gleichzeitigen Kriegsgeschehen – der Doppelschlacht bei Mutina und der Befreiung des D. Brutus – ergibt sich der fünfte, zur Zukunft hin offene Akt des in den Philippischen Reden Gestalt gewordenen Konflikts.

Cicero hat in seiner letzten rednerischen Leistung noch einmal die Grundgedanken seiner staatspolitischen Überzeugungen aktualisiert; er bekannte sich auch dort zu der Programmatik, die er einst in den Konsulatsreden und in der Rede für P. Sestius verkündet hatte. Der Kampf gegen Antonius stellte sich ihm demgemäß als ein Kampf der *res publica* dar, als ein Kampf, in dem alle Stände Roms sich einig wüßten. Volk und Senat hätten noch nie so viel Übereinstimmung gezeigt, verlautet in der vierten Rede (12); *ein* Gedanke beseele die gesamte Bürgerschaft, *ein* Streben: die verbrecherischen Anschläge des Antonius abzuwehren, beteuert Cicero in der sechsten (18). So geht es fort – die siebte Rede führt aus, daß ein Friede mit Antonius weder für den Senat noch für die Ritterschaft und weder für das Volk von Rom noch für die Bewohner Italiens in Betracht komme (20ff.), und die achte enthält eine eindrucksvolle Aufzählung der gemeinsamen Ziele (8): «Wir verteidigen die Tempel der unsterblichen Götter, wir die Mauern, wir die Häuser und Wohnstätten des römischen Volkes, die Altäre, die Herdfeuer, die Gräber der Vorfahren, wir die Gesetze, die Gerichte, die Freiheit, die Frauen, die Kinder, das Vaterland.» Antonius gegenüber wandte Cicero folgerichtig die Methode an, die ihm seit dem Prozeß gegen Verres geläufig war und die er auch im Kampf gegen Catilina und Clodius geübt hatte: er suchte den Gegner als eine vereinzelte Erscheinung, als ein kriminelles Element hinzustellen, das es auf nichts als Zerstörung und Untergang abgesehen habe und daher in gemeinsamer Anstrengung unter der Devise «Ansehen des Senats, Freiheit des römischen Volkes und Wohl des Staatsganzen» (13, 47) beseitigt werden müsse.

Cicero bemühte sich also wieder einmal, mit seinen gewohnten Kategorien – der Einheitsfront des Staatsvolkes auf der einen, dem isolierten Bösewicht auf der anderen Seite – eine überaus komplizierte Wirklichkeit zu erfassen. Im Falle des Kampfes gegen Antonius war seine Deutung problematischer denn je: sie tat, als sei der Konflikt zwischen den Pompejanern und den Caesarianern, das Thema der jüngst vergangenen Bürgerkriege, bereinigt, als gehöre er längst der Geschichte an. Gewiß hat Cicero nicht gänzlich verkannt, daß es in Wirklichkeit anders stand. Wenn seine Argumentation Erstrebtes als Tatsache hinstellt, dann verfolgt sie eben hiermit den Zweck, die Hörer und Leser in dem von ihm gewünschten Sinne zu beeinflussen. Gleichwohl war sein Schema für die Auseinandersetzungen nach der Ermordung Caesars nicht geeignet. Sein Gegner Antonius hat in dieser Hinsicht realistischer geurteilt. Er bediente sich nach wie vor der Kategorien «Pompejaner» und «Caesarianer» und hielt seinen Konflikt mit Oktavian für einen Hausstreit unter Caesarianern, den es schleunigst beizulegen gelte. Vergebens wandte Cicero hiergegen ein, daß Antonius nicht – wie er behaupte – die Sache der Caesarianer vertreten könne, da ja dann niemand anders als Caesar (Oktavian) gegen die Caesarianer zu Felde ziehe (5, 32), oder daß Caesars (Oktavians) Kampf für das Wohl des Staatsganzen das Verschwinden des einstigen Gegensatzes bekunde (13, 47).

Eine andere Bewandtnis hat es mit dem Freiheitsgedanken, einem zweiten Leitmotiv der Philippischen Reden, ihrem eigentlichen ideologischen Fundament. Der Begriff ist in dieser Intensität neu; er spiegelt die Erfahrungen der caesarischen Diktatur und geht, wie die beiden ersten Reden zeigen (1, 6. 2, 26ff.), auf die Programmatik der Verschwörer zurück. Er steht für die republikanische Staatsordnung, und man kann ihm – wenn man von der Frage nach der Realisierbarkeit dieser Staatsordnung einmal absieht – eine gewisse Berechtigung nicht absprechen. Der Gegenbegriff zur politischen Freiheit im Innern des Staates heißt *regnum*, «Monarchie», «Tyrannei»; der Name, der diese Freiheit verbürgt wie kein zweiter, lautet Brutus, womit zunächst der legendäre Begründer der Republik gemeint ist, womit aber auch die beiden Verschwörer gegen Caesar gemeint sein können (3, 8ff. 10, 7f.). Die Freiheit kann in ein Spannungsverhältnis zum Frieden treten – Cicero leitet hieraus einen wichtigen Gesichtspunkt zur Begründung seiner Kriegspolitik ab. Denn Friede, so führt er aus, kann Knechtschaft bedeuten; daher ist nur der Friede erstrebenswert, der auf Freiheit beruht – ein Friede in Knechtschaft hingegen, wie Antonius ihn bringen würde, ist schlimmer als der Tod (8, 11f. 10, 19f. und besonders 13, 1ff.).

Literatur

Kommentierte Ausgaben:

K. Halm – G. Laubmann, 1. und 2. Philippische Rede (Ciceros ausgewählte Reden, Bd. VI), Berlin 1905[8].

J. D. Denniston, M. Tulli Ciceronis in M. Antonium orationes Philippicae I et II, Oxford 1926.

K. Halm – W. Sternkopf, 3., 4., 5. und 6. Philippische Rede (Ciceros ausgewählte Reden, Bd. VIII), Berlin 1912.

B. Franchi, Cicerone: La terza Filippica, Rom 1953.

E. Pasoli, M. Tullio Cicerone: Filippica IV, Brescia 1967[4].

K. Halm – W. Sternkopf, 7., 8., 9. und 10. Philippische Rede (Ciceros ausgewählte Reden, Bd. IX), Berlin 1913.

E. Pasoli, M. Tullio Cicerone: Filippica XIV, Brescia 1964[3].

Abhandlungen:

J. L. Strachan-Davidson, Cicero and the Fall of the Roman Republic, London 1894.

P. Groebe, De legibus et senatus consultis anni 710 quaestiones chronologicae, Diss. Berlin 1898, Leipzig 1898.

W. Sternkopf, Die Verteilung der römischen Provinzen vor dem mutinensischen Kriege, Hermes 47, 1912, 321–401.

E. Rémy, La VIIIe Philippique de Cicéron, Les Etudes Classiques 3, 1934, 458–484.

E. Rémy, Notes sur la I[e] Philippique de Cicéron, Nova et Vetera (Revue flamande) 18, 1936, 328–339.

H. Botermann, Die Soldaten und die römische Politik in der Zeit von Caesars Tod bis zur Begründung des Zweiten Triumvirats (Zetemata 46), München 1968.

M. Bellincioni, Cicerone politico nell'ultimo anno di vita, Brescia 1974.

E. Castorina, L'ultima oratoria di Cicerone, Catania 1975.

H. Bengtson, Marcus Antonius – Triumvir und Herrscher des Orients, München 1977.

ERSTE PHILIPPISCHE REDE

Einleitung

Cicero hatte die von ihm geplante Griechenlandreise abgebrochen und war am 31. August 44 v. Chr. nach Rom zurückgekehrt. Am Tage darauf versammelte sich der Senat im Tempel der Eintracht; der Konsul Antonius, der die Sitzung leitete und für die Anwesenheit bewaffneter Gefolgsleute gesorgt hatte, gedachte einen Beschluß des Inhalts zu erwirken, daß künftig zu allen Götterdankfesten ein Tag zu Ehren Caesars hinzugefügt werden solle. Cicero, von allem unterrichtet, entzog sich der Peinlichkeit, zu einem derartigen Ansinnen Stellung zu nehmen: er entschuldigte sich mit den Strapazen der Reise und blieb der Sitzung fern. Antonius war hierüber sehr aufgebracht und drohte, er werde Ciceros Haus einreißen lassen, um ihn zum Erscheinen zu nötigen. Sein Antrag wurde zum Beschluß erhoben.

Am 2. September tagte der Senat abermals und am selben Ort. Dieses Mal hatte, da Antonius abwesend war, der Konsul Dolabella den Vorsitz inne; offensichtlich sollte *de re publica,* über die politische Lage im allgemeinen, debattiert werden. Cicero fand sich ein und hielt die erste Philippische Rede, die er bald darauf veröffentlichte. Er knüpfte hiermit an den Vorstoß an, den L. Calpurnius Piso Caesoninus am 1. August unternommen hatte, und er erntete hiermit, wie jener, bei den maßgeblichen Senatsmitgliedern, den ehemaligen Konsuln, nichts als betroffenes Schweigen – nur P. Servilius Isauricus wagte, Ciceros Angriffen auf die

Politik der amtierenden Konsuln zuzustimmen. Die Umstände waren offensichtlich für einen derartigen Versuch noch nicht günstig.

In der Form vermied Cicero noch den völligen Bruch: die Rede gibt sich – zumal im zweiten, abschließenden Hauptteil (27–38) – als Paränese, als an die Konsuln gerichtete Mahnung, von der seit Juni geübten Gewaltpolitik abzulassen und sich ganz in den Dienst der Republik zu stellen. Cicero behandelt zunächst einige Präliminarien: er legt die Gründe für seine Abreise und für seine Rückkehr dar; er befaßt sich mit der Kränkung, die ihm am gestrigen Tage von seiten des Antonius widerfahren ist (1–15). Er sei abgereist, erklärt er, weil angesichts der rechtswidrigen Maßnahmen, zu denen sich Antonius nach guten Anfängen vom 1. Juni an habe hinreißen lassen, ein weiteres Bleiben sinnlos gewesen wäre; so habe er Rom in der Absicht verlassen, sich dort am 1. Januar, bei Amtsantritt der neuen Konsuln, wieder einzufinden. Unterwegs sei ihm dann zu Ohren gekommen, daß sich Antonius eines Besseren besonnen habe; daraufhin sei er sofort zurückgekehrt. Zu den Drohungen des Antonius bemerkt Cicero, daß sie in keinem Verhältnis zum Gewicht der Tagesordnung gestanden hätten; Antonius könne sogar froh sein, daß er gefehlt habe, da er nicht bereit gewesen wäre, einer Verquickung von Götterfesten und Feiern für einen Toten (für Caesar) zuzustimmen. Mit einem Lob für den Mut, den Piso am 1. August bewiesen habe, und Äußerungen des Bedauerns über die geringe Resonanz schließt Cicero seine einleitenden Darlegungen ab.

Im ersten Hauptteil (16–26) übt Cicero scharfe Kritik an den Gesetzen, die Antonius seit dem 1. Juni erzwungen hatte – wobei er den Namen des Antonius kein einziges Mal erwähnt. Seine Argumentation gründet sich auf den Konsens, der am 17. März erzielt worden war, auf die Anerkennung der Amtshandlungen Caesars *(acta Caesaris);* er weist überzeugend nach, daß Antonius, der eifrige Verfechter aller *acta Caesaris,* auch der noch unveröffentlichten, durch seine Gesetzgebung gerade den unumstößlichsten und besten dieser *acta* gröblich zuwiderhandele.

Auf die Analyse des ersten folgt der Appell des zweiten Hauptteils: die Konsuln dürften dem Redner seine offenen Worte nicht verübeln; sie sollten vielmehr zu dem verheißungsvollen Kurs zurückkehren, den sie in der ersten Zeit nach Caesars Tod befolgt hätten. Antonius zumal habe in seinem Großvater M. Antonius ein Muster eines wahren Staatsmannes; das Ende Caesars müsse ihn schrecken, und die öffentliche Meinung, wie sie sich bei den Spielen äußere, fordere dringend seine Aufmerksamkeit.

Der spätantike Schriftsteller Martianus Capella bemerkt von der ersten Philippischen Rede, sie trage mit erstaunlichem Geschick einen vorsichtigen Angriff gegen die Tyrannei des Antonius vor: sie sage alles, ohne doch den Eindruck zu erwecken, daß sie irgend etwas mit Schärfe sage (De nuptiis Philologiae et Mercurii, p. 236 Dick).

Schematische Übersicht

Einleitung (1–15):

a) Die Gründe für Ciceros Abreise und Rückkehr (1–10);
b) Die Drohung des Antonius, das mutige Auftreten Pisos (11–15).

1. Teil (16–26):

Die Gesetzgebung der letzten Monate steht im Widerspruch zu den *acta Caesaris.*

2. Teil (27–38):

Dolabella und Antonius sollen zu ihrer anfänglichen, dem Wohl der Republik dienenden Politik zurückkehren.

ERSTE PHILIPPISCHE REDE

Bevor ich mich zur politischen Lage äußere, versammelte Väter, wie es mir die gegenwärtigen Umstände zu fordern scheinen, will ich euch kurz die Gründe meiner Abreise und Rückkehr darlegen. 1

Solange ich annehmen konnte, daß die Politik endlich wieder von eurem Rat und Einfluß abhängen solle[1], war ich fest entschlossen, hier zu bleiben, gleichsam auf dem Posten eines ehemaligen Konsuls und eines Senators. Ich wich nicht von der Stelle und wandte meine Blicke niemals von der politischen Entwicklung ab – seit dem Tage, an dem wir uns im Tempel der Tellus versammelten. Dort habe ich, soviel in meinen Kräften stand, den Grund für den Frieden gelegt und mich dabei auf ein altes Beispiel in Athen berufen; ich habe sogar das griechische Wort benutzt, dessen man sich damals in dem genannten Staat für die Beilegung der Zwistigkeiten bedient hatte, und geäußert, daß es jetzt darauf ankomme, jede Erinnerung an die Wirren in ewigem Vergessen zu begraben[2].

Vortrefflich hat damals M. Antonius gesprochen, vorzüg- 2
lich waren auch seine Absichten; schließlich wurde durch sein und seiner Kinder Zutun mit unseren geachtetsten Bürgern Friede geschlossen[3]. Und diesem Anfang entsprach das Weitere. Zu den politischen Beratungen, die er in seinem Hause abhielt, lud er die maßgeblichen Männer der Bürgerschaft ein, und unserer Versammlung unterbreitete er sehr vernünftige Vorschläge. Damals fand sich nichts in Caesars Aufzeichnungen, was nicht allgemein bekannt gewesen wäre; klar und einleuchtend beantwortete er alles, wonach
man ihn fragte. «Hat man Verbannten die Rückkehr gestat- 3
tet?» «Einem einzigen»[4], sagte er, «sonst niemandem.» «Hat man Vergünstigungen zugestanden?» «Nein», antwortete

er. Es war ihm sogar recht, daß wir dem Vorschlag des Ser. Sulpicius, eines hochangesehenen Mannes, zustimmten, wonach keine Bekanntmachung mit einem Beschluß oder Gunstbeweis Caesars sollte angeschlagen werden dürfen, die nach den Iden des März aufgesetzt war[5].

Ich übergehe vieles, auch Vorzügliches; denn ich möchte möglichst rasch auf eine beispiellose Tat des M. Antonius zu sprechen kommen. Er hat die Diktatur, die bereits das Ausmaß königlicher Machtvollkommenheit angenommen hatte, gänzlich aus unserer Verfassung entfernt. Hierüber haben wir nicht einmal debattiert; er brachte einen Entwurf des von ihm gewünschten Senatsbeschlusses mit; nach der Lesung haben wir seinen Vorschlag mit größter Bereitwilligkeit gutgeheißen und uns in der Form eines Senatsbe-
4 schlusses überschwenglich bei ihm bedankt[6]. Gleichsam ein Licht schien sich vor uns zu zeigen: nicht nur die Monarchie, die wir hatten ertragen müssen, sondern auch die Furcht vor einer Monarchie war beseitigt, und Antonius hatte sich dem Staat gegenüber durch ein gewichtiges Pfand verpflichtet, daß er eine freie Bürgerschaft wolle – hatte er doch das Amt des Diktators, das früher oft berechtigt gewesen war, wegen der frischen Erinnerung an die Diktatur auf Lebenszeit[7] gänzlich aus unserer Verfassung entfernt.

5 Die Gefahr eines blutigen Anschlags, die dem Senat gedroht hatte, wurde einige Tage darauf gebannt; am Haken schleppte man den flüchtigen Sklaven fort, der sich den Namen des C. Marius angemaßt hatte[8]. Und all dies geschah im Einvernehmen mit dem Kollegen. Anderes wurde freilich von Dolabella allein geregelt; wäre der Kollege nicht verreist gewesen, dann hätten sie wohl auch diese Dinge einvernehmlich durchgeführt. Denn als sich in der Stadt ein grenzenloses Übel einnistete und von Tag zu Tag weiter ausbreitete, als auf dem Forum dieselben Leute ein Totenmal

errichteten, die das berüchtigte Begräbnis oder vielmehr Nicht-Begräbnis veranstaltet hatten, und als verworfene Menschen im Bunde mit Sklaven, die ihresgleichen waren, die Häuser und Tempel unserer Stadt alle Tage heftiger bedrohten, da ist Dolabella derart vorgegangen, und zwar ebenso gegen das freche Sklavengesindel wie gegen die abscheulichen und gewissenlosen Bürger, da hat er die verwünschte Säule mit solcher Entschiedenheit einreißen lassen, daß ich mich wundern mußte: so sehr stach die folgende Zeit von dem einen Tage ab[9].

Denn plötzlich, vom 1. Juni an, auf den uns Antonius zur 6
Sitzung geladen hatte, war alles anders: nichts lief mehr über den Senat, doch vieles Wichtige über die Volksversammlung, und zwar in Abwesenheit und gegen den Willen des Volkes. Die künftigen Konsuln erklärten, sie trauten sich nicht mehr in den Senat zu kommen; den Befreiern des Vaterlandes war die Stadt verwehrt, von deren Nacken sie das Joch der Knechtschaft herabgeworfen hatten, und das, obwohl sich die amtierenden Konsuln in Versammlungen und bei jeder sonstigen Gelegenheit zu ihren Lobsprechern aufwarfen. Die sogenannten Altgedienten schließlich, für die dieses Haus mit größter Umsicht gesorgt hatte, wurden aufgefordert, sich nicht mit ihrem bisherigen Besitz zu begnügen, sondern auf neue Beutezüge zu hoffen. Da ich das lieber aus der Ferne vernehmen als mit eigenen Augen ansehen wollte und ich einen Gesandtentitel ohne bestimmten Auftrag besaß, verließ ich Rom in der Absicht, mich am 1. Januar wiedereinzufinden, weil ich annahm, daß dann der Senat aufs neue zusammentreten würde[10].

Ich habe dargetan, versammelte Väter, warum ich abge- 7
reist bin; ich will euch jetzt kurz den Grund meiner Rückkehr erläutern, die ja gewiß noch mehr Verwunderung hervorruft. Da ich Brundisium und die gewöhnliche Route

nach Griechenland mit gutem Grund vermeiden wollte[11], traf ich am 1. August in Syrakus ein: man hatte mir empfohlen, von dort aus nach Griechenland überzusetzen. Diese Gemeinde konnte mich, so nahe sie mir steht[12], trotz allen Bittens nicht länger als eine Nacht festhalten; ich fürchtete, mein plötzliches Erscheinen bei meinen Freunden könne Verdacht erregen, wenn ich mich dort länger aufhielte.

Als mich nun aber der Wind von Sizilien nach Leukopetra, einem Vorgebirge bei Regium[13], verschlug, schiffte ich mich dort aufs neue für die Überfahrt ein, und ich war noch nicht sehr weit gekommen, als mich der Südwind genau
8 dorthin zurückwarf, wo ich mich eingeschifft hatte. Da schon tiefe Nacht war, blieb ich auf dem Landgut des P. Valerius, meines Begleiters und Freundes[14], und ich blieb dort auch noch am folgenden Tag, in Erwartung günstigen Windes. Da fanden sich mehrere Bürger von Regium bei mir ein, darunter einige, die soeben aus Rom gekommen waren.

Von diesen Leuten erfahre ich zum ersten Mal, daß M. Antonius gesprochen habe, und seine Rede gefiel mir so gut, daß ich, sobald ich sie gelesen hatte, an meine Rückkehr zu denken begann. Kurze Zeit darauf überbringt man mir einen Bescheid des Brutus und Cassius, den ich – vielleicht weil ich die beiden mehr noch um des Staates willen als aus Freundschaft schätze – für sehr entgegenkommend hielt[15]. Man berichtete mir außerdem (denn so geht es ja meist: wer Gutes mitzuteilen weiß, fügt noch etwas hinzu, damit die Botschaft desto froher klingt), daß eine Einigung bevorstehe: am nächsten Ersten werde sich der Senat in großer Zahl einfinden; Antonius habe die Absicht, sich von seinen schlechten Ratgebern loszusagen, auf die gallischen Provinzen[16] zu verzichten und wieder den Willen des Senats zu respektieren.

9 Da packte mich eine solche Ungeduld, nach Hause zu

kommen, daß mir kein Ruder und kein Wind schnell genug schien – nicht als ob ich befürchtet hätte, zu spät einzutreffen; vielmehr drängte es mich, dem Staate so bald wie möglich Glück zu wünschen. Und alsbald in Velia[17] angelangt, sah ich Brutus – kein Wort darüber, wie schmerzlich mir das war; ich schämte mich, daß ich es wagte, in die Stadt zurückzukehren, die ein Brutus verlassen hatte, und dort in Sicherheit leben zu wollen, wo das für ihn unmöglich war. Doch ich sah, daß er bei weitem nicht so betroffen war wie ich selbst; erhoben von dem Bewußtsein seiner großen und herrlichen Tat, klagte er nicht im mindesten über sein eigenes, wohl aber heftig über euer Geschick.

Durch ihn erfuhr ich zuerst von der Rede, die L. Piso am 10
1. August im Senat gehalten hatte. Der hatte zwar (wie ich ebenfalls von Brutus hörte) zu wenig Unterstützung von seiten derer gefunden, die ihm hätten helfen müssen – immerhin entnahm ich dem Zeugnis des Brutus (und welches wiegt schwerer als dies?) sowie den lobenden Worten all derer, die ich dann noch sah, daß er damit großen Ruhm geerntet hat. So eilte ich, ihm nachzueifern (was die Anwesenden nicht getan hatten): nicht um etwas zu erreichen (das erwartete ich gar nicht und konnte ich auch niemandem versprechen), sondern um, falls mir etwas Menschliches zustoßen sollte (und offensichtlich sind wir vielem ausgesetzt, auch Dingen, die uns weder die Natur noch das Schicksal vorschreiben[18]), dem Staat wenigstens am heutigen Tage ein beredtes Zeugnis für die Ergebenheit zu hinterlassen, die ich ihm gegenüber stets bekundet habe.

Ich habe euch hoffentlich nunmehr die Gründe für 11
meinen zwiefachen Entschluß verständlich gemacht, versammelte Väter; jetzt möchte ich, ehe ich auf die politische Lage eingehe, kurz mein Bedauern über die gestrigen Ausfälle des M. Antonius aussprechen. Ich bin ja mit ihm

befreundet und habe nie ein Hehl daraus gemacht, daß ich ihm für manchen Dienst verpflichtet bin.

Was ums Himmels willen hat ihn veranlaßt, in der gestrigen Senatssitzung mit derart groben Worten meine Anwesenheit zu fordern? War ich der einzige, der fehlte, seid ihr nicht schon oft weniger zahlreich gewesen, oder ging es um so wichtige Dinge, daß man auch Kranke herbeiholen mußte? Hannibal, möchte ich meinen, stand vor den Toren, oder es ging um den Frieden mit Pyrrhos, wozu man auch, wie uns überliefert ist, den berühmten Appius, einen blinden alten Mann, herbeigeholt hat[19].

12 Über Dankfeste sollte beschlossen werden, ein Punkt, bei dem die Senatoren im allgemeinen zur Stelle sind; sie finden sich ja nicht ein, weil sie sonst ein Pfand einbüßen[20] würden, sondern weil sie denen, um deren Ehrung es geht, einen Gefallen erweisen wollen. Es ist genauso, wenn ein Triumph auf der Tagesordnung steht. Die Konsuln sind dann so unbesorgt, daß es dem einzelnen Senatsmitglied fast völlig freisteht wegzubleiben. Da ich diese Gepflogenheit kannte und da ich von der Reise ermüdet war und mich nicht wohl fühlte, habe ich ihm das mit Rücksicht auf unsere Freundschaft ausrichten lassen.

Doch er (ihr habt es selbst gehört) erklärte, er werde mir mit Werkleuten vors Haus rücken. Dieser Ausbruch war bestimmt übertrieben und sehr unbeherrscht. Denn welches Vergehen ist mit einer solchen Strafe bedroht, daß er es wagen konnte, in dieser Versammlung zu erklären, er werde mit staatlichen Arbeitern ein Haus einreißen, das – auf Grund eines Senatsbeschlusses – mit staatlichen Geldern erbaut worden war[21]? Wer hat je einen Senator mit einer solchen Drohung genötigt, oder was für Maßnahmen kommen in Betracht – außer einem Pfand, einer Buße?

Wenn er geahnt hätte, was ich vorschlagen wollte, dann

hätte er bestimmt etwas weniger streng meine Anwesenheit gefordert. Oder nehmt ihr an, versammelte Väter, ich hätte 13
gutgeheißen, wozu ihr euch nur widerwillig bereit gefunden habt: daß sich Totenfeiern mit den Dankfesten vermischen, daß sich unsühnbare Kulthandlungen in unserem Staate einbürgern, daß Dankfeste zu Ehren eines Toten veranstaltet werden? Ich sage nicht, wem zu Ehren. Und wenn's L. Brutus gewesen wäre, der einerseits selbst den Staat von der Königsherrschaft befreit und andererseits zu ähnlichem Heldentum und einer ähnlichen Tat eine fast fünfhundertjährige Nachkommenschaft hervorgebracht hat: ich könnte mich trotzdem nicht dazu entschließen, einen Verstorbenen in die Verehrung der unsterblichen Götter einzubeziehen und jemandem, der irgendwo ein Grab hat, wo man ihm die Totenopfer darbringen kann, ein staatliches Dankfest zu bewilligen[22].

Ich hätte also etwas vorgeschlagen, versammelte Väter, was es mir leicht gemacht hätte, mich vor dem römischen Volk zu rechtfertigen, wenn unserm Staatswesen ein größeres Unglück zustoßen sollte, ein Krieg, eine Seuche, eine Hungersnot[23] – was ja teils schon eingetreten ist, teils, wie ich fürchte, unmittelbar bevorsteht. Möchten uns die unsterblichen Götter diesen Beschluß verzeihen: dem römischen Volke, das ihn nicht billigt, und dieser Versammlung, die ihn wider ihren Willen gefaßt hat!

Was weiter? Ist es erlaubt, davon zu reden, was es sonst 14
noch Schlimmes in der Politik gibt? Mir bestimmt, und es wird mir auch stets erlaubt sein, meine Ehre zu verteidigen und den Tod zu verachten. Sofern es nur möglich ist, hier zu erscheinen: das Wagnis einer Rede scheue ich nicht. Und hätte ich doch, versammelte Väter, am 1. August dabei sein können! Nicht als ob sich irgend etwas hätte erreichen lassen, sondern damit sich nicht, wie es damals geschehen ist,

nur *ein* ehemaliger Konsul fände[24], der dieses Titels, der unseres Staates würdig war.

Denn das bereitet mir großen Kummer, daß Männer, denen das römische Volk die höchsten Auszeichnungen hat zuteil werden lassen, nicht bereit waren, sich der beispielhaften Auffassung L. Pisos anzuschließen. Hat uns das römische Volk dafür zu Konsuln gemacht, daß uns, sobald wir die höchste Rangstufe erreicht haben, das Staatswohl gleichgültig ist? Nicht mit Worten, ja nicht einmal mit seiner Miene hat ein ehemaliger Konsul dem L. Piso zugestimmt.
15 Schlimm – doch wie erklärt sich diese Unterwürfigkeit aus freier Wahl? Sie mag einmal unvermeidlich gewesen sein[25]. Und ich stelle mein Ansinnen auch nicht an alle, die als ehemalige Konsuln ihre Meinung äußern: einigen sehe ich wegen besonderer Umstände ihr Schweigen nach[26]. Doch bei den anderen vermisse ich ein offenes Wort – die aber tun mir leid, weil sie beim römischen Volk in den Verdacht geraten müssen, sie hätten nicht nur aus Furcht (was schon schändlich genug wäre), sondern teils aus diesem, teils aus jenem Grunde ihrem Namen Unehre bereitet.

Ich möchte daher zuerst den Dank aussprechen, zu dem ich mich Piso gegenüber in höchstem Maße verpflichtet weiß; er hat sich nicht davon leiten lassen, was er politisch durchzusetzen vermöge, sondern davon, was er selbst zu tun verpflichtet sei. Ferner bitte ich euch, versammelte Väter, auch wenn ihr Bedenken tragen solltet, euch meiner Meinung und Betrachtungsweise anzuschließen: hört mir trotzdem, wie bisher, freundlich zu.

16 Zuallererst also halte ich dafür, daß die Anordnungen Caesars gültig bleiben – nicht als ob ich sie billigte (denn wer brächte das wohl fertig?), sondern weil ich glaube, daß uns nichts so wichtig sein muß wie der Friede und der Ausgleich. Ich wünschte, M. Antonius wäre anwesend, allerdings ohne

seine Beistände[27] (immerhin, meine ich, darf auch er einmal krank sein, obwohl er mir das gestern nicht erlauben wollte): er würde mir erklären, oder vielmehr euch, versammelte Väter, auf welche Weise er selbst für die Anordnungen Caesars eintritt. Wenn es sich um Entwürfe und handschriftliche Aufzeichnungen und Notizbücher handelt, die von Antonius als einzigem Gewährsmann vorgeführt, ja nicht einmal vorgeführt, sondern nur zitiert werden, dann sollen Caesars Anordnungen Bestand haben; was Caesar hingegen in Erz schneiden ließ, um Beschlüsse des Volkes und unverbrüchliche Gesetze daraus zu machen, das soll für nichts
gelten? Ich für mein Teil möchte meinen, daß nichts so 17
unbedingt zu Caesars Anordnungen gehört wie Caesars Gesetze.

Und alle die Versprechungen, die er gemacht hat, sollen die verbindlich sein, obwohl er selbst sie nicht hat ausführen können? Er hat vielen vielerlei versprochen, ohne etwas davon auszuführen, und doch stellte sich erst nach seinem Tode heraus, daß er noch weit mehr versprochen hat als die Wohltaten zusammengenommen, die von ihm bei Lebzeiten all die Jahre hindurch bewilligt und zugeteilt worden sind. Doch daran rüttle ich nicht, daran rühre ich nicht – mit größter Entschiedenheit trete ich für die vorzüglichen Anordnungen dieses Mannes ein. Wenn nur die im Tempel der Ops verwahrten Gelder noch da wären! Sie sind mit Blut befleckt, aber in diesen Zeiten – da die wahren Besitzer nichts davon zurückbekommen – unentbehrlich[28]. Doch nein: man mag sie ebenfalls verbraucht haben, wenn es so angeordnet war.

Jemand leitet als Zivilbeamter und Inhaber der höchsten 18
Gewalt den Staat: was kann man dann treffender seine Anordnung nennen als ein Gesetz? Frage nach den Anordnungen des C. Gracchus: man wird dir die Sempronischen –

nach denen Sullas: man wird dir die Cornelischen Gesetze vorweisen. Und was für Anordnungen hat das dritte Konsulat des Pompeius[29] hervorgebracht? Zweifellos Gesetze. Wenn man Caesar selbst fragen könnte, was für Anordnungen er hier in der Stadt als Zivilbeamter getroffen habe, dann würde er antworten, er habe viele vortreffliche Gesetze eingebracht, doch seine handschriftlichen Aufzeichnungen: die würde er ändern oder unterdrücken oder – wenn er sie nicht unterdrückt hätte – nicht zu seinen Anordnungen rechnen. Doch all das soll mir recht sein, und in einigen Punkten will ich gern ein Auge zudrücken, doch daß man, wenn es sich um besonders wichtige Dinge, nämlich um Gesetze handelt, die Anordnungen Caesars aufhebt, das kann ich nicht gutheißen.

19 Gibt es ein Gesetz, das besser und nützlicher wäre, das man schon in den rühmlichsten Zeiten unseres Staatswesens häufiger gefordert hätte als das Verbot, die Statthalterschaft in einer prätorischen Provinz länger als ein Jahr, die in einer konsularischen länger als zwei Jahre auszuüben? Wenn man dies Gesetz beseitigt, könnt ihr dann noch behaupten, man befolge die Anordnungen Caesars[30]? Wie – das Gesetz über die dritte Richterabteilung, das man soeben vorgeschlagen hat: brächte es nicht sämtliche Gerichtsgesetze Caesars zu Fall[31]? Und ihr macht euch für Caesars Anordnungen stark, die ihr seine Gesetze aufhebt? Folglich gehört jeder Einfall, den er, um ihn nicht zu vergessen, in sein Notizbuch eintrug, zu seinen Anordnungen, und man tritt, er sei so ungerecht und unnütz wie er wolle, für ihn ein; doch was der Mann vom Volke in einer ordentlichen Versammlung hat beschließen lassen, das soll nicht Teil seiner Anordnungen sein!

20 Aus was für Leuten besteht diese dritte Abteilung? «Aus Offizieren», heißt es. Wie – hatte diese Gruppe nicht schon auf Grund des Julischen, ja bereits auf Grund des Pompei-

schen und Aurelischen Gesetzes Zugang zum Richteramt[32]? «Man mußte ein bestimmtes Vermögen nachweisen», wendet man ein. Doch das galt nicht nur für Offiziere, sondern auch für römische Ritter; daher üben lauter tapfere und ehrenwerte Männer, ehemalige Truppenführer, das Richteramt aus, wie das immer schon der Fall war. «Danach frage ich nicht», erklärt man uns, «jeder ehemalige Truppenführer soll Richter sein.» Selbst wenn ihr diesen Vorschlag nur für die machtet, die in der Reiterei gedient haben (was sich eher hören ließe), würde niemand euch zustimmen; denn bei einem Richter muß man nicht weniger auf das Vermögen achten als auf den Rang. «Darum kümmere ich mich nicht», sagt man uns, «ich nehme sogar die gewöhnlichen Soldaten der Haubenlerchen-Legion[33] unter die Richter auf; nur so, sagen unsere Leute, können sie sich durchsetzen.»

Wie anrüchig ist diese Auszeichnung für die Ahnungslosen, die ihr zu Richtern machen wollt! Denn darauf läuft ja das Gesetz hinaus: in der dritten Abteilung sollen Leute Recht sprechen, die gar nicht unabhängig Recht zu sprechen wagen. Was für eine Fehlrechnung, ihr unsterblichen Götter, bei denen, die sich dieses Gesetz ausgedacht haben! Denn je mehr jemand wegen seiner niedrigen Herkunft verachtet wird, desto mehr muß er bestrebt sein, diesen Makel durch strenge Urteile zu tilgen und zu erreichen, daß man ihn der angesehenen Abteilungen für würdig hält und nicht mehr glaubt, er sei mit Recht der verrufenen Abteilung zugewiesen worden.

Man hat noch ein zweites Gesetz vorgeschlagen: daß 21
denen, die wegen Gewaltanwendung oder Hochverrats verurteilt seien, die Berufung an die Volksversammlung offenstehen solle[34]. Was ist das nun: ein Gesetz oder die Aufhebung aller Gesetze? Denn wem kann heutzutage daran liegen, daß dieses Gesetz existiert? Niemand steht auf Grund

der genannten Gesetze vor Gericht, niemand muß, meine ich, künftig damit rechnen: was die Waffen durchsetzen, gelangt nie und nimmer vor ein Gericht. «Die Maßnahme ist doch volksfreundlich.» Ich wollte, ihr wärt *einmal* zu einer volksfreundlichen Tat bereit! Denn jetzt kennen alle Bürger, was das Wohl unseres Staates betrifft, nur *eine* Meinung und *eine* Stimme. Wozu also der Eifer, ein Gesetz einzubringen, mit dem man nur äußerste Schande und keinerlei Beifall ernten kann? Denn was ist schändlicher, als daß jemand, der sich durch Gewaltanwendung an der Hoheit des römischen Volkes vergangen hat, nach seiner gerichtlichen Verurteilung abermals die Gewalt anwendet[35], derentwegen er rechtmäßig verurteilt worden ist?

22 Doch wozu noch lange von diesem Gesetz reden? Als ob es darum ginge, daß jemand Berufung einlegen kann. Darum geht es, das will man erreichen, daß niemand mehr auf Grund der genannten Gesetze vor Gericht gestellt wird. Denn wo ließe sich noch ein Ankläger auftreiben, hirnverbrannt genug, sich, falls der Angeklagte verurteilt würde, dem gedungenen Pöbel auszuliefern, wo ein Richter, der einen Angeklagten zu verurteilen wagte, um daraufhin selbst vor die bezahlten Knüppelbanden gezerrt zu werden? Nicht ein Recht auf Berufung will dieser Vorschlag einräumen, sondern zwei äußerst wirksame Gesetze und Gerichtshöfe will er beseitigen. Bedeutet das nicht, daß man die jungen Leute ermuntert, als streitsüchtige, als aufrührerische, als unheilstiftende Elemente der Bürgerschaft aufzutreten? Und zu welchen Ausschreitungen wird sich der Wahnwitz der Tribunen nicht hinreißen lassen, wenn diese beiden Gerichtshöfe, die gegen Gewaltanwendung und Hochverrat, beseitigt sind?

23 Widerstreitet das nicht den Gesetzen Caesars, die jedem, der wegen Gewaltanwendung, und jedem, der wegen Hoch-

verrats verurteilt ist, die Strafe der Verbannung auferlegen[36]? Wenn man denen das Recht auf Berufung gibt, hebt man dann etwa nicht die Anordnungen Caesars auf? Diese Anordnungen, versammelte Väter, habe ich nie gebilligt, und trotzdem meinte ich, man solle sie um des inneren Friedens willen befolgen: ich war der Ansicht, daß man jetzt weder die Gesetze beseitigen dürfe, die Caesar selbst bei seinen Lebzeiten eingebracht hat, noch diejenigen, die, wie ihr wißt, erst nach seinem Tode hervorgeholt und veröffentlicht worden sind.

Aus der Verbannung wurden sie zurückgerufen – von 24
einem Toten; das Bürgerrecht erhielten nicht nur Einzelpersonen, sondern ganze Völker und Provinzen – von einem Toten; durch zahllose Vergünstigungen sind unsere Steuereinnahmen herabgesetzt worden – von einem Toten. Die Dinge also, die man unter der Aufsicht eines einzigen, allerdings ausgezeichneten Mannes aus seinem Hause hervorholt, befolgen wir, doch die Gesetze, die Caesar selbst unter unseren Augen vorgelesen, bekannt gegeben und eingebracht hat, auf die er stolz war, nachdem er sie eingebracht hatte, und die er für die Grundlagen unseres Staates hielt: über die Provinzen, über das Gerichtswesen – diese Gesetze Caesars, sage ich, wollen wir, die wir für die Anordnungen Caesars eintreten, über den Haufen werfen? Doch 25
über die Gesetze, die man jetzt vorschlägt, können wir wenigstens ungehalten sein; bei denen hingegen, die angeblich schon eingebracht sind, war uns nicht einmal das erlaubt – man hat sie ja ohne jede Vorschlagsfrist eingebracht, ehe sie schriftlich aufgesetzt waren.

Ich frage jedoch, weshalb ich oder jemand von euch, versammelte Väter, sich vor schlechten Gesetzen fürchten sollte, solange wir gute Volkstribunen haben. Sie stehen für uns bereit, Einspruch zu erheben, stehn bereit, mit Hilfe

religiöser Vorschriften[37] für die Belange des Staates einzutreten; wir dürfen frei sein von jeder Furcht. «Mit was für Einsprüchen», heißt es[38], «kommst du mir da, mit was für religiösen Vorschriften?» Mit denen natürlich, die das Wohl unseres Staatswesens verbürgen. «Damit halten wir uns nicht auf; das ist unserer Meinung nach veraltetes, unsinniges Zeug. Das Forum wird abgeriegelt, alle Zugänge werden versperrt, und bewaffnete Posten nehmen allerorten Auf-
26 stellung.» Was dann? Was so zustande kommt, soll das ein Gesetz sein? Und das, möchte ich meinen, laßt ihr auf Erztafeln anbringen, mit der bekannten Formel: «Die Konsuln machten dem Volke rechtmäßig den Vorschlag» – sieht so das Vorschlagsrecht aus, das uns die Vorfahren hinterlassen haben? «... das Volk beschloß rechtmäßig» – welches Volk? Dem man die Teilnahme verwehrt hat? Und weshalb rechtmäßig? Etwa deshalb, weil man alles Recht mit Waffengewalt beseitigt hat?

Ich rede hier von Dingen, die uns bevorstehen; denn es ist Sache der Freunde, beizeiten zur Sprache zu bringen, was sich noch vermeiden läßt – wenn das dann nicht eintritt, dann widerlegen meine Worte sich von selbst. Ich meine die Gesetze, die man jetzt vorschlägt, bei denen wir noch freie Hand haben. Ich weise Fehler nach: beseitigt sie; ich sage Waffengewalt voraus: haltet sie von uns fern.

27 Erzürnt über mich zu sein, Dolabella, der ich für das Wohl des Staates eintrete, stünde euch schlecht an. Doch du wirst das, denke ich, nie tun (ich weiß, wie umgänglich du bist); von deinem Kollegen aber heißt es, er sei in seinen jetzigen Verhältnissen, die er für gut hält (ich würde sie, um mich nicht deutlicher auszudrücken, für erfreulicher halten, wenn er sich das Konsulat seiner Großväter und seines Onkels[39] zum Vorbild nehmen wollte) – er sei, höre ich, zornmütig geworden. Ich aber begreife gut, wie schlimm es ist, densel-

ben Mann über sich erzürnt zu sehen, der auch über Waffen verfügt, insbesondere wenn das Schwert so viel Straffreiheit genießt wie jetzt.

Doch ich will einen Vorschlag machen, den ich für recht und billig halte; M. Antonius wird ihn bestimmt nicht zurückweisen. Ich will, sofern ich mich beleidigend über seinen Lebenswandel oder seinen Charakter äußere, nichts dagegen haben, wenn er mich dann für seinen ärgsten Feind hält; sofern ich jedoch an der Gewohnheit, die ich als Politiker seit jeher befolge, festhalte, das heißt rückhaltlos ausspreche, wie ich die politische Lage beurteile, dann verlange ich an erster Stelle, er möge nicht über mich erzürnt sein; dann aber, wenn ich das nicht erreichen kann, bitte ich darum, daß er so über mich erzürnt sein möge wie über einen Bürger. Von den Waffen mache er Gebrauch, wenn das, wie er sagt, um seiner Sicherheit willen nötig ist; doch denen, die um des öffentlichen Wohles willen aussprechen, was sie für richtig halten, dürfen diese Waffen nicht schaden. Kann man etwas fordern, was berechtigter wäre als dies?

Nun haben mir einige seiner Freunde gesagt, daß ihn jede 28
Rede, die seinen Absichten zuwiderläuft, schwer kränke, auch wenn sie nichts Beleidigendes enthalte: wenn dem so ist, dann will ich diese Schwäche eines Freundes ertragen. Doch dieselben Leute bedeuten mir auch: «Du, ein Gegner Caesars, darfst dir bestimmt nicht so viel herausnehmen wie Piso, sein Schwiegervater[40].» Und zugleich geben sie mir einen Hinweis, den ich beherzigen will: «Als Grund, einer Senatssitzung fernzubleiben, zählt eine Krankheit ebensowenig wie der Tod.»

Doch bei den unsterblichen Göttern – denn wenn ich dich 29
anblicke, Dolabella, der du mir so teuer bist, dann kann ich über den Irrtum von euch beiden nicht einfach hinweggehen: ich glaube nämlich, daß ihr als Männer von Adel nach

Großem strebt, nicht (wie einige allzu rasch Urteilende glauben) nach Geld, das reiche und glänzende Naturen stets verachtet haben, und daß ihr auch nicht auf brutale Gewalt und eine für das römische Volk gänzlich unannehmbare Machtstellung erpicht seid, sondern auf die Liebe eurer Mitbürger und auf Ruhm. Der Ruhm aber besteht in dem Lob, das man für rechtes Handeln und große Verdienste um den Staat empfängt und das ebenso von den Besten wie von der Menge bezeugt und bestätigt wird.

30 Ich würde dir jetzt schildern, Dolabella, welche Früchte
rechtes Handeln einbringt, wenn ich nicht wüßte, daß du das
eine Zeitlang mehr als andere erfahren hast. Kannst du dir
einen Tag deines Lebens ins Gedächtnis zurückrufen, der dir
heller geleuchtet hat als jener, da du dich, nachdem du das
Forum gereinigt, den Auflauf skrupelloser Elemente zer-
streut, die Rädelsführer der Strafe überantwortet und die
Stadt von Feuersbrunst und drohendem Mord befreit hat-
test, nach Haus begabst[41]? Welcher Stand, welche Gruppe,
kurz welche Bevölkerungsschicht hat dir damals nicht
begeistert Lob und Anerkennung gezollt? Ja auch mir, den
man für deinen Ratgeber in diesen Angelegenheiten hielt,
sprachen rechtschaffene Leute um deinetwillen ihren Dank
und Glückwunsch aus. Erinnere dich bitte an den einhelli-
gen Beifall des Theaters, Dolabella, als sie sich allesamt über
die Dinge hinwegsetzten, derentwegen sie gegen dich aufge-
bracht waren[42], und zu erkennen gaben, daß ihnen die
frische Wohltat die schmerzliche Erinnerung an das Frühere
31 genommen habe. Über ein solches Maß, P. Dolabella (ich
kann nur tief bekümmert davon reden), über ein solches
Maß, sage ich, von Anerkennung hast du dich gleichgültig
hinwegzusetzen vermocht?

Du aber, M. Antonius – denn an dich wende ich mich jetzt, obwohl du abwesend bist: ziehst du nicht den einen Tag, an

dem der Senat im Tempel der Tellus versammelt war, all den Monaten vor, die du nach Ansicht von Leuten, die hierüber ganz anders denken als ich, im Glück lebst? Welch herrliche Rede für eine allgemeine Verständigung! Von welcher Furcht hast du damals die Altgedienten, von welcher Sorge die Bürgerschaft befreit, als du deinen Kollegen, der Feindschaft entsagend und der Vorzeichen, die doch du, der Augur des römischen Volkes, verkündet hattest, nicht eingedenk – als du deinen Kollegen an jenem Tage zum ersten Male als Kollegen anerkanntest und dein kleiner Sohn, von dir aufs Kapitol entsandt, der Bürge des Friedens war[43]! Wann zeigte der Senat sich freudiger, wann das 32
römische Volk? Das hat sich ja niemals zahlreicher zu einer Versammlung eingefunden. Da erst waren wir überzeugt, daß die tapferen Männer uns befreit hatten; denn ganz ihrem Wunsche gemäß folgte nun auf die Freiheit der Friede.

Am nächsten, am übernächsten, am dritten, kurz an allen folgenden Tagen hast du unentwegt und Tag für Tag dem Staate gleichsam Geschenke gemacht, darunter als größtes die Abschaffung des Diktator-Titels[44]. Diesen Makel hast du – du, sage ich! – dem toten Caesar zu ewiger Schande eingebrannt. Denn wie wegen des Verbrechens des einen M. Manlius[45] auf Grund eines Beschlusses des manlischen Hauses kein patrizischer Manlier Marcus heißen darf, so hast du wegen des Hasses, den sich *ein* Diktator zugezogen hat, den Diktator-Titel gänzlich beseitigt.

Warst du nun, nachdem du für das Wohl unseres Staates 33
so Herrliches vollbracht hattest, mit deiner Stellung, deinem Einfluß, deinem Ansehen, deinem Ruhme nicht zufrieden? Woher dann plötzlich dieser radikale Sinneswandel? Ich bin nicht bereit anzunehmen, daß dich Geld verführt hat: mag jeder reden, was er will – das braucht man nicht zu glauben. Denn nie habe ich etwas Schmutziges, nie etwas Gemeines

an dir entdeckt. Gewiß läßt manch einer sich von seiner Umgebung korrumpieren; doch ich kenne deine Festigkeit – hättest du dich nur wie vor Schuld, so auch vor jedem Verdacht zu bewahren gewußt!

Doch davor bangt mir mehr, daß du aus Unkenntnis der wahren Bahn zum Ruhme glaubst, es sei rühmlich, als einzelner allen anderen an Macht vorauszusein, und daß du von deinen Mitbürgern lieber gefürchtet als verehrt sein möchtest. Wenn du das glaubst, dann hast du keine Ahnung von dem Wege, der zum Ruhme führt: als Mitbürger geschätzt zu sein, sich um den Staat verdient zu machen, Lob, Verehrung, Liebe zu erwerben, das ist rühmlich; doch Furcht und Haß um sich zu verbreiten, ist widerwärtig und abscheulich, ein
34 Zeichen von Schwäche und Unsicherheit. Eben dies hat, wie wir in einem Theaterstück sehen können, dem Manne, der da sagte

Hasse mich, wer will, solange er mich fürchtet[46], den Untergang bereitet.

Ich wünschte, M. Antonius, du hieltest dir deinen Großvater vor Augen! Du hast mich doch mancherlei von ihm erzählen hören, und bei vielen Gelegenheiten. Glaubst du, er wäre – und sei's um den Preis der Unsterblichkeit – bereit gewesen, sich durch den schrankenlosen Gebrauch militärischer Gewalt furchtbar zu machen? Darin bestand sein Leben, darin sein Glück: an Freiheit den anderen gleich zu sein, doch an Geltung der erste. Ich würde daher – um der glanzvollen Tage deines Großvaters nicht zu gedenken – selbst die Bitterkeit seiner letzten Stunden höher stellen als die Tyrannei eines L. Cinna, der ihn auf grausame Weise umbringen ließ[47].

35 Doch was suche ich durch Worte auf dich einzuwirken? Denn wenn dich das Ende C. Caesars nicht davon zu überzeugen vermag, daß es besser ist, beliebt, als gefürchtet zu

sein, dann werden auch alle Worte ohne Erfolg und Wirkung bleiben. Wer da glaubt, Caesar sei glücklich gewesen, steckt selbst im Unglück: niemand ist glücklich, der so lebt, daß er nicht nur straflos, sondern gar zum höchsten Ruhm des Tötenden getötet werden darf. Besinne dich also, ich bitte dich, und richte dich nach deinen Vorfahren und lenke den Staat so, daß deine Mitbürger froh sind, dich zu besitzen. Ohne dies kann niemand in Glück und Ansehen oder überhaupt nur in Sicherheit leben.

Das römische Volk hat euch beiden seine Meinung oft 36
bezeugt; daß ihr euch so wenig davon beeindrucken laßt, stimmt mich sehr verdrießlich. Da sind bei den Fechterspielen die unzähligen Rufe der Bürgerschaft; da sind die Sprechchöre des Volkes; da ist das unaufhörliche Beifallklatschen vor der Statue des Pompeius und da sind die beiden Volkstribunen, die sich euch widersetzen: kann man hieraus nicht deutlich genug ersehen, daß im ganzen römischen Volke eine unglaubliche Einmütigkeit herrscht? Und der Beifall bei den Apollinarischen Spielen oder vielmehr die Bekundungen und Meinungsäußerungen des römischen Volkes: kamen euch die unbedeutend vor? Gepriesen die Männer, die, obwohl bewaffnete Gewalt sie hinderte, in Person dabeizusein, trotzdem dabei waren und tief in den Herzen und innersten Gedanken des römischen Volkes hafteten! Oder dachtet ihr, man habe damals Accius zugeklatscht und ihm – nach sechzig Jahren – Anerkennung gezollt, nicht Brutus? Der mußte zwar den in seinem Namen veranstalteten Spielen fernbleiben; immerhin hat ihm während der glänzend ausgestatteten Darbietungen das römische Volk, obwohl er abwesend war, Sympathie bekundet, ja es hat den Schmerz über das Fehlen seines Befreiers durch Beifallklatschen und Rufe zu lindern gesucht[48].

Ich meinerseits habe dies Beifallklatschen, sooft es Ange- 37

hörigen der volksfreundlichen Partei galt, stets verachtet; wenn es jedoch von Bürgern oberer, mittlerer *und* unterer Schichten, kurz wenn es von überallher kommt und wenn sich gerade die, für die vorher die Zustimmung des ganzen Volkes maßgeblich war[49], nicht mehr danach richten, dann ist das für mich kein Beifallklatschen mehr, sondern ein Urteil. Wenn ihr diese Dinge für unwesentlich haltet, die in Wahrheit von größtem Gewicht sind, verachtet ihr dann auch, was ihr selbst erlebt habt: wie sehr dem römischen Volke die Genesung des A. Hirtius am Herzen lag? Es bedeutet schon viel, beim römischen Volke gut angeschrieben zu sein (wie er es ist), bei den Freunden beliebt (worin er jedermann übertrifft) und bei den Seinen geschätzt (die ihn wirklich über die Maßen schätzen); doch bei wem können wir uns an eine solche Besorgnis der Rechtschaffenen, an eine solche Furcht der Allgemeinheit erinnern? Bestimmt
38 bei keinem. Was folgt daraus? Bei den unsterblichen Göttern: begreift ihr nicht, was das zu bedeuten hat? Was, meint ihr wohl, denken die von eurem Leben, denen das Leben all derer so teuer ist, von denen sie sich Rat für das Wohl des Staates erhoffen?

Ich bin, versammelte Väter, für meine Rückkehr reichlich belohnt worden, weil ich aussprechen durfte, was – wie immer sich die Dinge jetzt entwickeln werden – als Zeugnis meiner unwandelbaren Grundsätze bestehen bleibt, und ihr mir freundlich und aufmerksam zugehört habt. Wenn mir diese Möglichkeit – ohne Gefahr für mich und euch – noch öfter zuteil wird, dann will ich sie nutzen; wenn nicht, dann will ich mich soweit möglich schonen – nicht um meinet-, sondern um des Staates willen. Ich habe wohl, denke ich, lange genug gelebt, ob man nun auf die Jahre blickt oder auf den Ruhm; was mir jetzt noch vergönnt sein mag, soll weniger mir als auch euch und dem Staate zugute kommen.

ZWEITE PHILIPPISCHE REDE

Einleitung

Antonius war über die erste Philippische Rede empört; er zog sich nach Tibur zurück und arbeitete dort mit Hilfe seines Rhetoriklehrers Sex. Clodius eine Erwiderung aus, die er während der Sitzung des 19. September in Abwesenheit Ciceros dem Senat zur Kenntnis brachte. Ihr Inhalt ist aus der ersten Hälfte von Ciceros Replik, der zweiten Philippischen Rede, ersichtlich. Hiernach begann Antonius mit dem Vorwurf, daß sich Cicero durch sein Verhalten am 2. September gegen den Geist ihrer gemeinsamen Freundschaft vergangen habe, um sodann zu einer Art Generalabrechnung mit Ciceros gesamter Politik auszuholen: Cicero habe als Konsul mit Hilfe bewaffneter Sklavenbanden das Todesurteil über die Catilinarier erzwungen; er sei der Anstifter des Mordes an Clodius; er habe die Freundschaft von Pompeius und Caesar zerstört und hierdurch den Bürgerkrieg verursacht; er sei außerdem der eigentliche Urheber von Caesars Ermordung; er habe sich im Lager des Pompeius durch seine Besserwisserei unbeliebt gemacht.

Die zweite Philippica präsentiert sich dem Leser als wirklich gehaltene Rede, die am 19. September im unmittelbaren Anschluß an die Attacke des Antonius vorgetragen worden sei; sie ist in Wahrheit – wie die sogenannte zweite Rede gegen Verres – eine erst nachträglich ausgearbeitete Flugschrift. Sie war am 24. Oktober vollendet. An diesem Tage übersandte Cicero sie dem Freunde Atticus mit dem

Bemerken (Ad Atticum 15, 13, 1): «Anbei die Rede. Es steht bei dir, ob du sie geheimhalten oder veröffentlichen willst. Wann wird wohl der Tag kommen, an dem du ihrer Herausgabe zustimmst?» Was Cicero mit seiner Frage meint, ergibt sich aus dem Schluß des Briefes (7): «Wie ich mich vor deinem Urteil fürchte! Doch was tut's: man wird sie ja nie veröffentlichen, es sei denn, unsere republikanische Freiheit wäre wiederhergestellt!» Und in einem Brief vom 5. November (er befaßt sich mit Details der Rede, die von Atticus beanstandet worden waren) verlautet entsprechend (16, 11, 1): «Möchte ich doch den Tag erleben, an dem diese Rede frei umherschweifen darf! ... Doch dazu bedürfte es einer Zeit wie noch unter den Dreimännern» (nämlich unter Pompeius, Caesar und Crassus). Diese Bemerkungen legen die Annahme nahe, daß die zweite Philippica erst nach Ciceros Tod veröffentlicht worden ist.

Zu dieser Annahme stimmt die Tonart des Ganzen: sie ist von größter Heftigkeit und unterscheidet sich hierdurch nicht nur von der ersten Philippica, sondern auch von allen späteren Vorwürfen an die Adresse des Antonius – die von Anfang an einkalkulierte Möglichkeit, die Schrift geheimzuhalten, gab Ciceros Virtuosität in der Handhabung des Wortes noch einmal Gelegenheit zu einer meisterlichen Invektive, die den Gegner als den Inbegriff aller Lasterhaftigkeit und Verruchtheit hinzustellen weiß. Schon die kurze Einleitung legt die Generallinie fest (1 f.): Antonius treibt's schlimmer als ein Catilina, als ein Clodius – Ciceros moralisierende Schwarzweißmalerei entfernt sich schon hier meilenweit von der politischen Wirklichkeit.

Im ersten Hauptteil (3–43) sucht Cicero Punkt für Punkt zu widerlegen, was Antonius gegen ihn vorgebracht hatte; der einseitige Angriff provoziert eine nicht minder einseitige Rechtfertigung. Mit seinen persönlichen Beziehungen zu

Antonius hält sich Cicero nicht allzu lange auf (3–10); das Gros der Verteidigungsanstrengungen gilt der Politik, den schweren Vorwürfen *(maxima crimina,* 36), mit denen Antonius auf diesem Felde aufgewartet hatte (11–36). Das Konsulat, meint Cicero, habe ihm nur Ehre und Anerkennung eingebracht – der Preis, den es kostete, die Verbannung, wird von ihm geflissentlich verschwiegen. Eine Teilhaberschaft an der Tötung des Clodius habe man ihm nicht einmal zur Zeit des Milo-Prozesses vorgeworfen – in seiner eigenen Rede für Milo, 47, liest es sich anders. Auch seine Beziehungen zu Pompeius und Caesar weiß er jetzt in eine makellos republikanische Perspektive zu rücken, und mit besonders kunstvoller Dialektik bestreitet er jeden Anteil an dem Plan der Ermordung Caesars. Schließlich, in einer Art Anhang, noch zwei Streitpunkte von geringerem Gewicht (37–43): während seines Aufenthaltes im Heerlager, erklärt Cicero, habe er mit Pompeius auf bestem Fuße gestanden, und im Gegensatz zur Behauptung des Antonius sei ihm schon manche Summe aus Erbschaften von Freunden zugeflossen.

Im zweiten Hauptteil folgt der Gegenangriff: Cicero nimmt am Faden der Chronologie das gesamte Vorleben seines Feindes durch (43–111). Dieser Abschnitt ist der kurzweiligere; in den durchweg brillant formulierten Beschimpfungen wechseln Hohn, Witz und Sarkasmus mit Pathos und Entrüstung, und die angeblichen politischen Bubenstücke des Antonius sind bunt durchwirkt mit Affären aus der chronique scandaleuse seines Privatlebens. Die Jugend: Schulden und Prostitution; die politischen Anfänge bis zur Quästur: Gewalttaten, Mißachtung des Götterwillens und anderes mehr (44–47; 47–50). In der folgenden, dem Tribunat geltenden Partie gibt Cicero den Vorwurf der Bürgerkriegsverursachung zurück; seine Anklage steigert sich zu eindringlicher Wucht, um alsbald im Stile der zweiten Verres-Rede zu geißeln, wie schändlich Antonius sich überall in Italien aufgeführt habe (51–58). Nach Pharsalus: Sittenlosigkeit, Habgier; als «Reiterführer» *(magister equitum)* Caesars Stellvertreter in Rom: abermals Habgier, ferner Saufgelage (hier die berühmt-berüchtigte Szene vom Vomitus in der Öffentlichkeit, 63), und in der Zeit der Kaltstellung der Aufkauf und die Vergeudung des Pompeius-Vermögens (59–62; 62f.; 64–70). So geht es fort, wobei sich Szene an Szene reiht: Mißhelligkeiten mit Caesar, wegen Schulden, ferner eine sonderbare Heimkehr zur Gattin (71–78). Von Caesar in Gnaden wiederaufgenommen, erhält er, zum Nachteil Dolabellas, das Konsulat; er versucht während des Luperkalienfestes am 15. Februar – sein «Glanzstück»! –, Caesar zum König zu krönen (78–84; 84–87). Unmittelbar nach den Iden des März treibt ihn Furcht, manches Gute zu tun (88–91) – um bald wieder ganz er selbst zu sein: Korruption, Handel mit gefälschten Anordnungen Caesars und vieles andere (92–111).

Der Schluß wendet sich der Gegenwart zu, dem 19. September: der Senat ist von Bewaffneten umstellt – warum? Gefolgsleute seien, wie Caesars Schicksal beweise, kein wirksamer Schutz; Antonius solle sich durch rechtmäßiges Handeln der Zuneigung seiner Mitbürger versichern (112–119).

Schematische Übersicht

Einleitung (1 f.):
Antonius überbietet Catilina und Clodius.

1. Teil (3–43):

Widerlegung der Vorwürfe des Antonius.
a) Die persönlichen Beziehungen; Ciceros angebliche Undankbarkeit (3–10).
b) Ciceros Politik (11–36):
  α) das Konsulat (11–20);
  β) die Ermordung des Clodius (21 f.);
  γ) das Zerwürfnis zwischen Pompeius und Caesar; der Bürgerkrieg (23 f.);
  δ) Caesars Ermordung (25–36).
c) Sonstige Vorwürfe (37–43):
  α) der Aufenthalt im Lager des Pompeius (37–40);
  β) Cicero als Erbe seiner Freunde (40–43).

2. Teil (43–111):

Gegenangriff: die Schandtaten des Antonius.
a) Die Jugend (44–47).
b) Die politischen Anfänge bis zur Quästur (47–50).
c) Das Tribunat (51–58).
d) Nach Pharsalus (59–62).
e) Als Reiterführer (62 f.).
f) Die Zeit der Amtlosigkeit (64–70).
g) Schulden, Mißhelligkeiten mit Caesar u. a. (71–78).
h) Das Konsulat bis zum Luperkalientage (78–84).
i) Die Krönungsszene am Luperkalientage (84–87).
j) Die erste Zeit nach Caesars Tod (88–91).

k) Korruption, Handel mit gefälschten Anordnungen Caesars (92–100).
l) Autoritäre Maßnahmen, Gewaltakte, tyrannisches Gebaren (100–111).

Schluß (112–119):
Die Gegenwart: der Senat von Bewaffneten umringt; Appell an Antonius.

ZWEITE PHILIPPISCHE REDE

Welcher Fügung meines Schicksals soll ich's zuschreiben, 1
versammelte Väter, daß uns in den letzten zwanzig Jahren[1] kein Feind unseres Staates vorgekommen ist, der nicht zugleich auch mir den Krieg erklärt hätte? Gewiß brauche ich meine Widersacher nicht beim Namen zu nennen: ihr könnt euch selbst darauf besinnen. Sie haben mir schlimmer gebüßt, als ich gewünscht hätte. Da bin ich über dich verwundert, Antonius: du ahmst ihre Taten nach und fürchtest dich nicht vor ihrem Ende. Denn bei den anderen wunderte ich mich nicht so sehr: niemand hatte sich ohne Not mit mir persönlich verfeindet; mit allen war ich aus politischen Gründen aneinandergeraten. Doch du, nicht einmal durch Worte gekränkt, wolltest skrupelloser scheinen als L. Catilina, rabiater als P. Clodius: du fielst ohne Anlaß mit Schmähungen über mich her und glaubtest, dein Bruch mit mir werde dich den schlechten Bürgern empfehlen.

Was soll ich davon halten? Ist Verachtung die Ursache? 2
Ich sehe nicht, wo mein Privatleben, mein Ruf, meine politische Tätigkeit oder mein bißchen Rednertalent einem Antonius das Recht gibt, auf mich herabzublicken. Hat er etwa geglaubt, es sei leicht, mich beim Senat anzuschwärzen? Diese Körperschaft hat berühmten Bürgern schon oft bezeugt, den Staat gut geleitet, doch mir allein, ihn gerettet zu haben[2]. Oder hat er sich mit mir in einem Redewettstreit messen wollen? Das wäre ein Geschenk für mich: wo fände ich einen ergiebigeren, wo einen unerschöpflicheren Stoff, als wenn ich in eigener Sache und gegen Antonius das Wort ergriffe? Nein – dies ist der Grund: er hat es für unmöglich gehalten, sich vor Seinesgleichen als Feind des Vaterlandes auszuweisen, wenn er nicht auch mit mir verfeindet wäre.

3 Bevor ich ihm nun wegen der übrigen Punkte antworte, will ich mich kurz über unsere Freundschaft äußern, die ich – wie er mir vorwirft – verletzt haben soll; das ist in meinen Augen ein unerhört schwerer Vorwurf.

Ich hätte, beklagt er sich, ich weiß nicht wann zu seinem Nachteil in ein Verfahren eingegriffen. Konnte ich anders: gegen einen Fremden und für jemanden, der mir sehr nahesteht; konnte ich anders: gegen eine Begünstigung, die nicht durch vielversprechende charakterliche Vorzüge, sondern durch die Blüte der Jahre erwirkt worden war; konnte ich anders: gegen eine Fehlentscheidung, die dieser Mensch mit Hilfe eines gänzlich ungerechtfertigten Einspruchs durchgesetzt hatte, unter Mißachtung des prätorischen Rechts? Doch das hast du wohl nur deshalb erwähnt, um dich der untersten Klasse zu empfehlen: jedermann sollte sich daran erinnern, daß du der Schwiegersohn eines Freigelassenen warst und deine Kinder die Enkel eines Freigelassenen, des Q. Fadius[3].

Immerhin hattest du dich meiner Leitung anvertraut (so drücktest du dich aus) und mich oft bei mir zu Hause aufgesucht. Wahrhaftig, wenn du das getan hättest, dann stünde es besser um deinen Ruf, besser um deine Sitten – doch du hast es nicht getan, und wenn du es gewollt hättest, dann wärst du von C. Curio[4] daran gehindert worden.

4 Bei der Bewerbung um das Augurat seist du vor mir zurückgetreten, hast du behauptet. Eine unglaubliche Frechheit, eine Unverschämtheit, die angeprangert zu werden verdient! Denn als mich, den das ganze Augurenkollegium aufgenommen wissen wollte, Cn. Pompeius und Q. Hortensius vorschlugen (man durfte ja nur von zwei Mitgliedern vorgeschlagen werden), da warst du zahlungsunfähig und glaubtest, es gebe nur *eine* Rettung für dich: den Untergang unseres Staatswesens. Konntest du dich damals

überhaupt um das Augurat bewerben, während Curio nicht in Italien war? Und als du dann gewählt wurdest: hättest du ohne Curio auch nur *einen* Stimmbezirk für dich gewonnen? Selbst seine Freunde sind wegen Gewaltanwendung verurteilt worden: sie hatten sich allzu eifrig für dich eingesetzt[5].

Du willst mir einen Dienst erwiesen haben. Welchen 5
denn? Zwar habe ich eben dies, was du hier erwähnst, nie bestritten – ich wollte lieber zugestehen, daß ich dir verpflichtet sei, als bei einem so uneinsichtigen Menschen nicht dankbar genug erscheinen. Also – welchen Dienst? Daß du mich in Brundisium nicht totgeschlagen hast? Den der Sieger persönlich (der dich, wie du selbst dich oft gerühmt hast, mit dem Oberbefehl über seine Räuberbanden betraut hatte) – den er geschont wissen wollte, dem er ausdrücklich gestattete, nach Italien zu gehen, den hättest du zu töten gewagt[6]?

Angenommen, du warst dazu in der Lage. Ist das nicht die einzige Wohltat, versammelte Väter, die Räuber für sich beanspruchen können: sie hätten jedem das Leben geschenkt, dem sie es nicht genommen haben? Wenn das wirklich eine Wohltat wäre, dann hätten die Männer, die dem Gewaltigen den Tod bereiteten, obwohl er sie begnadigt hatte (auch du wirst nicht müde, sie bewundernswert zu nennen) – dann hätten sie niemals so viel Anerkennung gefunden. Denn was ist das für eine Wohltat: du unterläßt ein scheußliches Verbrechen? Da hatte ich weniger Grund, mich zu freuen, daß ich nicht von dir getötet worden war, als zu bedauern, daß du das straflos hättest tun können.

Doch meinetwegen: es sei eine Wohltat, da man ja aus der 6
Hand eines Räubers keine größere hätte empfangen können. Doch was veranlaßt dich, mich deshalb undankbar zu nennen? Mußte ich mich des Klagens über unseren zusammenbrechenden Staat enthalten, nur um den Anschein zu

vermeiden, ich sei dir gegenüber undankbar? Meine Klage[7] mag nun zwar Betroffenheit und Trauer gezeigt haben (immerhin nur in dem Maße, zu dem die vom Senat und vom römischen Volke mir anvertraute Stellung mich verpflichtet) – doch was habe ich darin mit herabsetzenden Ausdrükken, was nicht zurückhaltend, nicht wohlwollend vorgebracht? Denn wieviel Selbstbeherrschung gehörte dazu, in einer Klage über M. Antonius keine Scheltworte zu gebrauchen – wo du doch die letzten öffentlichen Mittel verschwendet hattest, wo in deinem Hause ein schimpflicher Handel stattfand, bei dem alles käuflich war, wo du selbst zugabst, daß Gesetze ohne jede Vorschlagsfrist von dir und zu deinen Gunsten eingebracht worden waren, wo du als Augur die Vogelschau, als Konsul das Einspruchsrecht beseitigt hattest[8], wo du dich auf die abstoßendste Weise von bewaffneten Leuten begleiten ließest, wo du in deinem schamlosen Hause Tag für Tag alle nur denkbaren Schändlichkeiten
7 vollführtest, ausgezehrt durch Wein und Unzucht! Doch ich, als stritte ich mich mit M. Crassus[9] (wie ich das oft und heftig getan habe) und nicht mit dem übelsten aller Banditen – ich habe mich nachdrücklich über die politische Lage beklagt, ohne auf deren Urheber einzugehen. So will ich ihm denn heute klarmachen, wie sehr ich ihn damals geschont habe.

Nun hat er auch einen Brief verlesen, den er von mir erhalten haben will: als Mensch ohne Taktgefühl und ohne Umgangsformen. Denn wer hätte je – vorausgesetzt, er ist nur halbwegs mit den Gepflogenheiten gesitteter Leute vertraut – eine Meinungsverschiedenheit zum Anlaß genommen, einen Brief, den ein Freund ihm gesandt hat, bekannt zu geben und öffentlich zu verlesen? Heißt das nicht, unserem Leben den lebendigen Umgang, heißt das nicht, ihm das Gespräch unter Freunden nehmen, die räumlich voneinander getrennt sind? Wieviele Scherze finden sich in Briefen, die abgeschmackt wirken, wenn man sie veröffentlicht, wieviele ernste Betrachtungen, die um keinen Preis unter die Leute gebracht werden dürfen!

Soweit seine Taktlosigkeit – seht jetzt, wie unglaublich 8
dumm er ist! Denn was könntest du mir auf folgendes erwidern, du gewaltiger Redner – für den zumindest Seius Mustela und Numisius Tiro[10] dich halten? Da sie eben jetzt mit Schwertern bewaffnet vor den Augen des Senats bereit stehen, will auch ich dich für einen gewaltigen Redner halten, wenn du mir zeigst, wie du sie in einem Mordprozeß verteidigst. Doch was würdest du mir erwidern, wenn ich behaupten wollte, ich hätte diesen Brief nie an dich geschrieben? Hättest du einen Zeugen, mich zu widerlegen? Wie wär's mit den Schriftzügen? Auf diese gewinnbringende Kunst verstehst du dich ja! Doch wie ginge das an: der Brief stammt von der Hand eines Schreibers! Da bin ich wirklich auf deinen Lehrer neidisch, der dir für einen so hohen Lohn (wie ich noch zeigen werde[11]) beibringt, gänzlich ahnungs-
los zu sein. Denn was steht einem Redner, überhaupt einem 9
vernünftigen Menschen schlechter zu Gesicht, als einem Gegner etwas vorzuwerfen, was dieser nur zu leugnen braucht – und schon kommt er mit seinem Vorwurf keinen Schritt mehr voran?

Doch ich bestreite nichts – und kann dir eben deshalb nicht nur deine Taktlosigkeit, sondern auch deine Unvernunft nachweisen. Denn wo findet sich in diesem Briefe eine Wendung, die etwas anderes enthielte als Höflichkeit, Hilfsbereitschaft, Wohlwollen? Alles, was du mir vorwerfen könntest, ist, daß ich mich in meinem Brief nicht ungünstig über dich äußere, daß ich dir wie einem Mitbürger schreibe, wie einem rechtschaffenen Manne, nicht wie einem Verbrecher und Banditen.

Ich meinerseits werde deinen Brief – obwohl ich das, von dir herausgefordert, mit Recht tun könnte – nicht bekannt geben. Du bittest mich darin, ich möge dir erlauben, jemanden aus der Verbannung zurückzurufen[12], und du schwörst, du werdest das nur tun, wenn ich einverstanden sei. Und du hast das auch erreicht. Denn wozu sollte ich deiner Skrupellosigkeit in den Weg treten, wo dich weder das Ansehen dieser Versammlung noch die Meinung des römischen
10 Volkes noch irgendein Gesetz hätte hindern können? Doch was bezwecktest du damit, daß du mich batest, wenn der Mann, um dessentwillen du batest, schon durch ein Gesetz Caesars[13] zurückgerufen worden war? Offensichtlich ging es ihm um meine Bestätigung – in einer Sache, in der nicht einmal seine eigene etwas bedeutete, da doch ein Gesetz vorhanden war.

Nun habe ich, versammelte Väter, zu meinen Gunsten einiges und gegen M. Antonius eine Menge vorzubringen; da bitte ich mir das eine von euch aus: daß ihr mir, wenn ich für mich spreche, freundlich zuhört – das andere will ich schon selbst erreichen: daß ihr, wenn ich mich gegen ihn wende, gut aufpaßt. Zugleich bitte ich euch um folgendes: da ihr wißt, daß ich in meinem ganzen Leben und nicht minder in meinen Reden nach Ausgewogenheit und Maß gestrebt habe, glaubt nicht, ich hätte mich heute selbst vergessen, wenn ich diesem Menschen so, wie er mich herausgefordert hat, antworte. Ich werde ihn nicht behandeln wie einen Konsul – auch er hat mich nicht behandelt wie einen ehemaligen Konsul. Dabei ist er unter keinen Umständen Konsul: da er ein solches Leben führt und eine solche Politik treibt und aus solchen Wahlen hervorgegangen ist[14]; ich hingegen bin ohne jeden Zweifel ehemaliger Konsul.

11 Damit ihr nun begreift, als was für einen Konsul er selbst sich angesehen wissen will, hat er mir mein Konsulat zum

Vorwurf gemacht. Ein Konsulat, versammelte Väter, das nur dem Namen nach mir gehört, in Wahrheit jedoch euch – denn was habe ich beschlossen, was ausgeführt, was getan, ohne mich auf den Rat, das Urteil und die Auffassung dieser Versammlung zu stützen? Und all das hast du, ein weitblikkender, nicht nur ein redegewaltiger Mann, bei denen anzugreifen gewagt, deren Rat und Einsicht dafür maßgeblich waren? Wer hat sich überhaupt bereit gefunden, mein Konsulat anzugreifen – außer dir und P. Clodius? Dessen Schicksal wird dich noch ereilen, wie es C. Curio ereilt hat: du hast ja das Wesen in deinem Hause, das den beiden zum Verhängnis geworden ist[15].

Unzufrieden ist M. Antonius mit meinem Konsulat. Doch 12
zufrieden war P. Servilius (um den an erster Stelle zu nennen, der – unter den ehemaligen Konsuln jener Jahre – in jüngster Zeit verstorben ist), zufrieden war Q. Catulus, dessen Name in unserem Staate nie verblassen wird, zufrieden waren die beiden Luculler, M. Crassus, Q. Hortensius, C. Curio, C. Piso, M'. Glabrio, M'. Lepidus, L. Volcatius, C. Figulus sowie D. Silanus und L. Murena, damals die für das folgende Jahr gewählten Konsuln, zufrieden war auch – ebenso wie die ehemaligen Konsuln – M. Cato, der sich durch seinen Freitod vieles erspart hat, unter anderem, daß er dich nicht als Konsul hat erleben müssen. Vor allem aber hat mein Konsulat die Billigung des Cn. Pompeius gefunden, der mir, als er mich nach seiner Rückkehr aus Syrien zum ersten Male sah, unter Umarmungen und Glückwünschen versicherte, das habe er mir zu verdanken, daß er das Vaterland wiedersehen dürfe. Doch was nenne ich einzelne? Der zahlreich versammelte Senat war in dem Maße zufrieden, daß niemand zögerte, mir wie einem Vater zu danken und anzuerkennen, daß ich ihm das Leben, das Vermögen, die Kinder, ja den Staat erhalten hatte[16].

13 Doch wir wollen uns – da unser Gemeinwesen der zahlreichen trefflichen Männer, die ich soeben genannt habe, beraubt ist – den Lebenden zuwenden: aus der Zahl der ehemaligen Konsuln sind noch zwei übrig.

L. Cotta, ein ungemein fähiger und ungemein kluger Mann, hat, als die von dir gerügten Maßnahmen durchgeführt waren, mit den schmeichelhaftesten Worten ein Dankfest beantragt, und alle die ehemaligen Konsuln, die ich vorhin genannt habe, sowie der ganze Senat haben ihm zugestimmt – diese Ehre ist seit der Gründung der Stadt keinem Zivilbeamten vor mir zuteil geworden[17].

14 Und L. Caesar, dein Onkel: mit welchem Nachdruck, welcher Entschiedenheit, welcher Strenge hat er sich gegen den Mann seiner Schwester, deinen Stiefvater, ausgesprochen[18]! Den hättest du dir zum Vorbild und Ratgeber bei allen deinen Entschlüssen, ja in deiner ganzen Lebensführung ausersehen sollen; doch du wolltest lieber deinem Stiefvater gleichen als deinem Onkel. Dieses Mannes Rat habe ich, der Außenstehende, als Konsul befolgt – doch du, der Sohn seiner Schwester: hast du dich je in einer politischen Angelegenheit an ihn gewandt?

Doch an wen wendet er sich? Ihr unsterblichen Götter:
offensichtlich an Leute, bei denen wir sogar den Geburtstag
15 respektieren müssen. Heute ist Antonius nicht erschienen.
Warum nicht? Er gibt in seinem Park ein Geburtstagsessen. Zu wessen Ehren? Ich will keinen Namen nennen; nehmt an: zu Ehren eines Phormio, eines Gnatho oder eines Ballio[19]. Seht den Mann: wie abstoßend und scheußlich, wie unverschämt, abgefeimt und rücksichtslos – unerträglich! Du bist mit einem maßgeblichen Senatsmitglied und hervorragenden Mitbürger so nahe verwandt und suchst bei ihm keinerlei politischen Rat – Rat suchst du vielmehr bei Leuten, die dir, Habenichtse die sie sind, dein Vermögen durchbringen?

Gewiß doch: dein Konsulat ist Roms Rettung, das meine sein Verderben! In dem Maße ist dir also – mitsamt der Scham – dein Ehrgefühl abhanden gekommen: du hast dich nicht gescheut, in *dem* Tempel das Wort zu ergreifen, in dem ich den damaligen Senat, den mächtigen Herrscher des Erdkreises, um Rat fragte, du hingegen die widerwärtigsten Menschen mit Schwertern bewaffnet hast Aufstellung nehmen lassen[20]?

Du hast dich außerdem nicht gescheut (denn wovor 16
hättest du schon Scheu?) zu behaupten, während meines Konsulats hätte es auf dem Weg zum Kapitol hinauf von bewaffneten Sklaven gewimmelt. Warum nicht: um jene berüchtigten Senatsbeschlüsse durchzusetzen, habe ich den Senat mit Gewalt bedroht! Du Tropf, ob dir die Beschlüsse nun unbekannt sind (du kennst ja nur Schlechtes) oder nicht: daß du vor solchen Männern so unverschämt drauflos redest! Denn welcher römische Ritter, welcher junge Mann von Adel (dich ausgenommen), welcher Bürger beliebigen Standes (falls er noch nicht vergessen hatte, daß er Bürger sei) hat sich nicht, während der Senat in diesem Tempel tagte, auf dem Weg zum Kapitol hinauf befunden, wer hat sich damals nicht zum Waffendienst einschreiben lassen[21]? Da reichten weder die Schreiber aus, noch konnten die Register ihre Namen fassen. Denn wahrhaftig, als verwor- 17
fene Menschen ihren Plan gestanden, das Vaterland zu vernichten, als sie, durch die Aussagen von Mitwissern, durch ihre eigene Handschrift und gewissermaßen durch die laute Stimme der Urkunden genötigt[22], zugaben, sie hätten gemeinsam die Stadt in Brand stecken, die Bürger umbringen, Italien verwüsten und unser Staatswesen auslöschen wollen: wer hätte sich da nicht aufgefordert gefühlt, für die gemeinsame Sicherheit einzutreten, zumal der Senat und das römische Volk einen solchen Mann an der Spitze

hatten, daß es dir, wenn jetzt wieder so einer an dieser Stelle stünde, nicht anders ergangen wäre als den Leuten von damals?

Er behauptet, ich hätte die Leiche seines Stiefvaters nicht zur Bestattung freigegeben. So etwas hat mir nicht einmal P. Clodius je zum Vorwurf gemacht, der Mann, den ich mit Recht gehaßt habe, so daß es mir leid tut, daß du ihm in jeder
18 Art von Gemeinheit den Rang abgelaufen hast. Und wie kam dir hierbei in den Sinn, uns daran zu erinnern, daß du im Hause des P. Lentulus aufgewachsen warst? Du fürchtetest wohl, wir glaubten, daß aus deinen Anlagen nie ein solches Scheusal hätte hervorgehen können, wenn nicht die Erziehung dazugekommen wäre?

Du warst nun freilich so geistverlassen, daß du in deiner ganzen Rede mit dir selbst im Streit lagst; was du sagtest, war nicht nur zusammenhanglos, sondern auch unvereinbar und widersprüchlich – du hast nicht so sehr gegen mich als vielmehr gegen dich selbst gekämpft. Du hast zugegeben, daß dein Stiefvater an einem so furchtbaren Verbrechen beteiligt war; du hast bedauert, daß er bestraft wurde. So warst du mit allem, was ich getan habe, einverstanden und hast nur verworfen, was ganz und gar in die Verantwortung des Senats fiel. Denn die Ergreifung der Schuldigen war meine Sache, ihre Bestrafung die des Senats. Unser Redekünstler merkt nicht, daß er dem Manne, gegen den er spricht, Anerkennung zollt und die Leute, vor denen er spricht, mißbilligt.

19 Erst dieser Punkt: was ist das für eine ich sage nicht Frechheit (er will ja frech sein), sondern (was ihm am wenigsten paßt) Dummheit (in der er allen über ist): an den Weg zum Kapitol hinauf zu erinnern, während sich inmitten unserer Sitze Bewaffnete aufhalten, während in diesem Heiligtum der Eintracht, worin (ihr unsterblichen Götter!)

im Jahre meines Konsulats rettende Beschlüsse (sie haben uns bis zum heutigen Tage das Leben erhalten) gefaßt worden sind – während in diesem Heiligtum Männer mit Schwertern bereit stehn! Beschimpfe den Senat, beschimpfe die Ritter, die damals eng mit dem Senat verbunden waren, beschimpfe alle Stände, alle Bürger – gib aber wenigstens zu, daß unser Stand in diesem Augenblick von Ityräern[23] belagert wird. Nicht wegen deiner Frechheit erwähnst du in so schamloser Weise den Aufgang zum Kapitol, sondern weil du nicht bemerkst, in was für Widersprüche du dich verwickelst. Du bist wahrhaftig ein unverständiger Mensch: was ist absonderlicher, als daß jemand die Waffengewalt, die er selbst als Verderber des Staates angewandt hat, einem Retter des Staates zum Vorwurf macht?

An einer Stelle hast du auch noch witzig sein wollen. Ihr 20
guten Götter, wie schlecht dir das zu Gesicht stand! Du warst daran nicht ganz unschuldig: du hättest dir einigen Pfeffer von der Komödiantin, deiner Frau[24], verabfolgen lassen können. «Die Waffen mögen weichen vor der Toga[25].» Und? Sind sie damals nicht gewichen? Später freilich mußte die Toga vor deinen Waffen weichen. Es fragt sich also, was besser ist: daß vor der Freiheit des römischen Volkes die Waffen von Verbrechern weichen oder unsere Freiheit vor deinen Waffen. Doch mehr will ich dir wegen meiner Verse nicht antworten; ich behaupte nur ganz kurz, daß du weder davon noch sonst von literarischen Dingen etwas verstehst – ich hingegen habe mich dem Staate und meinen Freunden nie versagt und trotzdem mit meinen Schriften, allerlei Nebenwerk, erreicht, daß meine Nachtwachen und meine Geistesbeschäftigungen der Jugend Nutzen und dem römischen Namen Ehre bringen. Doch das gehört nicht hierher; wir wollen uns Wichtigerem zuwenden.

21 P. Clodius sei auf mein Betreiben getötet worden, sagtest du. Was dächten wohl die Leute, wenn er damals hätte sterben müssen, als du ihn auf dem Forum, unter den Augen des römischen Volkes, mit dem Schwert in der Hand verfolgtest: du hättest ja kurzen Prozeß gemacht, wenn er sich nicht auf die Treppe eines Buchladens gestürzt und, dort verschanzt, deinen Angriff abgewehrt hätte[26]. Ich habe an deinem Tun, wie ich gern zugebe, Anteil genommen – daß ich dir dazu geraten hätte, behauptest auch du nicht. Doch bei Milo konnte ich nicht einmal Anteil nehmen: er hatte die Sache ausgeführt, ehe jemand etwas von seinem Vorhaben ahnte. Aber ich habe ihm dazu geraten. Gewiß doch, das war Milos Art, daß er eines Ratgebers bedurfte, dem Staat einen Dienst zu erweisen. Aber ich war darüber erfreut[27]. Und? Hätte ich inmitten solcher Freude der ganzen Bürgerschaft als einziger traurig sein sollen?

22 Immerhin ist dem Tode des P. Clodius ein Prozeß gefolgt – wenn man ihn auch nicht sehr geschickt aufgezogen hat; denn was brauchte man ein neues Gesetz, jemandem, der einen Menschen getötet hatte, den Prozeß zu machen, wo es doch bereits ein gesetzlich geordnetes Verfahren gab[28]? Immerhin, es fand ein Prozeß statt: was damals, als die Sache verhandelt wurde, niemand gegen mich vorbrachte[29], das zu behaupten hat man so viele Jahre auf dich warten müssen?

23 Du hast dich ferner nicht gescheut zu sagen – und zwar sehr wortreich –, auf mein Betreiben hin sei die Freundschaft zwischen Pompeius und Caesar in die Brüche gegangen und so durch mein Verschulden der Bürgerkrieg entstanden. Mit dieser Annahme gehst du zwar nicht in allen Punkten fehl, wohl aber – worauf es hier zuallererst ankommt – hinsichtlich der Zeitfolge. Ich habe nämlich, als M. Bibulus, ein überaus verdienter Mitbürger, Konsul war[30], nichts unterlassen und mit aller Kraft und allen Mitteln versucht, Pom-

peius von dem Bündnis mit Caesar abzubringen. Damals war Caesar erfolgreicher: er hat ja seinerseits Pompeius von der Freundschaft mit mir abgebracht[31]. Dann aber, als sich Pompeius ganz und gar an Caesar anschloß: wie hätte ich da versuchen sollen, die beiden wieder zu trennen? Eine Torheit, darauf zu hoffen, eine Anmaßung, darauf Einfluß zu nehmen.

Zweimal hat es sich immerhin getroffen, daß ich Pom- 24
peius Ratschläge erteilte, die gegen Caesar gerichtet waren – die magst du tadeln, wenn du kannst: beim ersten Mal, er solle Caesars Oberbefehl nicht um weitere fünf Jahre verlängern, beim zweiten Mal, er dürfe nicht zulassen, daß Caesar von Gesetzes wegen die Befugnis erhalte, sich als Abwesender um ein Amt zu bewerben. Hätte ich ihn in dem einen oder anderen Punkte überzeugen können, dann wären wir nie in diese elende Lage geraten[32].

Und als Pompeius schon alle Machtmittel – die eigenen und die des römischen Volkes – in Caesars Hände gegeben hatte, als ihm zu spät aufgegangen war, was ich schon lange Zeit zuvor hatte kommen sehen, und als ich nun erkannte, daß das Vaterland in einen entsetzlichen Krieg verwickelt zu werden drohte, da war wiederum ich derjenige, der unaufhörlich zum Frieden, zur Verständigung, zum Ausgleich riet, und die Worte, die ich damals sprach, sind vielen bekannt: «Hättest du doch, Cn. Pompeius, das Bündnis mit C. Caesar entweder nie geschlossen oder nie gebrochen. Das eine hätte deinem Charakter, das andere deiner Klugheit Ehre gemacht[33].» Das waren seit jeher meine Ansichten, M. Antonius, über Pompeius und über die Politik; wenn sie sich durchgesetzt hätten, dann stünde unser Staatswesen unversehrt, und du lägst am Boden, in deiner Niedertracht, Armut und Schande.

Doch all das ist alt, dies hingegen neu: ich sei der Anstifter 25 von Caesars Ermordung. Jetzt muß ich befürchten, versammelte Väter, daß man denkt, ich hätte mir (was doch äußerst ehrenrührig ist) einen Scheinankläger verschafft und der solle mich nicht nur mit den eigenen, sondern auch mit einem Bündel fremder Verdienste schmücken. Wer hat denn unter den gemeinsamen Urhebern der herrlichen Tat meinen Namen vernommen? Und wessen Name wäre, wenn er dazu gehörte, verheimlicht worden? Verheimlicht, sage ich: wer wäre nicht sofort in aller Munde gewesen? Ich möchte behaupten: es hat sich eher mancher Nicht-Eingeweihte gebrüstet, er habe dem Bunde angehört, als daß ein Eingeweihter Wert darauf gelegt hätte, nicht genannt zu werden.

26 Ferner: wie groß ist die Wahrscheinlichkeit, daß mein Name angesichts so vieler Beteiligter, teils unbekannter, teils junger Leute, die niemanden geheim hielten, verborgen geblieben wäre? Und wenn die Ausführenden Ratgeber für die Befreiung des Vaterlandes brauchten: mußte dann gerade ich die beiden Brutus antreiben, wo sie doch beide Tag für Tag das Bild des L. Brutus vor Augen hatten, der eine auch das des Ahala? Bei diesen Vorfahren hätten sie sich von Fremden beraten lassen sollen, nicht von den Ihren, außerhalb und nicht im eigenen Haus? Wie – ein C. Cassius, einer Familie entstammend, die nicht nur jede Tyrannei, sondern schon die überlegene Stellung eines einzelnen ablehnte: der war bestimmt auf mich als Ratgeber angewiesen, wo er doch die Sache ohne seine berühmten Helfer bereits in Kilikien, an der Mündung des Kydnos, ausgeführt hätte, wenn Caesar am vereinbarten, nicht am gegenüber gelegenen Ufer gelandet wäre[34].

27 Einen Cn. Domitius hat nicht der Untergang des Vaters, eines berühmten Mannes, nicht der Tod des Onkels, nicht der Verlust des eigenen Ansehens getrieben, die Freiheit wiederzuerringen, sondern mein Rat? Habe ich etwa C. Tre-

bonius überredet? Dem ich nicht einmal zuzureden gewagt hätte! Desto größer ist der Dank, den der Staat ihm schuldet: er hat die Freiheit des römischen Volkes für wichtiger gehalten als die Freundschaft mit dem Einen und wollte lieber der Beseitiger der Tyrannei sein als ihr Teilhaber. Hat sich denn L. Tillius Cimber nach meinem Rat gerichtet? Seine Mitwirkung bei der Tat habe ich um so mehr bewundert, als ich nicht daran geglaubt hätte – deswegen bewundert, weil er keine Rücksicht auf die empfangenen Wohltaten, wohl aber Rücksicht auf das Vaterland nahm. Ferner die beiden Servilier (soll ich sie Casca nennen oder Ahala): meinst du, auch sie seien durch meinen Rat bestimmt worden, und nicht durch ihre Liebe zum Vaterland? Es würde zu weit führen, sie alle durchzugehen – herrlich für unseren Staat, daß es so viele waren, und für sie selbst ein Ruhmesblatt[35].

Doch erinnert euch, wie mich der scharfsinnige Mensch 28
überführt hat. «Als Caesar tot war», sagte er, «hob Brutus sofort den blutigen Dolch in die Höhe; er rief Cicero beim Namen und beglückwünschte ihn zur Wiederherstellung der Freiheit.» Warum gerade mich? Weil ich von der Sache gewußt hatte? Der Grund, daß er mich ansprach, war doch wohl der: er hatte eine Tat vollbracht, die den von mir selbst vollbrachten Taten ebenbürtig war, und so wollte er sich zuallererst von mir bezeugen lassen, daß sein Verdienst dem meinigen gleich käme.

Du aber, du Dummkopf ohnegleichen, begreifst du denn 29
nicht: wenn das, was du mir vorwirfst – ich hätte gewünscht, daß Caesar ermordet wird –, ein Verbrechen ist, dann ist es doch ebenfalls ein Verbrechen, sich über Caesars Tod zu freuen! Denn worin unterscheidet sich jemand, der eine Tat empfiehlt, von dem, der sie billigt? Oder was macht das aus: ob man wünscht, daß etwas geschieht, oder sich freut, daß es

geschehen ist? Wer hätte nun – abgesehen von denen, die Caesars Herrschaft bejahten – die Tat, ehe sie geschah, nicht herbeigewünscht oder, als sie geschehen war, nicht gebilligt? Sie alle sind demnach schuldig. Denn alle Rechtschaffenen haben, soviel an ihnen lag, Caesar ermordet; den einen fehlte die Entschlußkraft, anderen der Mut, wieder anderen die Gelegenheit, die Absicht hingegen niemandem.

30 Doch beachtet die Dummheit dieses Menschen oder richtiger dieses Schafskopfs. – Er sagte ja: «Brutus, den ich hier nenne, um ihm Ehre zu erweisen, hob den blutigen Dolch in die Höhe und rief nach Cicero; hieraus muß man schließen, daß er Mitwisser war.» Also gelte ich dir als Verbrecher, weil du argwöhnst, ich hätte etwas geargwöhnt; doch den Mann, der den vom Blute tropfenden Dolch vor sich hertrug, den nennst du, um ihm Ehre zu erweisen? Geschenkt, daß deine Worte diesen Blödsinn enthalten: deine Gedanken und Urteile enthalten davon noch weit mehr! Mach doch endlich einmal mit dir ab, du, der Konsul, was du von der Sache der beiden Brutus, des C. Cassius, des Cn. Domitius, des C. Trebonius und der übrigen halten willst! Schlaf deinen Rausch aus, sag ich dir, und laß ihn verdunsten – oder muß man Fackeln herbeischaffen, dich aus dem Schlaf zu reißen, der dich bei einer solchen Sache übermannt hat? Wirst du nie begreifen, daß du entscheiden mußt, ob die Männer, die diese Tat vollbracht haben, Mörder sind oder Freiheitshelden?

31 Nimm dich ein bißchen zusammen und bemüh dich einen Augenblick darum, wie ein nüchterner Mensch zu denken. Ich bin, wie ich selber zugestehe, mit den Genannten befreundet oder, wie mir von dir vorgeworfen wird, mit ihnen verbündet – ich behaupte, daß es hier nur ein Entweder-Oder gibt, und räume ein: wenn sie nicht die Befreier des römischen Volkes und nicht die Retter unseres Staates sind,

dann sind sie Schlimmeres als Messerstecher, als Totschläger, ja selbst als Meuchelmörder – so wahr es noch verwerflicher ist, den Vater des Vaterlandes[36] umzubringen, als den eigenen. Du kluger und nachdenklicher Kopf: was sagst du dazu? Wenn sie Meuchelmörder sind: warum hast du sie stets in Ehren genannt, sowohl in dieser Versammlung als auch vor dem römischen Volke? Warum wurde M. Brutus auf deinen Antrag hin von der gesetzlichen Vorschrift entbunden, sich nicht länger als zehn Tage aus der Stadt zu entfernen? Warum gipfelte die Feier der Apollinarischen Spiele in einer unglaublichen Ehrung für M. Brutus? Warum erhielten Brutus und Cassius Provinzen, warum zusätzliche Quästoren, warum eine größere Zahl von Legaten[37]? Und all dies ist dein Werk; du hältst sie also nicht für Totschläger. Folglich sind sie nach deiner Meinung Befreier, da ja etwas Drittes nicht in Betracht kommt.

Was gibt's? Bringe ich dich durcheinander? Denn viel- 32
leicht ist eine Beweisführung in der Form eines Entweder-Oder zu hoch für dich. Trotzdem, meine Schlußfolgerung läuft auf folgendes hinaus: daraus, daß du sie von jedem Verbrechen freigesprochen hast, ergibt sich, daß du sie ohne Einschränkung der größten Ehrung für würdig hältst.

So widerrufe ich jetzt meine Worte[38]. Ich will ihnen schreiben: wenn jemand sie frage, ob die Vorwürfe, die du mir gemacht hast, den Tatsachen entsprächen, dann dürften sie das nicht bestreiten. Ich fürchte nämlich schon, daß es für sie kein Ruhmesblatt ist, mir den Plan verheimlicht zu haben, oder daß es mir größte Schande einbringt, ihnen trotz Aufforderung nicht gefolgt zu sein. Denn hätte man je (beim heiligen Jupiter!) eine Tat vollbracht – nicht nur in dieser Stadt, sondern irgendwo auf der Welt –, die größer, die ruhmreicher, die des ewigen Andenkens der Menschheit würdiger wäre?

Dadurch, daß du mich an dieser Unternehmung beteiligt sein läßt, steckst du mich gewissermaßen zu den Anführern
33 ins trojanische Pferd. Ich habe nichts dagegen, ich bin dir sogar dankbar, welche Absicht du damit auch verbinden magst. Diese Tat ist nämlich so groß, daß der Haß, den du gegen mich erregen willst, in meinen Augen den Ruhm nicht aufwiegt. Denn wer ist glücklicher als die Männer, die du vertrieben und verbannt zu haben behauptest[39]? Welcher Ort wäre so verlassen oder so abweisend, daß er sie, wenn sie dorthin kommen sollten, nicht freundlich zu empfangen schiene? Welche Einwohnerschaft so fühllos, daß sie nicht, wenn diese Männer ihr vor Augen träten, die größte Genugtuung ihres Lebens erfahren zu haben glaubte? Und welche Nachwelt erwiese sich als so vergeßlich, welches Geschichtswerk als so undankbar, daß ihr Ruhm nicht in ewiger Erinnerung fortlebte? Wahrhaftig, du darfst mich in die Zahl dieser Männer aufnehmen!

34 Doch wegen eines Umstandes fürchte ich, daß dir niemand glaubt. Denn wenn ich dabei gewesen wäre, dann hätte ich nicht nur den Tyrannen, sondern die ganze Tyrannei aus unserem Staate entfernt, und wenn sich jener Griffel (wie man sich ausdrückt) in meiner Hand befunden hätte, dann glaube mir: ich hätte nicht nur einen Akt, sondern das ganze Stück vollendet[40].

Doch wenn es ein Verbrechen ist, Caesars Tod gewünscht zu haben, dann sieh bitte selbst, Antonius, was daraus für dich folgt: es ist ja allbekannt, daß du schon in Narbo mit C. Trebonius so etwas geplant hast, und wir haben beobachtet, daß dieses gemeinsame Vorhaben Trebonius veranlaßt hat, dich, als Caesar getötet wurde, beiseite zu rufen[41]. Ich aber (sieh, wie freundschaftlich ich mit dir umgehe) – daß du einmal etwas Gutes hast tun wollen, lobe ich, daß du nichts verraten hast, danke ich dir, und daß du die Tat nicht ausgeführt hast, nehme ich dir nicht übel: sie verlangte ja einen Mann.

Wenn dich jemand vor Gericht zieht und die Cassius- 35
Maxime[42], wer denn etwas davon gehabt habe, auf dich anwendet: sieh dich bitte vor, du könntest in Schwierigkeiten geraten. Zwar haben, wie du jedenfalls meintest, alle etwas davon gehabt, die nicht Knechte sein wollten, doch du das meiste: du bist nicht nur kein Knecht, sondern Tyrann; du hast dich im Tempel der Ops[43] von deiner ungeheuren Schuldenlast befreit, hast mit Hilfe derselben Rechnungsbücher unermeßliches Geld verschwendet, hast dir aus Caesars Haus so manches bringen lassen, hast dir in deinem eigenen Hause eine höchst profitliche Werkstatt für gefälschte Entwürfe und Aufzeichnungen und einen unüberbietbar schändlichen Markt für Landbesitz und Städte, für Steuerbefreiungen und Steuererhebungen eingerichtet.

Denn in der Tat: gab es ein Mittel, das dir aus deiner 36
Armut und Verschuldung geholfen hätte – abgesehen von Caesars Tod? Du kommst mir irgendwie verwirrt vor: schwant dir, daß man annehmen könnte, du habest etwas mit diesem Verbrechen zu tun? Ich will dich beruhigen: kein Mensch wird das glauben; es ist nicht deine Art, dem Staat einen Dienst zu erweisen – für diese herrliche Tat weiß sich der Staat seinen besten Männern verpflichtet. Ich sage nur, daß du dich darüber freust; ich behaupte nicht, daß du dafür verantwortlich bist.

Soviel als Antwort auf die schwersten Vorwürfe; ich muß mich jetzt noch zu den übrigen Punkten äußern.

Du hast mir meinen Aufenthalt im Lager des Pompeius 37
und überhaupt diese ganze Zeit vorgehalten. Nun, wenn sich damals – wie ich schon sagte[44] – mein Rat und mein Einfluß durchgesetzt hätten, dann wärst du heute ein armer

Mann, wir aber wären frei und unser Gemeinwesen hätte nicht so viele Feldherren und Truppen verloren.

Allerdings, das leugne ich nicht: weil ich kommen sah, was dann auch eingetreten ist, war ich niedergeschlagen – so sehr, wie das bei allen anderen rechtschaffenen Bürgern der Fall gewesen wäre, wenn auch sie den Lauf der Dinge hätten kommen sehen. Leid trug ich, ja Leid, versammelte Väter, um unseren Staat, den eure und meine Maßnahmen einst gerettet hatten und der nunmehr in kurzer Zeit zugrunde gehen würde.

Aber so naiv und unerfahren war ich nicht: in Verzweiflung zu geraten, weil ich nach einem Leben gegiert hätte, das mir, solange es dauern würde, nur aufreibende Ängste, sobald es dahin ginge, die Erlösung von aller Mühsal brächte. Daß unsere tüchtigsten Männer, die Leuchten unseres Staates, am Leben blieben, das wünschte ich: die vielen ehemaligen Konsuln und Prätoren, die vielen hochachtbaren Senatoren, ferner die ganze Jugendblüte unseres Adels und schließlich die Heerscharen vortrefflicher Bürger. Wenn die noch lebten (und wäre der Preis für den Frieden noch so hoch gewesen; denn jede Art von Frieden schien mir unter Bürgern besser zu sein als ein Krieg): wir hätten heute
38 einen freien Staat. Wenn sich also diese Ansicht durchgesetzt hätte und nicht gerade die Leute, deren Leben ich geschont wissen wollte, von Siegeszuversicht berauscht (um anderer Gründe nicht zu gedenken), gegen mich gewesen wären, dann sei gewiß: du hättest niemals in dieser Versammlung oder vielmehr: in dieser Stadt noch einen Platz gehabt.

Doch meine Reden sollen Cn. Pompeius von mir abspenstig gemacht haben[45]. Keineswegs: wen hätte er höher geschätzt, bei wem häufiger Gespräche oder Rat gesucht? Und das war nichts Geringes: daß wir trotz geteilter Meinung in grundsätzlichen Fragen der Politik an den gewohnten freundschaftlichen Beziehungen festhielten. Ich respektierte seine und er wiederum meine Ansichten und Ziele. Mir ging's zuerst um die Rettung des Lebens (damit wir später auf unsere Würde bedacht sein könnten), ihm vor allem darum, sofort die Würde zu wahren. Doch da wir beide eine feste Richtschnur unseres Handelns hatten, waren unsere Meinungsverschiedenheiten erträglich.

Wie dieser einzigartige und geradezu göttliche Mann über 39
mich gedacht hat, das wissen alle, die ihn auf der Flucht von Pharsalus nach Paphos[46] begleitet haben. Nie nannte er meinen Namen, ohne mir Ehre zu erweisen, ohne in den freundschaftlichsten Ausdrücken meiner zu gedenken: er gab zu, daß ich klarer gesehen und er sich allzu rosige Hoffnungen gemacht hatte. Und im Namen dieses Mannes wagst du mich anzugreifen: bin doch ich, wie du nicht leugnen kannst, sein Freund, du aber der Aufkäufer seines Vermögens[47].

Doch genug von dem Krieg, in dem das Glück dich allzu sehr begünstigt hat. Ich will dir auch nicht wegen der Witze antworten, die ich im Lager gemacht haben soll. Wir hatten dort bestimmt Sorgen genug; doch Menschen mögen in noch so schwerer Bedrängnis sein: sie lassen trotzdem, wenn sie denn Menschen sind, von Zeit zu Zeit ihrem Geist die
Zügel schießen. Daß Antonius einerseits meine Niederge- 40
schlagenheit rügt und andererseits meine Witze, zeigt deutlich, daß ich in beiderlei Hinsicht Maß gewahrt habe.

Du hast behauptet, mir flössen keinerlei Erbschaften zu. Ich wünschte, daß dieser Hieb säße! Dann wären ja noch viele meiner teuren Freunde am Leben. Doch wie bist du auf diesen Gedanken gekommen? Ich habe nämlich über zwanzig Millionen Sesterze an Einnahmen aus Erbschaften verbucht. Ich gebe jedoch zu, daß du in diesem Punkte mehr Glück hast: mich haben nur Freunde zu Erben gemacht, so daß sich mit der Annehmlichkeit (wenn es eine war) eine schmerzliche Erinnerung verband; dich hingegen hat jemand, den du nie gesehen hattest, L. Rubrius aus Casinum, zum Erben gemacht[48].

41 Bedenk doch, wie sehr dich jemand geschätzt haben muß, von dem du nicht weißt, ob er weiß oder schwarz war: den Sohn seines Bruders übergeht er; den des Q. Fufius, eines römischen Ritters von hohem Ansehen, eines seiner besten Freunde, nennt er nicht einmal, obwohl er ihn ständig als seinen Erben ausgegeben hatte; dich aber, den er nie gesehen, dem er jedenfalls nie seine Aufwartung gemacht hatte, setzte er zum Erben ein. Sag mir bitte auch, wenn es dir nichts ausmacht: wie waren die Züge des L. Turselius, wie seine Erscheinung, wie hieß sein Heimatort und wie sein Stimmbezirk? «Ich weiß nur», wirst du antworten, «was für Güter er besessen hat.» Der also hat seinen Bruder enterbt, um dich zum Erben einzusetzen. Er hat sich außerdem zahlreiche Vermögen wildfremder Leute (indem er die wahren Erben gewaltsam verdrängte, als ob er der Erbe
42 wäre) zu eigen gemacht[49]. Ich mußte mich indes vor allem deshalb über deinen dreisten Einfall wundern, von Erbschaften zu reden, weil du selbst doch die Erbschaft deines Vaters ausgeschlagen hast[50].

Um diese Dinge zusammenzubringen, hast du dich also, du aberwitziger Mensch, viele Tage lang im Reden geübt – auf einem Landsitz, der dir nicht gehört[51]? Allerdings geht es dir, wie deine besten Freunde immer wieder versichern, bei deinen Redeübungen darum, den Weindunst loszuwerden, nicht darum, deinen Geist zu schärfen. Immerhin bedienst du dich zum Scherz eines Einpaukers, den du und deine Saufbrüder für einen Redelehrer halten. Ihm hast du erlaubt, beliebige Sticheleien gegen dich vorzubringen, gewiß einem geistreichen Menschen – wenn es auch leicht ist, über dich und deine Genossen Witze zu machen. Beachte auch, wie sehr du dich von deinem Großvater[52] unterscheidest: der sagte in aller Ruhe, was der Sache dienlich war; du sagst eilfertig, was ihr schadet.

Doch was für ein Honorar hat dieser Redelehrer erhalten! 43
Hört, hört, versammelte Väter, und erseht daraus die Wunden unseres Staates: zweitausend Morgen Land aus der Mark von Leontinoi hast du dem Redelehrer Sex. Clodius zugewiesen, und zwar abgabenfrei, damit er dir für diesen gewaltigen Preis, entrichtet vom römischen Volke, beibringt, dummes Zeug zu reden[53]. Hast du das auch, du skrupelloser Mensch, den Aufzeichnungen Caesars entnommen? Doch ich will mich an anderer Stelle mit der leontinischen und der kampanischen Mark befassen[54]: Landgebiete, die er dem Staat entrissen hat, um sie durch Schandbuben von Besitzern herabzuwürdigen.

Denn jetzt habe ich, nachdem ich lange genug auf seine Anschuldigungen eingegangen bin, auch ein paar Dinge über ihn, meinen Zuchtmeister und Sittenwächter, vorzubringen. Ich will nämlich nicht alles auf einmal ausschütten, damit ich, wenn ich mich noch öfters mit ihm herumschlagen muß (und das muß ich gewiß), stets mit Neuem aufwarten kann – hierzu gibt mir die Fülle seiner Laster und Schandtaten jede Möglichkeit.

Was meinst du: wollen wir dein Leben von Jugend auf 44
betrachten? Ich denke ja – wir müssen von vorn anfangen. Erinnerst du dich, daß du Bankerott gemacht hast, als du noch unmündig warst? «Das war», wirst du sagen, «meines Vaters Schuld.» Meinetwegen: das ist ja ein Einwand, der deiner Kindesliebe alle Ehre macht! Doch das geht auf das Konto deiner Frechheit, daß du im Vierzehn-Reihen-Sperrsitz Platz genommen hast, obwohl das Roscische Gesetz[55] Bankerotteuren eine bestimmte Stelle zuweist, unabhängig

davon, ob jemand durch unglückliche Umstände oder aus eigener Schuld in Bankerott geraten ist.

Du nahmst das Männerkleid, du machtest sofort ein Frauenkleid daraus. Zuerst warst du ein Allerweltshürlein, mit festem Preis für den schändlichen Akt, und keinem geringen. Doch bald kam Curio[56] dazwischen, der dich aus dem Dirnengewerbe abzog und dir, als hätte er dir das Matronengewand verliehen, eine beständige und unverbrüchliche Ehe verschaffte.

45 Nie war ein gekaufter Lustknabe so seinem Herrn versklavt wie du dem Curio. Wie oft hat dich sein Vater aus dem Hause geworfen, wie oft Wächter aufgestellt, um dir den Eintritt zu verwehren! Doch du bist im Schutze der Nacht von der Lust gelockt, vom Lohn getrieben durchs Dach hineingeklettert. Schließlich konnte die Familie diese Schändlichkeiten nicht mehr ertragen. Weißt du, daß ich über mir wohlbekannte Dinge rede? Denk an die Zeit, als der alte Curio[57] in seinem Gram bettlägerig war, als der Sohn sich mir zu Füßen warf und dich unter Tränen meinem Schutz empfahl – er bat, ich solle ihn gegen seinen Vater verteidigen, wenn der sechs Millionen Sesterze von ihm verlange: in dieser Höhe, sagte er, habe er sich für dich verbürgt. Und er versicherte, in Liebe entbrannt wie er war, er werde, da er den Schmerz, von dir getrennt zu sein, nicht ertragen könne, in die Verbannung gehen.

46 Was für Mißlichkeiten dieser blühenden Familie habe ich damals gelindert oder vielmehr behoben! Dem Vater riet ich, die Schulden des Sohnes zu bezahlen, den jungen Mann, dessen Temperament und Geist zu den schönsten Hoffnungen berechtigten, mit Hilfe des Familienguts loszukaufen und ihm auf Grund seiner väterlichen Rechte und Befugnisse nicht nur den vertraulichen Umgang, sondern überhaupt jedes Zusammentreffen mit dir zu verbieten. Dir war

doch wohl erinnerlich, daß ich das alles empfohlen hatte – hättest du mich nichtsdestoweniger, wenn du dich nicht auf die Schwerter verließest, die wir hier vor uns sehen, mit beleidigenden Reden herauszufordern gewagt?

Doch wir wollen jetzt die Sittenskandale auf sich beruhen 47
lassen: manches könnte ich ohne Verletzung der Scham gar nicht erwähnen; du bist nämlich um so weniger angreifbar, als du dir Dinge erlaubt hast, die dir ein Feind – sofern er auf sich hält – nicht einmal vorzuwerfen vermag.

Seht euch den weiteren Lauf seines Lebens an: ich will ihn wenigstens kurz streifen. Denn zu dem, was er während des Bürgerkrieges, im schlimmsten Elend unseres Staates, getan hat, und zu dem, was er noch tagtäglich tut, drängt es mich jetzt. Und ich bitte euch: obwohl euch dies alles viel besser bekannt ist als mir, hört mir trotzdem – wie bisher – aufmerksam zu. Denn bei solchen Dingen kann es nicht ausbleiben, daß nicht nur das erste Kennenlernen, sondern auch die Erinnerung daran Empörung weckt. Trotzdem wollen wir uns, meine ich, bei der Zwischenzeit kurz fassen, damit wir nicht allzu spät zu den jüngsten Ereignissen kommen.

Im Tribunat des Clodius der engste Mitarbeiter – er, der 48
mir seine Dienste zur Verfügung gestellt haben will –, war er bei allen von Clodius entfachten Bränden die Fackel und betätigte er sich schon damals auch in dessen Hause – was ich damit meine, versteht er selbst am besten. Dann die Expedition nach Alexandrien: gegen den Willen des Senats, gegen das Staatswohl und die göttlichen Gebote. Doch Gabinius war sein Führer, unter dessen Schutz er sich ja alles mit größter Selbstverständlichkeit herausnehmen konnte. Und dann die Rückkehr von dort: wie verlief sie, oder wohin ging's? Aus Ägypten ins fernste Gallien, und dann erst nach Haus. Doch in welches Zuhause? Denn damals besaß zwar noch jedermann sein Haus – du allerdings hattest keins. Kein

Haus, sage ich: wo in aller Welt hättest du deinen Fuß auf eigenen Grund setzen können – außer im einzigen Misenum, wo du Teilhaber warst, als handle es sich um Sisapo[58]?

49 Du triffst aus Gallien ein; du willst dich um die Quästur bewerben. Wage nur zu behaupten, du seist zunächst zu deiner Mutter gegangen und dann erst zu mir. Ich hatte bereits einen Brief von Caesar erhalten: ich möge deine Entschuldigungen gelten lassen. Und so brauchtest du bei mir kein Wort über die Aussöhnung zu verlieren[59]. Daraufhin warst du mir gegenüber sehr zuvorkommend; ich wiederum verwendete mich für dich bei der Bewerbung um die Quästur.

Damals hast du – mit Billigung des römischen Volkes – P. Clodius auf offenem Markt zu töten versucht, und obwohl du diesen Versuch von dir aus unternahmst, ohne Einwirkung von meiner Seite, erklärtest du, deines Erachtens könnest du mir nur dadurch, daß du ihn umbrächtest, Genugtuung für das Unrecht leisten, das du mir angetan habest. Da wundere ich mich, wieso du sagen kannst, Milo sei durch mich zu seiner Tat angestiftet worden: dich, der du mir von dir aus dieselbe Sache anbotest, habe ich nie dazu ermuntert[60]. Und jedenfalls: wenn du bei deiner Absicht geblieben wärst, dann hätte ich lieber gesehen, man brächte sie mit deinem Streben nach Ruhm in Zusammenhang, und nicht mit irgendwelcher Rücksicht auf meine Gunst.

50 Du warst zum Quästor gewählt worden; unmittelbar danach liefst du, ohne einen Senatsbeschluß, ohne die Auslosung, ohne eine gesetzliche Regelung abzuwarten, zu Caesar[61]. Denn er sei, meintest du, die einzige Zuflucht auf der ganzen Welt, die der Armut, der Verschuldung, der Nichtswürdigkeit ruinierter Existenzen noch bleibe. Dort ludest du dich voll mit seinen Geschenken und deinem Raub (wenn man sich mit Raub volladen kann, den man sofort wieder

vergeudet) und kamst mittellos zum Tribunat herbeigeflogen, um es in diesem Amt, wenn möglich, deinem Ehemanne gleichzutun[62].

Hört jetzt bitte von seinen Taten: nicht von denen, die er gegen sich selbst und den Ruf seines Hauses ebenso unehrenhaft wie unbeherrscht, sondern von denen, die er gegen uns und unser Vermögen, kurz gegen das ganze Staatswesen ebenso pflichtvergessen wie skrupellos vollführt hat. Denn ihr werdet feststellen, daß von seiner Schlechtigkeit all unser Unglück seinen Anfang genommen hat.

Denn als ihr am 1. Januar des Konsulats von L. Lentulus 51
und C. Marcellus unser wankendes und fast schon zusammenbrechendes Staatswesen zu stützen suchtet und euch bemühtet, auch für C. Caesar, wenn er nur Vernunft annähme, eine Lösung zu finden, da schritt dieser Mensch mit seinem tribunizischen Machtwort, das er verkauft und verpfändet hatte, gegen eure Beschlüsse ein und lieferte so seinen Hals dem Beile aus, unter dem schon viele wegen geringerer Vergehen gestorben sind. Gegen dich, M. Antonius, hat der Senat – noch unversehrt und vor dem Erlöschen so vieler Leuchten – verhängt, was nach dem Brauch der Vorfahren gegen den Feind im Inneren verhängt zu werden pflegt[63]. Und du hast dich unterstanden, vor den versammelten Vätern gegen mich das Wort zu ergreifen, obwohl doch dieses Haus mich zum Retter[64], dich zum Feinde des Staates erklärt hat?

Die Erwähnung deines Verbrechens ist eine Zeitlang unterblieben, doch die Erinnerung daran ist noch nicht getilgt. Solange das Menschengeschlecht, solange der Name des römischen Volkes währt (und dem ist, wenn du es zuläßt, ewige Dauer beschieden), wird man von deinem verderblichen Einspruch reden. Hat der Senat vorschnell, hat er 52
unbedacht gehandelt, als du allein, ein junger Mann, die

ganze Versammlung daran hindertest, Maßnahmen für die Sicherheit des Staates zu ergreifen, und zwar nicht *einmal,* sondern immer wieder, und als du dich weigertest, in ein Gespräch über die Befugnisse des Senats einzutreten? Worum ging es denn? Nicht darum, deinen Plan der völligen Zerstörung und Auflösung unseres Staatswesens zu durchkreuzen? Nachdem dich weder die maßgeblichen Männer der Bürgerschaft durch Bitten noch die Älteren durch Mahnen noch auch der zahlreich versammelte Senat durch Verhandeln von deiner verkauften und verpfändeten Meinung hatten abbringen können, da erst, nach zahlreichen fruchtlosen Versuchen, versetzte man dir gezwungenermaßen den Schlag, den man bisher nur wenigen versetzt hat und
53 dem noch nie jemand ohne Schaden entronnen ist; da erst hat dieses Haus die Konsuln und die übrigen Beamten – die mit unbeschränkter und die mit beschränkter Befehlsgewalt – zu Kampfhandlungen ermächtigt. Dem wärst du nicht entkommen, wenn du dich nicht ins Lager Caesars begeben hättest.

Du, ja du, M. Antonius, hast als erster C. Caesar, dem Manne, der alles über den Haufen werfen wollte, einen Vorwand, Krieg gegen das Vaterland zu führen, verschafft. Denn was hat er gesagt, welchen anderen Grund seiner wahnwitzigen Absicht und Tat brachte er vor, als daß der Senat den Einspruch mißachtet, das tribunizische Recht mit Füßen getreten und Antonius abgewiesen habe[65]? Ich übergehe, wie falsch, wie nichtssagend diese Reden sind, um so mehr, als es für niemanden einen hinlänglichen Grund geben kann, gegen das Vaterland zu den Waffen zu greifen. Doch kein Wort über Caesar – du deinerseits kannst gar nicht bestreiten, daß es deine Rolle war, einen so verderblichen Krieg zu verursachen.

54 Du bist elend dran, wenn du begreifst, und elender noch,

wenn du nicht begreifst, daß dies in die Geschichte eingeht, dies die Erinnerung beschäftigt, dies auch bei der Nachwelt der spätesten Zeiten nicht in Vergessenheit geraten wird: die Konsuln waren aus Italien vertrieben und mit ihnen Cn. Pompeius, die Zier und Leuchte im Herrschaftsbereich des römischen Volkes; alle ehemaligen Konsuln, soweit ihre Gesundheit ihnen erlaubte, bei dem Unglück und der Flucht dabeizusein, die Prätoren und ehemaligen Prätoren, die Volkstribunen, ein großer Teil des Senats, die ganze junge Generation, mit einem Wort: unser Staatswesen war vertrieben und aus seinem angestammten Sitz verbannt[66]!

Wie demnach im Samen die Ursache der Bäume und 55
Büsche enthalten ist, so warst du der Same dieses leidvollen Krieges. Ihr beklagt, daß drei Armeen des römischen Volkes vernichtet sind[67]: vernichtet hat sie Antonius. Ihr vermißt eure erlauchtesten Mitbürger: entrissen hat sie euch gleichfalls Antonius. Der Einfluß dieser Versammlung ist beseitigt worden: beseitigt hat ihn Antonius. Überhaupt alles, was wir seither erleben mußten (und welches Unglück haben wir nicht erlebt?) – wenn wir richtig urteilen wollen, dann können wir nur einen dafür verantwortlich machen: Antonius. Wie Helena für die Trojaner, so war dieser Mensch für unseren Staat die Ursache des Krieges, die Ursache des Verderbens und des Untergangs. Und der Rest seines Tribunats entsprach dem Beginn: er setzte alles durch, was der Senat bis zum Zusammenbruch unseres Staates unmöglich zu machen gewußt hatte.

Doch seht seine Bosheit, aus seiner Bosheit geboren[68]! Er 56
setzte viele Unglückliche wieder in ihre Rechte ein: hierbei kein Wort zugunsten des Onkels! War er streng: warum nicht allgemein? War er voll Mitleid: warum nicht mit seinen Verwandten? Doch um von den anderen nicht zu reden: er hat Licinius Denticulus, der wegen Würfelspiels verurteilt

war, seinen Spielpartner, wieder in seine Rechte eingesetzt: als ob's verboten wäre, mit einem Verurteilten zu spielen – in Wahrheit, um sich mit Hilfe des Gesetzes seiner Spielschulden zu entledigen[69]. Was für einen Grund brachtest du beim römischen Volke vor, weshalb er wiedereinzusetzen sei? Wohl, daß man in Abwesenheit gegen den Angeklagten verhandelt und den Fall ohne rechtliches Gehör entschieden, daß man ihn nicht in einem Verfahren nach dem Gesetz gegen das Würfelspiel verurteilt, sondern mit bewaffneter Gewalt genötigt habe, oder endlich (was man im Falle deines Onkels behauptete), daß der Gerichtshof bestochen worden sei. Nichts von alledem – statt dessen: «Er ist ein ordentlicher Mann, wert, unser Mitbürger zu sein.» Das gehört doch gar nicht zur Sache! Trotzdem könnte ich, da ja eine Verurteilung an sich nichts ausmacht, Nachsicht üben; doch den allerärgsten Taugenichts, der sich nicht schämen würde, auch auf dem Forum dem Würfelspiel zu frönen – den, wenn er auf Grund des Gesetzes gegen das Würfelspiel verurteilt ist, in seine alten Rechte wiedereinsetzen, heißt das nicht, sich auf die handgreiflichste Weise zu seiner Spielleidenschaft zu bekennen?

57 Noch stets während seines Tribunats, als ihm Caesar, nach Spanien aufbrechend, Italien zum Zertrampeln überließ: wie benahm er sich auf seinen Reisen, wie zog er von Stadt zu Stadt! Ich weiß: ich verbreite mich jetzt über ganz bekannte Dinge, die in aller Munde sind, und darüber, was ich sage und noch sagen will, wissen alle, die damals in Italien waren, besser Bescheid, als ich, der ich's nicht war. Ich will trotzdem sein Verhalten Punkt für Punkt anprangern – auch wenn meine Darlegungen vor eurer Kenntnis in keiner Weise werden bestehen können. Denn wahrhaftig: wo auf der Welt hätte man je von einer solchen Schande vernommen, von einer solchen Schmach und Abscheulichkeit?

58 Im Keltenkarren fuhr er einher, der Volkstribun; Büttel mit lorbeergeschmückten Rutenbündeln[70] gingen ihm voraus, eine Komödiantin in ihrer Mitte, die in offener Sänfte mitgeschleppt wurde. Die pflegten die lokalen Würdenträger, angesehene Männer, denen es oblag, ihm zur Begrüßung entgegenzuziehen, nicht mit ihrem allseits bekannten Künstlernamen, sondern als Volumnia zu titulieren[71]. Dann schloß sich ein Wagen mit Zuhältern an und ein Gefolge, das aus Halunken bestand. Hinterdrein die Mutter: sie hatte sich nach der Mätresse des unsauberen Sohnes – wie nach einer Schwiegertochter – einzureihen. Die arme Frau, unglücklich durch ihren eigenen Schoß! Dieses schändlichen Treibens Spuren hat der Mensch überall eingeprägt: in den Städten, den ländlichen Bezirken, den Siedlungen, kurz in ganz Italien.

59 Bei seinen übrigen Taten, versammelte Väter, ist Kritik ein höchst mißliches und heikles Unterfangen. Er ging auf im Kriege; er berauschte sich am Blut von Mitbürgern, die nichts mit ihm gemein hatten; er war glücklich, wenn es möglich ist, inmitten des Verbrechens glücklich zu sein. Doch wir wollen den altgedienten Soldaten nicht zu nahe treten (obwohl sie sich in einer anderen Lage befanden als du: sie folgten ihrem Führer, du hast ihn eigens aufgesucht) – trotzdem: damit du mich nicht bei ihnen anschwärzen kannst, versage ich mir, auf diesen Krieg näher einzugehen.

Siegreich kehrtest du mit deinen Legionen aus Thessalien nach Brundisium zurück. Dort hast du mich nicht umgebracht. Ein großes Geschenk, denn zugegeben: du hättest es tun können. Allerdings war unter denen, die dich damals begleiteten, niemand, der nicht gemeint hätte, daß ich
Schonung verdiente[72]. So groß ist nämlich die Dankbarkeit 60
des Vaterlandes, daß mich selbst eure Legionen nicht anzutasten wagten; denn sie erinnerten sich, daß ich es einst

gerettet hatte[73]. Doch angenommen, du hättest mir geschenkt, was du mir nicht genommen hast, und ich verdankte dir mein Leben, weil ich's nicht durch deine Hand verlieren mußte: haben mir deine Übergriffe erlaubt, deinen Gnadenakt stets so zu achten wie anfangs – wo du doch voraussehen konntest, daß du all dies von mir zu hören bekämst?

61 Angekommen in Brundisium, lagst du alsbald in den zärtlichen Armen deines Schätzchens, der Komödiantin. Was gibt's? Sage ich denn die Unwahrheit? Wie peinlich, wenn man nicht leugnen kann, was zugeben zu müssen die größte Schande ist! Du schämtest dich nicht vor den Bürgern der Landstädte – und nicht einmal vor dem altgedienten Heer? Denn wer von den Soldaten hätte das Frauenzimmer damals in Brundisium nicht gesehen? Wer nicht gewußt, daß sie viele Tage gereist war, um dir zu gratulieren? Wer nicht schmerzlich bedauert, so spät zu erkennen, unter was für
62 einem Lumpen er gedient hatte? Dann abermals eine Durchquerung Italiens, in Begleitung derselben Komödiantin; in den Städten die Einquartierung der Soldaten, hart und drückend; in Rom die abscheuliche Jagd nach Gold, nach Silber und vor allem nach Wein.

Dann folgte, daß er ohne Wissen Caesars – der damals in Alexandrien war – auf Betreiben von dessen Freunden zum Befehlshaber der Reiterei ernannt wurde. Da glaubte er, gerade er habe ein Anrecht darauf, mit einem Hippias zu leben und dem Schauspieler Sergius die Lieferung von Rennpferden an den Staat zu überlassen. Damals hatte er sich nicht das Haus, das er jetzt kaum zu halten vermag, sondern das des M. Piso zur Wohnung ausersehen[74]. Was soll ich jetzt auf seine Anordnungen, auf seine Plünderzüge, auf die Erbschaften eingehen, die man ihm überließ und die er an sich riß? Ihn zwang die Not; er hatte niemanden, an den er sich wenden konnte. Noch nicht war von L. Rubrius, noch nicht von L. Turselius die gewaltige Erbschaft an ihn gefallen[75]; noch nicht hatte er für Cn. Pompeius und viele andere, die abwesend waren, plötzlich den Ersatzerben abgegeben. Er mußte nach Räuberart leben; er besaß nicht mehr als das, was er sich unrechtmäßig hatte verschaffen können.

Doch genug von den Dingen, die eine eher kraftvolle 63
Bösartigkeit bekunden: erörtern wir lieber, wie er sich auf die übelste Weise hat gehen lassen. Du, mit diesem Schlund, dieser Leibesbeschaffenheit, dieser Gladiatorenstärke deiner Statur: du hattest bei der Hochzeit des Hippias so viel Wein hinabgeschüttet, daß du genötigt warst, dich vor den Augen des römischen Volkes zu erbrechen – noch am folgenden Tage[76]. Wie scheußlich, dabei zu sein, ja nur davon zu hören! Wenn das während des Mahles passiert wäre, bei den gewaltigen Humpen, aus denen du trinkst: wer würde nicht meinen, das sei schlimm? Damals aber hat inmitten einer Versammlung des römischen Volkes und in Ausübung seiner amtlichen Obliegenheiten der Befehlshaber der Reiterei, der schon durch Rülpsen Anstoß erregt hätte, da er sich erbrechen mußte, seine Kleider und das ganze Tribunal mit nach Wein riechenden Speisebrocken besudelt. Doch dies war, wie er selbst zugibt, nur eine seiner Ferkeleien – wir wollen uns jetzt seinen Glanzstücken zuwenden.

Caesar reiste aus Alexandrien ab – glücklich, wie er jeden- 64
falls glaubte; doch nach meiner Meinung kann jemand, der das Unglück seines Vaterlandes ist, niemals glücklich sein. Die Lanze war vor dem Tempel des Jupiter Stator aufgepflanzt; das Vermögen des Cn. Pompeius – wehe mir: meine Tränen sind erschöpft, und doch haftet noch stets der Schmerz in meinem Herzen – ja, das Vermögen des Cn. Pompeius Magnus wurde der schrillen Stimme des Ausrufers überantwortet[77]. Die Bürgerschaft, dieses einzige Mal ihrer

Knechtschaft vergessend, seufzte tief auf, und bei aller Knechtsgesinnung, während ringsumher Furcht herrschte, waren immerhin die Seufzer des römischen Volkes frei. Als nun alle Welt darauf lauerte, wer wohl so gefühllos, so wahnwitzig, so mit Göttern und Menschen zerfallen sein würde, daß er es wagte, bei dieser abscheulichen Versteigerung mitzubieten, da fand sich nur einer: Antonius[78] – obwohl sich doch so viele um diese Lanze drängten, die sonst vor nichts zurückschreckten; nur er fand sich, das zu wagen, wovor der Wagemut aller anderen zurückgewichen und erschaudert war.

65 Hat also eine solche Gefühllosigkeit oder richtiger Raserei von dir Besitz ergriffen, daß du nicht weißt, wie sehr dich, da du als Aufkäufer aufgetreten bist (bei deiner Abkunft!), und gar als Aufkäufer des Pompeius, das römische Volk verabscheut, wie es dich verflucht, wie alle Götter, wie alle Menschen dich jetzt und in aller Zukunft hassen? Und wie hemmungslos fiel der Prasser im selben Augenblick über das Vermögen *des* Mannes her, dessen Tapferkeit das römische Volk bei den auswärtigen Nationen furchtbarer, dessen Gerechtigkeit es dort beliebter gemacht hatte!

Auf die Besitztümer dieses Mannes hatte er sich also unversehens gestürzt: er barst vor Freude, Komödienfigur, die er war – eben noch arm, auf einmal reich. Doch, wie bei irgendeinem Dichter zu lesen steht: «Übler Gewinn geht
66 übel dahin[79].» Es ist unglaublich und grenzt ans Ungeheure, wie er dies große Vermögen in wenigen – ich sage nicht: Monaten, sondern: Tagen vergeudet hat. Riesig war der Vorrat an Wein, sehr groß die Menge schönsten Silbergeschirrs, kostbar die Teppiche, reich und gediegen und wertvoll der vielerorts befindliche Hausrat, nicht der eines Protzen, wohl aber der eines reichen Mannes: hiervon war in
67 wenigen Tagen nichts mehr übrig. Welche Charybdis ist so

gefräßig[80]? Ich sage Charybdis? Wenn es sie gegeben hat, dann war sie nur ein einzelnes Untier – der Ozean (bei Gott!) hätte wohl kaum so viele, so weit verstreute, an so verschiedenen Orten bewahrte Dinge so schnell zu verschlingen vermocht.

Nichts war bei ihm verschlossen, nichts versiegelt, nichts inventarisiert. Ganze Vorratskammern wurden den nichtswürdigsten Leuten überlassen; hier bereicherten sich die Komödianten, dort die Komödiantinnen. Das Haus war vollgepfropft mit Spielern, reich versehen mit Betrunkenen; man zechte den ganzen Tag, und das in mehreren Räumen. Oft kamen noch – denn nicht immer war das Glück ihm hold – die Spielverluste hinzu, und mit den Purpurdecken des Cn. Pompeius fand man in den Sklavenkammern die Betten bezogen. Wundert euch daher nicht weiter, daß dies alles so rasch dahin war. Er hätte bei so viel Liederlichkeit nicht nur das Vermögen eines Einzelnen – und mochte es so gewaltig sein, wie das des Pompeius –, sondern auch ganze Städte und Königreiche rasch verschlingen können.

Und auch über Haus und Park hat er sich hergemacht.
Schreckliche Verwegenheit! Du hast dich unterstanden, 68
dieses Haus auch nur zu betreten, diese heilige Schwelle zu überschreiten, diesen göttlichen Hausgeistern, den Penaten, deine abscheuliche Visage zu zeigen! Das Haus, das eine Zeitlang niemand anzusehen, an dem niemand ohne Tränen vorüberzugehen vermochte: in diesem Haus wohnst du schon so lange, ohne dich dessen zu schämen! Denn dort – und wenn du noch so gefühllos bist – kann nichts dir Freude machen. Oder glaubst du, wenn du in der Vorhalle die erbeuteten Schiffsschnäbel[81] siehst, du beträtest ein Haus, das dir gehört? Unmöglich – du magst noch so sehr ohne Verstand und ohne Empfinden sein (wie das der Fall ist): trotzdem, über dich und deine Taten und deine Leute weißt

du Bescheid. Und so bin ich überzeugt, daß dein Geist weder im Wachen noch im Schlaf je Ruhe finden kann. Du magst der brutale Wüterich sein, der du bist: sobald sich dir das Bild des einzigartigen Mannes zeigt, fährst du notwendigerweise schreckensbleich aus dem Schlafe auf, gerätst du oft auch wachend in helles Entsetzen.

69 Mir tun schon die Mauern und Dächer leid. Hatte denn das Haus je anderes gesehen als Anstand, als lauterste Sitte und strengste Zucht? Der Mann war ja, wie ihr wißt, versammelte Väter, nicht nur in der Öffentlichkeit hochangesehen, sondern auch im Privatleben bewundernswert, und seine politischen Leistungen brachten ihm nicht weniger Lob ein als seine häuslichen Gepflogenheiten. In dieses Mannes Wohnsitz sind aus den Schlafzimmern Schweineställe, aus den Speiseräumen Lasterhöhlen geworden.

Das bestreitet er freilich. Fragt nicht weiter: er ist jetzt ein braver Mann. Seine Freundin mußte ihre Sachen packen: nach Zwölftafelrecht hat er ihr die Schlüssel entzogen[82] und das Haus verboten. Wahrhaftig, welch angesehener, welch geschätzter Bürger: in seinem ganzen Leben hat er nichts Ehrenhafteres aufzuweisen, als die Scheidung von einer Komödiantin!

70 Wie oft läßt er sich vernehmen: «Ich, der Konsul und Antonius». Das heißt doch: «Ich, der Konsul und Lüstling, der Konsul und Lump!» Was bedeutet hier Antonius? Denn wenn der Name einen Ehrentitel ausdrückte, dann hätte sich bestimmt dereinst dein Großvater als Konsul und Antonius bezeichnet. Das hat er nie getan. Auch mein Amtskollege hätte sich so genannt, dein Onkel – es sei denn, du wärest der einzige Antonius[83].

Doch genug von diesen Gemeinheiten: sie gehören nicht zu der Unternehmung, mit der du den Staat ins Unglück gestürzt hast; ihr will ich mich jetzt wieder zuwenden – dem

Bürgerkrieg also, den verursacht, angezettelt und vom Zaune gebrochen zu haben dein Werk ist. Aus diesem 71
Kriege bist du wegen deiner Feigheit und erst recht wegen deiner Haltlosigkeit davongelaufen. Du hattest Bürgerblut geschmeckt oder vielmehr dich daran berauscht; du hattest in der Schlacht bei Pharsalus in der vordersten Linie gestanden; du hattest L. Domitius[84], einen ebenso angesehenen wie vornehmen Mann, getötet und außerdem viele, die der Schlacht entronnen waren (Caesar hätte sie gewiß – wie einige andere auch – geschont), nach grausamer Verfolgung niedergemacht. Nach diesen großen und herrlichen Taten: was veranlaßte dich, Caesar nicht nach Afrika zu begleiten, obwohl noch so viel zur Beendigung des Krieges zu tun war? Welche Stellung hast du demzufolge bei Caesar nach dessen Rückkehr aus Afrika eingenommen, welchen Rang innegehabt? Du warst Quästor des Oberbefehlshabers, Befehlshaber der Reiterei des Diktators, Anstifter des Krieges, Urheber der Grausamkeit, Teilhaber an der Beute gewesen, warst, wie du selbst sagtest, durch testamentarische Verfügung sein Sohn: da wurdest du wegen des Geldes verklagt, das du ihm für das Haus, den Park, die ersteigerten Werte schuldetest.

Du hast zuerst recht selbstsicher geantwortet und (damit 72
man nicht glaubt, ich redete nur schlecht von dir) ganz vernünftige und richtige Dinge gesagt: «Von mir will C. Caesar Geld? Warum – und warum nicht ich von ihm? Hat er denn ohne mich gesiegt? Das konnte er gar nicht! Ich habe ihm den Vorwand für den Bürgerkrieg verschafft, ich die verderblichen Gesetze eingebracht[85], ich gegen die Konsuln und obersten Heerführer des römischen Volkes, gegen den Senat und das römische Volk, gegen die heimischen Götter und Altäre und Herde, gegen das Vaterland die Waffen erhoben. Hat er nur für sich gesiegt? Warum soll, wer Anteil

an der Tat hat, nicht auch Anteil an der Beute haben?» Du wolltest dein Recht, doch was half's? Er war der Stärkere.

73 So blieb er taub für dein Geschrei und schickte Soldaten zu dir und deinen Bürgen – als du auf einmal dein herrliches Verkaufsangebot bekannt machtest[86]. Welch allgemeines Gelächter: ein so stattliches Angebot, so verschiedenartige, so zahlreiche Besitzungen, und außer einem Teil des Gutes bei Misenum[87] war nichts darunter, was der Anbietende sein eigen nennen konnte! Und erst die zu versteigernde Masse: welche kläglicher Anblick! Teppiche des Pompeius, nur wenige, die überdies verschmutzt waren, aus demselben Haushalt etwas zerbeultes Silbergeschirr und schlecht gehaltene Sklaven: es berührte uns unangenehm, daß von diesem Vermögen noch sichtbare Reste vorhanden waren.

74 Die Erben des L. Rubrius konnten jedoch die Versteigerung mit Hilfe einer Verfügung Caesars verhindern[88]. Da saß der Gauner fest; er wußte nicht, wie er die Sache drehen sollte. Genau zu dieser Zeit hieß es, im Hause Caesars sei ein Mörder ergriffen worden, von Antonius gesandt und mit einem Dolche bewaffnet; hierüber hat sich Caesar im Senat mit deutlichen Worten beschwert, wobei er sich ausdrücklich gegen dich wandte. Caesar reist ab nach Spanien[89]; du erhältst wegen deiner mißlichen Lage ein paar Tage Frist zum Zahlen. Nicht einmal jetzt begleitest du ihn. Ein so guter Fechtmeister nimmt so bald Abschied? Vor diesem Manne also, der sich bei seinen eigenen Belangen, das heißt im Dienste der eigenen Machtstellung, so furchtsam gezeigt hat, soll sich jemand fürchten?

75 Da ist er endlich doch nach Spanien abgereist. Er gelangte allerdings – aus Sicherheitsgründen, wie er sagt – nicht ans Ziel. Und wie ist Dolabella dorthin gelangt? Du durftest dich dieser Partei entweder gar nicht anschließen, Antonius, oder du mußtest, wenn du das tatest, bis zum Äußersten für

sie eintreten. Dreimal ist Caesar gegen seine Mitbürger zur Entscheidung angetreten: in Thessalien, Afrika, Spanien; bei allen diesen Kämpfen war Dolabella dabei, in Spanien ist er sogar verwundet worden. Wenn du nach meinem Urteil fragst: er wäre besser fortgeblieben; immerhin: so sehr man seine anfängliche Wahl mißbilligen muß, so viel Lob verdient seine Gesinnungstreue. Und du: was bist du wert?

Die Söhne des Cn. Pompeius stritten damals vor allem um ihr Vaterland – gut, diese Sache betraf alle in gleichem Maße, die auf eurer Seite standen. Sie stritten aber außerdem um die Götter ihrer Familie, um ihre Altäre, Herdfeuer und den Schutzgeist ihres Hauses – um Dinge, deren du dich bemächtigt hattest. Als sie nun mit Waffengewalt um das stritten, was ihnen von Gesetzes wegen zustand: so wenig man inmitten schweren Unrechts nach irgendwelchem Recht fragen kann – trotzdem: wer hätte gerechterweise zuallererst gegen die Söhne des Cn. Pompeius kämpfen müssen – wer?
Du, der Aufkäufer. War es dann recht, daß – während du in 76
Narbo[90] die Tische deiner Gastgeber vollspucktest – Dolabella an deiner Statt in Spanien kämpfte?

Und erst diese Rückkehr aus Narbo! Er hat ja auch gefragt: warum ich, mitten in der Reise, so plötzlich umgekehrt sei. Ich habe euch neulich, versammelte Väter, den Grund meiner Rückkehr auseinandergesetzt[91]: ich wollte mich, wenn es möglich wäre, schon vor dem 1. Januar dem Staate nützlich machen. Und da du mich auch fragtest, wie ich zurückgekehrt sei: erstens bei Tage, nicht bei Dunkelheit; zweitens mit üblichem Schuhwerk und Toga, nicht mit gallischen Sandalen und Umhang. Da starrst du mich an, und zwar offenbar in hellem Zorn. Wahrhaftig, du würdest dich unverzüglich mit mir wiederaussöhnen, wenn du wüßtest, wie sehr ich über deine Verkommenheit erröten muß, über die du selbst keineswegs errötest. Von allen

Schandtaten der Welt ist das die schlimmste, die mir je vor Augen, je zu Ohren gekommen ist. Du wolltest Befehlshaber der Reiterei gewesen sein, du batest für das folgende Jahr ums Konsulat, oder richtiger: du betteltest darum – und da hast du dich quer durch die Landstädte und Siedlungen Galliens[92], die wir ums Konsulat zu bitten pflegten, als man noch darum bat, nicht bettelte, in gallischen Sandalen und einem Umhang sehen lassen.

77 Und seht jetzt, was für ein Luftikus er ist. Als er gegen die zehnte Stunde bei den Roten Felsen angekommen war, da verschwand er in einer Kneipe und trank dort in seinem Versteck bis zum Abend[93]. Von dort eilends in einer Kalesche nach Rom gelangt, betrat er mit verhülltem Haupt sein Haus. Der Portier: «Wer bist du?» «Von Marcus, ein Bote.» Alsbald wird er zu der geführt, deretwegen er gekommen war[94], und er überreicht ihr den Brief. Als sie ihn unter Tränen las – er war nämlich in zärtlichem Tone geschrieben, und sein Inhalt lief darauf hinaus, daß er sich mit dieser Komödiantin von jetzt an nicht mehr abgeben wolle[95]; er habe alle seine Liebe von dort losgerissen und auf sie übertragen – als die gute Frau daraufhin reichlich Tränen vergoß, da konnte sich der gefühlvolle Mensch nicht mehr beherrschen: er enthüllte sein Gesicht und flog ihr an den Hals. Was für ein windiger Bursche! Denn was soll ich sonst sagen? Etwas Passenderes kann ich gar nicht sagen. Also: damit dich, den galanten Herrn, deine Frau, indem du dich ihr unvermutet zeigtest, überraschend zu sehen bekäme, deswegen hast du Rom durch eine schreckliche Nacht, Italien durch die Ängste vieler Tage in Verwirrung gestürzt[96]?

78 Und wenn dich in der häuslichen Sphäre die Liebe so handeln ließ, dann gab es außerhalb einen noch beschämenderen Grund: L. Plancus drohte den Besitz deiner Bürgen

zu verkaufen[97]. Als du, von einem Volkstribun vor eine Versammlung geführt, erklärtest, du seiest in eigener Angelegenheit gekommen, da hast du beim Volk sogar Spott geerntet. Doch das ist schon zu viel der Kleinigkeiten; wenden wir uns Wichtigerem zu!

C. Caesar kehrte aus Spanien zurück: du zogst ihm ein weites Stück Weges entgegen. Rasch gingst du, rasch kamst du zurück: er sollte merken, daß du, wenn nicht gerade tapfer, so immerhin eifrig seist. Du wurdest wieder, ich weiß nicht wie, ein guter Freund von ihm. So verfuhr Caesar ja immer: wenn er sah, daß jemand durch seine Schulden gründlich ruiniert und am Ende und zugleich ein skrupelloser Draufgänger war, dann nahm er ihn bereitwilligst in den Kreis seiner Freunde auf.

Hierdurch also aufs beste empfohlen, wurdest du auf seine 79
Anweisung zum Konsul ausgerufen, und zwar gemeinsam mit ihm selbst. Ich klage nicht wegen Dolabellas, der damals gedrängt, ermutigt und dann hereingelegt wurde. Wie hinterhältig ihr beiden euch in dieser Sache Dolabella gegenüber verhalten habt: wem wäre das unbekannt geblieben? Caesar hat, was schon versprochen und zugesichert war, aufgehoben und an sich gezogen; du hast seinen Wortbruch mit deinem Einverständnis besiegelt.

Der 1. Januar ist da; man treibt uns in die Sitzung. Da zog
Dolabella gegen Antonius vom Leder: viel einfallsreicher
und schlagfertiger als ich hier. Antonius wiederum in seinem 80
Zorn: was hat der gesagt, ihr guten Götter[98]! Nachdem Caesar bedeutet hatte, er werde, bevor er abreise, Dolabella zum Konsul wählen lassen[99] (und da soll er kein König gewesen sein, er, der unentwegt so etwas tat oder sagte) – nachdem Caesar so gesprochen hatte, behauptete dieser vortreffliche Augur, sein Priesteramt ermächtige ihn, die Wahlversammlung mit Hilfe der Vogelschau zu verhindern

oder für nichtig zu erklären, und er kündigte an, so vorgehen zu wollen.

Beachtet zuallererst seine unglaubliche Ahnungslosig-
81 keit. Wie denn? Was du auf Grund deines Priesteramts tun zu dürfen erklärtest: hättest du das nicht, wenn du nicht Augur gewesen wärst, als Konsul tun dürfen? Sogar noch uneingeschränkter: wir Augurn haben nur das Recht der Anzeige, die Konsuln und die übrigen Beamten haben auch das der Beobachtung[100]. Nun gut, das war dumm – man kann ja von einem Menschen, der nie nüchtern ist, keinerlei Sachkunde verlangen. Doch seht jetzt seine Frechheit: viele Monate zuvor hat er im Senat erklärt, er werde die Versammlung für die Wahl Dolabellas mit Hilfe der Vogelschau verhindern oder das tun, was er auch wirklich getan hat[101]. Kann jemand voraussagen, welches Hindernis die Vogelschau anzeigen wird – es sei denn, er hätte sich entschlossen, den Himmel zu beobachten? Dies aber ist am Tage der Versammlung von Gesetzes wegen verboten, und wenn jemand den Himmel beobachtet hat – nicht erst im Verlauf, sondern vor Beginn der Versammlung –, dann muß er das Ergebnis bekannt geben[102]. Nun, hier paart sich die Frechheit mit der Unwissenheit: er weiß nicht, was sich für einen Augur, und tut nicht, was sich für einen anständigen Menschen gehört.

82 Erinnert euch jetzt an sein Konsulat, von diesem Tage an bis zu den Iden des März! War je ein Amtsdiener so unterwürfig, so kriecherisch? Nichts konnte er selbst entscheiden, um alles mußte er bitten; seinen Kopf tief in die Sänfte zurücklehnend, suchte er beim Kollegen um die Vergünstigungen nach, die er zu verkaufen gedachte.

Der Tag der Wahl Dolabellas ist da. Die zuerst abstimmende Zenturie wird ausgelost: er bleibt ruhig. Man ruft das Ergebnis aus: er schweigt. Die erste Klasse wird aufgerufen,

das Ergebnis bekannt gegeben. Darauf, wie üblich, die weitere Abstimmung: jetzt wird die zweite Klasse aufgerufen[103]. All das nahm weniger Zeit als meine Schilderung. Die 83
Sache war abgetan – da sprach der vortreffliche Augur (man mochte meinen: ein C. Laelius[104]): «Vertagung.» Eine beispiellose Frechheit! Was hattest du denn gesehen, bemerkt, vernommen? Du sagtest ja damals nicht, du hättest den Himmel beobachtet, noch tust du das heute. Offenbar stellte sich das Hindernis ein, das du bereits am 1. Januar vorausgesehen und so lange Zeit vorausgesagt hattest. Also hast du, beim Herkules – zu deinem großen Unheil (wie ich hoffe), nicht zu dem des Staates –, das Vorzeichen erfunden, das römische Volk in einen religiösen Frevel verstrickt und als Augur dem Augur, als Konsul dem Konsul[105] ein Hindernis gemeldet.

Nichts weiter hierüber: man soll nicht glauben, ich wolle die Amtshandlungen Dolabellas in Frage stellen; die Sache kommt sowieso einmal vor unser Kollegium. Beachtet 84
indes, wie dreist und anmaßend der Bursche ist: solange es dir paßt, ist Dolabellas Konsulat anfechtbar; andererseits, sobald es dir paßt, gilt seine Wahl als der Vogelschau gemäß vollzogen[106]. Sollte es ohne Wirkung sein, wenn sich ein Augur bei seiner Anzeige so ausdrückt, wie du dich ausgedrückt hast, dann gib zu, daß du, als du «Vertagung» sagtest, nicht nüchtern warst; wenn aber dieser Ausdruck irgend etwas zu bedeuten hat, dann möchte ich, der Augur, von meinem Kollegen wissen, was.

Doch um mir ja nicht das allerschönste Stück von all den Heldentaten des M. Antonius entgehen zu lassen, will ich mich jetzt den Luperkalien zuwenden. Er kann's nicht verbergen, versammelte Väter, seine Erregung ist offensichtlich: er schwitzt, er wird bleich. Er mag tun, was er will, wenn er sich nur nicht erbricht, wie er das in der minucischen

Halle getan hat! Gibt es eine Rechtfertigung für eine so schändliche Tat? Ich möchte sie hören: damit ich sehe, was mit dem gewaltigen Honorar für den Redelehrer erreicht worden ist und wie sich der Landbesitz von Leontinoi bezahlt macht[107].

85 Da saß dein Kollege auf der Tribüne, bekleidet mit einer Purpurtoga, auf einem goldenen Sessel, lorbeerbekränzt. Du gehst hinauf, trittst an den Sessel (deine Rolle als Lupercus hätte dich nicht vergessen lassen dürfen, daß du Konsul warst) – du zeigst das Diadem. Buh-Rufe auf dem ganzen Forum. Woher kam das Diadem? Du hattest es ja nicht auf dem Boden aufgelesen, sondern von zu Hause mitgebracht: geplant und vorbedacht war die ungeheure Tat. Du wolltest ihm das Diadem unter dem Wehgeschrei des Volkes aufsetzen; er wies es unter dessen Beifall ab. Du allein also, du entsetzlicher Mensch, hast dich bereitgefunden – da du die Monarchie wiederherstellen und aus dem Manne, der dein Kollege war, deinen Herrn machen wolltest – auszuprobieren, was das römische Volk zu ertragen und hinzunehmen imstande sei.

86 Du aber suchtest gar sein Mitleid zu erregen: du warfst dich ihm bittflehend zu Füßen. Um was zu erreichen? Daß wir seine Knechte würden. Darum hättest du nur für dich bitten sollen: seit früher Jugend warst du darauf eingestellt, dir alles gefallen zu lassen und willig zu dienen[108]. Von uns und vom römischen Volke hattest du bestimmt keinen Auftrag erhalten. Herrlich die Macht deiner Rede, als du, nackt wie du warst, vorm Volke sprachst! Was gibt es, das schimpflicher, das abscheulicher, das jeder Strafe würdiger wäre? Wartest du darauf, daß wir dich mit Stacheln bearbeiten? Wenn du überhaupt noch etwas empfinden kannst: diese Rede hier zerfleischt dich, sie schlägt dich blutig. Mag sein, daß ich jetzt den Ruhm unserer besten Männer schmä-

lere, ich sag's trotzdem, vom Schmerz getrieben: ist es nicht empörend, daß *der* lebt, der das Diadem aufsetzen wollte, während niemand bestreitet, daß der zu Recht getötet worden ist, der es abgelehnt hat[109]?

Er aber hat obendrein zum Luperkalientage im Kalender 87
vermerken lassen, C. Caesar, dem Diktator auf Lebenszeit, sei vom Konsul M. Antonius auf Wunsch des Volkes die Königsherrschaft angetragen worden, doch Caesar habe sie nicht annehmen wollen. Jetzt wundere ich mich nicht im geringsten mehr, daß du den öffentlichen Frieden durcheinanderbringst, daß dir die Stadt, ja selbst das Licht der Sonne verhaßt ist, daß du gemeinsam mit den ärgsten Banditen schon am hellen Tage, ja bis in den anderen Tag hinein zechst. Wo kannst du in Frieden leben? Welchen Schutz können dir die Gesetze und die Gerichte bieten, die du, soviel in deinen Kräften stand, durch ein königliches Regiment beseitigt hast? Hat man deshalb L. Tarquinius vertrieben, Sp. Cassius, Sp. Maelius und M. Manlius getötet[110]: damit viele Jahrhunderte später ein M. Antonius in Rom einen König einsetzt?

Doch zurück zur Vogelschau[111] – Caesar wollte sie an den 88
Iden des März im Senat zur Sprache bringen. Ich frage dich: was hättest du dann getan? Ich hörte immerhin, du seiest nicht unvorbereitet erschienen, weil du annahmst, ich würde mich über das erfundene Vorzeichen äußern, das man ja gleichwohl befolgen mußte. Weggefegt hat das Schicksal unseres Staatswesens diesen Termin – hat aber das Ende Caesars auch deine Einstellung zur Vogelschau hinweggefegt? Genug – ich bin jetzt zu der Zeit gelangt, auf die ich eher eingehen muß als auf die soeben erörterten Dinge[112].

Wie – deine Flucht, deine Panik an dem herrlichen Tage, dein verzweifeltes Bangen um dein Leben, bedingt durch das Bewußtsein deiner Schuld, als du dich nach jener Flucht –

dank der Großzügigkeit derer, die dich, wenn du vernünftig seiest, geschont wissen wollten[113] – in deinem Hause ver-
89 steckt hieltest! Ach, meine vergeblichen und stets nur allzu wahren Prophezeiungen dessen, was da kommen sollte! Ich sagte damals[114] auf dem Kapitol zu unseren Befreiern, als sie mich zu dir schicken wollten, dich zur Verteidigung des Staates aufzufordern, du werdest, solange du Angst habest, alles versprechen, jedoch, sobald du dich nicht mehr zu fürchten brauchtest, wieder ganz der alte sein. So bin ich denn, während die übrigen ehemaligen Konsuln bei dir ein und aus gingen, bei meiner Meinung geblieben; ich habe dich weder an diesem noch am darauf folgenden Tage aufgesucht noch auch geglaubt, daß sich ehrliche Patrioten unter irgendwelchen Bedingungen auf ein Bündnis mit einem abscheulichen Verräter einlassen können.

Am übernächsten Tage[115] habe ich mich im Tempel der Tellus eingefunden, und zwar widerstrebend, da alle Zu-
90 gänge mit Militär besetzt waren. Was für einen Tag hast du da gehabt, Antonius! Obwohl du plötzlich mein Feind geworden bist: du tust mir leid, weil du dir selbst im Wege stehst. Was für ein Mann, ihr unsterblichen Götter, und wie überlegen wärst du gewesen, wenn du es über dich gebracht hättest, an der Einstellung dieses Tages festzuhalten! Wir hätten noch stets den Frieden, bei dessen Abschluß ein Kind aus gutem Hause, der Enkel des M. Bambalio[116], als Geisel diente. Doch leider: gut machte dich nur die Furcht, kein zuverlässiger Lehrmeister der Pflicht, und schlecht hat dich dann wieder die Eigenschaft gemacht, die dich, wenn du frei bist von Furcht, nicht verläßt: die Skrupellosigkeit.

Du hast damals, als du in bestem Ruf standest (ich allerdings war anderer Meinung), auf die wüsteste Weise das Begräbnis des Tyrannen (wenn das ein Begräbnis war[117]) in Szene gesetzt. Von dir stammte die herrliche Grabrede, von

dir die Totenklage, von dir der Aufruf; du, ja du hast die 91
Fackeln angezündet: die, von denen sein Leichnam angesengt wurde, und die, mit denen man das Haus des L. Balliênus in Brand gesteckt und eingeäschert hat. Und du hast die Horden verworfener Menschen, größtenteils Sklaven – wir mußten uns ihrer mit handgreiflicher Gewalt erwehren –, auf unsere Häuser losgelassen.

Trotzdem hast du, derselbe Mann, als habest du dir die Rußspuren der Brände abgewaschen, an den folgenden Tagen auf dem Kapitol vortreffliche Senatsbeschlüsse zustandegebracht: daß keine Bekanntmachung mehr angeschlagen werden solle, die nach den Iden des März aufgesetzt sei und jemandem Steuererlaß oder sonst eine Vergünstigung zuerkenne. Du erinnerst dich ja selbst noch, was du zur Frage der Verbannten, du weißt, was du zur Abgabenfreiheit gesagt hast. Das Beste aber war, daß du das Wort Diktatur für alle Zeit aus unserer Verfassung getilgt hast; dich hatte, wie jedenfalls diese Tat vermuten ließ, ein solcher Abscheu vor der Königsherrschaft gepackt, daß du jeden Hinweis darauf – wegen des Schreckens, den die jüngste Diktatur hervorgerufen hatte – beseitigt wissen wolltest[118].

Wiederhergestellt sei unsere Verfassung, glaubten die 92
anderen – ich hingegen keineswegs: ich fürchtete, mit einem Steuermann wie dir, jede Art von Schiffbruch. Habe ich mich etwa geirrt, oder konnte er längere Zeit sein Wesen verleugnen? Vor euren Augen wurden überall auf dem Kapitol die Bekanntmachungen angeschlagen, und nicht nur Einzelpersonen konnten den Erlaß von Steuern käuflich erwerben, sondern auch ganze Gemeinden; unser Bürgerrecht wurde nicht mehr von Fall zu Fall, sondern pauschal an Provinzen verliehen[119]. So sind euch denn, wenn diese Mißstände nicht beseitigt werden (die jedoch, wenn unser

Staat bestehen bleiben soll, beseitigt werden müssen), ganze Provinzen verloren, versammelte Väter, und nicht nur das Steueraufkommen, sondern auch die Hoheitsmacht des römischen Volkes hat durch den Privatmarkt des Antonius Einbußen erlitten.

93 Wo sind die 700 Millionen Sesterze geblieben, die Summe der Rechnungsbücher im Tempel der Ops? Zwar haftete ein schwerer Makel an dem Geld – es hätte uns, wenn es schon den Eigentümern nicht zurückerstattet wurde, wenigstens die Vermögenssteuern ersparen können[120]. Du aber warst an den Iden des März mit 40 Millionen Sesterzen verschuldet: wie erklärt sich, daß du dich schon vor dem 1. April von deiner Schuld befreit hattest?

Unzählig sind die Vergünstigungen, die man, nicht ohne dein Wissen, deinen Leuten abkaufte, doch eine Sache fiel besonders auf: der Erlaß zugunsten des Königs Deiotarus, eines dem römischen Volke treu ergebenen Mannes[121], angeschlagen auf dem Kapitol; als der bekannt gegeben wurde, war niemand imstande, sich – ungeachtet seiner
94 Empörung – das Lachen zu verbeißen. Denn wer war grimmiger mit jemandem verfeindet als Caesar mit Deiotarus? Er war's nicht weniger mit dem senatorischen und mit dem Ritterstande, mit der Gemeinde Massilia[122], mit allen, von denen er annahm, daß ihnen das Staatswesen des römischen Volkes etwas bedeute. Der Mann also, von dem, solange er lebte, König Deiotarus nicht aus der Nähe noch aus der Ferne etwas Gutes und Rechtes hatte erlangen können – dieser Mann wandte ihm als Verstorbener seine Gunst zu. Er hatte ihm, dem Gastgeber, als er bei ihm war, Vorwürfe gemacht, seine Rechnung präsentiert und Geld abverlangt, hatte ihm einen seiner griechischen Gefolgsleute in eine der Tetrarchien gesetzt und Armenien, eine Zuweisung des Senats, weggenommen[123]. Dies also, was er als

Lebender geraubt hatte, gab er jetzt als Toter zurück. Und 95
mit welchen Worten? Er meinte bald, das sei recht, bald
wieder, das sei nicht ungerecht. Eine erstaunliche Formu-
lierung! Doch Caesar (ich war bei Abwesenheit des Deio-
tarus stets sein Vertreter) hat keine meiner Forderungen für
ihn als Rechtens anerkannt.

Ein Schuldschein über zehn Millionen Sesterze ist von
seinen Beauftragten, braven, doch ängstlichen und unerfah-
renen Männern, ohne daß ich, ohne daß sonst ein hiesiger
Gastfreund des Königs dazu geraten hätte, im Boudoir[124]
ausgestellt worden, wo schon sehr vieles feilgestanden hat
und noch immer feilsteht. Was du mit deinem Schuldschein
anfängst, mußt du dir, meine ich, gut überlegen; der König
selbst hat nämlich von sich aus, ohne irgendwelche Auf-
zeichnungen Caesars abzuwarten, sobald er von dessen Ende
hörte, auf eigene Verantwortung sein Eigentum zurückge-
holt. Der kluge Mann wußte ja, was seit jeher Rechtens ist: 96
daß alles, was Tyrannen geraubt haben, den Beraubten nach
dem Tode der Tyrannen wieder zufalle. Daher wird kein
Rechtsberater – nicht einmal der Mann, der nur dir als
Rechtsberater dient, der in dieser Angelegenheit für dich
tätig ist[125] – behaupten, auf Grund des Schuldscheins
bestehe eine Schuld für Dinge, die schon vorher wieder an
den Berechtigten zurückgefallen waren. Er hat ja nichts von
dir gekauft, sondern, bevor du versuchtest, ihm sein Eigen-
tum zu verkaufen, selbst wieder davon Besitz ergriffen. Er
war ein Mann, wir aber sind nichtswürdig: wir hassen den
Anordnenden, doch wir suchen seine Anordnungen durch-
zusetzen.

Soll ich jetzt noch von den endlosen Entwürfen, von den 97
unzähligen Aufzeichnungen reden? Dafür gibt's schon
Händler, die das Zeug wie Eintrittskarten für Gladiatoren-
kämpfe öffentlich feilbieten. So türmen sich denn solche

Haufen von Geld bei ihm, daß man die Münzen wiegen muß und gar nicht mehr zählen kann.

Und doch: wie blind die Habgier ist! Neulich wurde ein Erlaß angeschlagen, der die reichsten Gemeinden Kretas von ihren Abgaben befreite und bekannt gab, Kreta solle nach der Statthalterschaft des M. Brutus [126] aufhören, eine Provinz zu sein. Bist du bei Sinnen, verdienst du nicht die Zwangsjacke? Konnte denn Kreta durch einen Erlaß Caesars vom Weggang des M. Brutus an Abgabenfreiheit erhalten – wo doch Brutus bei Lebzeiten Caesars für Kreta gar nicht vorgesehen war? Ihr aber habt durch den Verkauf dieses Erlasses – damit ihr nicht etwa glaubt, der Vorgang bleibe ohne Folgen – die Provinz Kreta eingebüßt. Überhaupt ist ja bei keinem Objekt ein Käufer aufgetreten, der nicht in Antonius seinen Partner gefunden hätte.

98 Und das die Verbannten betreffende Gesetz, das du angeschlagen hast, soll von Caesar stammen? Ich will keinem der Unglücklichen zu nahe treten; ich beanstande nur folgendes: erstens, daß man die Rückkehr der Männer in den Schmutz gezogen hat, die sich nach dem Urteil Caesars in einem ganz anderen Falle befanden; zweitens weiß ich nicht, warum du den übrigen nicht dieselbe Behandlung gönnst – es sind ja nur noch drei oder vier übrig geblieben. Sie befinden sich in einer ebenso unglücklichen Lage: warum wird ihnen nicht ebenso dein Mitleid zuteil, warum behandelst du sie wie einst deinen Onkel? Den hast du ja, als du dich für die anderen bemühtest, ausgeschlossen [127].

Diesen Mann hast du auch dazu verleitet, sich um das Zensorenamt zu bewerben, und ihm dabei Bedingungen verschafft, die sowohl Gelächter als auch Empörung hervor-
99 riefen. Warum hast du die Wahlen nicht durchgeführt? Etwa, weil ein Volkstribun einen Blitz von links [128] anzeigte? Wenn es um dich geht, dann gibt es keine Vorzei-

chen, wenn um einen deiner Angehörigen, dann wirst du fromm und gewissenhaft. Und weiter: hast du den Mann nicht auch im Falle der Siebenmänner-Behörde[129] im Stich gelassen? Da erhob nämlich jemand Einspruch, und du, möcht' ich meinen, fürchtetest, dein Leben aufs Spiel zu setzen, wenn du ihm nicht gehorchtest.

Mit Kränkungen jeder Art hast du den Mann überhäuft, den du, wenn du überhaupt zu kindlicher Liebe fähig wärst, wie deinen Vater ehren müßtest. Von seiner Tochter, deiner Kusine, hast du dich getrennt[130]: du hattest eine andere Partie aufgespürt und bereits erprobt[131]. Damit nicht genug: du warfst der tugendhaften Frau Ehebruch vor. Kann man das noch überbieten? Du warst nicht zufrieden: du hast, als sich der Senat am 1. Januar in großer Zahl versammelt hatte, im Beisein deines Onkels zu sagen gewagt, Dolabella sei dir deshalb so verhaßt, weil du mit Bestimmtheit wissest, daß er deine Kusine und Ehefrau habe verführen wollen. Wer kann hier entscheiden, was ärger war: die Schamlosigkeit, daß du im Senat, die Gemeinheit, daß du gegen Dolabella, die Niedertracht, daß du vor den Ohren des Vaters, oder die Brutalität, daß du über die unglückliche Frau so abscheulich, so rücksichtslos gesprochen hast?

Doch zurück zu den handschriftlichen Aufzeichnungen. 100
Wie hast du sie geprüft? Die Anordnungen Caesars sind nämlich um des inneren Friedens willen[132] vom Senat bestätigt worden – soweit sie wirklich von Caesar stammen, nicht soweit sie laut Antonius von Caesar stammen sollen. Woher kommt dieses Zeug auf einmal, wer ist dafür verantwortlich? Wenn es gefälscht ist: warum erkennt man es an? Wenn echt: warum treibt man Handel damit? Immerhin war beschlossen worden[133], daß ihr ab 1. Juni die Anordnungen Caesars gemeinsam mit einer Senatskommission einer Prüfung unterziehen solltet. Was wurde aus der Kommission?

Hast du jemals irgendwen zu einer Sitzung geladen? Und wie sah der 1. Juni aus, auf den du gewartet hast? Kehrtest du damals nicht, nachdem du die Siedlungen der Altgedienten besucht hattest, von Bewaffneten umringt zurück?

Welch herrliche Reise hast du im April und Mai unternommen – wobei du versucht hast, auch in Capua eine Siedlung einzurichten! Was für einen Abgang du dort gefunden hast oder vielmehr beinahe nicht gefunden hättest,
101 ist uns bekannt. Jetzt hörst du nicht auf, dieser Stadt zu drohen. Versuch's doch, damit sich endlich das leidige Beinahe erübrigt[134]! Immerhin: wie berühmt ist deine Fahrt! Muß ich auf den Pomp der Schmausereien, auf den Taumel deiner Betrunkenheit eingehen?

Das ist dein Schade – das folgende jedoch der unsre: als die kampanische Mark von der Abgabenpflicht befreit wurde[135], da sie den Soldaten zugedacht war, da glaubten wir bereits, daß der Staat eine schwere Wunde empfange; du aber hast sie an deine Zech- und Spielkumpane verteilt – ich meine die Komödianten und Komödiantinnen, versammelte Väter, die man in der kampanischen Mark angesiedelt hat. Soll ich mich daraufhin noch über die leontinische Mark beklagen? Wo doch einst gerade diese Ländereien – die kampanischen und die leontinischen – als einträgliche und fruchtbare Posten im Besitz des römischen Volkes galten! Ein Arzt bekam dreitausend Morgen – und wenn er dich geheilt hätte? Ein Redelehrer zweitausend – und wenn es ihm gelungen wäre, dir das Reden beizubringen[136]?

102 Doch wir wollen auf deine Reise und auf Italien zurückkommen. Du hast in Casilinum eine Siedlung eingerichtet – wo bereits Caesar eine eingerichtet hatte. Du fragtest immerhin wegen Capuas brieflich bei mir an; ich hätte dir jedoch für den Fall von Casilinum dasselbe geantwortet: ob du denn, wo bereits eine Siedlung sei, rechtmäßig eine neue

einrichten könnest. Ich antwortete, es sei nicht statthaft, im Bereich einer Siedlung, die nach gehöriger Vogelschau eingerichtet worden sei, solange sie bestehe, eine neue einzurichten; doch neue Siedler, schrieb ich, könne man ihr zuweisen. Du aber, von Überheblichkeit fortgerissen, warfst alle Grundsätze der Vogelschau über den Haufen und richtetest in Casilinum eine Siedlung ein, wo man erst wenige Jahre zuvor eine eingerichtet hatte: du hast eine Standarte mitgeführt, hast den Pflug in der Hand die Grenze gezogen. Mit der Pflugschar hättest du freilich beinahe das Tor von Capua gestreift – so sehr wurde der Landbesitz der blühenden Siedlung geschmälert[137].

Nach dieser Schändung religiöser Vorschriften fällst du 103
über ein Gut bei Casinum her, über das des M. Varro, eines ebenso achtunggebietenden wie lauteren Mannes. Mit welchem Recht, bitte? Mit demselben, magst du sagen, wie bei den Grundstücken der Erben des L. Rubrius und des L. Turselius, wie bei zahllosen weiteren Besitzungen. Und wenn es auf Grund einer Versteigerung geschah: nichts gegen die Versteigerung, nichts gegen Rechnungsbücher – wenn es nur die Caesars sind, nicht deine, die Bücher also, die deine Schuld beweisen, nicht die, mit denen du dich davon befreit hast. Doch Varros casinatisches Gut: wer sagt, es sei versteigert worden? Wer hat die Lanze gesehen, das Zeichen der Versteigerung, wer die Stimme des Ausrufers vernommen? Du habest, sagst du, jemanden nach Alexandrien geschickt, der es von Caesar erwarb. Auf seine Rückkehr zu warten, wäre ja lästig gewesen[138].

Doch wer hat je vernommen (und bei niemandem sonst 104
waren so viele um sein Schicksal besorgt), von Varros Vermögen sei irgend etwas eingezogen worden? Wie erst, wenn Caesar dir brieflich befahl, das Gut zurückzugeben: reichen die Worte für dieses Maß an Unverschämtheit?

Entferne nur ein Weilchen die Schwerter, die wir überall erblicken, und du wirst sofort sehen: eine von Caesar angeordnete Versteigerung einerseits und deine Anmaßung und Skrupellosigkeit andererseits haben nichts miteinander gemein. Denn nicht nur der Eigentümer wird dich von seinem Besitztum vertreiben, sondern auch ein beliebiger Freund, Nachbar, Gast oder Verwalter. Und wie viele Tage hast du dich auf diesem Landsitz dem schimpflichsten Treiben ergeben! Von der dritten Stunde an[139] trank man, spielte man, brach man die Speisen wieder aus. O unglückliches Haus, wie ganz anders der Herr (Verzeihung: wieso war Antonius der Herr?) – jedenfalls: wie ganz anders der Mann, der es jetzt bewohnte! Denn für seine Forschungen hatte M. Varro diese Einkehr bestimmt, nicht für Ausschweifun-
105 gen. Welche Unterhaltungen waren damals auf diesem Landsitz zustandegekommen, welche Gedanken, welche Werke der Literatur! Das Recht des römischen Volkes, die Zeugnisse unserer Vorfahren, die Grundlagen jeder philosophischen Richtung und jeder Wissenschaft. Doch während *du* dich dort als Bewohner (ja! – nicht als Eigentümer) aufhieltest, dröhnte alles von dem Geschrei der Betrunkenen, schwamm der Fußboden und troffen die Wände von Wein, drängten sich Kinder aus gutem Hause unter Buhlknaben, Dirnen unter Ehefrauen. Man kam aus Casinum, dir aufzuwarten, aus Aquinum, aus Interamna[140]: vorgelassen wurde niemand. Mit Recht, scheint mir; denn bei einem so abscheulichen Menschen hatten die Abzeichen seines Amtes keine Bedeutung mehr.

106 Als er, von dort aus unterwegs nach Rom, Aquinum erreichte, da zog ihm, der Größe der Stadt entsprechend, eine ansehnliche Menge entgegen. Er aber ließ sich in einer verschlossenen Sänfte durch die Stadt tragen, als wäre er ein Toter. Wie dumm von den Aquinaten! Doch sie wohnten

immerhin am Wege. Was taten die Leute aus Anagnia[141]? Sie, wiewohl ein Stück vom Wege entfernt, liefen hinab, um ihn, als wäre er Konsul, zu begrüßen. Eine unglaubliche Geschichte, doch es war allgemein bekannt, daß er niemanden zur Begrüßung empfangen hat, und das, obwohl zwei Leute aus Anagnia bei ihm waren, Mustela und Laco, der eine ein Meister im Fechten, der andere im Bechern[142].

Wozu noch die Droh- und Schimpfreden erwähnen, mit 107
denen er die Sidiciner überschüttet, den Puteolanern zugesetzt hat, weil sie C. Cassius und die beiden Brutus zu ihren Schutzherren erklärt hätten? Sie hatten allerdings: mit großer Bereitschaft, Zustimmung, Ergebenheit, Achtung – nicht infolge von Waffengewalt, wie bei dir und Basilus und anderen Euresgleichen, die niemand zu Schutzbefohlenen haben will, geschweige, daß er seinerseits ihr Schutzbefohlener sein möchte[143].

Unterdessen, während deiner Abwesenheit, welch rühmlicher Tag deines Kollegen, als er das Ding, das du anzubeten pflegtest, das Totenmal auf dem Forum, beseitigen ließ! Wie du hiervon erfuhrst (so wußten es alle, die dabei waren), brachst du völlig zusammen. Was dann passiert ist, weiß ich nicht. Furcht, nehme ich an, und die drohenden Waffen gewannen die Oberhand; jedenfalls holtest du deinen Kollegen vom Himmel herab, und wenn du auch jetzt noch nicht erreicht hast, daß er dir ähnlich, dann jedenfalls, daß er sich selbst unähnlich ist[144].

Und dann erst dein Einzug in Rom: welche Bestürzung in 108
der ganzen Stadt! Wir dachten an L. Cinna, den allzu Gewaltigen, an Sulla, den nächsten Herrscher[145]; wir haben gerade die Tyrannei Caesars erlebt: da waren gewiß auch Schwerter, doch im Verborgenen und nicht so viele. Aber dies hier: welch schlimme, ungeheuerliche Barbarei! Man folgt dir im Karree, das Schwert in der Hand; wir sehen, wie man die

Schilde in Sänften mitführt. Doch da diese Dinge inzwischen ganz üblich sind, versammelte Väter, hat die Gewohnheit uns bereits abgestumpft.

Am 1. Juni wollten wir zur festgesetzten Stunde im Senat erscheinen; da packte uns Furcht, und wir waren im Nu
109 davongeeilt. Doch er, der den Senat gar nicht brauchte, vermißte niemanden, ja er freute sich über unseren Fortgang und führte sofort seine erstaunlichen Streiche aus. Der Mann, der sich für die handschriftlichen Aufzeichnungen Caesars stark gemacht hatte, um davon zu profitieren, erklärte jetzt Gesetze Caesars, und zwar vorzügliche, für ungültig, um die Verfassung über den Haufen werfen zu können; er verlängerte die Dauer der Statthalterschaften; er, der doch für die Anordnungen Caesars eintreten müßte, hob sowohl im öffentlichen als auch im privaten Bereich die Anordnungen Caesars auf[146]. Im öffentlichen Bereich ist nichts so verpflichtend wie ein Gesetz; im privaten gilt am unverbrüchlichsten das Testament. Bestehende Gesetze hat er ohne vorherige Ankündigung aufgehoben und, um bestehende aufzuheben, neue angekündigt. Ein Testament hat er für nichtig erachtet, das man doch auch bei den einfachsten Bürgern stets aufrecht erhält. Die Statuen und Gemälde, die Caesar mitsamt seinem Park dem Volke vermacht hatte, ließ er teils in den Park des Pompeius, teils in das Landhaus Scipios bringen[147].

110 Und du willst Caesar ein treues Andenken wahren, du liebst ihn über den Tod hinaus? Welche größere Ehre wurde ihm zuteil, als daß er ein Kultbett, eine Statue, einen Tempelgiebel, einen Priester erhielt[148]? Ein Priester ist somit zuständig: wie für Jupiter, für Mars, für Quirinus, so auch für den göttlichen Julius, und zwar M. Antonius! Was zögerst du? Warum läßt du dich nicht weihen? Bestimme den Termin; sieh zu, wer dich weihen soll – wir sind Kolle-

gen; niemand wird sich weigern. Verabscheuungswürdiger Mensch, ob er nun Priester eines Tyrannen ist oder eines Toten[149]!

Ich frage dich ferner, ob du vergessen hast, was heute für ein Tag ist: weißt du nicht, daß gestern der vierte Tag der Römischen Spiele im Zirkus war? Und daß du selbst beim Volk beantragt hast, man möge noch einen fünften Tag für Caesar hinzufügen[150]? Warum sind wir nicht in Festkleidern erschienen? Warum dulden wir, daß eine Ehrung Caesars nicht beachtet wird, die ihm dein Gesetz zuerkannt hat? Oder war dir beim Dankfest – indem du einen Tag hinzutatest – ein Frevel recht, und wolltest du ihn bei den Kultbetten vermeiden? Den Götterkult mußt du entweder gänzlich preisgeben oder in allen Punkten beachten[151].

Willst du wissen, ob ich damit einverstanden bin, daß 111
Caesar ein Kultbett, einen Tempelgiebel, einen Priester hat? Ich bin mit nichts von alledem einverstanden! Du aber trittst für die Anordnungen Caesars ein: wie kannst du rechtfertigen, daß du sie teils in Schutz nimmst, teils mißachtest? Oder willst du zu erkennen geben, daß du dich bei allem nur von deinem Vorteil, nicht aber von seiner Ehre leiten läßt?

Was gibt's hierauf zu erwidern? Ich rechne fest mit deiner Zungenfertigkeit; ich habe deinen Großvater als überaus fähigen Redner gekannt, doch du bist, wie ich sehe, bei deinen Äußerungen noch offener – er hat nie nackt gesprochen, bei dir schlichtem Menschen haben wir die Brust erblickt[152]. Willst du dich zu alledem äußern – vielmehr: hast du den Mut, überhaupt noch den Mund aufzutun? Wirst du in meiner langen Rede irgendeinen Punkt entdecken, dem du widersprechen zu können glaubst?

Doch lassen wir das Vergangene – diesen einen Tag, den 112
einen, sage ich, den heutigen, den Augenblick, in dem ich rede: rechtfertige ihn, wenn du kannst! Warum ist der Senat

von einem Kordon Bewaffneter umringt, warum hören deine Gefolgsleute mir zu, das Schwert in der Hand, warum sind die Flügeltüren des Tempels der Eintracht geschlossen, warum holst du Leute der allerwildesten Sorte, ityräische Bogenschützen[153], aufs Forum? Um seiner Sicherheit willen tue er das, sagt er. Ist es nicht tausendmal besser zu sterben, als im eigenen Land ohne bewaffneten Schutz seines Lebens nicht sicher zu sein?

Doch das ist gar kein Schutz, glaub mir: von der Zuneigung und dem Wohlwollen deiner Mitbürger mußt du
113 umringt sein, nicht von Waffen. Die wird dir das römische Volk entreißen und aus der Hand schlagen – hoffentlich ohne daß wir dabei zu Schaden kommen! Doch gleichgültig, wie du es mit uns treibst: wenn du an deinen Absichten festhältst, dann – glaub mir – machst du's nicht mehr lange. Denn deine so gar nicht habgierige Gattin (nichts für ungut, wenn ich mich hier mit ihr befasse) ist dem römischen Volke schon seit überlanger Weile die dritte Rate schuldig[154].

Das römische Volk hat Männer, die es mit der Leitung des Staates betrauen kann: wo die sich befinden, dort ist auch aller Schutz des Staates oder vielmehr der Staat selbst, der sich bislang nur gerächt, aber noch nicht wieder gefestigt hat. Und ganz gewiß hat unser Staat junge Männer von höchstem Ansehen, die bereit sind, ihn zu verteidigen; sie mögen sich um der inneren Ruhe willen noch so sehr zurückhalten: der Staat wird sie nichtsdestoweniger herbeirufen. Schon das Wort Friede ist köstlich und die Sache selbst heilbringend, doch Friede und Knechtschaft sind weit voneinander entfernt: Friede ist ungestörte Freiheit, Knechtschaft hingegen das schlimmste aller Übel, für dessen Beseitigung man Krieg, ja den Tod auf sich nehmen muß.

114 Wenn unsere Befreier selbst sich unseren Blicken entzogen haben[155]: das Beispiel ihrer Tat haben sie immerhin

zurückgelassen. Was sie vollbrachten, hatte noch niemand vollbracht. Tarquinius wurde von Brutus hart bekriegt – er war immerhin zu einer Zeit König, als man's in Rom noch sein durfte; Sp. Cassius, Sp. Maelius und M. Manlius sind wegen des bloßen Verdachts, sie strebten nach der Königsherrschaft, getötet worden[156]. Doch diese hier haben als erste mit der blanken Waffe jemanden angegriffen, der nicht nach der Königsherrschaft strebte, sondern bereits König war. Diese Tat, schon an sich herrlich und heldenhaft, steht uns außerdem als Vorbild vor Augen, zumal ihre Urheber einen Ruhm erlangt haben, den – möchte man annehmen – selbst der Himmel kaum zu fassen vermag. Denn so gewiß die glanzvolle Tat schon durch das eigene Bewußtsein hinlänglich belohnt wird, so sehr meine ich, daß ein Sterblicher die Unsterblichkeit nicht zu verachten braucht.

Erinnere dich doch des Tages, M. Antonius, an dem du die 115
Diktatur beseitigt hast[157], führ dir die Freude des Senats und des römischen Volkes vor Augen und vergleich damit den entsetzlichen Handel, den du und deine Freunde jetzt treiben – dann mußt du einfach erkennen, welch Unterschied zwischen Profit und Ruhm besteht. Allerdings: wie es vorkommt, daß jemand infolge einer Krankheit oder auf Grund einer Sinneslähmung das angenehme Aroma von Speisen nicht wahrnimmt, so haben ausschweifende, habgierige oder zu Verbrechen geneigte Naturen keinen Geschmack für wahren Ruhm.

Doch wenn dich schon der Ruhm nicht zu rechtem Handeln reizen kann: sollte dich nicht wenigstens die Furcht von den schlimmsten Untaten abhalten? Die Gerichte schrecken dich nicht – wenn deine Unschuld der Grund ist: einverstanden, wenn aber deine Macht: begreifst du nicht, was jemand, der sich in dieser Weise nicht vor den Gerichten fürchtet, statt dessen zu fürchten hat? Wenn du dich vor beherzten 116

Männern und überragenden Bürgern nicht fürchtest, weil bewaffnete Leibwächter sie von dir fernhalten, dann werden dich deine eigenen Leute – glaub mir's – nicht länger ertragen. Was ist das aber für ein Leben: sich Tag und Nacht vor den eigenen Leuten fürchten zu müssen?

Hast du sie dir etwa durch größere Dienste zu verpflichten gewußt, als Caesar sich einige von denen verpflichtet hatte, die seine Mörder wurden – oder kann man dich überhaupt irgendwie mit ihm vergleichen? Er besaß Genie, Scharfsinn, Erinnerungsvermögen, Bildung, Fürsorglichkeit, Gedankenzucht und Umsicht; er hatte kriegerische Leistungen vollbracht, die zwar verderblich für den Staat und doch bedeutend waren, hatte, viele Jahre von der Absicht, Alleinherrscher zu sein, durchdrungen, nach großer Mühe und großen Gefahren sein Ziel erreicht, hatte durch Spiele, Bauten, Geschenkverteilungen und öffentliche Festschmäuse die unwissende Menge kirre gemacht und seine Freunde durch Belohnungen, seine Feinde durch den Schein der Milde an sich gefesselt – kurz und gut, er hatte unserem freien Volk die Knechtschaft teils durch Furcht, teils durch
117 Abstumpfung bereits zur Gewohnheit gemacht. Mit diesem Manne kann ich dich vergleichen, was den Machthunger betrifft, doch in allen übrigen Punkten bist du keineswegs mit ihm vergleichbar.

Doch aus den zahlreichen Übeln, mit denen er unseren Staat gezeichnet hat, ist uns ein Gutes erwachsen: das römische Volk hat jetzt gelernt, wie weit es einem jeden Glauben schenken darf, wem es sich anvertrauen kann, vor wem es sich hüten muß. Das bedenkst du nicht, noch begreifst du, daß es beherzten Männern genügt zu wissen, welch schöne Tat, welch willkommener Dienst, welch ruhmreicher Titel es ist, einen Tyrannen zu töten. Werden diese Leute, wenn
118 sie *ihn* nicht ertragen haben, dich ertragen? Um die Wette

wird man sich alsbald auf diese Arbeit stürzen, glaub mir, und nicht erst auf eine zaudernde Gelegenheit warten.

Nimm endlich Rücksicht auf unseren Staat, ich bitte dich darum, M. Antonius; von wem du abstammst, nicht, mit wem du jetzt lebst, mußt du bedenken – verfahre mit mir, wie du willst, mach aber mit dem Staate Frieden!

Doch was du tust, mußt du selbst wissen; ich aber will von mir folgendes bekannt geben: ich habe den Staat verteidigt, als ich jung war – ich werde ihn nicht preisgeben, wo ich alt bin; ich habe Catilinas Waffen verachtet – ich werde die deinen nicht fürchten. Ich will sogar freudig mein Leben 119
opfern, wenn mein Tod die Freiheit der Bürgerschaft wiederherstellen kann: damit unter den Schmerzen des römischen Volkes endlich geboren wird, was schon lange ans Licht drängt. Denn wenn ich bereits vor nahezu zwanzig Jahren in eben diesem Tempel behauptet habe, jemand, der Konsul war, sterbe nicht zu früh[158]: mit wieviel mehr Recht kann ich das jetzt als alter Mann behaupten. Für mich – wahrhaftig, versammelte Väter – ist der Tod jetzt sogar wünschenswert: nach allem, was ich erreicht und was ich vollbracht habe. Ich wünsche mir nur noch zweierlei: zum einen, daß ich sterbend das römische Volk in Freiheit zurücklasse – eine größere Gunst können mir die unsterblichen Götter gar nicht gewähren –, zum anderen, daß jedem der Lohn zuteil wird, den seine Einstellung zum Staate verdient.

DRITTE PHILIPPISCHE REDE

Einleitung

20. Dezember, Senatssitzung; die Volkstribunen berichten in Abwesenheit der amtierenden Konsuln über Sicherheitsmaßnahmen für den 1. Januar, den Amtsantritt der neuen Konsuln. Da kurz zuvor von D. Brutus, dem Statthalter Oberitaliens, die Erklärung eingetroffen ist, er stehe zur Republik, revidiert Cicero seinen ursprünglichen Plan, bis zum Beginn des neuen Jahres zu warten, und beginnt zu handeln. Wie am 7. und 8. November 63 v. Chr., im Kampf gegen die catilinarische Verschwörung, und wie am 5. September 57 v. Chr., nach der Rückkehr aus der Verbannung, so läßt er auch an diesem Tage, dem dritten und letzten Höhepunkt in seinem peripetienreichen Leben, die auf Senat und Volk beruhende republikanische Verfassung in einem Redepaar konkrete Gestalt annehmen: er spricht zunächst zum Senat (Dritte Philippica) und unmittelbar danach, in einer von dem Volkstribunen M. Servilius geleiteten Versammlung, zum Volke (Vierte Philippica).

Die dritte Philippica, ein Meisterstück politischer Überredungskunst, beruft sich in der kurzen Einleitung (1 f.) auf das Gebot der Stunde: kein Warten mehr! Im ersten Hauptteil (3–14) verlautet sofort, worum es geht: es gilt, die privaten Initiativen, auf denen allein die bisherige Kriegsführung gegen Antonius (so Cicero in kühner Vorwegnahme eines noch fernen Zieles) beruht, durch staatliche Maßnahmen, durch das Wort des Senats zu bestätigen. Der junge C. Caesar (Oktavian) hat ein Heer aufgestellt – man billige sein Vorgehen. Die Legion des Mars und die vierte Legion sind zu Oktavian übergetreten – man heiße ihren Entschluß gut. Und jetzt die Loyalitätserklärung des D. Brutus, die mehr bedeutet als die Befreiertat des L. Brutus, des Gründers der Republik: auch sie bekundet, da D. Brutus durch das gewaltsam eingebrachte Gesetz des Antonius seiner oberitalischen Statthalterschaft dem Buchstaben nach enthoben ist, die Initiative eines Privatmannes und bedarf daher ebenfalls der Anerkennung durch den Senat. Cicero wagt sich noch weiter vor: man höre auf, Antonius als Konsul zu betrachten; man gebe nicht durch Worte, sondern durch Taten zu verstehen, daß er ein Staatsfeind ist.

Auf die präzise Argumentation des ersten Teils folgt die witzig-sarkastische Polemik des zweiten (15–26). Cicero nimmt das Verhalten durch, das Antonius im November, während seines jüngsten Aufenthaltes in Rom, an den Tag gelegt hatte; er geißelt die groben Ausfälle seiner Bekanntmachungen – gegen Oktavian, gegen Ciceros Neffen Quintus, gegen Cicero selbst – und entlarvt die Betrügereien bei der Verlosung der Provinzen.

Der dritte Teil (27–36) ist abermals durch einen Wechsel der Tonart scharf abgehoben: auf das Detail der jüngsten Zeit folgt ein Überblick aus großer Distanz (ein langer Untatenkatalog führt den Hörern den ganzen Menschen Antonius vor Augen, 30 f.), auf den Witz und die Pointen folgt Pathos, auf die Polemik der Appell. Cicero hat es verstanden, in diesem krönenden Abschnitt die drei Hauptmotive des Vorangehenden zu einem Ganzen zu verschmelzen. Wenn er seinen Hörern einhämmert, daß jetzt eine unwiederbringliche Gelegenheit zum Losschlagen gekommen sei, dann übernimmt er die Parole des Anfangs: kein

Warten mehr!; wenn er den Senat antreibt, das Vorgehen des jungen Caesar und des D. Brutus zu sanktionieren, dann knüpft er deutlich an den ersten, und wenn er nicht müde wird, eine plastische Vorstellung von der Gefährlichkeit des Antonius zu vermitteln, dann knüpft er ebenso handgreiflich an den zweiten, den polemischen Hauptteil an. Außerdem enthält der dritte Teil neben Tatsachen (der Ausgangslage) und Forderungen (den Beschlüssen, die Cicero vom Senat zu erwirken hofft) auch Bekenntnisse zu den axiomatischen – wenn man will: ideologischen – Grundlagen der Forderungen, zum republikanischen Prinzip, zum Freiheitsgedanken: auch dieses Motiv ist nicht neu; Cicero hat es bereits im ersten Abschnitt, zumal in dem Vergleich der beiden Brutus, des D. Brutus und des legendären Begründers der Republik, unüberhörbar zur Sprache gebracht.

Cicero zieht nunmehr die Folgerungen aus dem kunstvollen Gewebe seiner Argumentation (37–39): er schlägt einen Senatsbeschluß vor. Die wichtigsten Punkte seines Vorschlags lauten: 1. D. Brutus und seine Provinz haben Lob und Anerkennung verdient; 2. die Verteilung der Provinzen, die Antonius am 28. November vorgenommen hat, wird für ungültig erklärt; 3. die neuen Konsuln sollen so bald wie möglich über Ehrenbeschlüsse zugunsten Oktavians und der zu ihm übergetretenen Legionen berichten. Die Rede war ein voller Erfolg; der Senat erhob Ciceros Vorschlag, wie von ihm beantragt, zum Beschluß.

Schematische Übersicht

Einleitung (1 f.):

Der Senat muß handeln – kein Warten mehr!

1. Teil (3–14):

Die privaten Initiativen gegen Antonius (Oktavian und seine Truppen, D. Brutus und Oberitalien) bedürfen der Bestätigung durch den Senat.

2. Teil (15–26):

Antonius hat sich in jüngster Zeit durch seine Edikte und die Verteilung der Provinzen heillos kompromittiert.

3. Teil (27–36):

Die Gunst der Stunde und die Gefährlichkeit des Antonius gebieten dringend, daß sich der Senat um der Freiheit willen mit Oktavian und D. Brutus solidarisch erklärt.

Schluß (37–39):

Vorschlag eines *senatus consultum*.

DRITTE PHILIPPISCHE REDE

1 Weit säumiger, versammelte Väter, als die politische Lage erlaubte, hat man uns endlich doch noch zur Sitzung geladen – worauf ich meinerseits Tag für Tag gedrungen habe[1], da ich sah, daß ein heilloser und verworfener Mensch einen verbrecherischen Krieg gegen unsere Altäre und Herde, unser Leben und Vermögen nicht nur vorbereitete, sondern schon führte. Man will auf den 1. Januar warten – nicht aber wartet Antonius darauf, der vielmehr die Provinz des D. Brutus, eines ebenso angesehenen wie verdienten Mannes, mit Heeresmacht zu überfallen sucht und von dort wohlversehen und schlagfertig gegen Rom zu ziehen droht.

2 Wozu also das Warten oder wozu ein noch so geringer Zeitaufschub? Denn wenn der 1. Januar auch nahe ist: eine kurze Zeit macht viel aus bei noch mangelhafter Vorbereitung. Denn schon ein Tag, vielmehr nur eine Stunde führt oft, wenn die erforderlichen Maßnahmen ausbleiben, zu schweren Rückschlägen; einen bestimmten Termin pflegt man zwar bei Kultfeiern, nicht aber bei politischen Entscheidungen abzuwarten. Wenn's schon 1. Januar gewesen wäre, als Antonius seine Flucht aus Rom antrat, oder wenn man nicht auf diesen Tag gewartet hätte, dann befänden wir uns jetzt nicht im Kriegszustand. Denn die Maßnahmen des Senats und die Zustimmung des römischen Volkes hätten der Verwegenheit des wahnwitzigen Menschen mühelos ein Ende gesetzt.

Immerhin werden das (ich bin fest davon überzeugt) die künftigen Konsuln tun, sobald sie ihr Amt angetreten haben; sie zeigen ja stärkste Entschlossenheit, größte Umsicht und bestes Einvernehmen. Mein Drängen aber verlangt nicht nur nach dem Sieg, sondern auch nach raschem

Handeln. Denn wie lange will man noch einen so furchtbaren, so grausamen, so scheußlichen Krieg durch private Initiativen abzuwehren suchen? Warum schließen sich nicht so bald wie möglich Maßnahmen des Staates an? 3

C. Caesar, ein junger Mann, vielmehr fast noch ein Knabe, bekundete eine unfaßbare und geradezu göttliche Einsicht und Tatkraft, als die Raserei des Antonius am heftigsten entbrannt war und man sich vor dessen grausamer und verderbenbringender Rückkehr aus Brundisium fürchten mußte: er hat, ohne daß wir's verlangten und in Betracht zogen, ja überhaupt nur wünschten (es schien ja ein Ding der Unmöglichkeit), aus dem unbesiegbaren Schlage altgedienter Leute ein äußerst zuverlässiges Heer zusammengestellt[2] und hierbei sein Vermögen drangegeben – doch nein, ich habe nicht den Ausdruck getroffen, der angemessen wäre: er hat sein Geld nicht drangegeben, sondern für das Wohl des Staates eingesetzt.

Zwar können wir ihm gar nicht den Dank abstatten, den 4
wir ihm schulden; nichtsdestoweniger sollten wir ihm so viel Dankbarkeit erweisen, wie wir ihm mit ganzem Herzen zu erweisen vermögen. Denn wer wäre so unverständig, so ahnungslos in der Politik, daß er dies nicht begriffe: wenn M. Antonius von Brundisium aus mit den Truppen, über die er zu verfügen hoffte, nach Rom – wie er uns angedroht hatte – gelangt wäre, dann hätte er sich gewiß keine Art von Greueln entgehen lassen[3]. Immerhin hat er im Hause seines Gastgebers, in Brundisium, den Befehl erteilt, tüchtige Männer und verdienstvolle Mitbürger umzubringen[4] – als sie vor seinen Füßen starben, da haben sie, wie man zu berichten wußte, mit ihrem Blut das Gesicht seiner Frau bespritzt. Von dieser Grausamkeit noch ganz erfüllt (wobei er uns allen gegenüber weit zorniger aufgetreten wäre als gegenüber denen, die er umgebracht hatte): wer von uns,

oder überhaupt, wer von allen Rechtschaffenen hätte Gnade vor ihm gefunden?

5 Dieses Verhängnis hat Caesar durch seine private Initiative (es gab ja keine andere Möglichkeit) von unserm Gemeinwesen abgewendet. Wäre *er* nicht diesem Staate geschenkt worden, dann hätten wir – dank der Niedertracht des Antonius – gar keinen Staat mehr. Denn so sehe ich die Dinge, so urteile ich: hätte nicht ein junger Mann die Angriffe und entsetzlichen Pläne dieses Rasenden vereitelt, dann wäre unser Staat gänzlich zugrunde gegangen. Daher müssen wir ihm am heutigen Tage, versammelte Väter (denn jetzt sind wir zum ersten Male unter Umständen versammelt, die uns – dank seiner Hilfe – erlauben, unsere Meinung offen auszusprechen) – wir müssen ihm hinlängliche Vollmachten erteilen, damit er den Staat nicht nur, weil er sich dazu bereit gefunden, sondern auch, weil er von uns den Auftrag erhalten hat, verteidigen kann.

6 Auch die Legion des Mars (da wir nach langer Unterbrechung wieder frei über Politik reden dürfen) kann nicht mit Schweigen übergangen werden. Denn welcher einzelne Soldat hätte je so viel Tapferkeit, so viel Vaterlandsliebe gezeigt wie die Legion des Mars insgesamt? Sie wollte sich, da sie Antonius für einen Feind des römischen Volkes hielt, an seinen Wahnsinnstaten nicht beteiligen; sie verließ den Konsul – was ihr wahrhaftig nie beigekommen wäre, wenn sie *den* für einen Konsul gehalten hätte, dessen Sinnen, dessen Trachten sie auf nichts als auf Bürgermord und Hochverrat gerichtet sah. Und die Legion setzte sich in Alba[5] fest. Konnte sie eine Stadt wählen, die – im Falle eines Eingreifens – günstiger läge, die mehr Vertrauen verdiente, deren Bevölkerung tapferer oder deren Bürgerschaft enger
7 mit unserem Staat befreundet wäre? Dem löblichen Beispiel dieser Legion folgend, hat sich dann auch die vierte Legion

unter der Führung des Quästors L. Egnatuleius, eines tüchtigen und unerschrockenen Bürgers, in die Befehlsgewalt und zu den Truppen C. Caesars begeben.

Wir haben somit folgendes zu tun, versammelte Väter: was der hochansehnliche und allervortrefflichste junge Mann von sich aus vollbracht hat und noch vollbringt, das muß durch unsere Maßnahmen bekräftigt, und was die Altgedienten, überaus tapfere Leute, sowie die Legion des Mars und die vierte in erstaunlicher Einhelligkeit getan haben, den Staat wiederherzustellen, muß durch unser Lob und Zeugnis anerkannt werden; daß wir uns um Vorrechte, Ehren und Belohnungen für sie kümmern werden, sobald die künftigen Konsuln ihr Amt angetreten haben, wollen wir noch am heutigen Tage feierlich versprechen.

Allerdings ist uns, was ich über Caesar und sein Heer 8
gesagt habe, seit langem bekannt. Denn eben der bewundernswerte Mut Caesars, der gerade Sinn der altgedienten Soldaten sowie die ausgezeichnete Entscheidung *der* Legionen, die sich durch euer Ansehen, die Freiheit des römischen Volkes und die Tüchtigkeit Caesars bestimmen ließen, haben Antonius von unserem Nacken abgewehrt.

Doch dies liegt, wie gesagt, schon einige Zeit zurück – der jüngste Bescheid des D. Brutus hingegen ist eben erst bekannt geworden; den kann man gewiß nicht mit Schweigen übergehen. Denn Brutus kündigt an, er wolle die Provinz Gallien[6] dem Senat und dem römischen Volke zur Verfügung halten.

Welch ein Bürger, für das Wohl des Staates bestimmt, eingedenk seines Namens und treu dem Beispiel der Vorfahren! Denn nach der Vertreibung des Tarquinius hatten unsere Vorfahren weniger Grund, über ihre Freiheit froh zu sein, als wir jetzt, nach der Vertreibung des Antonius, bedacht sein müssen, sie zu bewahren. Sie hatten von der 9

Gründung der Stadt an gelernt, Königen zu gehorchen – bei uns war die Knechtschaft nach der Vertreibung der Könige in Vergessenheit geraten. Und der Tarquinius, den unsere Vorfahren nicht ertragen konnten, hatte den Ruf und Namen – nicht «der Grausame», «der Frevler», sondern «der Stolze». Einen Fehler also, den wir schon oft bei Privatpersonen ertragen haben, vermochten unsere Vorfahren nicht einmal bei ihrem Könige zu ertragen. L. Brutus hat einen stolzen König nicht ertragen: wird D. Brutus sich gefallen lassen, daß ein Verbrecher und Frevler ein königliches Regiment ausübt? Was hat Tarquinius getan – vergleichbar mit den zahllosen Untaten, die Antonius begangen hat und noch stets begeht? Auch einen Senat hatten die Könige; trotzdem tummelten sich – anders als bei Antonius, wenn er eine Sitzung leitet – im Rate des Königs keine bewaffneten Barbaren. Die Könige achteten auf die Vorzeichen – die diesem Konsul und Augur gleichgültig waren, indem er seine Gesetze nicht nur unter Mißachtung der Vorzeichen einbrachte, sondern dabei auch einen Kollegen mitwirken ließ, dem er selbst durch erfundene Vorzeichen zu einer fehlerhaften Wahl verholfen hatte[7].

10 War je ein König in so krasser Weise unverschämt, daß er alle Vorteile, Befugnisse und Rechte seines Königtums feilgeboten hätte? Welche Art von Abgabenfreiheit, von Bürgerrecht, von Vergünstigungen hat dieser Mensch nicht an Einzelpersonen, Gemeinden oder ganze Provinzen verkauft? Nichts Niedriges, nichts Schmutziges ist uns von Tarquinius überliefert – doch im Hause dieses Menschen wurde inmitten von Wollkörben Gold gewogen, Geld gezählt; in *einem* Hause konnte jeder, der da wollte, alle Hoheitsrechte des römischen Volkes einhandeln. Von Todesurteilen über römische Bürger, die Tarquinius verhängt hätte, wissen wir nichts; doch dieser Mensch ließ in Suessa

alle, die er gefangen gesetzt hatte, erdrosseln und in Brundisium nahezu dreihundert tüchtige Männer und verdienstvolle Mitbürger umbringen[8].

Schließlich: Tarquinius zog für das römische Volk zu 11
Felde, als er vertrieben wurde; Antonius ließ gegen das römische Volk ein Heer aufmarschieren, als er, von den Legionen verlassen, den Namen und das Heer Caesars fürchten lernte; ohne die üblichen Opfer darzubringen, legte er vor Tagesanbruch Gelübde ab, die er nie zu erfüllen braucht[9], und gegenwärtig versucht er, sich einer Provinz des römischen Volkes zu bemächtigen. So hat denn das römische Volk von D. Brutus einen größeren Dienst teils empfangen, teils noch zu erwarten, als unseren Vorfahren von L. Brutus erwiesen wurde, dem Begründer dieses ganz besonders erhaltungswürdigen Geschlechts und Namens.

Wenn Knechtschaft stets ein Unglück ist, dann ist es 12
vollends unerträglich, der Knecht eines unsauberen, schamlosen, entnervten Menschen zu sein, der nicht einmal in bedrängter Lage nüchtern bleibt. Wer *den* von Gallien fernhält, aus privater Initiative zumal, der spricht ihm – und zwar mit vollem Recht – die Konsulwürde ab. Wir haben somit folgendes zu tun, versammelte Väter: wir müssen die private Initiative des D. Brutus durch staatliche Maßnahmen bekräftigen.

Denn zweifellos hättet ihr M. Antonius nach den Lupercalien[10] nicht mehr als Konsul anerkennen dürfen. An diesem Tage hat er ja vor dem römischen Volke nackt, salbentriefend und betrunken eine Ansprache gehalten und seinem Kollegen ein Diadem aufzusetzen versucht: da hat er sich nicht nur des Konsulats, sondern auch seiner bürgerlichen Freiheit begeben. Er wäre ja sofort unfrei geworden, wenn sich Caesar bereit gefunden hätte, aus seiner Hand das Zeichen der Königsherrschaft entgegenzunehmen. *Den* soll ich also für einen Konsul, einen römischen Bürger, einen freien Mann, ja überhaupt für einen Menschen halten, der an jenem abscheulichen und schandbaren Tage zu erkennen gab, was er bei Lebzeiten Caesars hinzunehmen bereit war und was er nach dessen Tode selbst erreichen wollte?

13 Übrigens darf auch die mutige, klare und feste Haltung der Provinz Gallien nicht verschwiegen werden. Sie ist ja wirklich eine Blume Italiens, eine Stütze der Herrschaft des römischen Volkes, eine Zier unseres Ansehens. Die Übereinstimmung der Land- und Siedlerstädte der Provinz Gallien ist so vollkommen, daß man meinen möchte, sie hätten sich allesamt verschworen, für das Ansehen dieser Versammlung und die Hoheit des römischen Volkes einzutreten.

Demgemäß, ihr Volkstribunen: euer Vortrag bezog sich eigentlich nur auf eine Schutzwache, die es den Konsuln erlauben soll, am 1. Januar den Senat ungestört verhandeln zu lassen; zugleich aber habt ihr, scheint mir, viel Einsicht gezeigt und sehr klug gehandelt, indem ihr uns Gelegenheit gabt, die gesamte politische Lage zu erörtern. Ihr wart ja der Ansicht, eine ungestörte Senatssitzung sei ohne eine Schutzwache unmöglich – hiermit habt ihr zugleich ausgesprochen, daß die tückischen und bedenkenlosen Anschläge des Antonius auch vor unseren Mauern nicht haltmachen.

14 Ich will daher mit meinem Antrag aufs Ganze gehen (womit ihr, wie ich sehe, durchaus einverstanden seid): wir müssen unseren tüchtigsten Truppenführern Vollmachten erteilen und unseren tapfersten Soldaten Belohnungen in Aussicht stellen und nicht durch Worte, sondern durch Taten zu erkennen geben, daß Antonius nicht mehr Konsul, ja daß er ein Staatsfeind ist. Denn wenn er noch Konsul ist, dann haben die Legionen gesteinigt zu werden verdient[11],

weil sie ihrem Konsul davongelaufen sind, dann ist Caesar ein Verbrecher und Brutus ein Ausbund der Niedertracht, weil sie auf Grund einer privaten Initiative gegen den Konsul Truppen aufgestellt haben. Wenn man sich hingegen für die Soldaten wegen ihrer wunderbaren und unsterblichen Verdienste neuartige Ehrungen ausdenken muß, wenn man wiederum den Truppenführern gar nicht genug danken kann: wie geht es an, *den* nicht für einen Staatsfeind zu halten, dessen in Waffen stehende Verfolger anerkanntermaßen die Retter des Vaterlands sind?

Wie beleidigend sind seine Bekanntmachungen[12], wie 15
rücksichtslos, wie grob! An erster Stelle hat er Verleumdungen gegen Caesar zusammengetragen, hervorgeholt aus der Erinnerung an sein eigenes schamloses und unzüchtiges Treiben. Denn wer wäre tugendhafter, wer zurückhaltender als dieser junge Mann? Haben wir unter unserer Jugend ein glänzenderes Beispiel für die alte Sittenstrenge?

Gibt es andererseits einen schmutzigeren Menschen als seinen Beleidiger? Niedere Abkunft wirft er einem Sohne C. Caesars vor – wo doch auch dessen natürlicher Vater, wenn er länger gelebt hätte, Konsul geworden wäre. «Seine Mutter stammt aus Aricia.» Man sollte meinen, er rede von Tralles oder Ephesus. Da könnt ihr sehen, wie man auf uns herabblickt, auf uns alle, die wir aus Landstädten stammen, und das heißt: auf nahezu sämtliche Bürger – denn wieviele sind's, die nicht zu uns gehören? Und welcher Landstadt könnte jemand Achtung erweisen, der so hochmütig auf Aricia herabblickt, einen durch sein Alter ehrwürdigen, durch seine Rechtsstellung mit uns verbündeten, durch seine Lage fast benachbarten, durch den Glanz der Bewohner überaus angesehenen Ort? Hier haben die Voconischen, 16
hier die Atinischen Gesetze, hier haben zahlreiche kurulische Ämter zu Väter- und zu unseren Zeiten ihren Ursprung,

von hier stammen die meisten und achtbarsten römischen Ritter[13].

Doch wenn dir eine Frau aus Aricia nicht genügt, warum genügt dir eine aus Tusculum? Dabei hatte diese untadelige und vortreffliche Frau M. Atius Balbus zum Vater, einen höchst ehrenwerten Mann, und der war Prätor gewesen; deine Gattin hingegen, eine gute Frau – jedenfalls eine reiche –, ist die Tochter eines gewissen Bambalio, einer ausgemachten Null, eines Zipfels ohnegleichen, dem die schwere Zunge und der unbewegliche Geist den verächtlichen Beinamen eingebracht haben. «Doch ihr Großvater ist von Adel.» Du meinst gewiß den bekannten Tuditanus: er hatte die Gewohnheit, in der Tracht eines tragischen Schauspielers von der Rednertribüne herab Geld unters Volk zu werfen. Ich wünschte, er hätte diese Geringschätzung von Besitz auf seine Nachkommen vererbt. Da habt ihr ein ruhmreiches Adelsgeschlecht[14]!

17 Doch wie reimt sich, daß dir ein Sproß aus dem julischen Hause minderwertig dünkt, während du dich von Mutterseite her derselben Abkunft zu rühmen pflegst? Und was für ein Unsinn, über die niedere Abkunft in der weiblichen Linie herzuziehen, wenn der eigene Vater eine gewisse Numitoria aus Fregellae, die Tochter eines Verräters, zur Frau hatte und man selbst mit Kindern von der Tochter eines Freigelassenen gesegnet ist! Doch ich will dem Urteil hochangesehener Männer nicht vorgreifen: L. Philippus ist mit einer Frau aus Aricia, C. Marcellus mit der Tochter einer Frau aus Aricia verheiratet – ich bin sicher, daß sie sich des Standes ihrer vortrefflichen Gattinnen durchaus nicht schämen[15].

In einer Bekanntmachung bedenkt Antonius auch Q. Cicero, den Sohn meines Bruders, mit einer Rüge und merkt nicht, verdreht wie er ist, daß seine Rüge einer Empfehlung gleichkommt. Was konnte dem jungen Mann Besseres passieren, als daß allgemein von ihm bekannt wird, daß er ein Gefolgsmann der Politik Caesars und ein Feind der Wahnsinnsakte des Antonius ist?

Doch der Schuft hat sich sogar unterstanden, bekannt zu 18
geben, Q. Cicero habe einen Anschlag gegen das Leben seines Vaters und Onkels geplant. Ein erstaunlich unverschämtes, freches und blindwütiges Verhalten: sich zu unterstehen, gegen einen jungen Mann so etwas vorzubringen, den ich und mein Bruder wegen seines überaus milden, wohlgeratenen Charakters und seiner hohen Gaben um die Wette lieben und den wir stündlich sehen, hören und in unsere Arme schließen[16]!

Was mich betrifft, so weiß er in den erwähnten Bekanntmachungen nicht, ob er mich angreifen oder loben soll. Wenn er unseren besten Mitbürgern dieselbe Strafe androht, die ich über die gefährlichsten Verbrecher[17] verhängt habe, dann scheint er mich zu loben, als ob er mir nacheifern wolle; wenn er hingegen die Erinnerung an diese herrliche Tat auffrischt, dann hofft er wohl, damit bei Seinesgleichen einigen Haß gegen mich aufzurühren.

Doch er selbst: was hat er getan? Nachdem er so viele 19
Bekanntmachungen herausgebracht hatte, gab er bekannt, der Senat solle sich zahlreich am 24. November einfinden – an diesem Tage aber war er selbst nicht anwesend. Doch wie lautete die Bekanntmachung? Dies waren, glaube ich, die letzten Worte: «Wer sich nicht einfindet, von dem darf jedermann glauben, daß er ein Urheber meines Untergangs ist und die verwerflichsten Pläne schmiedet.»

Was für verwerfliche Pläne? Die darauf zielen, die Freiheit des römischen Volkes wiederherzustellen? Für solche Pläne bei Caesar als Ratgeber und Mahner gewirkt zu haben und noch stets zu wirken, gebe ich gern zu – obwohl er keinerlei Rat brauchte; ich habe vielmehr, wie man sagt, jemanden angefeuert, der schon lief. Und was deinen Untergang betrifft, welcher Rechtschaffene wäre nicht gern dessen Urheber, da doch hiervon das Heil und das Leben aller Rechtschaffenen sowie die Freiheit und Ehre des römischen Volkes abhängen?

20 Doch nachdem er uns mit einer so gräßlichen Bekanntmachung aufgeschreckt hatte: warum war er selbst nicht anwesend? Glaubt ihr etwa: aus einem schmerzlichen oder dringenden Anlaß? Von Wein und einem üppigen Mahl beschwert (wenn man noch Mahl nennen darf, was eher eine Prasserei war), vergaß er, den Termin seiner Bekanntmachung wahrzunehmen; er verschob die Sitzung auf den 28. November. Wir sollten auf dem Kapitol erscheinen. Er selbst erklomm den Tempel, ich weiß nicht wie, durch den Galliergang. Es kamen, die er gebeten hatte, darunter angesehene Persönlichkeiten, die freilich nicht bedachten, was sich für sie gehört hätte. Denn der Termin, die allgemeine Erwartung, der Mann, der zur Sitzung geladen hatte, machten, daß es für einen Senator eine Schande war, nichts Arges zu vermuten. Doch selbst zu denen, die gekommen waren, wagte er kein Wort über Caesar zu sagen, obwohl er hierüber dem Senat hatte berichten wollen; ein ehemaliger Konsul hielt schon einen schriftlichen Antrag bereit[18].

21 Wenn jemand über den nicht zu berichten wagt, der gegen ihn, den Konsul, ein Heer heranführt: bedeutet das nicht, daß er sich selbst zum Staatsfeind erklärt? Denn notwendigerweise ist einer von den beiden ein Staatsfeind, und man konnte gar nicht anders urteilen: bei Truppenführern, die einer des anderen Gegner sind. Wenn nun Caesar der Staatsfeind ist: warum erstattet der Konsul dem Senat keinen Bericht? Wenn jedoch der Senat keinen Anlaß hatte, Caesar zu verdammen, wie kann Antonius dann leugnen, daß er sich, indem er kein Wort gegen Caesar vorbrachte, selbst

zum Staatsfeind erklärt hat? Den er in seinen Bekanntmachungen einen Spartacus[19] nennt, den wagt er im Senat nicht einmal als einen üblen Burschen zu bezeichnen!

Andererseits: was gibt er uns doch bei den traurigsten Dingen zu lachen! Ich habe mir ein paar Sprüchlein einer seiner Bekanntmachungen gemerkt, die er offenbar für ungemein geistreich hält; ich hingegen habe bis jetzt noch niemanden gefunden, der begriffe, was er hat sagen wollen. «Das ist keine Beleidigung, wenn sie ein Würdiger tut[20].» 22
Erstens: was bedeutet hier «würdig»? Denn manch einer ist auch strafwürdig, wie er selbst. Etwa: «die einer tut, dem Würde zukommt»? Welche Beleidigung könnte schlimmer sein? Ferner: was heißt «eine Beleidigung tun»? Wer drückt sich so aus? Er fährt fort: «Noch stellt sich Furcht ein, wenn uns ein Feind damit bedrängt.» Wie – kommt es vor, daß uns ein Freund mit Furcht bedrängt? Und so geht es weiter. Wäre man nicht besser stumm – statt Dinge zu sagen, die niemand versteht? Deswegen ist sein Lehrmeister aus einem Redner zu einem Kätner geworden: er besitzt auf Staatsgrund, in der Mark von Leontinoi, zweitausend Morgen abgabenfreien Landes; er hatte ja den Auftrag, einen Einfaltspinsel noch dümmer zu machen – auf Kosten der Allgemeinheit[21].

Doch das ist vielleicht nicht so wichtig. So frage ich jetzt: 23
warum tat er im Senat so sanft, nachdem er in seinen Bekanntmachungen so wild getan hatte? Was war damit bezweckt, dem Volkstribunen L. Cassius, einem ebenso mutigen wie charakterfesten Manne, den Tod anzudrohen, falls er im Senat erscheine, D. Carfulenus, einen aufrechten Patrioten, mit Gewalt und Drohungen aus der Sitzung auszuschließen, Ti. Cannutius, der ihn in keineswegs beleidigenden Ansprachen oft und mit Recht angegriffen hatte, nicht nur vom Tempel, sondern auch vom Zugang zum

Kapitol fernzuhalten? Bei welchem Senatsbeschluß hatte er ihren Einspruch zu befürchten? Bei dem, möchte ich meinen, der M. Lepidus, dem Hochangesehenen, ein Dankfest bewilligen sollte, und davor mußte man auf der Hut sein, daß jemandem, bei dem wir Tag für Tag darüber nachdachten, wie wir ihn auf eine außerordentliche Weise ehren könnten,
24 die gewöhnliche Ehrung vorenthalten bliebe! Um nun zu zeigen, daß er den Senat nicht grundlos einberufen hatte (es war ja seine Absicht gewesen, über die politische Lage zu berichten), ließ er, bestürzt von der Nachricht über die vierte Legion und nur noch auf eine eilige Flucht bedacht, über den Dankfest-Beschluß durch Auseinandertreten abstimmen – ein beispielloser Vorgang[22].

Und hernach: wie ging erst sein Aufbruch vonstatten, der Abzug im Feldherrnmantel – welch Meiden jedes Blicks, des Tageslichts, der Stadt, des Forums, welch traurige Flucht, wie würdelos, wie schimpflich! Immerhin, welch großartige Senatsbeschlüsse, noch am selben Tage, am Abend, und bei der gewissenhaften Auslosung der Provinzen welch göttliche Fügung, daß jeder die bekam, die ihm paßte!

25 Ihr tut also sehr gut daran, Volkstribunen, eine Schutzwache für die Konsuln und den Senat vorzuschlagen, und wir sind verpflichtet, euch für euren Dienst allergrößten Dank abzustatten und zu bewahren. Denn wie wär's möglich, daß wir uns nicht in Gefahr befinden: bei diesem Maß allgemeiner Gier und Skrupellosigkeit?

Doch dieser Mensch, verworfen und heillos: kann er härtere Urteile über seine Person erwarten, als die seiner Freunde sind? Sein engster Vertrauter (er steht auch mir nahe), L. Lentulus, sowie P. Naso, der von jeder Habgier frei ist, haben erklärt, nichtig sei die Zuteilung ihrer Provinz, nichtig die von Antonius geleitete Auslosung gewesen. Dasselbe tat auch L. Philippus, ein Mann, der seines Vaters,

seines Großvaters und seiner Ahnen vollauf würdig ist. Ebenso vertrat eine durch und durch lautere und unbestechliche Persönlichkeit diese Meinung: C. Turranius. Desgleichen Sp. Oppius. Selbst einige, die M. Antonius – aus Rücksicht auf ihre Freundschaft mit ihm – größere Zugeständnisse gemacht haben, als ihnen vielleicht lieb war, mein Freund M. Piso, als Mensch und Bürger hochverdient, sowie, nicht geringer an Wert, M. Vehilius haben sich bereit erklärt, den Willen des Senats zu befolgen. Muß ich noch 26
L. Cinna erwähnen? Seine vielfach und gründlich bewährte einzigartige Lauterkeit macht den Ruhm seines ehrenhaften Entschlusses minder erstaunlich: er hat keinerlei Interesse an einer Provinz gezeigt. Dieselbe Weigerung sprach charakterfest und unbestechlich auch C. Cestius aus[23].

Wer bleibt also noch, wem behagt das Gotteslos? T. Annius, M. Gallius. Die Glücklichen! Nichts hatten sie sich mehr gewünscht. C. Antonius bekam Makedonien: noch ein Glücklicher – von dieser Provinz hat er ja immerfort geredet. Und C. Calvisius Afrika: der größte Glückspilz – er war ja eben erst aus Afrika abgereist und hatte, als ob er seine baldige Rückkehr kommen sähe, zwei Legaten in Utica gelassen. Dann fiel M. Cusinius Sizilien, Q. Cassius Spanien zu: hier habe ich keinerlei Verdacht; bei diesen beiden Provinzen hat es sich, glaube ich, um minder wunderbare Ergebnisse der Auslosung gehandelt[24].

C. Caesar – an dich, junger Mann, wende ich mich jetzt: 27
wie hast du unserem Staate Rettung gebracht, wie unerwartet, wie plötzlich! Denn wer sich so auf seiner Flucht aufführte, wie hätte der sich erst als Verfolger aufgeführt! Er hatte ja vor versammeltem Volke erklärt, er wolle der Hüter unserer Stadt sein und werde sich spätestens zum 1. Mai mit einem Heere vor der Stadt einfinden. Ein herrlicher Hüter, wie im Sprichwort: für Schafe ein Wolf! Der Hüter der

Stadt, oder ihr Plünderer und Zerstörer: was käme wohl für Antonius in Betracht? Und er werde die Stadt betreten, sagte er, und wieder verlassen, wie es ihm beliebe. Wie – hat er nicht in Anwesenheit des Volkes, vor dem Kastortempel thronend, gesagt, wer den Kampf nicht gewinne, gewinne auch sein Leben nicht[25]?

28 Am heutigen Tage, versammelte Väter, setzen wir zum ersten Male nach langer Unterbrechung unseren Fuß auf den Boden der Freiheit – die ich, solange ich konnte, verteidigt, ja erhalten habe. Als ich das nicht mehr konnte[26], zog ich mich zurück; ohne Erniedrigung und nicht ohne eine gewisse Würde fand ich mich ab mit dem Unglück jener bitteren Zeit. Doch dieses abscheuliche Ungeheuer: wer könnte sich damit abfinden, und wie? Was kennt Antonius denn anderes als Schwelgerei, Grausamkeit, Anmaßung und Skrupellosigkeit? Aus diesen Fehlern ist der ganze Mann zusammengesetzt; an ihm zeigt sich kein Edelmut, kein Maß, keine Rücksicht, keine Scham.

29 In dieser Lage – da es jetzt um die Entscheidung geht: ob er dem Staate Buße tut oder wir seine Knechte werden – wollen wir jetzt endlich, bei den unsterblichen Göttern, versammelte Väter, die Entschlossenheit und den Mut unserer Vorfahren zeigen, um entweder die Freiheit zurückzugewinnen, das Kennzeichen des römischen Wesens und Namens, oder um lieber den Tod auf uns zu nehmen als die Knechtschaft. Vieles, das in einem freien Staate unerträglich sein müßte, haben wir ertragen und hingenommen: einige vielleicht, weil sie die Freiheit zurückzugewinnen hofften, andere, weil sie allzusehr am Leben hingen; doch wenn wir ertrugen, was uns ein hartes Muß zu ertragen zwang, eine geradezu schicksalhafte Gewalt (indes, das haben wir ja gar nicht ertragen!): können wir dann auch die abscheuliche, grausame Tyrannei dieses Schandbuben hinnehmen?

Was wird er – wenn er's vermag – erst im Zorne tun: war 30
er doch, obwohl er keinen Grund hatte, jemandem zu grollen, mit allen Rechtschaffenen verfeindet! Was wird er sich als Sieger nicht herausnehmen – hat er doch, ohne Sieger zu sein, nach Caesars Tod zahlreiche Verbrechen begangen: dessen reich versehenes Haus ausgeräumt, dessen Gärten geplündert und allen Schmuck von dort zu sich herübergeschafft, das Begräbnis als Vorwand für Mord und Brand mißbraucht, nach zwei oder drei Senatsbeschlüssen, die gut und dem Interesse der Allgemeinheit gemäß waren, alles übrige seiner Gewinn- und Raubgier dienstbar gemacht, Steuerbefreiungen verkauft, Gemeinden für frei erklärt, ganze Provinzen der rechtmäßigen Herrschaft des römischen Volkes entzogen, Verbannte zurückgerufen, gefälschte Gesetze und gefälschte Anordnungen im Namen C. Caesars in Erz einmeißeln und auf dem Kapitol anbringen lassen, für alle diese Dinge in seinem Hause einen Markt eingerichtet, dem römischen Volke Gesetze aufgezwungen, das Volk und die Beamten mit bewaffneten Wachtruppen am Betreten des Forums gehindert, den Senat mit Soldaten 31
umringt, Soldaten im hinteren Teil des Tempels der Eintracht versteckt, während er dort eine Sitzung leitete, eilends die Legionen in Brundisium aufgesucht, deren staatstreueste Offiziere umbringen lassen und schließlich versucht, mit den Truppen nach Rom zu marschieren, um uns zu verderben und die Stadt zu plündern[27]!

Und dann, an diesem Vorstoß gehindert: durch die Maßnahmen Caesars und seiner Streitkräfte, durch den einhelligen Entschluß der Altgedienten und die feste Haltung der Legionen – dann dämpft nicht einmal dieser Schicksalsschlag seinen Übermut, und er hört nicht auf, wie ein Wahnsinniger zu toben und zu rasen; nach Gallien führt er sein geschrumpftes Heer; mit nur einer Legion, die überdies schwankt, wartet er auf seinen Bruder Lucius – auf jemanden, der ihm so ähnlich ist wie kein anderer[28].

Doch der, einst Fechter, jetzt Truppenführer, einst Schwertkämpfer, jetzt Feldherr: was für Verheerungen hat er angerichtet, wohin er auch seinen Fuß setzte! Er räumt die Vorratskammern leer, er metzelt Herden von Rindern und sonstigem Vieh nieder, soviel in seine Hände fällt. Seine Soldaten prassen, doch er selbst – um seinem Bruder nicht nachzustehen – ertränkt sich in Wein; die Felder werden verwüstet, die Häuser auf dem Lande geplündert; Ehefrauen, junge Mädchen, freigeborene Knaben verschwinden, geraten in die Gewalt der Soldaten. Dieselben Untaten beging, wohin er mit seinem Heere kam, auch M. Antonius.

32 Diesen entsetzlichen Brüdern wollt ihr die Tore öffnen, ihnen je die Stadt ausliefern? Die Gelegenheit ist da, die Truppenführer stehn bereit, die Soldaten machen begeistert mit, das römische Volk hält fest zusammen, ganz Italien ist aufgestanden, die Freiheit wiederherzustellen – und ihr wollt die Gunst der unsterblichen Götter nicht nutzen? Nie wird eine Gelegenheit wiederkehren, wenn wir diese versäumen. Vom Rücken, von vorn und von den Flanken her können wir ihn fassen, sobald er in Gallien eingetroffen ist. Doch nicht nur durch Truppen, sondern auch durch unsere Beschlüsse müssen wir ihm zusetzen. Groß ist die Macht, groß der Einfluß des Senats, wenn er einer Meinung ist! Seht ihr das Gedränge auf dem Forum und das römische Volk, wie es zuversichtlich die Wiederherstellung der Freiheit erwartet? Es sieht uns hier nach langer Unterbrechung zahlreich versammelt – es hofft, daß wir als freie Männer gekommen sind!

33 Um diesen Tag zu erleben, bin ich vor den verbrecherischen Gewaltakten des M. Antonius ausgewichen: damals, als er, gegen mich in meiner Abwesenheit losfahrend[29],

nicht begriff, für welche Gelegenheit ich meine Person und meine Kräfte aufsparte. Wahrhaftig, wenn ich ihm damals, als er bei mir mit dem Morden anzufangen gedachte, hätte antworten wollen, dann könnte ich heute nicht für das Wohl unseres Staates eintreten. Doch jetzt, wo sich mir die Möglichkeit dazu eröffnet hat, soll kein Augenblick vergehen, versammelte Väter, weder bei Tage noch bei Nacht, ohne daß ich, was man für die Freiheit des römischen Volkes und eure Vorrangstellung bedenken muß, bedenke und, was man dafür tun und durchsetzen muß, willig auf mich nehme, ja für mich fordere und beanspruche. So habe ich's einst gehalten, als es noch möglich war, und ich habe erst aufgehört, als es nicht mehr möglich war. Jetzt ist es nicht nur möglich, sondern sogar nötig – falls wir nicht die Knechtschaft wollen, statt mit Waffen und mutiger Wehr zu verhindern, daß wir in Knechtschaft geraten.

Die unsterblichen Götter haben uns diese Beschützer 34
geschenkt: für die Stadt Caesar, Brutus für Gallien. Denn wenn es Antonius gelungen wäre, sich der Stadt zu bemächtigen oder Gallien zu besetzen, dann hätten – in dem einen Falle sofort, in dem anderen kurze Zeit später – die Rechtschaffenen den Tod, alle übrigen die Knechtschaft erleiden müssen. Nutzt also die Gelegenheit, die sich euch bietet, im Namen der unsterblichen Götter, versammelte Väter! Und besinnt euch endlich darauf, daß ihr die maßgeblichen Männer der erlauchtesten Ratsversammlung der Welt seid! Gebt dem römischen Volk ein Zeichen, daß der Staat auf eure Fürsorge zählen kann, da das Volk seinerseits bekundet, daß ihr auf seine Tapferkeit zählen könnt.

Ich brauche euch nicht weiter zu drängen – niemand ist so töricht, nicht zu begreifen: wenn wir diese Gelegenheit verschlafen, dann müssen wir uns mit einer Tyrannei abfinden, die nicht nur grausam und anmaßend, sondern auch

35 schimpflich und erniedrigend ist. Ihr kennt die unverschämte Art des Antonius, kennt seine Freunde, kennt die ganze Sippschaft: bei ausschweifenden, aufgeblasenen, unsauberen, schamlosen Würfelspielern und Trunkenbolden Knecht zu sein, das ist das schlimmste Unglück und zugleich die schlimmste Schande.

Wenn jetzt aber (die Götter mögen verhüten, daß so etwas eintritt!) das vorbestimmte Ende unseres Staatswesens da ist: was tapfere Gladiatoren tun, indem sie würdig unterliegen, das wollen auch wir tun, die Herren aller Länder und Völker – wir wollen lieber in Ehren fallen als in Schande
36 Knechte sein. Nichts ist abscheulicher als Ehrlosigkeit, nichts häßlicher als Knechtschaft. Zur Größe und zur Freiheit sind wir geboren; die wollen wir uns entweder bewahren, oder wir gehen in Ehren unter!

Allzu lange haben wir unterdrückt, was wir denken; jetzt kommt's zum Vorschein; jedermann zeigt, auf welcher Seite er steht: was er empfindet und was er will. Da sind auch gewissenlose Bürger: angesichts der Liebe, die man dem Vaterlande schuldet, allzu viele, im Verhältnis zur großen Zahl der Rechtdenkenden sehr wenige. Sie zu beseitigen, haben die unsterblichen Götter unserem Staate unglaublich günstige Voraussetzungen verschafft: zu den Beschützern, die wir schon haben, werden sich bald die neuen Konsuln gesellen, von großer Umsicht, Tatkraft und Einmütigkeit, seit vielen Monaten um die Freiheit des römischen Volkes bemüht und besorgt. Wenn *die* unsere Ratgeber und Führer sind, wenn die Götter uns helfen, wenn wir selbst uns Mühe geben und eine vorausschauende Politik treiben, wenn schließlich das römische Volk mitmacht, dann werden wir bestimmt in Kürze frei sein, und die Freiheit wird uns noch angenehmer vorkommen im Gedanken an unsere einstige Knechtschaft.

Da nun die Volkstribunen verlangt haben, der Senat müsse am 1. Januar ungestört verhandeln und in freier Meinungsäußerung grundsätzlich über das Wohl unseres Staates reden können, stelle ich in dieser Angelegenheit den folgenden Antrag: C. Pansa und A. Hirtius, die künftigen Konsuln, seien dafür verantwortlich, daß der Senat am 1. Januar ungestört verhandeln könne. 37

Was den Bescheid des D. Brutus, des Oberbefehlshabers und künftigen Konsuls[30], angehe, so sei der Senat der Meinung, daß sich D. Brutus, der Oberbefehlshaber und künftige Konsul, ein hohes Verdienst an unserem Staat erwerbe, indem er für das Ansehen des Senats und für die Freiheit und Hoheit des römischen Volkes eintrete.

Was die Provinz, das diesseitige Gallien, angehe, die er 38
mitsamt ihren vortrefflichen, ebenso tapferen wie vaterlandsliebenden Bürgern und mitsamt ihren Truppen dem Senat zur Verfügung stelle, so meine der Senat, daß er selbst und seine Truppen, daß ferner die Land- und Siedlerstädte der Provinz Gallien korrekt und pflichtgemäß und im Interesse des Staates gehandelt hätten und noch stets handelten.

Nach Ansicht des Senats gebiete das Staatswohl dringend, daß D. Brutus und L. Plancus, die Oberbefehlshaber und künftigen Konsuln[31], daß ferner die übrigen Provinzialstatthalter dem Julischen Gesetz gemäß[32] in ihrem Amte blieben, bis ein jeder durch einen Senatsbeschluß einen Nachfolger erhalte, und daß sie nichts außer acht ließen, die betreffenden Provinzen und die dort befindlichen Truppen für den Senat und das römische Volk und für den Schutz des Staates zur Verfügung zu halten.

Da ferner die tatkräftige und mutige Maßnahme C. Caesars sowie der einhellige Beschluß der altgedienten Soldaten, die sich in Caesars Befehlsgewalt begeben hätten und seither

und bis jetzt für den Schutz des Staates bereitstünden, das römische Volk vor schwerster Bedrängnis bewahrt habe und
39 noch stets bewahre, da außerdem die Legion des Mars in Alba, einer ebenso zuverlässigen wie tüchtigen Landgemeinde, Quartier genommen und das Ansehen des Senats und die Freiheit des römischen Volkes zu ihrer Sache gemacht, da sich endlich die vierte Legion unter der Führung des L. Egnatuleius, eines hervorragenden Mitbürgers, zu derselben Maßnahme und der gleichen mannhaften Tat entschlossen habe und seither für das Ansehen des Senats und die Freiheit des römischen Volkes eingetreten sei und noch stets eintrete: deswegen werde sich der Senat jetzt und künftig angelegentlich darum bemühen, daß die Genannten für ihre großen Verdienste um den Staat in gebührendem Maße Ehrungen empfingen und Beweise des Dankes erhielten.

Der Senat erwarte, daß C. Pansa und A. Hirtius, die künftigen Konsuln, nach ihrem Amtsantritt, wenn sie es für richtig hielten, dieser Versammlung bei der ersten Gelegenheit wegen der erwähnten Punkte *die* Maßnahmen vorschlügen, die sie im Interesse des Staates und in pflichtmäßiger Ausübung ihres Amtes für richtig hielten.

VIERTE PHILIPPISCHE REDE

Einleitung

Am 20. Dezember 44 v. Chr., nachmittags, unmittelbar nach dem Erfolg, den er mit seiner dritten Philippischen Rede im Senat errungen hatte, wandte sich Cicero in einer von dem Tribunen M. Servilius einberufenen Versammlung an das römische Volk. Die kurze Ansprache wiederholt die Hauptthesen ihrer Vorgängerin, allerdings mit Vereinfachungen und veränderten Akzenten. Die Rettertat Oktavians wird überschwenglich gepriesen, die Loyalitätserklärung des D. Brutus mit kühler Zurückhaltung erörtert. Cicero steht nicht an, die verheißungsvolle Entwicklung auf den Willen der Götter zurückzuführen. Eine paränetische Partie hebt mit kernigen Worten hervor, daß ein Friede mit dem Verbrecher, der Bestie Antonius nicht in Betracht kommt. Der Bund von Senat und Volk war nie so eng wie jetzt; kein Zweifel, daß Antonius erliegen wird, wenn sich die Römer wie bisher auf ihre Tapferkeit, das Vermächtnis der Vorfahren, besinnen. Cicero selbst will es im bevorstehenden Kampf um die Freiheit an nichts fehlen lassen.

Schematische Übersicht

Einleitung (1 f.):

Antonius ist der Sache nach zum Staatsfeind erklärt.

1. Teil (2–10):

Das Verhalten Oktavians (2–5), zweier Legionen (5–7), des D. Brutus (7 f.) und Galliens (9): sie alle haben Antonius zum Staatsfeind erklärt. Der Götterwille (10).

2. Teil (11–16):

Ein Friede mit Antonius ist undenkbar (11 f.). Die Übereinstimmung von Senat und Volk, die verpflichtende Tapferkeit der Vorfahren (12 f.). Antonius ist skrupelloser und zugleich weniger gefährlich als die Feinde von einst (14 f.). Die Einstellung Ciceros (16).

VIERTE PHILIPPISCHE REDE

Euer beispiellos zahlreiches Erscheinen in dieser Versamm- 1
lung, Quiriten – einer größeren, meine ich, als ich je sah –,
erfüllt mich in höchstem Maße mit freudiger Bereitschaft,
unsere Staatsordnung zu verteidigen, und mit Hoffnung, sie
wiederherzustellen. Allerdings: an Mut hat es mir nie ge-
fehlt, wohl aber an der Gunst der Umstände. Sobald sich in
dieser Hinsicht ein wenig Licht zu zeigen schien, war ich der
erste, der für eure Freiheit eintrat. Wenn ich das zu einem
früheren Zeitpunkt versucht hätte, dann könnte ich's jetzt
nicht tun[1].

Denn glaubt mir, Quiriten, wir haben am heutigen Tage
nichts Geringes erreicht: der Grund für alle weiteren
Schritte ist gelegt[2]; zum Staatsfeind hat der Senat Antonius
wenn noch nicht in aller Form erklärt, so doch der Sache
nach bereits verurteilt. Und jetzt bin ich noch viel zuver- 2
sichtlicher, weil auch ihr so einhellig und so vernehmlich
bestätigt habt, daß er ein Staatsfeind ist. Denn etwas anderes
kommt nicht in Betracht, Quiriten: entweder sind diejenigen
gewissenlos, die gegen einen Konsul ein Heer aufgestellt
haben, oder der ist ein Staatsfeind, gegen den man mit Recht
zu den Waffen gegriffen hat. Sofern in dieser Hinsicht noch
Zweifel bestanden (eigentlich war das nicht der Fall), hat der
Senat am heutigen Tage jede Möglichkeit dazu ausgeräumt.

C. Caesar, der die Staatsordnung und damit eure Freiheit
durch seine Bereitwilligkeit, durch seine Einsicht und sogar
durch seine Geldmittel beschützt hat und noch stets be-
schützt, ist vom Senat mit dem größten Lob bedacht wor-
den. Recht so, ja recht so, Quiriten, daß ihr größte Dankbar- 3
keit bei dem Namen dieses erlauchten jungen Mannes oder
vielmehr Knaben[3] zu erkennen gebt; seine Taten verweisen
ja auf Unsterblichkeit, und nur sein Name auf das Alter. Ich

habe manches erlebt, von manchem vernommen, von manchem gelesen, Quiriten: nichts derartiges habe ich der Überlieferung aller Jahrhunderte entnehmen können.

Als Knechtschaft uns knebelte, das Übel von Tag zu Tag schlimmer wurde, uns nirgends ein Schützer zu Hilfe kam und wir uns vor M. Antonius, vor seiner tödlichen und verderbenbringenden Rückkehr aus Brundisium fürchten mußten, da hat Caesar den für uns alle unerwarteten, den jedenfalls nicht angekündigten Entschluß gefaßt, aus den Soldaten seines Vaters ein unschlagbares Heer zu machen und die Raserei des Antonius, die von den grausamsten Absichten genährt wurde, an der Vernichtung unseres
4 Staatswesens zu hindern. Denn wem wäre nicht klar: wenn Caesar kein Heer aufgestellt hätte, dann hätte die Rückkehr des Antonius uns allen den Untergang gebracht! Denn als er wiederkam, da war er derart entbrannt von Haß gegen euch, derart mordlustig von dem Blute der römischen Bürger, die er in Suessa und Brundisium umgebracht hatte, daß er an nichts mehr dachte als an das Verderben des römischen Volkes. Und wo hättet ihr für euer Leben und eure Freiheit Schutz gefunden, wären nicht die Truppen C. Caesars gewesen, die tapfersten Soldaten seines Vaters[4]?

Was die Auszeichnungen und Ehrungen betrifft, die ihm für seine göttlichen und unvergänglichen Verdienste zukommen, göttlich und unvergänglich auch sie: der Senat hat soeben, meinem Vorschlage folgend, beschlossen, so bald
5 wie möglich darüber zu beraten[5]. Wer begreift nicht, daß Antonius hiermit zum Staatsfeind erklärt ist? Denn wie sonst könnten wir ihn nennen, wenn der Senat glaubt, daß denen, die Truppen gegen ihn ins Feld führen, ausgesuchte Ehren gebühren?

Wie – die Legion des Mars, die, meine ich, durch göttliche Fügung nach dem Gotte benannt ist, von dem der Überliefe-

rung nach das römische Volk abstammt: hat nicht auch sie durch ihre Beschlüsse schon vor dem Senat Antonius zum Staatsfeind erklärt? Denn wenn er kein Staatsfeind ist, dann können wir gar nicht umhin, die Leute, die den Konsul verlassen haben, zu Staatsfeinden zu erklären. Ausgezeichnet und sehr angebracht war's, Quiriten, durch Zurufe die herrliche Tat der Marsleute gutzuheißen: sie haben das Ansehen des Senats, eure Freiheit und überhaupt die bestehende Ordnung zu ihrer Sache gemacht, haben diesen Erzfeind und Räuber und Mörder seines Vaterlands verlassen. Und das haben sie nicht nur mit Entschlossenheit und 6
Mut, sondern auch mit Überlegung und Umsicht getan: sie haben sich in Alba festgesetzt, in einer günstig gelegenen, gut befestigten, nicht weit von hier entfernten Stadt, der Heimat überaus tapferer Männer und ungewöhnlich zuverlässiger und rechtschaffener Bürger. Dem mutigen Beispiel der Mars-Legion ist die vierte Legion gefolgt: unter der Führung des L. Egnatuleius, dem der Senat soeben mit Recht ein Lob zuerkannt hat, schloß sie sich den Truppen C. Caesars an[6].

Erwartest du, M. Antonius, daß man dich noch schärfer verurteilt? Caesar wird in den Himmel gehoben, weil er ein Heer gegen dich aufgestellt hat; die Legionen werden mit den gewähltesten Worten gelobt, weil sie dich verlassen haben, obwohl sie von dir herbeigeholt worden waren (sie wären ja dein, hättest du nicht der Rolle des Konsuls die des Staatsfeindes vorgezogen), und das ebenso mutige wie treffende Urteil dieser Legionen bestätigt der Senat, billigt das ganze römische Volk – es sei denn, Quiriten, ihr seht einen Konsul, nicht einen Staatsfeind in Antonius. Ich habe 7
mir gedacht, Quiriten, daß ihr so darüber urteilen würdet, wie ihr jetzt zu erkennen gebt[7]. Ferner: die Land- und die Siedlerstädte, die ländlichen Bezirke – nehmt ihr etwa an, sie

urteilten anders? Alle Sterblichen sind einhellig der Meinung, daß die gesamte Streitmacht derer, die die bestehende Ordnung bewahrt wissen wollen, gegen dieses Verderben aufgeboten werden muß.

Wie – das Urteil des D. Brutus, Quiriten, das ihr seinem heutigen Bescheid entnehmen konntet: wäre wohl jemand imstande, gering davon zu denken? Mit gutem Grund sagt ihr Nein dazu, Quiriten; denn gewiß ist unserem Staate nicht ohne das wohltätige Wirken der unsterblichen Götter das Geschlecht und der Name Brutus geschenkt worden, die Freiheit des römischen Volkes sei es zu begründen, sei es wiederherzustellen[8].

8 Wie hat nun D. Brutus sein Urteil über M. Antonius geäußert? Er hindert ihn am Betreten der Provinz, leistet ihm mit seinen Truppen Widerstand, drängt in ganz Gallien[9] zum Krieg, wo man sich bereits aus eigenem Antrieb und Entschluß erhoben hat. Antonius Konsul? – dann ist Brutus Staatsfeind; Brutus der Retter unseres Staates? – dann ist Antonius Staatsfeind. Können wir etwa, vor dieses Dilemma gestellt, zweifeln? Und genauso, wie ihr jetzt einmütig und einstimmig erklärt, keinerlei Zweifel zu haben, in demselben Sinne hat vorhin der Senat zum Ausdruck gebracht, D. Brutus mache sich hervorragend um den Staat verdient, weil er das Ansehen des Senats sowie die Freiheit und die hoheitliche Gewalt des römischen Volkes verteidige. Gegen wen verteidige? Doch wohl gegen einen Feind – denn wie könnte man sich sonst verteidigen und dabei Lob verdienen?

9 Sodann erhält die Provinz Gallien Lob, und sie wird zu Recht mit den rühmlichsten Worten vom Senat ausgezeichnet, weil sie sich gegen Antonius zur Wehr setze. Denn wenn ihn diese Provinz als Konsul ansähe und ihm gleichwohl die Einreise verweigerte, dann machte sie sich eines schlimmen

Verbrechens schuldig; alle Provinzen unterstehen ja zwangsläufig dem Recht und der Befehlsgewalt des Konsuls. Diesen Fall aber verneint D. Brutus, Oberbefehlshaber, künftiger Konsul[10], ein Bürger ganz für den Staat geschaffen, verneint Gallien, verneint ganz Italien, verneint der Senat, verneint auch ihr.

Wer sieht denn in ihm noch den Konsul – außer einigen Banditen? Dabei glauben nicht einmal die, was sie sagen, und sie mögen noch so gewissenlos und niederträchtig sein (wie es ja auch der Fall ist): sie können trotzdem nicht anders darüber urteilen als alle Welt. Doch die Hoffnung auf Raub und Beute macht sie blind – hat sie doch weder die Verteilung von Besitz noch die Zuweisung von Land noch auch das unendliche Angebot der Versteigerungen[11] sättigen können. Sie haben sich die Stadt, das Hab und Gut ihrer Mitbürger zur Beute ausersehen; sie glauben, es werde ihnen, solange sie hier etwas zu rauben, zu plündern finden,
an nichts fehlen. Diesen Leuten hat M. Antonius (unsterbli- 10
che Götter, vereitelt und verflucht dieses üble Vorhaben!) die Verteilung der Stadt in Aussicht gestellt.

Möge vielmehr alles so verlaufen, Quiriten, wie ihr wünscht, und die Strafe für diesen Wahnsinnsplan auf ihn selbst und seine Familie zurückfallen! Ich bin sicher, daß es so kommen wird. Denn schon haben sich, meine ich, nicht nur die Menschen, sondern auch die unsterblichen Götter verschworen, unser Staatswesen zu erhalten: einerseits enthüllen sie, die unsterblichen Götter, uns durch Vorzeichen und Wunder die Zukunft, und da sind die Ankündigungen deutlich genug, daß ihm jetzt die Strafe und uns die Befreiung bevorsteht; andererseits hat eine solche Übereinstimmung aller Beteiligten ohne göttliche Einwirkung gar nicht zustande kommen können – wo wäre da ein Anlaß, am Willen der Himmlischen zu zweifeln?

11 So bleibt nur noch zu wünschen, Quiriten, daß ihr an der Überzeugung festhaltet, die ihr jetzt bekundet. Ich will daher tun, was Feldherren vor der Schlachtreihe zu tun pflegen: obwohl sie ihre Männer in höchstem Maße kampfbereit sehen, richten sie nichtsdestoweniger ein anfeuerndes Wort an sie – so will auch ich an euch, die ihr bereits entflammt und entschlossen seid, die Mahnung richten, die Freiheit wiederzuerringen.

Euch steht ein Kampf mit einem Feinde bevor, Quiriten, mit dem ihr unter keiner Bedingung Frieden schließen könnt. Er verlangt ja nicht mehr, wie bisher, nach eurer Knechtschaft, sondern – in seinem Zorne – nach eurem Blut. Kein Spiel scheint ihm mehr Vergnügen zu bereiten als Mord, als Totschlag, als das Zuschauen beim Niedermetzeln von Bürgern.

12 Euer Kampf, Quiriten, gilt nicht einem verbrecherischen und skrupellosen Menschen, sondern einer furchtbaren und abscheulichen Bestie. Die ist jetzt in eine Grube gestürzt: sie muß dort vergraben werden; denn wenn sie wieder herauskommt, dann bleibt uns keine Marter und Grausamkeit erspart. Doch wir halten, wir beengen und bedrängen sie jetzt mit den Truppen, die uns bereits zur Verfügung stehen, bald auch mit denen, welche die neuen Konsuln innerhalb weniger Tage ausheben werden.

Macht mit, Quiriten, wie ihr das schon tut. Nie habt ihr bei irgendeiner Sache mehr Übereinstimmung gezeigt, nie wart ihr so eng mit dem Senat verbündet. Das ist kein Wunder: es geht ja nicht darum, unter welchen Bedingungen, sondern ob wir überhaupt noch leben werden oder ob uns ein Ende in
13 Qual und Schande bevorsteht. Den Tod zwar hat die Natur über uns alle verhängt – einen grausamen und erniedrigenden Tod indessen pflegt Tapferkeit abzuwehren: ein Kennzeichen römischen Bluts und Wesens.

Haltet hieran fest, ich bitte euch, Quiriten: die Tapferkeit haben euch eure Vorfahren als eine Art Vermächtnis hinterlassen; alles andere ist trügerisch und ungewiß, hinfällig und schwankend – sie allein ist tief im Grunde verwurzelt; keine Gewalt kann sie je erschüttern, keine sie je von ihrem Platz verdrängen. Mit ihrer Hilfe haben eure Vorfahren zuerst ganz Italien besiegt, dann Karthago zerstört, Numantia vernichtet[12] und die mächtigsten Könige und kriegerischsten Völker unserer Herrschaft botmäßig gemacht.

Eure Vorfahren, Quiriten, standen immerhin einem 14
Feinde gegenüber, der ein Staatswesen besaß, eine Ratsversammlung und eine Schatzkammer, die Zustimmung und das Einverständnis der Mitbürger sowie – wenn die Umstände das empfahlen – einige Achtung vor Friedens- und Bündnisverträgen. Doch er, euer Feind, greift euren Staat an, ohne selbst einen zu besitzen; er will den Senat, das heißt die Ratsversammlung der Welt[13], ausrotten, ohne selbst über einen Staatsrat zu verfügen; er hat euren Staatsschatz verbraucht[14], ohne selbst über einen zu gebieten. Und wie kann ihm das Einverständnis von Mitbürgern zugute kommen, wenn er gar keiner Bürgerschaft angehört? Und wie kommt ein Friedensvertrag mit einem Manne in Frage, der unfaßbar grausam und gänzlich treulos ist?

Dem römischen Volk, Quiriten, dem Herrn aller Länder, 15
steht jetzt noch *ein* Kampf bevor: gegen einen Mörder, einen Banditen, einen Spartacus. Denn wenn er selbst sich gern als zweiten Catilina herausstreicht: dem ist er an Bosheit gleich, doch an Tatkraft unterlegen[15]. Denn Catilina, der kein Heer besaß, hat mit einem Schlage eins aufgebracht – Antonius hingegen hat das Heer, das er empfing, verloren. Wie ihr nun Catilina mit Hilfe meiner Wachsamkeit, der Beschlüsse des Senats und eurer eigenen Bereitschaft und Tatkraft bezwungen habt, ebenso wird, wie ihr bald erfahren sollt, der skru-

pellose Raubzug des Antonius zusammenbrechen: dank eures Einverständnisses mit dem Senat, des innigsten, das je zustande kam, dank der Erfolge und der Tapferkeit eurer Truppen und Feldherren.

16 Was ich meinerseits durch Sorgfalt, Mühe, Wachsamkeit, Einfluß und guten Rat bewirken und erreichen kann, will ich keinesfalls unversucht lassen, sofern ich mir irgendeinen Vorteil für die Sache eurer Freiheit davon verspreche – angesichts der unermeßlichen Gunstbeweise, die ihr mir erzeigt habt, kann ich nicht anders handeln, ohne an euch schuldig zu werden.

Am heutigen Tage sind wir – dank des Berichtes, den ein überaus beherzter und euch treu ergebener Mann, der hier anwesende M. Servilius [16], sowie seine Kollegen, hochangesehene Persönlichkeiten und hervorragende Bürger, erstattet haben – nach meinem Vorgang und Beispiel zum ersten Mal nach langer Zeit in Hoffnung auf Freiheit entbrannt.

FÜNFTE PHILIPPISCHE REDE

Einleitung

Am 1. Januar 43 v. Chr. versammelte sich der Senat unter dem Vorsitz der neuen Konsuln A. Hirtius und C. Vibius Pansa im Jupitertempel auf dem Kapitol; Bewaffnete sorgten, wie am 20. Dezember beschlossen, für Schutz. Die Tagesordnung sah – nach dem üblichen Opfer zum Jahresbeginn – zwei Punkte vor: die politische Lage im allgemeinen; die Ehrungen und Belohnungen für diejenigen, die sich um den Staat verdient gemacht hatten, das heißt für D. Brutus sowie für Oktavian und seine Soldaten. Cicero mochte sich nach dem Erfolg der dritten Philippischen Rede seinem Ziele nahe glauben: daß der Senat nunmehr nicht nur das eigenmächtige Vorgehen der Truppenführer D. Brutus und Oktavian bestätigen, sondern auch Antonius zum Staatsfeind erklären werde. Es kam anders. Anscheinend hatte Cicero die Anhänger des Antonius am 20. Dezember überrumpelt; sie waren auf eine derart energische Initiative nicht gefaßt gewesen. In der Zwischenzeit aber hatten sie sich auf Widerstand vorbereitet – wie sich zeigte, als am 1. Januar nach dem Bericht der Konsuln Q. Fufius Calenus, ein Freund des Antonius, das Wort erhielt. Calenus beantragte, der Senat möge Antonius und seine Gegner durch eine Gesandtschaft zur Einstellung der Kampfhandlungen auffordern. Cicero sah hierdurch seine Kriegspolitik bedroht, und er suchte durch seine fünfte Philippische Rede die plötzliche Gefahr abzuwehren.

Sein Vortrag hält sich, wie er selbst hervorhebt (34f., 53), an den Bericht der Konsuln, an die Tagesordnung: nach einer kurzen Einleitung, die auf die Bedeutung des Tages hinweist (1 f.), befaßt sich der erste Hauptteil mit der politischen Lage im allgemeinen und der zweite mit den anstehenden Ehrungen. Der erste Hauptteil (2–34) hat den Zweck, den Vorschlag des Calenus als schädlich, ja unsinnig zu erweisen. Ein erster Abschnitt gilt den Beschlüssen des 20. Dezember und dem gegenwärtigen Meinungsumschwung (2–6); Cicero sucht dem Senat zu suggerieren, daß es für ihn eigentlich kein Zurück mehr gibt. Ein zweiter Abschnitt erörtert die Ziele, die Antonius verfolge (6–25): er wolle den Staat in seine Gewalt bringen, die republikanisch gesinnten Kräfte ausrotten und das Volk der Knechtschaft unterwerfen. Als Beweis dient ein Katalog von Rechtsbrüchen und Gewalttaten, die sich Antonius seit dem Frühjahr 44 v. Chr. habe zuschulden kommen lassen – Cicero wiederholt eine Reihe von Punkten aus den Sündenregistern der ersten, zweiten und dritten Philippica. Ein dritter Abschnitt zieht die Summe (25–34): das Gesandtschaftsprojekt sei unannehmbar, weil, sobald sich die Kunde davon verbreite, die Kriegsbegeisterung nachlassen werde; weil man mit Antonius nicht wie mit Hannibal, einem auswärtigen Feinde, verhandeln dürfe; weil die Beschlüsse des 20. Dezember Antonius der Sache nach bereits zum Staatsfeind erklärt hätten. Ciceros Argumentation gipfelt in dem Antrag, der Senat möge den Ausnahmezustand, das sogenannte *senatus consultum ultimum* *, verhängen.

Der den Ehrungen geltende zweite Hauptteil (35–53) schlägt insgesamt fünf Senatsbeschlüsse vor, die von begründenden Ausführungen umrahmt sind. Cicero beginnt mit D. Brutus: die Verteidigung Mutinas verdient Billigung.

* Siehe hierüber die Einleitung zur Rede für C. Rabirius.

Er fährt fort mit einem Manne, den er am 20. Dezember noch nicht einbezogen hatte: M. Aemilius Lepidus solle, da er mit dem sich in Spanien behauptenden Pompeiussohn Sextus Frieden geschlossen und so einen gefährlichen Bürgerkrieg verhütet habe, ein vergoldetes Reiterstandbild erhalten – offensichtlich ein Versuch, den undurchsichtigen Caesarianer für die Sache der Republik zu gewinnen. Die längsten und überschwenglichsten Ausführungen gelten Oktavian. Cicero fordert für ihn die Befehlsgewalt eines Proprätors und einige andere Sonderrechte; er legt, um naheliegende Bedenken gegen diesen überaus heiklen Antrag zu zerstreuen, mit Emphase dar, daß Oktavian – im Unterschied zu seinem «Vater» – Gefallen an wahrem Ruhm gefunden habe und einzig den Einklang mit Senat, Ritterschaft und Volk zur Richtschnur seines Handelns mache. Schließlich die beiden letzten Vorschläge: sie haben den Quästor Egnatuleius, der Oktavian die vierte Legion zugeführt hatte, sowie die Truppen Oktavians zum Gegenstand.

Die Beratungen gelangten am 1. Januar nicht zum Abschluß. Am 2. Januar sah es so aus, als werde Ciceros Antrag auf Verhängung des Ausnahmezustandes eine Mehrheit finden – da verlangte der Volkstribun Salvius, die Abstimmung auf den folgenden Tag zu verschieben. Immerhin kamen nunmehr die von Cicero vorgeschlagenen Ehrenbeschlüsse durch, der für Oktavian sogar mit noch günstigeren Modalitäten. Während am 3. Januar das Ringen um die Frage Gesandtschaft oder Kriegserklärung unentschieden blieb, wurde am Tage darauf ein von Ser. Sulpicius Rufus ausgearbeiteter Kompromiß gutgeheißen: eine Gesandtschaft solle Antonius auffordern, die Belagerung von Mutina aufzuheben, Oberitalien zu räumen und diesseits des Rubikon, mindestens 200 Meilen von Rom entfernt, Quartier zu nehmen – andernfalls werde der Kriegszustand erklärt.

Schematische Übersicht

Einleitung (1 f.):

Die Bedeutung des 1. Januar.

1. Teil (2–34):

Die politische Lage – Keine Gesandtschaft an Antonius!

a) Die Beschlüsse des 20. Dezember und der jetzige Meinungsumschwung (2–6).
b) Antonius will den Staat in seine Gewalt bringen, wie seine bisherigen Handlungen zeigen (6–25): seine rechtswidrigen Maßnahmen (7–10), seine Geldgeschäfte (11 f.), sein Richtergesetz (12–16), seine Leibgarde (17–21), sein Verhalten in den letzten Monaten (22–25).
c) Eine Gesandtschaft wäre schädlich (25–34): Dämpfung der Kriegsbegeisterung (25 f.); kein Verhandeln mit Antonius (27), der bereits zum Staatsfeind erklärt ist (28 ff.).

2. Teil (35–53):

Die Ehrenbeschlüsse.

a) D. Brutus (35–37).
b) Lepidus (38–41).
c) Oktavian (42–51).
d) Egnatuleius (52).
e) Die Truppen Oktavians (53).

FÜNFTE PHILIPPISCHE REDE

Nie habe ich einen Tag so herbeigesehnt wie den heutigen 1 1. Januar, versammelte Väter; dieselbe Einstellung konnte ich in letzter Zeit auch bei euch allen bemerken. Denn die Leute, die Krieg gegen unser Staatswesen führen, haben diesen Tag nicht abgewartet; wir aber wurden, als wir mehr denn je mit unserem Rat für das Gemeinwohl hätten eintreten sollen, nicht zur Sitzung geladen[1]. Doch alle Beschwerden über die vergangenen Tage hat die Ansprache der Konsuln gegenstandslos gemacht; sie haben sich in einer Weise geäußert, daß man annehmen möchte, der 1. Januar, so dringend erwünscht er war, sei nicht zu spät gekommen. Und wie mich die Ansprache der Konsuln ermutigt und mit der Hoffnung erfüllt hat, es werde uns gelingen, in Sicherheit zu leben, ja unser einstiges Ansehen zurückzugewinnen, so hätte mich die Meinung des ersten Antragstellers[2] in Bestürzung versetzt, wenn ich mich nicht auf euren Mut und festen Sinn verlassen könnte. Dieser Tag ist für euch ange- 2 brochen, versammelte Väter, diese Gelegenheit dazu bestimmt, dem römischen Volke zu zeigen, wieviel Mut, wieviel fester Sinn, wieviel gewissenhafter Ernst die Beschlüsse dieser Versammlung trägt.

Erinnert euch, wie es vor zwölf Tagen war: welch Einverständnis unter euch geherrscht hat, welcher Mut, welch fester Sinn, und wieviel Lob ihr beim römischen Volk erworben habt, wieviel Ruhm, wieviel Dankbarkeit. Und schon damals habt ihr Beschlüsse gefaßt, versammelte Väter, die euch nur noch eins von zwei Dingen zu wählen erlauben: einen ehrenhaften Frieden oder einen unabwendbaren Krieg. Auf Frieden ist M. Antonius aus? Er strecke die 3 Waffen, er bitte inständig um Verzeihung: niemanden wird er geneigter finden als mich, obwohl er mit mir, um sich gewissenlosen Bürgern zu empfehlen, lieber verfeindet sein wollte als befreundet. Rein gar nichts können wir mit ihm aushandeln, solange er Krieg führt; vielleicht können wir ihm Zugeständnisse machen, wenn er uns bittet. Doch Bevollmächtigte zu ihm zu senden, obwohl ihr ihn vor zwölf Tagen in schärfster und unnachsichtigster Form verurteilt habt, das ist keine Gedankenlosigkeit mehr, sondern – um offen auszusprechen, was ich denke – Wahnwitz.

An erster Stelle habt ihr den Truppenführern Lob gespendet, die sich aus privater Initiative zum Krieg gegen ihn entschlossen hatten, und dann den altgedienten Soldaten – sie waren zwar von Antonius in Siedlungen untergebracht worden[3], zogen jedoch dieser Gunst die Freiheit des römi-
4 schen Volkes vor. Und die Legion des Mars, und die vierte Legion: warum empfangen sie Lob? Denn wenn sie ihren Konsul verlassen haben, dann verdienen sie Tadel, wenn aber einen Feind unseres Staates, dann lobt man sie mit Recht.

Außerdem habt ihr, da ihr noch ohne Konsuln wart, den Beschluß gefaßt, bei der ersten Gelegenheit über die Belohnungen der Soldaten und die Ehrungen der Truppenführer zu verhandeln. Wollt ihr nun gleichzeitig Belohnungen für die festsetzen, die sich gegen Antonius erhoben haben, und Unterhändler zu Antonius schicken? So daß man sich wahrhaft schämen müßte, weil ja die Beschlüsse der Legionen ehrenhafter wären als die des Senats – haben doch die Legionen beschlossen, den Senat gegen Antonius zu verteidigen, und nun beschließt der Senat, Unterhändler zu Antonius zu schicken! Was erreichen wir damit: machen wir unseren Soldaten Mut oder schwächen wir ihren Kampfgeist?

5 Das also haben zwölf Tage vermocht, daß jemand, für den sich außer einem Cotyla[4] kein Verteidiger fand, jetzt sogar

ehemalige Konsuln zu Fürsprechern hat? Ich wünschte, sie würden allesamt vor mir um ihre Meinung befragt! Obwohl ich ahne, was einige von denen sagen wollen, die nach mir an der Reihe sind: es wäre dann leichter, ihnen in angemessener Form zu widersprechen.

Man nimmt nämlich an, jemand wolle für M. Antonius das äußerste Gallien beantragen, das sich jetzt im Besitz des Plancus befindet[5]. Heißt das nicht einem Staatsfeinde alle Waffen ausliefern, deren er für einen Bürgerkrieg bedarf: zuerst den Nerv des Krieges, unendliche Mengen Geldes (woran er jetzt Mangel leidet), dann Reiterei, soviel er will? Reiterei, sage ich: er wird ja bestimmt Skrupel haben, barbarische Völkerscharen mit sich ins Land zu bringen! Wer das nicht sieht, ist beschränkt, wer's sieht und gleichwohl so etwas beantragt, gewissenlos.

Du willst einem heillosen und verworfenen Bürger das 6
Geld, das Fußvolk, die Reiterei, alle Hilfsquellen der Gallier und Germanen überantworten? Nichtssagend sind Entschuldigungen wie: «Er ist mit mir befreundet.» Er sei's zuerst mit seinem Vaterlande! «... mit mir verwandt.» Gibt es eine innigere Verwandtschaft als die mit dem Vaterlande, die zugleich alle Vorfahren einschließt? «Er hat mir Geld besorgt.» Ich möchte wissen, wer das zu sagen wagt.

Doch ich will euch jetzt eröffnen, worum es geht; für euch ist's dann eine Kleinigkeit zu entscheiden, was für einen Antrag ihr stellen oder unterstützen sollt. Es geht darum, ob man M. Antonius die Möglichkeit verschaffen darf, den Staat in seine Gewalt zu bringen, die Rechtschaffenen auszurotten, die Stadt und allen Landbesitz an seine Raubgesellen zu verteilen und das römische Volk der Knechtschaft auszuliefern – oder ob ihm nichts von alledem erlaubt sein soll. Da zweifle noch einer, was zu tun ist!

Doch für Antonius kommt das alles nicht in Frage? Das 7

würde nicht einmal Cotyla zu behaupten wagen. Denn was kommt für einen Mann nicht in Frage, der da erklärt, er trete für jemandes Anordnungen ein, um dann diejenigen von dessen Gesetzen zunichte zu machen, die wir noch am ehesten billigen konnten? Caesar wollte Sümpfe trocken legen, er aber beauftragte einen maßvollen Mann, L. Antonius, ganz Italien aufzuteilen. Wie – hat das römische Volk dieses Gesetz gutgeheißen? Wie – ließen die Vorzeichen die Annahme zu? Doch er, der gewissenhafte Augur, trifft ohne seine Kollegen Entscheidungen über Vorzeichen! Dabei brauchten die damaligen Vorzeichen gar nicht groß gedeutet zu werden; denn daß es, wenn Jupiter donnert, nicht erlaubt ist, das Volk einen Beschluß fassen zu lassen: wem war das unbekannt[6]?

Die Volkstribunen brachten ein Gesetz über die Provinzen ein – im Widerspruch zu den Anordnungen C. Caesars: bei dem waren's zwei Jahre, bei Antonius und Dolabella sechs. Hat das römische Volk auch dieses Gesetz gutgeheißen? Wie denn: gab es den Entwurf zu lesen? Und ist das Gesetz nicht eingebracht worden, ehe es schriftlich aufgesetzt war? Und wurden wir nicht vor vollendete Tatsachen gestellt, ehe jemand ahnen konnte, was geschehen würde?
8 Wo blieb das Caecilisch-Didische Gesetz, wo der Entwurf und seine Bekanntgabe an drei Markttagen, wo die Bestrafung nach Maßgabe des neuen Iunisch-Licinischen Gesetzes[7]?

Können diese Gesetze gültig sein, ohne alle übrigen Gesetze zunichte zu machen? Hatte denn jemand die Möglichkeit, sich aufs Forum zu schleichen[8]? Und was für Donnerschläge, was für ein Unwetter! Wenn schon die Vorzeichen keinen Eindruck auf M. Antonius machten: man mußte sich wundern, daß er ein Unwetter mit so heftigem Regen und Sturm hinnahm und ertrug. Er sagt selbst, er, der

Augur, habe ein Gesetz eingebracht, obwohl Jupiter donnerte, ja obwohl ihn beinahe ein Aufruhr des Himmels daran gehindert hätte – kann er dann zögern zuzugeben, daß das Gesetz gegen die Vorzeichen zustande gekommen ist? Und 9
daß er das Gesetz gemeinsam mit einem Kollegen eingebracht hat, dessen Wahl er selber durch Meldung eines ungünstigen Zeichens für fehlerhaft erklärt hat: glaubte er, der vortreffliche Augur, das sei für die Vorzeichen ohne Belang[9]?

Bei den Vorzeichen kann ich, wenn nötig, als Erklärer auftreten (ich bin ja Kollege von ihm[10]) – brauchen wir etwa auch Erklärer für das Aufgebot von Waffen? Erstens waren alle Zugänge zum Forum derart verbarrikadiert, daß man (auch wenn kein einziger Bewaffneter im Wege gestanden hätte) ohne Beseitigung der Barrikaden nirgends aufs Forum hätte gelangen können; die Wachen wiederum waren so aufgestellt, daß man sah: das Volk und die Volkstribunen wurden – nicht anders als Befestigungswerke den Feind hindern, in eine Stadt einzudringen – davon abgehalten, das Forum zu betreten[11].

Aus diesen Gründen meine ich, daß die Gesetze, die 10
M. Antonius eingebracht haben soll, allesamt gewaltsam und unter Mißachtung der Vorzeichen eingebracht worden sind und somit für das Volk keine Verbindlichkeit haben. Wenn es heißt, M. Antonius habe ein Gesetz über die Gültigkeit der Anordnungen Caesars, über ein ständiges Verbot der Diktatur oder über die Gründung von Bauernsiedlungen eingebracht[12], dann mag er dieselben Gesetze noch einmal und – damit sie für das Volk verbindlich werden – unter Beachtung der Vorzeichen einbringen. Denn auch wenn es gute Dinge sein mögen, die er da fehlerhaft und gewaltsam hat durchsetzen wollen: als Gesetze darf man so etwas nicht gelten lassen, und überhaupt muß jede Heraus-

forderung dieses skrupellosen Banditen an unserer Entschlossenheit zuschanden werden.

11 Vollends diese Verschleuderung öffentlicher Mittel[13] kann unter keinen Umständen hingehen: er hat mit Hilfe von gefälschten Buchungen und Zuwendungen 700 Millionen Sesterze unterschlagen, so daß man's geradezu für ungeheuerlich halten möchte, wie in so kurzer Zeit so viel Geld des römischen Volkes hat draufgehen können. Und dann: kann man die gewaltigen Profite hingehen lassen, die das Haus des M. Antonius verschlungen hat? Er verkaufte gefälschte Anordnungen; er ließ Königstitel, Bürgerrechtsverleihungen und Steuerprivilegien, sobald die Bezahlung eingegangen war, auf ehernen Tafeln verzeichnen. Hierfür berief er sich auf Entwürfe C. Caesars, die er selbst verfaßt hatte. Im Inneren seines Hauses ging's heiß her – der ganze Staat stand dort zu Markte. Ein Frauenzimmer, segensreicher für sich selber als für ihre Männer[14], versteigerte Provinzen und Königreiche; Verbannte durften zurückkehren – sozusagen auf Grund eines Gesetzes, das keines war. Wenn diese Übergriffe nicht an der festen Haltung des Senats zunichte werden (da wir ja zu hoffen begonnen haben, daß wir wieder eine selbständige Politik betreiben können), dann bleibt nicht einmal der Schatten eines freien Staatswesens übrig.

12 Und nicht nur für gefälschte Entwürfe und käufliche Aufzeichnungen flossen unzählige Summen in sein Haus (indem Antonius bei allem, was er verkaufte, die Anordnungen Caesars auszuführen vorgab) – vielmehr hat er sogar falsche Senatsbeschlüsse, sobald die Bezahlung bei ihm eingegangen war, aufzeichnen lassen; Schuldscheine wurden untersiegelt und Senatsbeschlüsse, die es nicht gab, ins Archiv gebracht.

Bei diesem schändlichen Treiben waren selbst auswärtige Völker Zeugen. Denn unterdessen wurden Verträge geschlossen, Königstitel verliehen, ganze Völker und Provinzen von Abgaben befreit und hierüber unter den Seufzern des römischen Volkes überall auf dem Kapitol lügnerische Erlasse angebracht. Infolge dieser Machenschaften häuften sich in einem einzigen Hause solche Geldmengen an, daß es, wenn man die auf diese Art erzielten Mittel in die Staatskasse überführen wollte, der öffentlichen Hand nicht an Geld fehlen würde.

Er hat auch ein Richtergesetz eingebracht[15], uneigennützig und gewissenhaft wie er ist, aus Verantwortung für die Gerichte und das Recht. Hierbei hat er uns getäuscht. Er sagte, er habe Kämpfer der ersten Linie, gewöhnliche Soldaten sowie Angehörige der Haubenlerchen-Legion zu Richtern gemacht; doch in Wirklichkeit nahm er Würfelspieler, nahm er Verbannte, nahm er Griechen: welch herrliche Versammlung von Geschworenen, welch staunenswerter, hochansehnlicher Gerichtshof – ich habe or- 13
dentlich Lust, vor diesem Gerichtshof für einen Angeklagten zu sprechen.

Er nahm den Kydas aus Kreta, *das* Ungeheuer der Insel, einen gänzlich skrupellosen und verworfenen Menschen. Doch falls er das nicht ist: kann er denn Latein? Ist er vom Schrot und Korn eines Richters? Kennt er – was doch die Hauptsache ist – unsere Gesetze und Sitten, kennt er überhaupt unsere Leute? Ihr wißt nämlich besser in Kreta Bescheid als Kydas in Rom. Daß man Richter auswählt und prüft, ist auch dann üblich, wenn es sich um Mitbürger von uns handelt. Doch einen Richter aus Gortyn[16]: wer kennt ihn oder hätte ihn kennen können?

Lysiades aus Athen hingegen ist den meisten von uns bekannt; er ist ja der Sohn des Phaidros, eines namhaften Philosophen, und zudem ein spaßiger Bursche, so daß er sich mit Curius als Mitgeschworenem und zugleich Mitspieler

14 ausgezeichnet versteht. So frage ich denn: Wenn Lysiades beim Aufruf der Geschworenen nicht antwortet und zu seiner Entschuldigung mitteilen läßt, er sei Mitglied des Areopags und könne nicht gleichzeitig in Rom und in Athen zu Gericht sitzen: wird der Vorsitzende des Gerichtshofs diese Entschuldigung eines Griechleins gelten lassen, eines Geschworenen, der bald im Pallium, bald in der Toga auftritt? Oder soll er die ältesten Gesetze Athens mißachten[17]?

Was für eine Versammlung, ihr guten Götter! Ein Kreter als Geschworener, der ärgste Schurke: durch wen soll sich der Angeklagte vor ihm vertreten lassen, wie an ihn herankommen? Dieses Volk ist aus hartem Holz. Immerhin sind die Athener mitfühlend. Und ich glaube, daß nicht einmal Curius grausam ist – er, der Tag für Tag sein Vermögen aufs Spiel setzt.

Einige der ausgewählten Richter werden sich wohl ebenfalls entschuldigen lassen – sie haben ja eine triftige Entschuldigung: sie hätten als Verbannte das Land verlassen
15 und seien hernach nicht zurückgerufen worden. Hätte der Wahnsinnsmensch diese Leute zu Richtern gemacht, ihre Namen beim Staatsarchiv gemeldet, ihnen einen wichtigen Zweig der Staatsverwaltung anvertraut, wenn er auch nur den geringsten Schein von staatlicher Ordnung hätte wahren wollen? Und ich habe nur über die Richter gesprochen, die euch bekannt sind; die ihr kaum kennt, wollte ich gar nicht nennen: die Tänzer, die Zitherspieler, kurz das ganze Zubehör der antonianischen Lustbarkeiten ist, müßt ihr wissen, in der dritten Richterabteilung untergebracht.

Da habt ihr den Grund, weshalb ein so hervorragendes und so großartiges Gesetz bei heftigstem Regen, Unwetter, Wind, Sturm, ja Orkan, unter Blitzen und Donner eingebracht wurde: wir sollten Leute zu Richtern haben, die

niemand zu Gast haben möchte! Die Größe seiner Verbrechen, das Bewußtsein seiner Missetaten, die Plünderung all des Geldes, das ordnungsgemäß im Tempel der Ops[18] hinterlegt war, hat ihm den Gedanken an diese dritte Abteilung eingegeben, und nach ehrlosen Richtern hat er sich erst umgetan, als er keine Möglichkeit mehr sah, die Schuldigen
vor ehrenhaften Richtern zu retten. Doch welche Stirn, 16
welche Verworfenheit einer schmutzigen Seele: daß er es wagt, solche Richter auszuwählen! Durch diese Wahl hat er unserem Staat ein doppeltes Schandmal aufgeprägt: einmal, weil es jetzt derart ehrverlassene Richter gibt, zum andern, weil so offenkundig und allgemein bekannt geworden ist, wie viele ehrverlassene Leute wir in unserer Bürgerschaft haben.

Dieses Gesetz also und manches ähnliche würde ich, auch wenn es ohne Gewaltanwendung und unter Beachtung der Vorzeichen eingebracht worden wäre, trotzdem beseitigt wissen wollen; doch in diesem Falle: warum soll ich Gesetze beseitigt wissen wollen, die meiner Meinung nach gar nicht eingebracht worden sind?

Muß nicht auch dies mit den schwersten Rügen unseres 17
Hauses zu dauerndem Gedächtnis der Nachwelt gebrandmarkt werden, daß sich einzig M. Antonius in dieser Stadt – seit sie besteht – ganz offen von bewaffneten Leuten begleiten läßt? Das haben weder unsere Könige getan noch diejenigen, die sich nach der Vertreibung der Könige einer königlichen Stellung zu bemächtigen suchten. Ich erinnere mich an Cinna, ich habe Sulla erlebt und eben erst Caesar – diese drei haben ja, seit L. Brutus unserem Volk die Freiheit geschenkt hat, mehr Macht besessen als der ganze Staat. Ich könnte nicht behaupten, sie seien überhaupt nicht von Bewaffneten begleitet gewesen; ich sage nur: es waren wenige, und man sah's nicht[19].

18 Doch diesem elenden Kerl folgte ein ganzes Heer von Bewaffneten: Cassius, Mustela, Tiro führten, mit den Schwertern fuchtelnd, Horden von ihresgleichen übers Forum, und einen bestimmten Platz dieses Zuges nahmen ausländische Bogenschützen ein. Als man nun beim Tempel der Eintracht angelangt war, da füllten sich die Stufen, und Sänften wurden dort abgestellt – nicht als ob er die Schilde hätte versteckt halten wollen, sondern um seinen Genossen die Mühe zu ersparen, die Schilde selbst zu tragen. Dies aber war das Widerlichste nicht nur für die Augenzeugen, sondern für jeden, der davon hörte: daß im Allerheiligsten der Göttin Bewaffnete, Banditen, Meuchelmörder bereit standen, daß aus dem Tempel ein Gefängnis geworden war, daß bei geschlossenen Türen des Gotteshauses, während sich neben den Bänken des Senats Banditen aufhielten, von den versammelten Vätern verhandelt wurde[20].

19 Wenn ich mich dort am 1. September nicht einfände, dann, sagte er, wolle er mir Werkleute schicken und mein Haus einreißen lassen. Etwas sehr Wichtiges, möchte ich meinen, stand zur Verhandlung: er fragte wegen eines Dankfestes an! Ich fand mich am Tage darauf ein; da blieb er seinerseits fort. Ich äußerte mich über die politische Lage, gewiß weniger frei, als mir meine Gewohnheit, aber freier, als mir seine gefährlichen Drohungen nahelegten. Doch dieser Mensch, rücksichtslos und gewalttätig genug, uns unser gutes Recht der freien Rede zu nehmen (eben hiervon hatte L. Piso dreißig Tage zuvor in höchst lobenswerter Weise Gebrauch gemacht), erklärte mich zu seinem Feind und gab mir den Befehl, mich zur Senatssitzung am 19. September einzufinden. Er seinerseits übte sich unterdessen in Scipios Landhaus bei Tibur siebzehn Tage lang, Reden über mich zu halten, weil er sich Durst machen wollte; das ist nämlich der gewöhnliche Zweck seiner Redeübungen[21].

Als nun der Tag gekommen war, zu dem er mich herbe- 20
fohlen hatte, erschien er inmitten eines Karrees von Leuten
im Tempel der Eintracht und spie, obwohl ich abwesend
war, aus seinem unsauberen Munde seine Rede gegen mich
aus. Wenn mir damals meine Freunde erlaubt hätten, meine
Absicht auszuführen und mich zur Sitzung einzufinden,
dann hätte er bei mir mit dem Morden den Anfang gemacht
(so hatte er's nämlich geplant) – war sein Schwert erst von
einem Verbrechen befleckt, dann hätte nichts das Blutbad
beendet, es sei denn Erschöpfung und Überdruß.

Er hatte ja auch seinen Bruder Lucius bei sich, den asiatischen Schwertkämpfer, der sich als Fechter in Mylasa[22] geschlagen hatte; den dürstete nach meinem Blut, da er das eigene reichlich in dem erwähnten Schwertkampf verloren hatte. Der taxierte schon euer Geld; er merkte sich Grundstücke vor, in der Stadt und auf dem Lande; seine Bettelarmut, verbunden mit Habgier, bedrohte unser aller Vermögen; er teilte Land zu, soviel und wem er wollte; kein Zutritt für Privatleute, keine Gelegenheit zu einer Bitte um Gerechtigkeit – so viel behielt jeder Besitzer, wie ihm der Verteiler
Antonius ließ. All das kann ja, wenn ihr diese Gesetze 21
aufhebt, nicht gültig bleiben; der Punkt hat trotzdem, meine ich, um seiner selbst willen eine besondere Rüge verdient, und man sollte feststellen, daß die Siebenmänner-Behörde[23] im Rechtssinne nicht existiert hat und daß ihr alle ihre angeblichen Handlungen für ungültig haltet.

M. Antonius vollends: wer wäre bereit, ihn für einen Mitbürger zu halten, und nicht vielmehr für unseren schlimmsten und grausamsten Feind? Hat er doch, vor dem Kastortempel thronend, in Anwesenheit des römischen Volkes gesagt, wer den Kampf nicht gewinne, gewinne auch sein Leben nicht! Glaubt ihr etwa, versammelte Väter, die Ausführung wäre milder ausgefallen, als seine drohenden

Worte verhießen? Wie – daß er die Stirn hatte, vor versammeltem Volke zu erklären, er werde nach Ablauf seiner Amtszeit mit Truppen vor die Stadt ziehen und sie betreten, so oft er wolle: hat er nicht hiermit dem römischen Volke die Knechtschaft angekündigt[24]?

22 Was hatte es mit der Reise nach Brundisium auf sich, mit all der Eile: was versprach er sich davon, wenn er nicht ein starkes Heer vor die Stadt oder vielmehr in die Stadt führen wollte? Was sollte die Auslese unter den Offizieren, welche Zügellosigkeit eines Rasenden! Als die tapferen Legionen seine Versprechungen mit Protesten beantworteten, da ließ er alle Offiziere zu sich in sein Haus kommen, von denen er wußte, daß sie dem Staate treu ergeben waren, und befahl, sie umzubringen, zu seinen und seiner Frau Füßen – denn die hatte er, der würdige Feldherr, zu den Truppen mitgenommen[25]. Wie hätte er sich, meint ihr, uns gegenüber verhalten, die er haßte, wenn er Leuten gegenüber, die er noch nie gesehen hatte, so grausam war, und wie hätte er nach dem Gelde der Reichen gegiert, wenn er derart auf das Blut von mittellosen Leuten versessen war? Auch deren Hab und Gut, so geringwertig es war, hat er sofort unter seine Kameraden und Zechgenossen verteilt.

23 Er aber, der Losgelassene, wandte sich bereits von Brundisium aus in feindlichem Zuge gegen das Vaterland, als C. Caesar, ein Geschenk der unsterblichen Götter, in der göttlichen Größe seines mutigen, weisen Entschlusses, dem Gebot der eigenen unübertrefflichen Lauterkeit folgend, doch zugleich von meiner Zustimmung und Anerkennung getragen, die von seinem Vater gegründeten Siedlerstädte besuchte, die Altgedienten zu den Fahnen rief[26], in wenigen Tagen ein Heer zusammenbrachte und den eiligen Vormarsch der Banditen bremste. Sobald nun die Legion des Mars den vortrefflichen Truppenführer sah, war ihr einziger

Gedanke, uns endlich die Freiheit zu verschaffen, und die vierte Legion folgte ihrem Beispiel. Als Antonius hiervon erfuhr – er hatte den Senat einberufen und einen ehemaligen Konsul herangeschafft, der beantragen sollte, daß C. Caesar zum Staatsfeind erklärt würde –, da gab er plötzlich auf[27].

Dann aber, ohne die üblichen Opfer darzubringen, ohne 24
ein Gelübde abzulegen, reiste er nicht ab, sondern lief er davon, im Mantel des Feldherrn. Und wohin? In eine Provinz ebenso zuverlässiger wie tatkräftiger Bürger, die ihn auch dann nicht geduldet hätten, wenn er nicht gekommen wäre, um Krieg zu bringen – dieser haltlose, jähzornige, schmähsüchtige und anmaßende Mensch, der immer nur forderte, immer nur wegnahm, immer betrunken war. Er also, dessen Nichtsnutzigkeit selbst dann unerträglich wäre, wenn sie Frieden hielte, überzog die Provinz Gallien mit Krieg: er schließt Mutina ein, eine ebenso zuverlässige wie angesehene Siedlerstadt des römischen Volkes, er belagert D. Brutus, der als Feldherr, als künftiger Konsul, als Bürger nicht für sich selbst, sondern für uns und für den Staat bestimmt ist[28].

Da soll Hannibal unser Feind sein, ein Bürger Antonius? 25
Was hat der denn Feindliches getan, was nicht auch Antonius getan hätte oder täte oder im Schilde führte und plante? Der ganze Zug der Brüder Antonius: war er nicht eine Kette von Verwüstungen, Zerstörungen, Mord und Raub? So hat Hannibal sich nicht aufgeführt, weil er vieles um seiner eigenen Versorgung willen schonte – doch diese Leute, die von der Hand in den Mund lebten, dachten nicht im geringsten an das Hab und Gut ihrer Mitbürger, ja nicht einmal an ihren eigenen Vorteil.

Zu diesem Menschen, ihr guten Götter, sollen wir Unterhändler schicken! Was weiß jemand, der so redet, von unserer Verfassung, vom Kriegsrecht, vom Beispiel unserer

Vorfahren? Wird dabei bedacht, was die Hoheit des römischen Volkes, was die Selbstachtung des Senats verlangt? Du[29] dringst auf Unterhändler? Willst du flehen und bitten? Er wird dich verachten. Befehle erteilen? Er wird nicht auf dich hören. Und endlich: wir können den Unterhändlern noch so strikte Anweisungen geben, schon das Wort Unterhändler wird die Begeisterung des römischen Volkes, die wir jetzt erleben, dämpfen, wird den Mut der Landstädte und ganz Italiens brechen.

Doch um diese Dinge, die schon schlimm genug sind, beiseite zu lassen: gewiß würden Verhandlungen den Krieg
26 hinhalten und verzögern. Man mag sagen, was, wie ich höre, einige auch wirklich sagen wollen: «Die Unterhändler auf die Reise; nichtsdestoweniger rüste man zum Krieg!» – das hindert nicht, daß allein das Wort Unterhändler den Schwung der Leute lähmt und das Kriegstempo herabsetzt. Die geringsten Ursachen, versammelte Väter, können die größten Veränderungen herbeiführen: schon bei beliebigen politischen Ereignissen, doch vor allem im Kriege und erst recht in einem Bürgerkriege, dessen Verlauf zumeist von der öffentlichen Meinung und vom Urteil der Menge gesteuert wird. Niemand wird fragen, was für Anweisungen wir den Unterhändlern auf den Weg geben; die bloße Tatsache, daß wir aus eigenem Entschluß Unterhändler schicken, wird als Zeichen unserer Furcht gelten. Er gebe Mutina frei, höre auf, Brutus zu belagern, ziehe aus Gallien ab: da hilft kein Bitten mit Worten, da hilft nur Waffengewalt.

27 Wir wenden uns ja nicht an Hannibal, er solle Sagunt freigeben: an ihn hat einst der Senat P. Valerius Flaccus und Q. Baebius Tamphilus entsandt, und die hatten Befehl, nach Karthago zu gehn, wenn sich Hannibal nicht füge[30]. Doch wohin sollen wir unsere Leute gehen lassen, wenn sich Antonius nicht fügt? Wir wenden uns an unseren Mitbürger,

er solle aufhören, einen Feldherrn, eine Siedlerstadt des römischen Volkes zu belagern. Steht es so? Darum sollen wir durch Unterhändler bitten? Was macht es aus, ihr unsterblichen Götter, ob er unsere Stadt belagert oder ein Bollwerk unserer Stadt, eine Siedlung des römischen Volkes, die zu dessen Schutz errichtet ist?

Der zweite punische Krieg, von Hannibal gegen unsere Vorfahren geführt, hatte die Belagerung Sagunts zur Ursache. Mit Recht hat man Unterhändler an ihn gesandt: sie wurden an einen Punier, sie wurden um der Feinde Hannibals, um unserer Bundesgenossen willen gesandt. Was ist da vergleichbar? Wir wenden uns an einen Mitbürger, er solle aufhören, einen Feldherrn des römischen Volkes, ein Heer, eine Siedlerstadt einzuschließen und zu belagern, das Land zu verwüsten, unser Feind zu sein?

Doch gesetzt, er fügt sich: können oder wollen wir ihn 28
dann als Bürger betrachten? Am 20. Dezember habt ihr ihn mit euren Beschlüssen zu Boden geschlagen: ihr habt angeordnet, am 1. Januar sollten in eurer Mitte eben die Dinge behandelt werden, die ihr jetzt behandelt seht: die Ehrungen und Belohnungen derer, die sich um den Staat verdient gemacht haben und noch stets verdient machen. An erster Stelle habt ihr mit Recht C. Caesar genannt, der den abscheulichen Angriff des M. Antonius von unserer Stadt nach Gallien abgelenkt hat. Dann habt ihr den altgedienten Soldaten eure Anerkennung ausgesprochen, die als erste zu Caesar übergetreten waren, desgleichen den beiden wunderbaren und göttlichen Legionen, der des Mars und der vierten (und denen habt ihr, obwohl sie sich von ihrem Konsul nicht nur losgesagt hatten, sondern auch Krieg gegen ihn führten, Ehrungen und Belohnungen versprochen), und als am gleichen Tage der Bescheid des D. Brutus[31], eines hervorragenden Mitbürgers, eintraf und vorgelegt wurde, da habt ihr

sein Tun gebilligt, und daß er sich aus privater Initiative zum Krieg entschlossen hatte, das habt ihr durch hoheitliche Anerkennung bestätigt.

29 Was habt ihr damals anderes getan als Antonius zum Staatsfeind erklärt? Nach diesen Beschlüssen eurerseits: wie kann er da gelassen auf euch blicken, oder wie könnt ihr ihn sehen, ohne zutiefst gekränkt zu sein? Er ist aus unserem Staate ausgeschlossen, vertrieben, getilgt – nicht nur durch seine eigene Schlechtigkeit, sondern auch, wie ich glaube, durch eine schützende Gottheit des Staates. Wenn er sich den Unterhändlern fügt und nach Rom zurückkehrt: was meint ihr – wird es dann heillosen Bürgern je an einer Fahne fehlen, um die sie sich scharen können? Doch das schreckt mich nicht; es gibt anderes, was mir mehr Furcht und Kopfzerbrechen bereitet.

Um keinen Preis wird er sich den Unterhändlern fügen: ich kenne die Besessenheit dieses Menschen und seinen unbändigen Stolz, ich kenne die verderblichen Ratschläge
30 der Freunde, denen er sich ausgeliefert hat. Sein Bruder Lucius, als ein Mann, der sich schon in der Fremde geschlagen hat, ist Anführer der Bande. Er selbst mag von sich aus vernünftig sein (eine Unmöglichkeit): diese Leute werden ihn bestimmt daran hindern. Inzwischen läßt man Zeit verrinnen; die Kriegsvorbereitungen erlahmen. Was hat bislang den Kriegsbeginn verzögert, was sonst als Säumen und Hinhalten? Sobald uns das Verschwinden des Banditen oder vielmehr seine verzweifelte Flucht Gelegenheit zu einer unbehinderten Sitzung gab, habe ich nicht aufgehört, unsere Einberufung zu verlangen. Als wir dann zum ersten Male tagten, habe ich – da die künftigen Konsuln nicht zugegen waren – mit meinem Antrag unter größter Zustimmung von eurer Seite den Grund für unsere Politik gelegt: gewiß später als gut war (eher konnte ich's ja nicht) – immerhin, wenn wir

seither keinen Tag hätten verstreichen lassen, dann brauchten wir jetzt nicht Krieg zu führen. Jedes Übel läßt sich in 31
seinen Anfängen leicht beseitigen; wenn es sich einfrißt, gewinnt es meist an Kraft. Doch damals wartete man lieber auf den 1. Januar – wahrscheinlich zu Unrecht[32].

Doch lassen wir das Vergangene: wollen wir auch jetzt noch Zeit verlieren, bis die Unterhändler abgereist, bis sie zurückgekehrt sind? Das Abwarten macht den Krieg ungewiß; doch wenn der Krieg ungewiß ist, wie kommt dann Schwung in die Aushebungen? Ich meine daher, versammelte Väter, daß wir nicht von Unterhändlern reden sollten; jetzt gilt's, denke ich, ohne Säumen an die Ausführung zu gehen und unverzüglich zu handeln. Den Aufruhr ausrufen, den Stillstand der Rechtspflege verkünden, zum Kampfe bereit sein[33], das, sage ich, ist unsere Pflicht, und Truppen ausheben, ohne Rücksicht auf Dienstbefreiungen, in der Stadt und in ganz Italien, abgesehen von Gallien.

Wenn das geschehen ist, dann wird schon der Eindruck 32
und die Kunde von unserer Unnachsichtigkeit den Wahnwitz des verruchten Schurken zu Fall bringen: dann sieht er ein, daß es der Staat ist, den er mit Krieg überzieht, dann spürt er die Entschlossenheit und Stärke des einträchtigen Senats – denn jetzt wird er nicht müde zu behaupten, daß es sich um eine Auseinandersetzung zweier Parteien handle. Welcher beiden Parteien? Die einen sind besiegt, die anderen gehören allesamt zur Anhängerschaft C. Caesars – wenn wir nicht annehmen wollen, die Anhängerschaft Caesars werde von den Konsuln Pansa und Hirtius und von C. Caesar dem Sohne bekämpft[34]. Dieser Krieg ist also nicht aus der Gegnerschaft zweier Parteien, sondern aus den verbrecherischen Absichten unserer verkommensten Mitbürger hervorgegangen: die haben unser Hab und Gut registriert und bereits, wie ein jeder will, unter sich verteilt.

33 Ich habe einen Brief zu lesen bekommen, den Antonius an ein Mitglied der Siebenmänner-Behörde[35] gerichtet hat, an einen todeswürdigen Menschen, seinen Amtsgenossen: «Was du dir wünschen sollst, ist deine Sache; was du dir wünschst, wirst du bestimmt erhalten.» Da seht ihr, an wen wir Unterhändler schicken sollen, wem gegenüber wir mit der Kriegserklärung zögern! Dem es nicht genügte, unser Vermögen dem Los zu überantworten, der uns vielmehr in dem Maße der Laune jedes seiner Anhänger ausgeliefert hat, daß nichts übrig geblieben ist, was ihm selbst vorbehalten wäre, was er nicht bereits jemandem versprochen hätte.

Diesen Mann, versammelte Väter, müssen wir durch Krieg und nichts anderes niederringen, und zwar sofort;
34 jedes Säumen mit Unterhändlern liege uns fern. So schlage ich denn vor (damit nicht wir hier Tag für Tag vielerlei Entscheidungen treffen müssen), daß wir den Konsuln alle Staatsgewalt überantworten und ihnen erlauben, den Staat zu verteidigen und durch ihre Maßnahmen vor Schaden zu bewahren[36], und ich schlage ferner vor, daß allen, die sich im Heere des M. Antonius befinden, kein Nachteil daraus erwachsen soll, wenn sie sich vor dem 1. Februar von ihm entfernen. Wenn ihr diese Vorschläge billigt, versammelte Väter, dann stellt ihr in kurzer Zeit die Freiheit des römischen Volkes und euer Ansehen wieder her. Doch wenn ihr euch weniger entschieden zeigt, dann werdet ihr gleichwohl dieselben Maßnahmen beschließen, freilich möglicherweise zu spät.

Zur politischen Lage, soweit euer Bericht[37] darauf ein-
35 geht, glaube ich mich hinlänglich geäußert zu haben. Der zweite Punkt betrifft die Ehrungen; hiermit habe ich mich, wie ich sehe, nunmehr zu befassen. Und eben die Reihenfolge, die man bei der Meinungsumfrage zu beachten pflegt, will ich jetzt bei der Ehrung mutiger Männer einhalten.

Mit Brutus, dem künftigen Konsul[38], wollen wir daher, dem Brauche unserer Vorfahren gemäß, beginnen. Um seiner früheren Taten[39] nicht zu gedenken (sie sind sehr bedeutend, haben ihm freilich bislang mehr im Urteil der Leute als von Staats wegen Lob eingebracht): mit welchen Worten könnten wir die Verdienste, die er sich zum gegenwärtigen Zeitpunkt erwirbt, gebührend preisen? Denn zweifellos: solches Mannestum begehrt keinen Lohn, außer dem des Lobes und des Ruhmes, ja es findet, wenn es auch den entbehren muß, seine Genugtuung in sich selbst; andererseits freut es sich, wenn es in der Erinnerung dankbarer Bürger – gleichsam im Glanze des Lichts – einen Platz erhält. So obliegt uns, Brutus ein Lob zu erteilen, als Zeugnis unseres Urteils.

Ich schlage daher, versammelte Väter, einen Senatsbe- 36
schluß mit folgendem Wortlaut vor: D. Brutus, der Feldherr, der künftige Konsul, der die Provinz Gallien dem Senat und dem römischen Volke zur Verfügung halte und der in so kurzer Zeit ein so großes Heer ausgehoben und aufgestellt habe, und zwar mit bereitwilligster Unterstützung der Land- und Siedlerstädte in der Provinz Gallien (die sich hohe Verdienste um den Staat erworben habe und noch stets erwerbe) – er habe richtig und ordnungsgemäß und im Interesse des Staates gehandelt, und D. Brutus dürfe für sein hervorragendes Verdienst um den Staat der Dankbarkeit des Senats und des römischen Volkes gewiß sein, jetzt und hinfort. Demgemäß seien der Senat und das römische Volk der Meinung, daß D. Brutus, der Feldherr, der künftige Konsul, durch Tatkraft, Umsicht und Mut und unter beispielloser Anteilnahme und Zustimmung der Provinz Gallien dem Staat in schwerer Not Hilfe gebracht habe.

Für dieses große Verdienst des Brutus, versammelte 37
Väter, für diese große Tat zum Wohle des Staates wäre

irgendeine Ehrung zu reichlich bemessen? Denn wenn Gallien für Antonius offen dagelegen hätte, wenn es ihm möglich gewesen wäre, die Land- und Siedlerstädte im Handstreich einzunehmen und bis ins äußerste Gallien[40] vorzudringen: welch Schrecken stünde unserem Staat bevor! Da hätte, möcht' ich meinen, dieser gänzlich hirnverbrannte und in allen seinen Entschlüssen hitzige und sprunghafte Mensch Skrupel, mitsamt seinem Heere, ja auch mit all den Ungeheuern der Barbarenwelt gegen uns zu Felde zu ziehen! Nicht einmal die Mauern der Alpen würden uns helfen, seine Wut zu bändigen! Eben dafür müssen wir dem D. Brutus dankbar sein: er hat Antonius, bevor ihr ihn dazu ermächtigen konntet, aus eigenem Antrieb und Entschluß nicht als Konsul anerkannt, sondern als Staatsfeind am Vordringen nach Gallien gehindert und lieber sich selbst belagert sehen wollen als diese Stadt. So empfange er denn für diese große, diese herrliche Tat durch unseren Beschluß ein unvergängliches Zeugnis, und Gallien, das sich für dieses Reich und für die Freiheit aller seit jeher als Bollwerk bewährt hat und noch bewährt: es erhalte ein verdientes und aufrichtiges Lob, weil es sich und seine Hilfsquellen Antonius nicht ausgeliefert, sondern entgegengestellt hat.

38 Und auch für M. Lepidus sollten, meine ich, wegen seiner hervorragenden Verdienste um den Staat die höchsten Ehren beschlossen werden[41]. Er hat stets gewollt, daß das römische Volk frei sei, und hat den deutlichsten Beweis für sein Denken und Trachten an jenem Tage erbracht, an dem Antonius versuchte, Caesar ein Diadem aufzusetzen[42]. Da wandte er sich ab und gab durch schmerzerfüllte Rufe zu erkennen, wie sehr ihm die Knechtschaft verhaßt sei, wie sehr ihm die Freiheit des römischen Volkes am Herzen liege und wie sehr er alles, was er hingenommen hatte, mehr unter dem Zwang der Verhältnisse als aus innerer Zustimmung

hingenommen habe. Und wie maßvoll er sich während der Krise unseres Staatswesens verhalten hat, die dem Tode Caesars folgte: wer von uns könnte das je vergessen?

Das ist groß – doch zu Größerem eilt meine Rede. Denn 39
was konnte sich ereignen, versammelte Väter, was für das ganze Ausland bewundernswerter, für das römische Volk erwünschter gewesen wäre, als daß – inmitten eines schrecklichen Bürgerkrieges, vor dessen Ausgang wir alle uns fürchteten – dieser Krieg durch kluges Einlenken beigelegt und nicht durch Waffengewalt zum Austrag gebracht wurde? Wenn Caesar in seinem abscheulichen und elenden Kriege nach denselben Grundsätzen gehandelt hätte, dann weilten (um vom Vater nicht zu reden) beide Söhne des Cn. Pompeius, dieses großen und einzigartigen Mannes, noch lebend unter uns[43] – sie hatten wahrlich nicht verdient, daß ihre Kindesliebe sie ins Unglück bringt. Hätte M. Lepidus sie beide zu retten vermocht! – daß er's getan hätte, zeigte er dort, wo er etwas vermochte: er gab Sex. Pompeius das Bürgerrecht zurück, zur größten Zierde unseres Staates, zum herrlichsten Zeugnis seiner Milde. Ein schwerer Schlag für das römische Volk, ein schweres Unglück: als der Vater Pompeius, ein helles Licht im Reich der Römer, ausgelöscht war, da wurde der eine Sohn getötet, das Ebenbild seines
Vaters. Doch mit allem, scheint mir, hat der Ratschluß der 40
unsterblichen Götter uns wieder ausgesöhnt, da Sex. Pompeius unserem Staate bewahrt blieb.

Aus diesem triftigen und beachtenswerten Grunde und weil M. Lepidus einem äußerst gefährlichen und schlimmen Bürgerkriege durch kluge Verhandlungsbereitschaft eine Wende zum Frieden und Ausgleich gegeben hat, schlage ich vor, einen Senatsbeschluß mit folgendem Wortlaut ergehen zu lassen: Da sich M. Lepidus, der Feldherr, der erste Oberpriester, zu wiederholten Malen tatkräftig und erfolgreich

der staatlichen Belange angenommen und da das römische Volk erkannt habe, daß er eine königliche Gewaltherrschaft auf das schärfste ablehne, da er überdies durch Tatkraft, Mut und Umsicht sowie durch seine beispiellose Milde und Nachgiebigkeit einen ungemein schmerzlichen Bürgerkrieg
41 beigelegt, da Sextus Pompeius Magnus, der Sohn des Gnaeus, dem Gebot dieser Versammlung gemäß die Waffen niedergelegt und M. Lepidus, der Feldherr, der erste Oberpriester, ihm daraufhin unter stärkstem Beifall des Senats und des römischen Volkes das Bürgerrecht zurückgegeben habe, setzten der Senat und das römische Volk in Anbetracht der hohen und zahlreichen Verdienste, die sich M. Lepidus um den Staat erworben habe, große Hoffnungen auf dessen Tüchtigkeit, Einfluß und Glück, unserm Staate die Ruhe, den Frieden, den inneren Ausgleich und die Freiheit zu erhalten; daher seien der Senat und das römische Volk gewillt, seiner Verdienste um den Staat zu gedenken, und er solle gemäß Beschluß dieser Versammlung ein vergoldetes Reiterstandbild erhalten, das neben der Rednertribüne oder an einem anderen ihm genehmen Platz des Forums aufzustellen sei. Dies, versammelte Väter, scheint mir die höchste Ehre zu sein. Einmal ist sie gerechtfertigt; sie wird ja nicht nur in Erwartung des Künftigen, sondern auch für bereits vollbrachte glänzende Leistungen verliehen. Außerdem aber kann man sonst niemanden nennen, dem der Senat diese Ehre in freier und unabhängiger Entscheidung zuerkannt hätte[44].

42 Nun zu C. Caesar, versammelte Väter[45]: wäre er nicht gewesen, wer von uns hätte noch zu sein vermocht? Auf die Stadt stürmte los von Brundisium her in entfesseltem Rasen, von Haß entflammt, von Feindschaft gegen alle Rechtschaffenen erfüllt mitsamt seinem Heere Antonius. Was konnte man seinem verbrecherischen Wahnwitz entgegenwerfen?

Noch waren wir ohne Führer, ohne Truppen; es gab keine politische Leitung, keine Freiheit; uns blieb nur, abscheulicher Grausamkeit den Kopf hinzustrecken; wir dachten alle an Flucht, doch die wäre ausweglos gewesen.

Wer hat damals uns, wer dem römischen Volk diesen 43
göttlichen jungen Mann geschenkt – welche Gottheit? Der war, als nichts dem verderbenbringenden Bürger im Wege stand, uns zu verderben, plötzlich wider alles Erwarten erschienen, und er hatte eher ein Heer zusammengebracht, um es der Raserei des M. Antonius entgegenzuwerfen, als jemand eine Absicht dieser Art bei ihm vermuten konnte.

Große Ehren wurden Cn. Pompeius zuteil, als er noch ein junger Mann war, und zwar mit Recht – er ist ja dem Staat zu Hilfe gekommen. Er war freilich an Jahren erheblich gereifter und dank des Eifers der Soldaten, die einen Führer suchten, besser gerüstet, und es handelte sich um eine andere Art Krieg[46]. Denn nicht allen sagte die Sache Sullas zu; das zeigt die große Zahl der Geächteten, das schreckliche Unglück so vieler Landstädte. Caesar hingegen, viel jünger 44
an Jahren, rief Altgediente zu den Waffen, die sich nach Ruhe sehnten, und er hat sich einer Sache angenommen, die dem Senat, die dem Volk, die ganz Italien, die den Göttern und Menschen uneingeschränkt zusagt.

Und Pompeius verband sich mit der gewaltigen Macht und dem siegreichen Heere L. Sullas; Caesar jedoch hat sich niemandem angeschlossen: es war seine Initiative, ein Heer einzuberufen und Schutztruppen aufzustellen. Pompeius hatte die Mark von Picenum[47], ein mit der Partei der Gegner verfeindetes Gebiet; unser Mann brachte aus Leuten, die Freunde des Antonius, doch mehr noch Freunde der Freiheit waren, ein Heer gegen Antonius zusammen. Auf der Macht des Pompeius beruhte Sullas Alleinherrschaft; das hilfreiche

Eingreifen unseres Mannes hat die Tyrannei des Antonius zunichte gemacht.

45 Geben wir Caesar die höchste Befehlsgewalt! Ohne sie ist es nicht möglich, das Heerwesen zu verwalten, die Truppen zusammenzuhalten, den Krieg zu führen. Er möge diese Gewalt als Proprätor ausüben, in vollem Umfange. Dieser Rang ist zwar hoch für sein Alter[48], trägt jedoch den sachlichen Erfordernissen und nicht nur seinem Ansehen Rechnung. Wir wollen uns daher um die Stellung bemühen, die wir am heutigen Tage gerade noch durchsetzen können. Ich hoffe indes, daß wir und das römische Volk noch oft Gelegenheit haben, diesen jungen Mann auszuzeichnen.

Für den Augenblick aber schlage ich vor, folgendes zu
46 beschließen: weil C. Caesar, der Sohn des Gaius, der Oberpriester[49] und Proprätor, in schwierigster Lage des Staates altgediente Soldaten zur Befreiung des römischen Volkes aufgefordert und zu den Waffen gerufen habe, und weil die Legion des Mars und ebenso die vierte mit größtem Eifer und in vollkommener Einhelligkeit und Treue zu unserem Staat, unter der Führung und auf Veranlassung von C. Caesar, für die Verfassung und für die Freiheit des römischen Volkes eingetreten sei und noch stets eintrete, und weil C. Caesar, der Proprätor, mit Truppen abmarschiert sei, die Provinz Gallien zu schützen, weil er Reiter, Bogenschützen und Elefanten zu seiner und des römischen Volkes Verfügung an sich gebracht habe und in schwerer Not des Staates dem Wohl und Ansehen des römischen Volkes zu Hilfe gekommen sei: aus diesen Gründen beschließe der Senat, daß C. Caesar, der Sohn des Gaius, der Oberpriester und Proprätor, Senator sein solle und im Rang eines ehemaligen Prätors seine Meinung äußern dürfe und daß er bei der Bewerbung um ein beliebiges Amt in der Weise berücksichtigt werde, wie man ihn von Gesetzes wegen berück-

sichtigen dürfte, wenn er im Jahre zuvor Quästor gewesen wäre[50].

Denn warum sollen wir nicht wünschen, versammelte Väter, daß er so bald wie möglich zu den höchsten Ämtern gelangt? Denn als man durch die Gesetze über Jahresgrenzen ein ziemlich hohes Alter für das Konsulat vorschrieb[51], da fürchtete man den Leichtsinn der Jugend; C. Caesar hat in jungen Jahren durch eine hervorragende und ungewöhnliche Tat gezeigt, daß man bei ihm nicht auf ein fortgeschrittenes Alter zu warten braucht. Daher haben unsere Vorfahren einst, als sie noch von altem Schrot und Korne waren, gar keine Gesetze über Jahresgrenzen gehabt – die machte erst viele Jahre später der Ehrgeiz im Wahlkampf erforderlich: den jeweils Gleichaltrigen sollten bei der Bewerbung bestimmte Rangstufen gemeinsam sein. So ist manches vielversprechende Talent dahingegangen, ehe es dem Staate hätte nützen können. 47

Hingegen brachten es einst Männer wie Rullus, Decius, Corvinus und viele andere, und in jüngerer Zeit Africanus der Ältere und T. Flamininus in ganz jungen Jahren zum Konsulat[52], und ihre Leistungen waren so bedeutend, daß sie das Reich des römischen Volkes vergrößert und sein Ansehen gesteigert haben. Wie – ist nicht Alexander von Makedonien, der sich in frühem Alter auf gewaltige Unternehmungen einließ, im dreiunddreißigsten Lebensjahr gestorben? Dieses Alter ist nach unseren Gesetzen um zehn Jahre zu niedrig für das Konsulat. Hieraus kann man ersehen, daß Tüchtigkeit nicht auf den Zeitablauf wartet. 48

Und was die vorgeblichen Befürchtungen von Caesars Neidern betrifft, die brauchen uns keineswegs bedenklich zu stimmen: daß er außerstande sei, sich zusammenzunehmen und zu beherrschen, daß er, von den Ehren, die wir ihm zuerkennen, berauscht, einem hemmungslosen Genuß sei-

49 ner Macht verfällt. Hiermit hat es folgende Bewandtnis, versammelte Väter: wer Geschmack an wahrem Ruhm gefunden und wer verspürt hat, wie der Senat, die römischen Ritter und das ganze römische Volk ihn, den Bürger, schätzen und für einen Wohltäter des Staates halten, in dessen Augen kommt nichts diesem Ruhme gleich.

Wäre es doch C. Caesar – ich meine: dem Vater – gelungen, sich in jungen Jahren beim Senat und bei allen Rechtschaffenen Hochschätzung zu erwerben! Doch er kümmerte sich nicht darum, sondern verbrauchte die ganze Kraft seines Geistes, die er in reichem Maße besaß, die schwankende Gunst des Pöbels zu gewinnen. So hat er sich denn, da er auf den Senat und die Rechtschaffenen nicht hören wollte, auf eigene Faust eine Bahn eröffnet, seine Macht zu mehren, und die konnte der Stolz eines freien Volkes nicht dulden. Doch die Stellung seines Sohnes ist hiervon weit entfernt: er wird von jedermann und zumal von allen Rechtschaffenen sehr geschätzt; auf ihm beruht unsere Hoffnung auf Freiheit, durch ihn haben wir schon einmal Rettung gefunden, und für ihn werden die größten Ehren ersonnen und bereitgehalten.

50 Dessen außergewöhnlichen Weitblick wir bewundern: von dem befürchten wir eine Torheit? Denn was wäre törichter, als unnütze Macht, haßerregende Reichtümer und eine ebenso leichtfertige wie halsbrecherische Herrschsucht dem wahren, gefestigten und bleibenden Ruhme vorzuziehen? Oder sieht er das in jungen Jahren ein, doch wenn sein Alter fortgeschritten ist, nicht mehr? Immerhin soll er der Feind einiger hochangesehener, ausgezeichneter Bürger[53] sein. Nein: in dieser Hinsicht besteht kein Anlaß zur Furcht. Caesar hat alle seine Feindschaften dem Staate geopfert: ihn hat er zur Richtschnur, ihn zum Prüfstein aller seiner Pläne und Handlungen gemacht. Denn er hat sich dem Staat zur

Verfügung gestellt, um ihn zu festigen, nicht, um ihn zu zerstören. Ich habe volle Kenntnis von den Überzeugungen des jungen Mannes: nichts ist ihm teurer als unser Staatswesen, nichts wichtiger als euer Ansehen, nichts erwünschter als das günstige Urteil rechtschaffener Männer, nichts süßer als wahrer Ruhm.

Deswegen braucht ihr von seiner Seite nichts zu fürchten, 51
ja ihr dürft Größeres und Besseres von ihm erwarten und müßt nicht meinen, daß jemand, der aufgebrochen ist, um D. Brutus aus der Umklammerung zu befreien, die Erinnerung an ein Unglück seines Hauses pflege und sich stärker von ihr bestimmen lasse als von der Rücksicht auf das Staatswohl. Ich getraue mich sogar, mein Wort zu verpfänden, versammelte Väter: euch und dem römischen Volk und dem Staate. Wahrhaftig, dies würde ich mich für einen anderen nicht zu tun getrauen, da keine Macht mich dazu zwingen könnte, und ich würde bei einer so bedeutenden Sache den gefährlichen Vorwurf blinden Vertrauens scheuen. Ich verspreche, versichere und gelobe euch, versammelte Väter, daß C. Caesar stets der Bürger bleiben wird, der er heute ist, und ganz so, wie wir ihn uns wünschen und erhoffen müssen.

Unter diesen Umständen will ich über C. Caesar für den 52
Augenblick genug gesagt haben. Nicht aber darf ich, scheint mir, L. Egnatuleius, einen ebenso mutigen wie überzeugungstreuen Bürger und großen Vaterlandsfreund, mit Schweigen übergehen. Ich schulde ihm vielmehr ein Zeugnis für seine hervorragenden Verdienste; er hat ja die vierte Legion zu Caesar geführt: zum Schutz für die Konsuln, den Senat, das römische Volk und den ganzen Staat. Man beschließe daher, daß sich L. Egnatuleius drei Jahre vor dem gesetzlichen Mindestalter um Ämter bewerben und sie antreten und ausüben dürfe. Hiermit, versammelte Väter,

verschaffen wir L. Egnatuleius weniger einen Vorteil als eine Ehre; denn in einem solchen Falle ist es schon viel wert, überhaupt genannt zu werden.

53 Und zugunsten der Truppen von C. Caesar schlage ich folgendes vor: der Senat beschließe, daß die altgedienten Soldaten, die – in Befolgung des von Caesar, dem Oberpriester und Proprätor, erlassenen Gebots – für die Freiheit des römischen Volkes und das Ansehen dieser Versammlung eingetreten seien und noch stets einträten, hinfort von Kriegsdienst befreit sein sollten, sie selbst und ihre Kinder, und daß die Konsuln C. Pansa und A. Hirtius – einer von ihnen oder beide, wie sie es für richtig hielten – prüfen sollten, wo sich Ackerland in den für altgediente Soldaten eingerichteten Siedlungen beschaffen lasse, Ackerland, das dem Julischen Gesetz zuwider[54] benutzt werde und das man daher an die altgedienten Soldaten verteilen könne; daß die Konsuln die kampanische Mark einer besonderen Prüfung unterziehen und Maßnahmen ergreifen sollten, die geeignet seien, die Lage der altgedienten Soldaten zu verbessern, und daß die Legion des Mars, die vierte Legion sowie diejenigen Soldaten der zweiten und der fünfunddreißigsten Legion[55], die zu den Konsuln C. Pansa und A. Hirtius gegangen seien und sich dort hätten einschreiben lassen, wegen der großen Achtung, die sie dem Ansehen des Senats und der Freiheit des römischen Volkes erzeigt hätten und noch stets erzeigten, hinfort vom Kriegsdienst befreit sein sollten, sie selbst und ihre Kinder (abgesehen vom Falle eines Aufruhrs in Gallien oder Italien), und daß die genannten Legionen nach Beendigung des Krieges entlassen werden sollten, und daß den Soldaten dieser Legionen Mann für Mann der Betrag gezahlt werden solle, den C. Caesar, der Oberpriester und Proprätor, ihnen versprochen habe, und daß die Konsuln C. Pansa und A. Hirtius – einer oder beide, wie sie es für

richtig hielten – für Ackerland, das ohne Beeinträchtigung privater Rechte verteilt werden könne, sorgen und den genannten Soldaten, der Legion des Mars und der vierten Legion zu den günstigsten Bedingungen übergeben und zuweisen sollten, zu denen je irgendwelchen Soldaten Land übergeben und zugewiesen worden sei.

Ich habe mich zu allen Punkten eures Berichts geäußert, Konsuln. Wenn meine Vorschläge ohne Säumen und Verzug zum Beschluß erhoben werden, dann könnt ihr desto besser für alles Vorsorge treffen, was Zeit und Umstände erfordern. Denn Eile tut not – hätten wir sie eher bewiesen, dann brauchten wir, wie ich schon oft gesagt habe, jetzt nicht Krieg zu führen[56].

SECHSTE PHILIPPISCHE REDE

Einleitung

Cicero war mit dem Resultat, das die mehrtägige Senatsdebatte zu Beginn des Jahres 43 v. Chr. erbracht hatte, keineswegs zufrieden: der Gesandtschaftsbeschluß hatte dem Hauptziel seiner Politik, dem Krieg gegen Antonius, einstweilen einen Riegel vorgeschoben. Er ließ sich nicht entmutigen; er sprach noch am 4. Januar, unmittelbar nachdem die Entscheidung gefallen war, in einer von dem Tribunen P. Appuleius geleiteten Versammlung zum Volke.

Die kurze Rede sucht aus der gegebenen Situation das Beste zu machen. Cicero berichtet von dem Gesandtschaftsbeschluß, wobei er seiner Zuhörerschaft unterstellt, daß sie den Beschluß ablehne (1–3). Immerhin, fährt er fort, komme die Gesandtschaft einer Kriegserklärung gleich, da sich Antonius ihren ultimativen Forderungen unter keinen Umständen fügen werde; D. Brutus hätte allerdings eine raschere Entlastung verdient (4–9). Und wenn Antonius bereit wäre, sich zu fügen, dann würden ihn seine Helfer daran hindern – Cicero verweilt nicht ohne Hohn und Entrüstung bei einzelnen Gefolgsleuten, einem Thema, auf das er in den späteren Reden noch öfters zurückkommen sollte (10–15). Man könne daher in Ruhe die Rückkehr der Gesandten abwarten; dann müsse jedermann zugeben, daß der Krieg unvermeidlich sei (15–17). Cicero selbst stehe der Bürgerschaft wie stets mit Rat und Tat zur Verfügung, und zwar um so mehr, als sich alle Stände Roms und alle Bewohner Italiens in der Notwendigkeit des Kampfes gegen Antonius einig wüßten – geht es doch um nicht Geringeres als um Knechtschaft oder Freiheit (17–19).

Schematische Übersicht

1. Die Verhandlungen des Senats, der Gesandtschaftsbeschluß (1–3).
2. Die Bedeutung der Gesandtschaft: eine verzögerte Kriegserklärung (4–9).
3. Die Gefolgsleute des Antonius, ihre Nichtswürdigkeit (10–15).
4. Geduld: nach der Rückkehr der Gesandten ist die Kriegserklärung sicher (15–17).
5. Ciceros Bereitschaft, die allgemeine Einigkeit im Kampf um die Freiheit (17–19).

SECHSTE PHILIPPISCHE REDE

1 Ihr habt wohl schon gehört, Quiriten, was im Senat verhandelt worden ist und welche Meinung ein jeder vertreten hat. Gerade eben ist also eine Sache entschieden worden, die seit dem 1. Januar auf der Tagesordnung stand – zwar weniger durchgreifend, als angemessen gewesen wäre, doch immerhin nicht völlig kraftlos. Aufgeschoben hat man den Krieg, die Ursache hat man nicht beseitigt. So will ich denn alles, wonach mich P. Appuleius – ein Mann, der mir wegen zahlreicher Dienste und engster Freundschaftsbande nahesteht und euch zutiefst ergeben ist – gefragt hat, so beantworten, daß ihr, die ihr nicht dabei wart, euch ein Bild machen könnt.

Daß sich unsere ebenso tüchtigen wie vortrefflichen Konsuln veranlaßt sahen, am 1. Januar über die politische Lage zu berichten, war zunächst eine Folge des Beschlusses, den der Senat auf meine Veranlassung hin am 20. Dezember
2 gefaßt hatte. An diesem Tage, Quiriten, haben wir begonnen, den Grund zu unserer jetzigen Politik zu legen[1]; denn da war der Senat nach langer Unterbrechung frei genug, daß auch ihr euch endlich frei fühlen konntet. Ich aber habe damals[2] (und wenn jener Tag meinem Leben ein Ende setzen sollte!) reiche Genugtuung empfangen: wie ihr allesamt einmütig und einstimmig rieft, zum zweiten Male sei von mir der Staat gerettet worden.

Von diesem bedeutenden und glänzenden Beweise eurer Zustimmung bestärkt, war ich mir, als ich am 1. Januar im Senat erschien, vollauf bewußt, welch verantwortungsvolle Rolle ihr mir auferlegt hattet. So glaubte ich denn – da ich sah, daß ein verbrecherischer Krieg gegen unser Staatswesen im Gange war –, daß mit dem Kampf gegen M. Antonius nicht gesäumt werden dürfe, und ich schlug vor, den skrupellosen Menschen, der, nachdem er schon zuvor manchen Frevel begangen hatte, nunmehr einen Feldherrn des römischen Volkes eingeschlossen hielt und eure Siedlerstadt, die treueste und tapferste von allen, belagerte, mit Krieg zu überziehen; ich beantragte außerdem, den Aufruhr auszurufen; ich verlangte einen Beschluß, der den Stillstand der Rechtspflege und allgemeine Kampfbereitschaft verkünden sollte: jedermann werde mit desto größerem Eifer und Nachdruck bestrebt sein, das Unrecht zu sühnen, das unserem Staate angetan werde, wenn er sehe, daß der Senat mit allen Mitteln auf das Bevorstehen eines schweren Krieges hinweise[3].

Dies war denn auch drei Tage lang die vorherrschende 3
Auffassung, Quiriten, so daß es, obwohl keine Abstimmung stattfand, danach aussah, als würde man mir, einige wenige ausgenommen, allgemein zustimmen. Doch am heutigen Tage war der Senat unter dem Eindruck ich weiß nicht welcher Friedenshoffnung mattherziger; denn die Mehrheit schloß sich dem Vorschlag an, wir sollten durch Unterhändler in Erfahrung bringen, was das Ansehen des Senats und eure einhellige Meinung bei Antonius auszurichten vermöchte.

Ich sehe, Quiriten, daß ihr diesen Vorschlag ablehnt, und nicht zu Unrecht. Zu wem schicken wir denn die Unterhändler? Doch wohl zu einem Manne, der die öffentlichen Mittel verschwendet und verschleudert, unserem Staate gewaltsam und unter Mißachtung der Vorzeichen Gesetze aufgezwungen, eine Volksversammlung in die Flucht gejagt und den Senat belagert hat[4]? Der dann, um den Staat zu vernichten, Legionen aus Brundisium herbeirief und, als die ihn im Stich ließen, mit einer Räuberbande in Gallien[5] eingebrochen ist, die Brutus belagert und Mutina umschlossen hält? Wie kann es zwischen euch und diesem Banditen Gemeinsames geben:

Übereinkünfte, Absprachen nach Treu und Glauben, Gesandtschaften?

4 Andererseits, Quiriten: das ist keine Gesandtschaft, sondern eine Kriegserklärung, wenn er sich nicht fügt; die Weisungen sind nämlich so gefaßt, als würden die Unterhändler zu Hannibal geschickt. Es gehen ja Leute zu ihm, die ihm verbieten sollen, den künftigen Konsul[6] zu belagern, Mutina einzuschließen, die Provinz zu verwüsten und Truppen auszuheben – er habe sich der Gewalt des Senats und des römischen Volkes zu unterstellen. Wird er sich aber ohne weiteres der Anweisung fügen, sich der Gewalt der versammelten Väter und der euren zu unterstellen – er, der noch nie Gewalt über sich selbst gehabt hat? Was hat er denn je aus eigenem Willen getan? Stets ließ er sich dorthin reißen, wohin ihn sein Gelüste zog, sein Leichtsinn, sein Wahnwitz, seine Trunkenheit; stets war er zwei grundverschiedenen Arten von Leuten hörig, Kupplern und Räubern, und er hat so viel Freude am unzüchtigen Treiben im Hause und am Morden auf dem Forum, daß er sich eher einem noch so habgierigen Frauenzimmer[7] fügt als dem Senat und dem römischen Volke.

5 Daher will ich, was ich kürzlich im Senat getan habe[8], jetzt auch bei euch tun: ich erkläre, ich versichere, ich sage voraus, daß M. Antonius nichts von alledem befolgen wird, was man den Unterhändlern aufgetragen hat – er wird weiterhin die Felder verwüsten, Mutina umschlossen halten und Truppen ausheben, soviel er kann. Denn er ist es doch, der sich schon immer über das Urteil und die Auffassung des Senats, über euren Willen und eure hoheitliche Gewalt hinweggesetzt hat. Er sollte befolgen, was man soeben beschlossen hat: er möge sein Heer auf diese Seite des Rubikon, des gallischen Grenzflusses[9], führen, jedoch nicht näher als zweihundert Meilen an die Stadt Rom heranrücken? Dieser Anweisung

sollte er sich fügen? Er sollte sich mit dem Rubikon, er mit einer Beschränkung auf zweihundert Meilen begnügen?

Nein, dazu ist Antonius nicht geschaffen; wenn er's wäre, 6
dann hätte er's nicht zu einem solchen Befehl des Senats kommen lassen, wie er einst zu Beginn des zweiten punischen Krieges an Hannibal ergangen ist: er solle aufhören, Sagunt zu belagern[10]. Daß man Antonius einerseits von Mutina abberuft und ihn andererseits von der Stadt fernhält wie eine verderbenbringende Feuersbrunst: welche Schande ist das für ihn, welch schlimmes Urteil des Senats! Wie – daß die Unterhändler vom Senat den Auftrag erhalten haben, D. Brutus und seine Truppen aufzusuchen und ihnen zu versichern, ihre großen Bemühungen und Verdienste um den Staat fänden die Anerkennung des Senats und des römischen Volkes und würden ihnen noch viel Lob und viel Ehre einbringen: glaubt ihr denn, Antonius werde dulden, daß die Unterhändler Mutina ungeschoren betreten und wieder verlassen? Nie wird er das dulden, glaubt mir: ich kenne seine Brutalität, seine freche Stirn, seine Skrupellosigkeit. Von ihm müssen wir ja nicht wie von einem menschli- 7
chen Wesen denken, sondern wie von einem grausamen Untier.

Unter diesen Umständen ist der Beschluß des Senats nicht völlig kraftlos: die Gesandtschaft hat etwas Bedrohliches. Wenn sie nur keinen Zeitverlust zur Folge hätte[11]! Denn wie bei fast allen Dingen Säumen und Aufschieben Verdruß bringt, so kommt es besonders in diesem Kriege auf Schnelligkeit an. Wir müssen D. Brutus entlasten, müssen alle unsere Truppen von überallher zusammenziehen. Uns säumig zeigen bei der Befreiung eines solchen Mitbürgers: das können wir gar nicht, ohne ein Verbrechen zu begehen.

Wäre es ihm nicht erlaubt gewesen, wenn er Antonius als 8

Konsul, wenn er Gallien als Provinz des Antonius anerkannt hätte, Antonius die Legionen und die Provinz zu übergeben, heimzukehren, den Triumph zu feiern, als erster in dieser Versammlung – bis er sein Amt anträte – seine Meinung zu
9 äußern? Was hätte ihn hindern können? Doch da ihm bewußt war, daß er ein Brutus ist und für eure Freiheit bestimmt, nicht für den eigenen Müßiggang: hat er da nicht geradezu mit seinem eigenen Leibe Antonius von Gallien ferngehalten? Hätten wir diesem Manne Boten oder Truppen senden sollen[12]?

Doch lassen wir die Vergangenheit beiseite. Die Unterhändler mögen sich beeilen, was sie, wie ich sehe, auch tun wollen – ihr aber haltet euch zum Kampf bereit[13]! Der Beschluß sieht nämlich vor, daß, wenn sich Antonius dem Gebot des Senats nicht füge, Kampfbereitschaft herrschen solle. Sie wird herrschen; er wird sich nicht fügen, und wir müssen uns dann beklagen, daß so viele Tage tatenlos verstrichen sind.

Ich befürchte nicht, Quiriten, Antonius möchte, wenn er erfährt, ich hätte sowohl im Senat als auch vor dem Volke versichert, er werde sich nie der Gewalt des Senats unterstellen – er möchte dann, um mich Lügen zu strafen und zu zeigen, daß ich blind gewesen sei, seine Pläne ändern und sich dem Senate fügen. Das wird er niemals tun; er wird mir meinen Ruhm nicht streitig machen; lieber soll man mich für vorausschauend als ihn für gemäßigt halten.

10 Wie – gesetzt, er selber wäre bereit: wollen wir annehmen, daß auch sein Bruder Lucius nachgeben werde? Neulich soll er, bei Tibur glaube ich, als er dachte, M. Antonius beginne zu wanken, ihm, dem Bruder, mit dem Tode gedroht haben. Wird sich auch dieser asiatische Fechter die Forderungen des Senats, die Worte der Unterhändler anhören? Man kann ja von ihm – neben dem Bruder – nicht einfach absehen: bei

diesem Einfluß! Denn er ist bei ihnen der Africanus: er gilt mehr als L. Trebellius, mehr als T. Plancus[14].

Seht, wozu der feine junge Mann sich aufrafft. Plancus, einstimmig und mit größtem Beifall von eurer Seite verurteilt, ließ sich, ich weiß nicht wie, vom Strome mittragen und kehrte in so trüber Verfassung heim, daß man glauben mochte, er sei zurückgeholt worden, nicht selbst zurückgekehrt: den verachtet Antonius, als sei ihm noch der Gebrauch von Wasser und Feuer entzogen; manchmal sagt er, in der Kurie sei kein Platz für jemanden, der die Kurie in Brand gesteckt habe[15].

Trebellius hingegen erfreut sich jetzt seiner Hochschät- 11
zung. Früher mochte er ihn nicht, wegen seines Widerstandes gegen einen Schuldenerlaß; doch jetzt ist er sein Augenstern, nachdem er gesehen hat, daß es auch für Trebellius ohne Schuldenerlaß keine Rettung gibt. Ihr habt wohl schon gehört, Quiriten, was ihr sogar beobachten konntet: daß die Bürgen und Gläubiger des L. Trebellius Tag für Tag Versammlungen abhalten. O Treu und Glauben (so lautet ja wohl der Beiname, den Trebellius sich zugelegt hat): wer verdient mehr Treu und Glauben als jemand, der seine Gläubiger betrügt, von zu Haus davonläuft, wegen seiner Schulden zu den Waffen greift? Wo ist der Beifall, den er beim Triumph erhielt, und oft bei Spielen, wo das Ädilenamt, zu dem die emsigen Bemühungen der Rechtschaffenen ihm verhalfen? Wer wäre nicht bereit, seine guten Taten dem Zufall, seine schlechten böser Absicht zuzuschreiben[16]?

Doch zurück zu eurer Lust und Wonne, zu L. Antonius, 12
der euch alle zu seinen Schutzbefohlenen erklärt hat. Ihr sagt nein? Ist jemand unter euch, der nicht einem Bezirk angehört? Bestimmt nicht – ihn aber haben die fünfunddreißig Bezirke zu ihrem Schutzherrn erkoren. Ihr protestiert von neuem? Schaut nach links, auf das vergoldete Reiterstand-

bild: was steht dort geschrieben? «Die fünfunddreißig Bezirke ihrem Schutzherrn.» Des römischen Volkes Schutzherr: das also ist L. Antonius! Zum Henker mit ihm! Denn ich stimme euren Rufen gerne zu. Um von diesem Banditen nicht zu reden, den niemand in seinem Gefolge haben möchte: wer sonst hätte je solche Macht besessen oder solche Taten vollbracht, daß er es wagen konnte, sich zum Schutzherrn des römischen Volkes, des Siegers und Herrschers über alle Länder, aufzuwerfen[17]?

13 Auf dem Forum sehen wir ein Standbild des L. Antonius – wie das des Q. Tremulus, des Siegers über die Herniker, vorm Kastortempel. Eine unglaubliche Frechheit! Nahm er sich das heraus, weil er in Mylasa als leichter Fechter einen Thraker abgestochen hat, seinen Kameraden? Könnten wir diesen Kerl ertragen, wenn er hier auf dem Forum gekämpft hätte, unter euren Augen? Doch das ist nur *ein* Standbild: ein anderes stammt von den römischen Rittern mit Staatspferd, und sie schreiben ebenfalls: «Ihrem Schutzherrn.» Hat dieser Stand jemals irgendwen zu seinem Schutzherrn erkoren? Wenn einer, dann hätte ich's verdient. Doch abgesehen von mir: welchen Zensor, welchen Feldherrn? Er hat ihnen Land zugeteilt. Lumpen, die es nahmen, ein Schurke, der es gab[18]!

14 Daran haben sich auch die Militärtribunen beteiligt, die zwei Jahre in Caesars Heer gedient hatten. Was ist denn das für ein Stand? Groß war die Zahl derer, die in all den Legionen viele Jahre lang gedient haben. Ihnen hat er auch etwas zugeteilt: Semurium. Das Marsfeld war noch übrig – hätte er sich nicht vorher mit seinem Bruder aus dem Staube gemacht[19].

Doch diese Landzuweisungen, Quiriten, sind soeben auf Grund eines Antrags, gestellt von L. Caesar, einem erlauchten Mann und angesehenen Senator, aufgehoben worden; den haben wir nämlich angenommen und so die Handlungen der Siebenmänner-Behörde für nichtig erklärt. Dahin sind die Wohltaten des Nucula, aus ist's mit dem Schutzherrn Antonius[20]. Die neuen Besitzer werden gelassen wieder abziehen: sie haben noch nichts investiert, noch kein Gerät angeschafft, teils weil sie der Sache nicht trauten, teils weil es ihnen an Mitteln fehlte.

Doch dieses Standbild hat die Palme verdient (ich könnte, 15
wenn die Zeiten besser wären, nicht ohne zu lachen davon reden): «Für L. Antonius, den Schutzherrn, von der Mitte des Janus[21].» Wahrhaftig? Gehört auch die Mitte des Janus zu den Schutzbefohlenen des L. Antonius? Aus dieser Ecke hätte je sich irgendwer bereit gefunden, für L. Antonius auch nur tausend Sesterze vorzuschießen?

Doch ich halte mich mit Nichtigkeiten auf; zurück zur Sache und zum Krieg – immerhin war's nicht unangebracht, euch an gewisse Herrschaften zu erinnern; so könnt ihr im Stillen bedenken, gegen wen der Krieg geht.

Ich aber rate euch, Quiriten: wartet – auch wenn's anders besser gewesen wäre – in Ruhe die Rückkehr der Unterhändler ab. An Schnelligkeit hat unsere Sache verloren, doch
zugleich hat sie auch einen Nutzen davon. Sobald nämlich 16
die Unterhändler berichten, was sie mit Sicherheit berichten werden: Antonius sei nicht bereit, sich eurer Gewalt, sich der des Senats zu unterstellen – welcher Bürger wird dann noch skrupellos genug sein, ihn für einen Bürger zu halten? Jetzt nämlich gibt es noch manche – zwar wenige, jedoch mehr, als sich mit der Ehre unseres Staates verträgt –, die so reden: «Wollen wir nicht einmal die Unterhändler abwarten?» Diese Ausflucht – mitsamt dem Blendwerk von Milde – wird der Lauf der Dinge den Leuten entwinden. Deswegen (um euch die Wahrheit zu sagen, Quiriten) habe ich mich am heutigen Tage weniger angestrengt, weniger darum bemüht, daß der Senat im Sinne meines Antrags Aufruhr

ausruft und allgemeine Kampfbereitschaft anordnet: mir lag mehr daran, daß meine Auffassung in zwanzig Tagen von allen gebilligt, als daß sie jetzt von einigen wenigen abgelehnt wird.

17 Wartet also die Rückkehr der Unterhändler ab, Quiriten, und schluckt den mißlichen Aufschub von ein paar Tagen. Wenn sie zurück sind: haltet mich, falls sie Frieden bringen, für übereifrig, falls Krieg, für vorausschauend. Oder sollte ich nicht um meiner Mitbürger willen vorausschauend sein, nicht Tag und Nacht an eure Freiheit, an das Wohl unseres Staates denken? Denn was habe ich euch nicht zu verdanken, Quiriten: habt ihr nicht mich, der ich alles durch mich selbst bin, bei allen Ämtern den angesehensten Männern vorgezogen? Bin ich undankbar? Wer ist's weniger? Habe ich mich doch nach der Wahl zu den Ämtern ebenso auf dem Forum abgemüht wie vor der Wahl. Oder bin ich unerfahren in der Politik? Wer ist erfahrener? Führe ich doch bereits seit zwanzig Jahren Krieg gegen pflichtvergessene Bürger[22].

18 Ich will daher, Quiriten, mit meinem Rat, soviel ich kann, mit meiner Arbeit fast mehr noch, als ich kann, für euch besorgt und wachsam sein. Denn welcher Bürger – zumal von dem Rang, den ihr mich habt erreichen lassen – könnte so sehr eure Wohltaten vergessen, so sehr sein Vaterland geringschätzen, so sehr dem eigenen Ansehen im Wege stehen, daß ihn eure begeisterte Zustimmung nicht ermutigt, nicht in Flammen setzt? Viele große Versammlungen habe ich, als ich Konsul war, geleitet, an vielen teilgenommen: nie habe ich eine erlebt, die so groß war, wie jetzt die eurige hier[23]. *Ein* Gedanke beseelt euch alle, *ein* Streben: die Anschläge abzuwenden, die M. Antonius gegen unseren Staat im Schilde führt, sein Rasen zu ersticken, seiner Dreistigkeit ein Ende zu machen. Das ist der Wille aller Stände; das ist's, was die Landstädte, die Siedlerstädte, ganz Italien

verlangen. So habt ihr den Senat, der von sich aus schon fest war, durch eure Entschlossenheit noch mehr gefestigt.

Die Gelegenheit ist da, Quiriten, gewiß später, als sich mit 19
der Ehre des römischen Volkes verträgt, doch gerade noch so zeitig, daß die Entscheidung keine Stunde Aufschub mehr leidet. *Ein* Unglück war gleichsam schicksalhaft über uns gekommen, und wir haben's ertragen, wie wir's ertragen mußten[24]; wenn jetzt wieder eins eintritt, dann ist es unsere Schuld. Das römische Volk in Knechtschaft: das ist unerhört; die unsterblichen Götter haben ihm aufgetragen, über alle Länder zu gebieten. Jetzt ist die Stunde der Entscheidung gekommen; es geht um unsere Freiheit. Ihr müßt entweder siegen, Quiriten (was ihr bestimmt erreichen werdet, dank eures Pflichtbewußtseins und einer so einhelligen Bereitschaft), oder alles lieber erleiden wollen als die Knechtschaft. Andere Völker sind imstande, die Knechtschaft zu ertragen, das römische Volk braucht Freiheit.

SIEBTE PHILIPPISCHE REDE

Einleitung

Am 5. Januar machten sich – gemäß dem Senatsbeschluß vom Vortage – die ehemaligen Konsuln Ser. Sulpicius Rufus, L. Calpurnius Piso Caesoninus und L. Marcius Philippus als Gesandte auf den Weg zu Antonius. Während der Zeit des Wartens dauerten im Senat die Auseinandersetzungen unter den verschiedenen Richtungen an: unter den von Cicero geführten kompromißlosen Republikanern, den Anhängern des Antonius sowie einer gewiß nicht unbedeutenden Gruppe von Männern, die, an sich republikanisch gesinnt, dem Bündnis mit Oktavian mißtrauten und daher zu Verhandlungen mit Antonius bereit waren. So wurde einerseits – im Sinne der ciceronischen Kriegspolitik – beschlossen, daß der eine Konsul (das Los traf Hirtius) zum Heere gehen und der andere in ganz Italien Aushebungen durchführen solle. Andererseits aber wußten die Anhänger des Antonius mit Geschick die Öffentlichkeit für ihre Sache einzunehmen, indem sie allerlei Mutmaßungen über die Verständigungsbereitschaft des Antonius unter die Leute brachten und zugleich Cicero als Scharfmacher und Kriegshetzer hinstellten. Diese Agitationen riefen Mitte Januar die siebte Philippische Rede hervor. Cicero benutzte eine Senatssitzung, die nur Routineangelegenheiten zu behandeln hatte, zu dem Versuch, mit einem entschiedenen Ceterum censeo die Unumgänglichkeit seiner Kriegspolitik darzutun.

Die Einleitung (1–7) schildert, nicht ohne herbe Kritik, die Ausgangssituation: daß einige Senatoren und ehemalige Konsuln (gemeint ist zuallererst Q. Fufius Calenus) schon jetzt von mehr oder minder mäßigen Forderungen des Antonius zu berichten wüßten und auf diese Weise Stimmung für den Frieden zu machen suchten. Cicero beeilt sich, den die Sitzung leitenden Konsul Pansa von Calenus und seinesgleichen, den Schwiegersohn vom Schwiegervater, abzuheben: Pansa sei, versichert er, der hervorragendste und beste Konsul, den er kenne.

Der Hauptteil (7–25) beginnt mit einem wohlkalkulierten Effekt: eine gewaltige Periode umschreibt die paradoxe Tatsache, daß sich ausgerechnet Cicero, der ständige Lobredner und Anwalt des Friedens, mit aller Kraft gegen einen Frieden mit Antonius wehrt. Dann, zur Begründung dieses Paradoxes, eine geradezu schulmäßige Disposition: Cicero tritt deshalb für den Krieg gegen Antonius ein, weil ein Friede mit ihm schimpflich, voller Risiken und unmöglich wäre (7–9). Diese Dreiteilung zählt Kategorien auf, die an die sogenannten zweckdienlichen Hauptpunkte *(capitula finalia)* der rhetorischen Theorie erinnern: man solle bei einem jeden Vorschlag prüfen, ob er gesetzmäßig, gerecht, ehrenvoll, leicht durchführbar, möglich usw. sei oder nicht. Schimpflich wäre ein Friede, legt Cicero dar, weil er dem Senat, der Antonius durch zahlreiche Beschlüsse zum Staatsfeind gestempelt hat, jede Glaubwürdigkeit nähme (9–15). Voller Risiken wäre ein Friede, weil sich dann Antonius und sein Bruder Lucius alsbald eine unbezwingbare Macht verschaffen würden – der Friede wäre nichts als ein verschleierter Krieg (16–20). Und unmöglich wäre ein Friede, weil der Senat, die Ritterschaft, das römische Volk und die Bewohnerschaft ganz Italiens durch unüberwindlichen Haß von Antonius und seiner Gefolgschaft getrennt sind

(21–25). Die Rede schließt mit einem kurzen Appell (26f.): keine Verhandlungen mit Antonius – es geht um die Freiheit des Volkes, um Leben und Gut aller Freunde der Republik!

Schematische Übersicht

Einleitung (1–7):

Die Haltung der Antonius-Anhänger; der Konsul Pansa.

Hauptteil (7–25):

Cicero, der Anwalt des Friedens, lehnt den Frieden mit Antonius ab (7–9), weil er

a) schimpflich (9–15),
b) voller Risiken (16–20),
c) unmöglich (21–25) wäre.

Schluß (26f.):

Keine Verhandlungen mit Antonius; es geht um Freiheit, Leben und Vermögen.

SIEBTE PHILIPPISCHE REDE

Geringfügige, wenn auch wohl notwendige Dinge stehen 1
zur Verhandlung, versammelte Väter: über die appische Straße und die Münzwerkstatt hat der Konsul, über die Luperci der Volkstribun berichtet[1]. So rasch sich hierfür eine Lösung finden lassen mag: der Geist schweift ab, von größeren Sorgen beansprucht. Denn unsere Belange, versammelte Väter, sind in schwerer Gefahr und fast schon vom Äußersten bedroht.

Nicht ohne Grund habe ich die Entsendung der Unterhändler stets gefürchtet, nie gutgeheißen. Was ihre Rückkehr bringen wird, weiß ich nicht, doch welch schwächliche Gedanken die Zeit des Wartens aufkommen läßt: wer sähe das nicht?

Denn keineswegs halten sich die zurück, denen es leid tut, daß der Senat Anstalten macht, wieder zum einstigen Einfluß zu erstarken, daß sich das römische Volk unserem Stande anschließt, daß Italien mit uns einig, die Truppen
bereit, die Führer zur Hand sind. Schon jetzt behaupten sie 2
zu wissen, was Antonius antwortet, und treten dafür ein. Die einen sagen, er verlange die Entlassung aller Truppen. Freilich, wir haben die Unterhändler ja nicht entsandt, daß er sich füge und dem Willen dieser Versammlung beuge, sondern daß er Bedingungen stelle, Vorschriften mache, uns befehle, Italien den auswärtigen Völkern zu öffnen, und vor allem, daß ihm selbst nichts geschehe, ihm, von dem wir Schlimmeres befürchten müssen als von irgendeinem Volke!

Nach anderen läßt er uns das diesseitige Gallien und 3
fordert er für sich das äußerste. Vortrefflich: von dort aus kann er nicht nur seine Legionen, sondern auch allerlei Völker gegen die Stadt zu führen versuchen. Nach wieder anderen hat er nur *eine* bescheidene Forderung, Makedonien

– er nennt es ohne Umschweife das seine; sein Bruder Gaius wurde ja von dorther zurückgerufen! Doch wo ist die Provinz, in der diese Fackel keine Feuersbrunst hervorzurufen vermöchte[2]?

Demgemäß sagen dieselben Leute, als wären sie vorausschauende Bürger und gewissenhafte Senatoren, ich hätte die Kriegstrompete geblasen; sie selber werfen sich zu Fürsprechern des Friedens auf. Reden sie nicht so: «Man hätte Antonius nicht reizen sollen; er ist zwar ein böser und von sich eingenommener Mensch, doch es gibt noch viele andere schlechte Bürger[3].» Die können sich selbst als erste einbeziehen, die so etwas sagen, und sie zeigen uns, daß man sich vor ihnen in acht nehmen muß. Wie verfährt man nun mit verbrecherischen Bürgern: ist es sicherer, sie zu strafen, wenn man kann, oder soll man sich ständig vor ihnen fürchten?

4 Und diese Reden kommen von Leuten, die früher einmal wegen ihrer Verantwortungslosigkeit als Volksfreunde gegolten haben – woraus man ersehen kann, daß sie einen gedeihlichen Zustand unseres Gemeinwesens seit eh und je innerlich abgelehnt haben, daß sie nie überzeugte Volksfreunde gewesen sind. Denn wie reimt sich, daß jemand, der bei schlechten Unternehmungen als Volksfreund aufgetreten ist, bei der allervolksfreundlichsten Sache (da sie ja zugleich auf das Wohl des ganzen Staates zielt) lieber schlecht sein will als volksfreundlich? Mich hingegen, der ich, wie ihr wißt, stets ein Gegner des blinden Dranges der Masse war, hat diese herrliche Sache zum Volksfreund gemacht[4].

5 Und sie heißen oder nennen sich gar selbst ehemalige Konsuln. Diesen Namen verdient jedoch niemand, der nicht die Bürde zu tragen vermag, die mit einer so hohen Würde verbunden ist. Gesetzt, du[5] begünstigst den Feind, der aber

schickt dir einen Brief voller Siegeszuversicht, du wiederum zeigst den Brief frohgemut herum, liest daraus vor, überläßt ihn gar schlechten Bürgern zum Abschreiben, stärkst ihnen den Rücken, schwächst die Zuversicht und Tatkraft der Rechtschaffenen[6] – und du glaubst, du könnest ehemaliger Konsul, Senator, ja nur Bürger sein?

Er wird meine Worte sehr freundlich aufnehmen – C. Pansa, unser tüchtiger und vortrefflicher Konsul, denn ich meine es ganz freundschaftlich: auch ihn, einen Mann, der mir sehr nahe steht, würde ich, wenn er als Konsul nicht bereit wäre, alle seine Wachsamkeit, seine Sorgen und Gedanken dem Wohl des Staates zu widmen, nicht wirklich für einen Konsul halten. Obwohl uns seit seinen jungen 6
Jahren vertraulicher Umgang sowie die Gemeinsamkeit und Gleichheit unseres Strebens nach Geistesbildung verbindet und obwohl mir seine beispiellose Fürsorge, in den härtesten Drangsalen des Bürgerkrieges bewährt, gezeigt hat, daß sein Beistand nicht nur meiner Sicherheit, sondern auch meinem Ansehen galt: ich würde trotzdem (wie gesagt), wenn er nicht ein so tüchtiger Konsul wäre, zu bestreiten wagen, daß er Konsul sei. Zugleich aber erkläre ich ihn nicht nur zum Konsul, sondern zum hervorragendsten und besten Konsul, den ich kenne, nicht weil nicht auch andere so viel Tatkraft und guten Willen besessen hätten, sondern weil sie keine solche Gelegenheit bekamen, ihren guten Willen und ihre Tatkraft zu zeigen. Seine Seelengröße, Festigkeit und Um- 7
sicht ist mit dem Ungewitter einer entsetzlichen Krise zusammengetroffen. Gerade dann aber erglänzt ein Konsulat, wenn es den Staat in einer ebenso unerwünschten wie drückenden Notzeit lenkt. Eine drückendere Zeit als die unsere, versammelte Väter, hat es nie gegeben.

Daher erkläre ich, der ich stets für den Frieden eingetreten bin und dem zumal der Bürgerfrieden noch viel erwünschter

war als allen anderen Rechtschaffenen (ich habe ja die ganze Laufbahn meines Strebens auf dem Forum, in der Kurie und als Verteidiger bedrängter Freunde zurückgelegt; dort bin ich zu den größten Ehren, dort zu bescheidenem Einfluß,
8 dort zu dem Ansehen, das ich haben mag, gekommen) – ich also, des Friedens (wenn ich mich so aussdrücken darf) Zögling, der ich das bißchen, das ich erreicht habe (ich will mir ja nichts anmaßen), ganz gewiß ohne Bürgerfrieden nicht hätte erreichen können, wage zu erklären (wie ihr das aufnehmen werdet, versammelte Väter: ein quälender Gedanke; doch in Anbetracht meines ständigen Bemühens, euer Ansehen zu erhalten und zu mehren, bitte ich flehentlich, versammelte Väter: laßt euch zunächst einmal, auch wenn es sich bitter anhört oder unglaublich aus dem Munde eines M. Cicero, ohne euch zu erregen, sagen, was ich sagen will, und lehnt es nicht ab, ehe ich euch nähere Erläuterungen gegeben habe) – ich also, der (ich sag's noch einmal) ständige Lobredner, der ständige Anwalt des Friedens, will keinen Frieden mit M. Antonius. Mit großer Zuversicht wende ich mich jetzt dem Rest meiner Rede zu, versammelte Väter: ich habe ja die gefährlichste Klippe ohne Proteste von
9 eurer Seite umschifft. Warum will ich keinen Frieden? Weil er schimpflich, weil er voller Risiken, weil er unmöglich wäre. Diese drei Punkte will ich jetzt erläutern, und da bitte ich euch, versammelte Väter, hört euch meine Worte mit dem üblichen Wohlwollen an.

Was ist schimpflicher als Wankelmut, Leichtsinn und Launenhaftigkeit, schon bei Einzelpersonen und erst recht beim ganzen Senat? Und was ist wankelmütiger, als mit jemandem, den man in zahlreichen Beschlüssen wenn nicht ausdrücklich, so doch der Sache nach zum Staatsfeinde
10 erklärt hat, auf einmal Frieden schließen zu wollen? Es sei denn, ihr hättet damals[7], als ihr C. Caesar wenn auch ver-

diente und angemessene, so doch zugleich beispiellose, ja göttliche Ehren zuerkanntet – und zwar allein deswegen, weil er ein Heer gegen M. Antonius aufgestellt habe –, Antonius nicht zum Staatsfeind erklärt, und auch dann wäre Antonius nicht zum Staatsfeind von euch erklärt worden, als eure maßgebliche Meinung *den* altgedienten Soldaten ein Lob erteilte, die sich C. Caesar angeschlossen hätten, und nicht einmal dann hättet ihr Antonius zum Staatsfeind erklärt, als ihr den tapferen Legionen, weil sie den Mann, der sich Konsul nannte, während er ein Staatsfeind war, verlassen hätten, Dienstbefreiungen, Geld und Siedlerstellen verspracht.

Weiter: als ihr Brutus, der schon durch sein Haus und 11
seinen Namen wie durch einen Wink der Götter dazu bestimmt ist, das Vaterland zu befreien – als ihr ihn und sein Heer, das um der Freiheit des römischen Volkes willen Krieg gegen Antonius führt, sowie unsere treueste und beste Provinz, Gallien, mit überreichem Lob bedachtet, habt ihr damals Antonius nicht zum Staatsfeind erklärt? Weiter: als ihr beschloßt, die Konsuln, einer oder beide, sollten in den Krieg ziehen: wo gab es Krieg, wenn Antonius nicht Staatsfeind war[8]?

Warum ist der tapfere Mann eigentlich abgereist, mein 12
Kollege und Freund, A. Hirtius, der Konsul? Wie schwach er noch war, wie abgemagert! Doch seine Willenskraft hat der körperliche Erschöpfungszustand nicht zu hemmen vermocht: er hielt es für recht und billig, glaube ich, sein Leben, das ihm die Gebete des römischen Volkes gerettet hatten, für die Freiheit des römischen Volkes aufs Spiel zu setzen[9].

Weiter: als ihr Aushebungen in ganz Italien verfügtet, als 13
ihr alle Dienstbefreiungen aufhobt, ist der Mann auch da nicht zum Staatsfeind erklärt worden? Ihr seht die Werkstät-

ten für Waffen hier in der Stadt; Soldaten mit Schwertern begleiten den Konsul, angeblich dem Konsul, tatsächlich aber und in Wahrheit uns zum Schutze bestimmt; alle stellen sich ohne Widerstreben, ja mit größtem Eifer zur Aushebung und befolgen eure Anordnungen: Antonius ist nicht zum Staatsfeinde erklärt?

14 Immerhin haben wir Unterhändler entsandt. Ach, ich bin übel dran! Warum bin ich genötigt, dem Senat, den ich stets gelobt habe, Vorwürfe zu machen? Wie – glaubt ihr denn, versammelte Väter, ihr hättet dem römischen Volk die Entsendung von Unterhändlern verständlich gemacht? Merkt ihr nicht, hört ihr nicht, daß man auf meinem Vorschlag besteht? Dem hattet ihr noch am Tage zuvor in großer Zahl zugestimmt – um euch am Tage darauf einer eitlen Hoffnung auf Frieden hinzugeben. Und dann: wie schimpflich, daß die Legionen dem Senat Gesandte entbieten, der Senat jedoch Antonius! Obwohl das keine Gesandtschaft ist: es ist die Ankündigung, der Untergang sei ihm sicher, wenn er sich dieser Versammlung nicht füge. Was macht das aus? Es kommt nichtsdestoweniger auf den Eindruck an: daß Gesandte hin und her gehen, sieht jeder; der Wortlaut unseres Beschlusses ist nicht jedem bekannt[10].

Wir müssen also Würde, Beständigkeit und eine feste Haltung wahren, müssen wieder die einstige Strenge handhaben – so wahr die Vorrangstellung des Senats auf Ehre und Achtung, auf Lob und Wertschätzung angewiesen ist, auf Dinge, die unserer Versammlung schon allzu lange abgehen. Immerhin hatten wir damals[11] die Entschuldigung unserer Knechtschaft, eine elende zwar, doch bestimmt eine glaubwürdige – jetzt haben wir keine mehr. Wir glaubten zunächst, von einer tyrannischen Herrschaft befreit zu sein; alsbald wurden wir viel schlimmer durch die Waffen eines inneren Feindes bedrängt. Die haben wir uns zwar vom

Halse geschafft; jetzt müssen wir sie endgültig beseitigen. Wenn wir dazu nicht imstande sind (ich rede, wie es sich für einen Senator und Römer gehört): dann bleibt uns nur der Tod.

Denn welche Schande wäre das für unseren Staat, welche 15
Schmach, welche Entwürdigung: ein M. Antonius trägt in diesem Hause als Konsul seine Meinung vor! Um von den zahllosen Verbrechen seiner städtischen Konsulatszeit nicht zu reden (er vergeudete gewaltige öffentliche Mittel, rief ohne gesetzliche Vollmacht Verbannte zurück, verkaufte Steuern, schmälerte das Reich des römischen Volkes um ganze Provinzen, verlieh gegen Bezahlung Königreiche, nötigte der Bürgerschaft gewaltsam Gesetze auf, setzte Waffen ein, den Senat zu belagern oder auszusperren[12]) – um von alledem, sage ich, nicht zu reden, bedenkt ihr nicht einmal dies: den Mann, der Mutina, eine überaus zuverlässige Siedlung des römischen Volkes, umschlossen hält, der einen Feldherrn des römischen Volkes, einen künftigen Konsul[13], belagert und das Umland verwüstet – den in diese Versammlung aufzunehmen, von der er immer wieder aus eben diesen Gründen zum Staatsfeind erklärt worden ist, bedenkt ihr nicht, wie verächtlich und schandbar das ist?

Genug von der Schmach. Ich will jetzt, wie angekündigt, 16
von den Risiken sprechen: vor ihnen braucht man sich zwar nicht so sehr in acht zu nehmen wie vor der Schmach; andererseits schrecken sie die meisten Leute stärker ab. Ihr glaubt also einen gesicherten Frieden zu haben, während ihr Antonius oder vielmehr die Brüder Antonius hier unter den Bürgern erblickt? Oder ist Lucius euch etwa gleichgültig? Mir nicht einmal Gaius, obwohl, wie ich sehe, Lucius der erste Mann sein wird. Er ist ja der Schutzherr aller fünfunddreißig Bezirke (trotz eines Gesetzes, durch das er ihnen das Stimmrecht genommen und sich mit C. Caesar in die Ämter

geteilt hat), der Schutzherr der römischen Ritter (obwohl er auch ihnen das Stimmrecht entzogen wissen wollte), der Schutzherr der ehemaligen Militärtribunen, der Schutzherr der Mitte des Janus[14].

17 Wer wird seiner Macht gewachsen sein, zumal er den Genannten Land verschafft hat? Wer gar sämtlichen Bezirken, wer den römischen Rittern, wer den Militärtribunen? Glaubt ihr, die Gracchen hätten mehr Macht gehabt, als dieser Schwertkämpfer bald haben wird? Den ich nicht in der Weise einen Schwertkämpfer genannt habe, wie man auch M. Antonius manchmal einen Schwertkämpfer zu nennen pflegt, sondern in der Weise jemandes, der es mit der Sprache genau nimmt: er hat in Asien als leichter Fechter gekämpft; er rüstete einen seiner Begleiter und Freunde mit thrakischen Waffen aus, jagte den armen Kerl vor sich her und brachte ihn um – wobei er freilich auch selbst eine
18 gehörige Wunde abbekam, wie die Narbe zeigt. Wer seinen Freund umbringt, was wird der erst, wenn sich ihm die Gelegenheit bietet, mit seinem Feinde tun? Und wer's aus Laune vollbringt, was, glaubt ihr, wird der erst vollbringen, um sich zu bereichern? Wird der nicht wieder alle schlechten Elemente in Hundertschaften einteilen, nicht wieder die Befürworter von Landverteilungen aufwiegeln und die Verbannten zusammenrufen[15]?

Und erst M. Antonius: Ist er nicht der Mann, um den sich bei jeder Gärung heillose Bürger scharen? Wenn das niemand anders wäre als seine Gefolgsleute und diejenigen, die jetzt an dieser Stelle offen für ihn eintreten: sind sie nicht stark genug, zumal wenn sich die Schutztruppen der Rechtschaffenen[16] aufgelöst haben und die andere Seite bereit steht, jeden Wink zu befolgen? Ich jedenfalls habe Bedenken, daß wir sie, wenn wir jetzt eine falsche Entscheidung treffen, in kurzer Zeit für allzu stark halten müssen.

Ich bin kein Gegner des Friedens, aber ich fürchte mich 19
vor einem Krieg, der als Friede verpackt ist. Wir müssen also, wenn wir in Frieden leben wollen, Krieg führen; wenn wir dem Krieg ausweichen, dann können wir niemals in Frieden leben. Es ist eure Sache, versammelte Väter, möglichst weit in die Zukunft zu blicken. Dazu sind wir auf diesen Posten wie auf einen Ausguck gestellt, daß unsere Wachsamkeit und Vorsorge dem römischen Volk jede Furcht erspart. Es wäre eine Schande für den obersten Rat der Welt[17], wenn sich herausstellte, er habe – noch dazu in einer so durchsichtigen Angelegenheit – keinen Rat gewußt.

Denn so steht es jetzt mit unseren Konsuln, so mit der 20
Bereitschaft des römischen Volkes, so mit der Einigkeit Italiens, so mit den Führern und Truppen, daß unserem Staat kein Unglück widerfahren kann, es sei denn durch die Schuld des Senats. Ich werde es an mir nicht fehlen lassen: ich werde mahnen, warnen, drängen, stets alle Götter und Menschen zu Zeugen nehmen, daß ich sage, was ich denke, werde nicht nur mit treuem Sinn – was vielleicht hinreichend scheinen könnte, doch bei einem der maßgeblichen Bürger nicht hinreichend ist –, sondern auch mit meiner Sorge, Einsicht und Wachsamkeit zur Stelle sein.

Soviel über die Risiken. Ich will jetzt zeigen, daß man 21
einen Frieden nicht einmal notdürftig zusammenleimen könnte: dies war von den drei Punkten, die ich angekündigt habe, der letzte. Zunächst: was für ein Friede wäre denkbar zwischen M. Antonius und dem Senat? Mit welcher Miene könnte er euch, mit welchen Augen könntet wiederum ihr ihn anblicken? Wer von euch würde ihn, wen von euch würde er nicht hassen? Halt – nur er würde euch und ihr würdet nur ihn hassen? Die Leute, die Mutina umschlossen halten, die in Gallien Truppen ausheben, die es auf euer

Vermögen abgesehen haben: werden die je gut Freund mit euch sein oder ihr mit ihnen?

Oder wird Antonius die römischen Ritter ins Herz schließen? Gewiß doch: sie haben ja im unklaren gelassen, wie sie über ihn denken und urteilen! Sie haben sich in großer Zahl auf den Stufen vor dem Tempel der Eintracht versammelt[18], haben uns aufgefordert, für die Wiederherstellung der Freiheit zu kämpfen, haben Waffen, Kampfbereitschaft, Krieg verlangt, haben mich gemeinsam mit dem römsichen Volk vor eine Versammlung gerufen – und *sie* werden Antonius lieben, und mit *ihnen* wird Antonius Frieden halten?

22 Was soll ich vom römischen Volk im ganzen sagen? Auf gedrängt vollem Forum hat es mich schon zweimal einhellig und einstimmig vor eine Versammlung gerufen und größtes Verlangen nach der Wiederherstellung der Freiheit bekundet[19]. Wenn wir uns früher wünschten, das römische Volk möge sich uns anschließen: jetzt geht es uns voran. Welche Aussicht besteht also noch, daß zwischen den Kräften, die Mutina umschlossen halten, die einen Feldherrn des römischen Volkes und seine Truppen belagern, und dem römischen Volke Friede herrscht?

23 Oder kann es mit den Landstädten Frieden geben, die einen solchen Eifer an den Tag legen – im Abfassen von Beschlüssen, im Stellen von Soldaten, im Zusagen von Geldmitteln –, daß ihr von keiner dieser Städte zu wünschen braucht, es möge dort eine Kurie des römischen Volkes geben? Lob von seiten dieser Versammlung verdienen die Bewohner von Firmum, die mit der Zusage von Geldmitteln den Anfang gemacht haben; ein anerkennender Bescheid steht den Marrucinern zu, die jeden der bürgerlichen Ehrenrechte für verlustig erklärt haben, der sich dem Kriegsdienst entziehe[20]. Das geschieht jetzt in ganz Italien. Ein herrlicher

Friede für Antonius mit ihnen und für sie mit ihm! Wie kann die Zwietracht größer sein? Bei Zwietracht aber ist der Bürgerfriede ein Ding der Unmöglichkeit.

Um von all den vielen nicht zu reden: mit L. Visidius, 24
einem römischen Ritter[21], einer besonders glanzvollen und angesehenen Persönlichkeit und einem stets vorbildlichen Bürger, den ich während meines Konsulats als treuen Beschützer meines Lebens kennengelernt habe, der jetzt seine Nachbarn nicht nur zum Kriegsdienst aufgefordert, sondern auch mit seinem Geld unterstützt hat – mit diesem Manne, sage ich, dem wir durch einen Senatsbeschluß unsere Anerkennung aussprechen müßten, wird Antonius gut Freund sein können? Und mit C. Caesar, der ihm die Stadt,
und mit D. Brutus, der ihm Gallien verwehrt hat? Wird er 25
sich vollends mit der Provinz Gallien aussöhnen und befreunden, mit ihr, die ihn vertrieben und abgelehnt hat?

Ihr werdet alles, versammelte Väter, wenn ihr nicht acht gebt, erfüllt sehen von Haß, erfüllt von Zwietracht, dem Zündstoff für Bürgerkriege. Laßt also ab, etwas erreichen zu wollen, was sich nicht erreichen läßt, und hütet euch, bei den unsterblichen Göttern, versammelte Väter, über dem Trugbild eines sofortigen Friedens den Frieden auf Dauer zu verfehlen.

Was bezweckt diese ganze Rede? Denn was die Unter- 26
händler erreicht haben, ist uns noch nicht bekannt. Indes, aufgerichtet und aufgerührt, gerüstet und gewaffnet müssen wir schon jetzt sein, damit wir uns nicht durch Schmeichelworte – durch flehentliches Bitten oder ein Blendwerk des Entgegenkommens – täuschen lassen. Alles muß er ausgeführt haben, was ihm befohlen und auferlegt ist, bevor er sich etwas ausbedingen darf: er muß die Belagerung des Brutus und seiner Truppen sowie die Verheerung von Stadt und Land in der Provinz Gallien eingestellt, den Unterhänd-

lern den Zugang zu Brutus gestattet und sein Heer auf das diesseitige Ufer des Rubikon[22] zurückgebracht haben, ohne es näher als zweihundert Meilen an die Stadt heranzuführen; er muß sich der Gewalt des Senats und des römischen Volkes unterstellt haben. Wenn er das getan hat, dann steht es uns frei, über das Weitere nachzudenken; wenn er sich hingegen dem Senat nicht fügt, dann hat nicht der Senat ihm, sondern er dem römischen Volke den Krieg erklärt.

27 Ich warne euch, versammelte Väter: die Freiheit des römischen Volkes steht auf dem Spiel, die euch anvertraut ist, das Leben und Gut aller Rechtschaffenen[23], worauf in schrankenloser Gier, gepaart mit unmenschlicher Grausamkeit, Antonius seit langem lauert, sowie euer Ansehen, um das es geschehen ist, wenn ihr euch jetzt nicht durchsetzt. Hütet euch, das abscheuliche und verderbenbringende Untier, nachdem es eingeschlossen und angekettet ist, entkommen zu lassen!

Dir aber, Pansa, möchte ich empfehlen (zwar brauchst du keinen Rat, du bist ja nie darum verlegen; andererseits erhalten auch die besten Steuerleute bei heftigem Sturm oft Ratschläge von den Passagieren): dulde nicht, daß sich deine umfangreichen und gründlichen Vorbereitungen wieder in Nichts auflösen. Die Umstände sind dir günstig wie noch nie jemandem vor dir. Mit dieser Entschlossenheit des Senats, dieser Bereitschaft des Ritterstandes, dieser Begeisterung des römischen Volkes kannst du unseren Staat für immer von Furcht und Gefahr befreien.

Hinsichtlich der Punkte, über die du berichtet hast, schließe ich mich der Meinung des P. Servilius[24] an.

ACHTE PHILIPPISCHE REDE

Einleitung

Einer der drei Gesandten, die am 5. Januar zu Antonius aufgebrochen waren, Ser. Sulpicius Rufus, erlag unterwegs einer Krankheit; die beiden anderen kehrten am 1. Februar mit der Antwort des Antonius und in Begleitung von dessen Vertrauensmann L. Varius Cotyla nach Rom zurück. Antonius hatte – wie von Cicero vorausgesagt – die ultimativen Forderungen des Senats nicht angenommen, sondern seinerseits Vorschläge gemacht: er wolle unter bestimmten Bedingungen auf seine beiden gallischen Provinzen und unter anderen Bedingungen auf die eine, auf Oberitalien, verzichten, lauteten nach Ciceros achter Philippischer Rede seine Angebote (25–28). Der Senat ging hierüber am 2. Februar in Anwesenheit Cotylas zu Rate. Q. Fufius Calenus empfahl, die Verhandlungen mit einer zweiten Gesandtschaft fortzusetzen; Cicero wiederum forderte, der Senat möge Antonius den Krieg erklären und jeden Umgang mit ihm untersagen – auch Cotyla dürfe nicht zu ihm zurückkehren. Keiner dieser Anträge drang durch. Man befolgte vielmehr einen Vorschlag des L. Iulius Caesar, eines Onkels von Antonius: man erklärte, daß Aufruhr *(tumultus)* herrsche, und beschloß, von nun an Kriegstracht anzulegen.

Am 3. Februar verlas Pansa einen Bericht über die Kampfhandlungen in Oberitalien, worin Hirtius die Einnahme von Claterna (an der Via Aemilia, etwa 20 km südöstlich von Bononia/Bologna) meldete, und gab außerdem ein Gesuch der Gemeinde Massilia bekannt. Nachdem Calenus hierzu Stellung genommen hatte, meldete sich Cicero mit seiner achten Philippischen Rede zu Wort: er war von dem Gang der Dinge enttäuscht, und es drängte ihn, mit all den Kräften innerhalb des Senats abzurechnen, die sich seiner Politik so hartnäckig widersetzten.

Ein erster, einleitender Teil (1–10) rügt das Ergebnis des Vortages und zumal das Verhalten Pansas: die Scheu vor dem Worte «Krieg» habe den Ausschlag gegeben, daß Ciceros Antrag abgelehnt und der L. Caesars gutgeheißen wurde. Dabei sei ein Aufruhr in Wahrheit etwas Schlimmeres als ein Krieg, und vor allem: der Sache nach herrsche längst Krieg, nicht irgendeiner, sondern ein besonderer, in dem – anders als in den früheren Bürgerkriegen – ganz Rom geeint und geschlossen zum Kampf gegen einen Tod und Vernichtung schnaubenden Verbrecher angetreten sei.

Im zweiten Teil (11–19) geht Cicero mit Calenus, seinem profiliertesten Gegner, ins Gericht. Als ob er sich nicht ebensogut darauf verstünde, die Segnungen des Friedens zu preisen – der Streit gehe ja nicht einfach um Krieg oder Frieden, sondern darum, daß Calenus einen Frieden in Knechtschaft gutheiße. Außerdem dürfe man, wie an den Gracchen und anderen ersichtlich sei, die an sich gebotene Bereitschaft, das Leben aller Mitbürger zu schonen, nicht auch auf Hochverräter ausdehnen. Schließlich sei unzutreffend, daß Cicero sich im Zorn gegen Calenus wende – er sage, was er sage, ohne Zorn, nicht jedoch ohne Schmerz.

Sodann der dritte und letzte Teil (20–32). Cicero nimmt sich nunmehr die in seinen Augen kaum minder tadelnswerte Einstellung der übrigen ehemaligen Konsuln vor. Da habe man sich nicht gescheut, eine zweite Gesandtschaft vorzuschlagen, obwohl doch das Ergebnis der ersten helle Empörung hätte hervorrufen müssen. Schon das Verhalten der beiden überlebenden Gesandten sei falsch gewesen: sie hätten sich um keinen Preis Bedingungen auftragen lassen dürfen – schon gar nicht so «maßvolle» wie die des Antonius. Cicero gibt vor, er könne nicht glauben, daß die Opposition gegen seine Politik, die sich allenthalben bemerkbar mache, seiner Person, seiner Standfestigkeit und Ausdauer, gelte, und appelliert an die ehemaligen Konsuln, künftig ihrer hohen Stellung besser gerecht zu werden.

Cicero endet mit dem Vorschlag eines Senatsbeschlusses, für den es einer so ausführlichen Kritik an Calenus und seinesgleichen kaum bedurft hätte: wer Antonius bis zum 15. März verlasse, solle straflos bleiben, und wer sich hinfort zu ihm begebe, gelte als Staatsfeind. Die Diskrepanz zwischen der Rede und dem abschließenden Antrag beweist, daß Cicero die Rede – die Abrechnung mit einer Anzahl maßgeblicher Senatoren – um ihrer selbst willen aufgesetzt hat; sie ist insoweit ebenso wie ihre Vorgängerin, die siebte Philippica, ein Ceterum censeo, das die Kriegspolitik im ganzen rechtfertigen und propagieren sollte.

Der Antrag Ciceros wurde zum Beschluß erhoben.

Schematische Übersicht

1. Teil (1–10):

Kritik am Aufruhr-Beschluß des Vortages.
a) Die Begriffe Aufruhr und Krieg (1–4).
b) Viele Tatsachen bekunden, daß Krieg herrscht (4–7).
c) Die Besonderheit dieses Krieges (7–10).

2. Teil (11–19):

Kritik an Calenus.
a) Der Friede, den Calenus will, führt in die Knechtschaft (11–13).
b) Hochverräter dürfen nicht geschont werden (13–16).
c) Ciceros Einstellung gegenüber Calenus: nicht Zorn, sondern Schmerz (16–19).

3. Teil (20–32):

Kritik an den übrigen ehemaligen Konsuln.
a) Der Vorschlag einer zweiten Gesandtschaft (20–22).
b) Die Bedingungen, die sich die Gesandten haben auftragen lassen (22–28).
c) Die Bürde der Stellung eines ehemaligen Konsuls; Ressentiments gegen Cicero (29–32).

Schluß (33):

Vorschlag eines *senatus consultum*.

ACHTE PHILIPPISCHE REDE

Überstürzter ist am gestrigen Tage verhandelt worden, 1
C. Pansa, als sich mit den Grundsätzen deines Konsulats vertrug. Zu wenig schienst du mir die zu unterstützen, hinter deren Standpunkt du sonst nicht zurückbleibst. Denn während der Senat die gewöhnliche Entschlossenheit zeigte und alle einsahen, daß der Sache nach Krieg sei, und nur wenige das Wort vermeiden zu sollen glaubten, neigtest du bei der Abstimmung allzu sehr zu einer nachgiebigen Haltung. Unterlegen geblieben ist somit wegen eines harten Wortes auf dein Betreiben hin mein Vorschlag, überlegen war der des L. Caesar, eines hochangesehenen Mannes, der, indem er jede Schärfe des Wortes mied, in der Ausdrucksweise milder war als in der Sache. Immerhin hat er sich, bevor er seine Meinung aussprach, mit seiner verwandtschaftlichen Beziehung entschuldigt – er hat schon während meines Konsulats im Falle des Mannes der Schwester dasselbe getan wie jetzt im Falle von deren Sohn[1]; er ließ sich einerseits den Schmerz der Schwester angelegen sein und achtete andererseits auf das Wohl des römischen Volkes.
Und sogar Caesar hat euch gewissermaßen empfohlen, 2
versammelte Väter, ihm nicht zuzustimmen, indem er sagte, er hätte eine andere Meinung geäußert, eine, die seiner und des Staates würdig gewesen wäre, wenn ihm nicht die verwandtschaftlichen Bande Zurückhaltung auferlegten. Er ist ja Onkel; seid auch ihr Onkel, die ihr ihm zugestimmt habt?

Doch worum ging der Streit? Die Bezeichnung Krieg wollten einige in dem Beschluß nicht gebraucht wissen; sie zogen es vor, von Aufruhr zu reden[2], ohne Kenntnis der Sache und sogar der Begriffe; es kann nämlich Krieg geben, ohne daß ein Aufruhr stattfände, doch einen Aufruhr ohne Krieg kann es gar nicht geben.

3 Denn was sonst ist ein Aufruhr als eine Unruhe von solchem Ausmaß, daß man Schlimmeres *befürchten* muß? Das deutet ja auch die Herkunft des Wortes an[3]. Deshalb sprachen unsere Vorfahren von Aufruhr in Italien, weil das eigene Land, und von Aufruhr in Gallien[4], weil das Nachbarland Italiens betroffen war; im übrigen mieden sie das Wort. Daß ein Aufruhr etwas Schlimmeres ist als ein Krieg, läßt sich auch daraus ersehen, daß im Kriege Dienstbefreiungen[5] gelten, während eines Aufruhrs hingegen nicht. So erklärt sich, daß es, wie gesagt, einen Krieg ohne Aufruhr,
4 nicht aber einen Aufruhr ohne Krieg geben kann. In der Tat: da es zwischen Krieg und Frieden nichts Mittleres gibt, ist der Aufruhr, wenn er nicht eine Form des Krieges ist, notwendigerweise eine Form des Friedens: was wäre unsinniger zu sagen oder anzunehmen als dies?

Doch genug von der Bezeichnung; wir wollen lieber die Sache betrachten, versammelte Väter, die, wie ich nicht verkenne, durch die Bezeichnung manchmal verschlimmert wird. Wir suchen jetzt den Anschein eines Krieges zu vermeiden. Doch welche Rückendeckung geben wir dann den Land- und Siedlerstädten, daß sie vor Antonius die Tore schließen, daß sie sich ohne Zwang und Bußen, mit Eifer und aus freiem Willen zum Kriegsdienst melden, daß sie dem Staate Geldmittel zusichern? Wenn man die Bezeichnung Krieg unterdrückt, dann unterdrückt man auch den Eifer der Landstädte; der übereinstimmende Wille des römischen Volkes, der sich längst auf unsere Sache eingelassen hat, wird sich, wenn wir erlahmen, notwendigerweise wieder verflüchtigen[6].

5 Doch wozu viele Worte? D. Brutus wird belagert: kein Krieg. Mutina wird eingeschlossen: immer noch kein Krieg. Gallien wird verwüstet: kann es einen ungetrübteren Frieden geben? Wer brächte es gar fertig, dort mit einem Krieg

zu rechnen, wohin wir den Konsul, einen überaus tatkräftigen Mann, mit einem Heer haben abziehen lassen? Der glaubte, obwohl er noch von einer schweren und langwierigen Krankheit entkräftet war, keinerlei Entschuldigung vorbringen zu dürfen, als man ihn aufforderte, den Staat zu schützen[7]. Und C. Caesar hat eure Beschlüsse gar nicht erst abgewartet, was bei seinem Alter sehr bemerkenswert ist: aus eigener Initiative hat er sich den Krieg gegen Antonius aufgebürdet[8]. Zum Beschlüssefassen war noch nicht Zeit; doch wenn er die Zeit zum Kriegführen verstreichen lasse, dann, sah er, werde es, da der Staat vernichtet sei, nichts mehr zu beschließen geben.

Also: die Genannten und ihre Truppen befinden sich jetzt 6
im Frieden. Das ist kein Feind, dessen Besatzung Hirtius aus Claterna geworfen hat, das ist auch kein Feind, der mit Waffengewalt dem Konsul Widerstand leistet und einen künftigen Konsul belagert[9]. Auch sind das keine Nachrichten über Feindseligkeiten und Kriegshandlungen, die Pansa soeben aus einem Schreiben seines Kollegen verlesen hat: «Ich habe die Besatzung geworfen, Claterna eingenommen; die Reiter wurden in die Flucht geschlagen, ein Gefecht fand statt, es gab einige Tote.» Wie könnte es tieferen Frieden geben? Aushebungen in ganz Italien sind beschlossen, ohne Rücksicht auf Dienstbefreiung; ab morgen herrscht allgemeine Kampfbereitschaft[10]; der Konsul hat angekündigt, in
Begleitung einer Wache auf dem Forum zu erscheinen. Ist 7
das wirklich kein Krieg, oder bereits ein so schlimmer, wie es ihn noch nie gegeben hat?

Denn bei allen anderen Kriegen, zumal den inneren, hat eine politische Frage den Streit verursacht. Sulla rang mit Sulpicius um die Gültigkeit von Gesetzen, die Sulla für gewaltsam eingebracht erklärte, Cinna mit Octavius um das Stimmrecht der Neubürger, und abermals, mit Marius und

Carbo, Sulla, der die Tyrannei Unwürdiger beseitigen und den grausamen Mord an den angesehensten Männern bestrafen wollte[11]. Bei allen diesen Kriegen haben sich die Ursachen aus politischen Streitigkeiten ergeben. Über den letzten Bürgerkrieg[12] will ich nichts sagen; die Ursache kenne ich nicht, das Ende verabscheue ich.

8 Dies ist der fünfte Bürgerkrieg, den wir führen[13] (und alle finden sie in unserer Zeit statt), doch der erste, der sich nicht in bürgerlicher Uneinigkeit und Zwietracht, sondern in größter Einigkeit und beispielloser Übereinstimmung abspielt. Alle wollen dasselbe, verfechten dasselbe, haben dieselbe Überzeugung. Wenn ich «alle» sage, dann nehme ich die aus, die niemand des Bürgerrechts für wert hält. Was ist nun der Kampfpreis, um den es in diesem Kriege geht? Wir verteidigen die Tempel der unsterblichen Götter, wir die Mauern, wir die Häuser und Wohnstätten des römischen Volkes, die Altäre, die Herdfeuer, die Gräber der Vorfahren, wir die Gesetze, die Gerichte, die Freiheit, die Frauen, die Kinder, das Vaterland; M. Antonius hingegen hat im Sinne und kämpft darum, dies alles über den Haufen zu werfen, zu zerstören, die Ausplünderung des Staates für einen Kriegsgrund zu halten, unser Hab und Gut teils selbst zu vergeuden, teils an Meuchelmörder zu verschenken.

9 Bei der ungewöhnlichen Beschaffenheit des jetzigen Krieges ist das Schlimmste dies, daß er seinen Banditen zuerst unsere Häuser verspricht (er versichert nämlich, die Stadt aufteilen zu wollen) und außerdem beteuert, daß er sie von allen Stadttoren aus, wohin sie wollten, in neue Siedlungen führen werde. Alle die Leute vom Schlage eines Cafo, eines Saxa und die übrigen Scheusale, die sich Antonius angeschlossen haben, suchen sich schon die schönsten Häuser und Gärten sowie Landsitze bei Tusculum und Alba aus. Und diese rohen Menschen – wenn sie überhaupt Menschen

sind und nicht vielmehr tierische Wesen – lassen sich in ihren eitlen Hoffnungen bis zu den Heilbädern und nach Puteoli tragen. Antonius hat also genug, was er seinen Leuten versprechen kann[14].

Und wir? Haben wir auch so etwas? Gott bewahre: eben darum kämpfen wir, daß künftig niemand mehr derartige Versprechungen machen kann. Ich sag's ungern, aber ich muß es sagen: die Versteigerungen Caesars[15], versammelte Väter, erfüllen viele schlechte Bürger mit tollkühnen Hoffnungen; sie haben ja gesehen, wie aus Bettlern plötzlich reiche Leute wurden. So wollen sie denn immerzu bei Versteigerungen dabei sein – sie, die es auf unser Hab und Gut abgesehen haben; denen verspricht Antonius alles.

Wie – und was können wir unseren Truppen versprechen? 10
Viel Besseres und Größeres. Denn frevelhafte Versprechungen bringen sowohl denen Verderben, die darauf bauen, als auch denen, die damit locken; wir aber versprechen unseren Soldaten Freiheit, Gesetze, Recht und Gerichtsbarkeit, die Weltherrschaft, Ansehen, Frieden und Ruhe. Die Versprechungen des Antonius sind somit blutrünstig, abscheulich, verbrecherisch, Göttern und Menschen verhaßt, weder dauerhaft noch heilsam, unsere hingegen ehrenhaft, makellos, ruhmbringend, ganz Freude und ganz Pflichtgefühl.

Da kommt mir Q. Fufius[16], ein beherzter und tüchtiger 11
Mann, mein Freund, mit den Vorteilen des Friedens! Als ob ich mich, wenn es darum ginge, den Frieden zu loben, nicht ebensogut darauf verstünde! Bin ich nur einmal für den Frieden eingetreten, habe ich mich nicht stets um Ruhe bemüht? Die ist gewiß für alle Rechtschaffenen von Nutzen, doch vor allem für mich; denn in welche Richtung hätte ich meinen Eifer lenken können: ohne Prozesse, ohne Gesetze, ohne Gerichtsbarkeit? All das kann ja nicht fortbestehen, wenn der bürgerliche Frieden aufgehoben ist.

12 Ich bitte dich, Calenus: was tust du da? Die Knechtschaft nennst du Frieden. Unsere Vorfahren griffen nicht nur, um frei zu sein, sondern auch, um herrschen zu können, zu den Waffen; du aber willst, daß wir die Waffen fortwerfen, um Knechte zu sein. Welcher Grund, Krieg zu führen, ist gerechter als die Abwehr von Knechtschaft? Bei ihr ist's, auch wenn der Herr nicht hart ist, das Schlimmste, daß er's sein könnte, wenn er wollte. Vielmehr: andere Gründe sind gerecht, dieser ist zwingend – es sei denn, du glaubst, das gelte nicht für dich, weil du hoffst, du werdest an der Tyrannei des Antonius teilhaben. Dann irrst du zweifach: einmal, indem du deinen Vorteil über den der Allgemeinheit stellst, zum anderen, indem du glaubst, in einer Despotie sei irgend etwas beständig oder angenehm. Und wenn du unlängst deinen Vorteil dabei gefunden hast [17]: es wird nicht immer so
13 sein. Du pflegtest schon über den Vorgänger, einen Menschen, Klage zu führen: was glaubst du erst im Falle eines Ungeheuers tun zu sollen?

Auch sagst du, gerade du habest stets den Frieden gewünscht, habest stets das Leben aller Bürger geschont wissen wollen. Ein ehrenhafter Standpunkt, doch nur dann, wenn du die rechtschaffenen, förderlichen und staatstreuen Bürger meinst; wenn du aber das Leben derer geschont wissen willst, die zwar ihrer Herkunft nach Bürger, doch ihrer Einstellung nach Feinde sind: was unterscheidet dich dann von ihnen?

Dein Vater jedenfalls, der, hochbetagt, für mich in meinen jungen Jahren ein Vorbild war, ein ernster und umsichtiger Mann, pflegte unter allen Bürgern das größte Verdienst dem P. Nasica, der Ti. Gracchus getötet hat, zuzusprechen; seine Tatkraft, Klugheit und Seelengröße, glaubte er, habe unse-
14 rem Staatswesen die Freiheit verschafft [18]. Wie – haben wir von unseren Vätern etwas anderes vernommen? Demnach

hätte dieser Bürger, wärst du sein Zeitgenosse gewesen, deine Billigung nicht gefunden, da er ja nicht *aller* Leben geschont wissen wollte.

«Was den Bericht über die politische Lage betrifft, den der Konsul L. Opimius erstattet hat: in dieser Sache wurde beschlossen, daß der Konsul L. Opimius für den Schutz des Staates verantwortlich sei.» So mit Worten der Senat, so mit Waffentaten Opimius. Würdest du ihn, einen Bürger, wenn du damals gelebt hättest, für blindwütig und grausam halten, oder auch Q. Metellus, den Vater von vier Konsuln, P. Lentulus, den maßgeblichen Mann im Senat, oder viele andere hervorragende Männer, die gemeinsam mit Konsul Opimius, die Waffen in der Hand, Gracchus bis zum Aventin verfolgten? Aus dem Kampf trug Lentulus eine schwere Wunde davon; getötet wurden Gracchus und der ehemalige Konsul M. Fulvius mit seinen beiden jungen Söhnen. Diese Männer verdienen also Tadel; sie wollten ja nicht aller Bürger Leben geschont wissen[19].

Nun zu jüngeren Ereignissen: der Senat überantwortete 15
den Konsuln C. Marius und L. Valerius den Schutz des Staates; der Volkstribun L. Saturninus und der Prätor C. Glaucia wurden getötet. Alle haben sie damals zu den Waffen gegriffen, die Scaurus, Metellus, Claudius, Catulus, Scaevola, Crassus – glaubst du, die Konsuln oder die anderen hochangesehenen Männer verdienten Tadel[20]? Ich wollte Catilinas Untergang; hättest du, der du alle geschont wissen willst, auch Catilina geschont wissen wollen?

In diesem Punkt, Calenus, unterscheiden sich unsere Auffassungen: ich wünsche nicht, daß ein Bürger ein todeswürdiges Verbrechen begeht; du glaubst auch dem, der eines begangen hat, das Leben erhalten zu sollen. Wenn an uns etwas in einem Zustand ist, daß es dem übrigen Körper

schadet, dann lassen wir uns brennen und schneiden, damit nur irgendein Teil und nicht der ganze Körper zugrunde geht: so muß man vom Körper des Staates, um das Ganze zu
16 retten, was verderblich ist, wegschneiden. Ein hartes Wort, doch weniger hart als dies: «Heil den Schlechten, den Bösen, den Gewissenlosen; nieder mit allen Lauteren, Anständigen, Rechtschaffenen, mit dem ganzen Staat!»

Bei *einem* Menschen hast du, wie ich gern zugebe, Q. Fufius, mehr Einsicht gezeigt als ich: ich hielt P. Clodius für einen gefährlichen Bürger, für verbrecherisch, ausschweifend, gewissenlos, unverfroren, lasterhaft, du hingegen für unsträflich, enthaltsam, lauter, maßvoll, für einen erhaltenswerten und erwünschten Bürger – bei diesem einen hast du sehr viel Einsicht gezeigt, ich hingegen habe mich gründlich geirrt, allerdings[21]!

Du hast andererseits behauptet, ich führe gern zornig gegen dich los: dem ist nicht so. Daß ich's heftig tue, räume ich ein – doch zornig? Keineswegs. Es ist ganz und gar nicht meine Art, Freunden blindlings zu zürnen, selbst wenn sie's
17 verdienen. Daher kann ich, ohne verletzende Ausdrücke zu gebrauchen, anderer Meinung sein als du; doch ohne tiefen Schmerz zu empfinden, kann ich's nicht.

Ist denn unsere Meinungsverschiedenheit gering oder gilt sie einer geringen Sache? Ich unterstütze diesen, du jenen? Durchaus nicht: ich unterstütze D. Brutus, du M. Antonius; ich suche eine Siedlung des römischen Volkes zu retten, du willst ihre Eroberung. Oder kannst du das leugnen, der du auf jede Art Verzögerungen hervorrufst, um Brutus zu schwächen und die Lage des Antonius zu verbessern? Wie lange gedenkst du noch zu sagen, du wollest Frieden? Man hat losgeschlagen, die Sturmdächer sind aufgefahren[22], es wird erbittert gekämpft. Sich ins Mittel zu legen, haben wir drei führende Männer unserer Bürgerschaft entsandt. Die hat Antonius abgelehnt, verschmäht, zurückgewiesen; du aber bleibst bei deiner Rolle als hartnäckigster Verteidiger des Antonius.

Zwar behauptet er, um als Senator besser dazustehn, er 18
habe keinen Grund, Antonius als Freund zu behandeln: der sei, als er tief in seiner Schuld stand, in einem Prozeß gegen ihn aufgetreten. Seht, wie weit seine Liebe zum Vaterland reicht: er ist zornig auf den Kerl, und trotzdem, um des Staatswohles willen, verteidigt er Antonius!

Ich kann dir, wenn du so gehässig über die Massalioten[23] sprichst, Q. Fufius, nicht gleichmütig zuhören. Wie lange willst du noch gegen Massilia kämpfen? Hat nichts dem Krieg ein Ende bereitet – auch der Triumph nicht, bei dem ein Bild *der* Stadt gezeigt wurde[24], ohne deren Hilfe unsere Vorfahren kein einziges Mal über Völker jenseits der Alpen triumphiert haben? Bei dieser Gelegenheit hat das römische Volk aufgeächzt: obwohl alle über ihre eigene Lage zu klagen hatten, fand sich kein Bürger, dem das Unglück
dieser treuen Stadt gleichgültig geblieben wäre. Sogar 19
Caesar, der sehr zornig auf die Leute gewesen war, ließ trotzdem wegen der beispiellosen Beständigkeit und Treue dieser Gemeinde täglich ein Stück von seinem Zorne nach – und dich kann keinerlei Unglück einer so treuen Gemeinde zufrieden stellen?

Vielleicht sagst du jetzt abermals, ich sei zornig. Ich aber sage dies alles ohne Zorn, jedoch nicht ohne Schmerz: niemand, meine ich, kann ein Feind dieses Staates sein, der ein Freund des unsrigen ist. Herauszufinden, was für Grundsätze du befolgst, Calenus, ist mir unmöglich. Früher konnten wir dich nicht davon abbringen, ein Volksfreund zu sein; jetzt können wir dich nicht dazu überreden, ein Volksfreund zu werden[25]. Genug der Worte zu Fufius, und zwar alles ohne Haß, nichts ohne Schmerz. Ich glaube aber, wer die

Klagen des Schwiegersohns[26] ruhig aufnimmt, wird auch die des Freundes mit Gleichmut aufnehmen.

20 Jetzt zu den übrigen ehemaligen Konsuln; unter ihnen ist niemand (das darf ich wahrhaftig sagen), der nicht irgendwie freundschaftlich mit mir verbunden wäre: der eine enger, der andere weniger eng, doch keiner überhaupt nicht. Welch schändlicher Tag ist gestern für uns – für die ehemaligen Konsuln, meine ich – heraufgezogen! Nochmals Unterhändler? Wie – er wäre bereit, einen Waffenstillstand zu schließen? Vor den Augen und Blicken der Unterhändler hat er Mutina beschossen, seine Schanzen und Befestigungen hat er den Unterhändlern gezeigt, und nicht einen Augenblick lang ruhte, während die Unterhändler da waren, die Belagerung. An diesen Mann Unterhändler? Wozu? Damit euch ihre Rückkehr noch mehr in Angst versetzt?

21 Ich meinerseits hatte, obwohl ich von Anfang an gegen die Entsendung von Unterhändlern gewesen war, beim ersten Male wenigstens folgenden Trost[27]: wenn die Unterhändler, von Antonius verschmäht und abgewiesen, zurückkämen und dem Senat berichteten, Antonius habe, unseren Beschluß mißachtend, Gallien nicht geräumt und sich nicht einmal von Mutina entfernt und ihnen sei nicht erlaubt worden, D. Brutus aufzusuchen, dann, glaubte ich, würden wir alle, von Haß entflammt, von Schmerz gepeinigt, mit Waffen, Pferden und Männern D. Brutus zu Hilfe kommen. Wir aber sind noch schlaffer geworden, seit wir erkannt haben, daß M. Antonius nicht nur verwegen und skrupellos, sondern auch anmaßend und hochmütig ist.

22 Wäre L. Caesar gesund, lebte Ser. Sulpicius noch: wieviel besser könnte diese Sache von drei Männern verfochten werden als jetzt von einem einzigen! Aus Kummer sag' ich das, und nicht, um jemanden bloßzustellen: verlassen, ja verlassen, versammelte Väter, haben uns unsere führenden

Männer. Doch – wie ich schon oft gesagt habe – alle, die in so bedrohlicher Lage aufrecht und mutig ihre Meinung äußern, gelten uns so viel wie ehemalige Konsuln.

Mut hätten uns die Unterhändler mitbringen sollen: sie brachten uns Furcht mit (mir allerdings nicht), so günstig sie auch von dem Manne denken, zu dem sie entsandt worden sind – und zudem haben sie sich Bedingungen auftragen lassen. Ihr unsterblichen Götter, wo ist der Brauch und die 23
Entschlossenheit unserer Vorfahren? C. Popilius, zur Zeit unserer Vorfahren als Unterhändler zu König Antiochos entsandt, hatte dem Manne die Worte des Senats ausgerichtet: er solle die Belagerung von Alexandrien aufheben[28]. Als ihn der König hinzuhalten versuchte, da zog er mit einem Stock einen Kreis um ihn, wie er vor ihm stand, und sagte, er werde dem Senat Bericht erstatten, wenn ihm der König nicht Auskunft gebe, was er zu tun beabsichtige, ehe er aus dem Kreise heraustrete. Ausgezeichnet! Denn er hatte die Handlungsweise des Senats mitgebracht und dessen hoheitsvolle Art.

Wer sich dem Senat nicht fügt, von dem darf man sich keine Bedingungen gefallen lassen, man hat ihn vielmehr strikt abzuweisen. Oder sollte ich mir von jemandem Bedin- 24
gungen gefallen lassen, der die Bedingungen des Senats mit Füßen tritt, und glauben, der Senat habe etwas gemein mit jemandem, der einen Feldherrn des römischen Volkes trotz Verbots des Senates zu belagern wagt? Und was für Bedingungen! Wie anmaßend, wie dumm, wie eingebildet! Warum hat er sie unseren Unterhändlern aufgetragen, wo er doch Cotyla zu uns entsandte, die Zier und Zuflucht seiner Freunde, einen ehemaligen Ädilen[29]? Wenn er wirklich Ädil war – damals, als ihn auf Befehl des Antonius Staatssklaven bei einem Gelage auspeitschten!

Doch wie maßvoll sind die Bedingungen! Wir wären von 25

Eisen, versammelte Väter, wenn wir ihm etwas abschlagen wollten! «Ich verzichte», erklärt er, «auf beide Provinzen[30]; ich entlasse mein Heer; ich weigere mich nicht, ohne Amt zu sein.» So lauten ja seine Worte; er scheint wieder zu sich zu finden. «Ich will alles vergessen, ich wünsche Versöhnung.» Doch was fügt er hinzu? «Wenn meine sechs Legionen, wenn meine Reiter, wenn meine Leibgarde Lohn und Land von euch erhalten.» Selbst für die fordert er Lohn, deren Begnadigung er nicht fordern dürfte, ohne daß man ihn für äußerst unverfroren hielte? Außerdem sagt er noch, daß das von ihm selbst und von Dolabella verteilte Land im Besitze
26 derer bleiben solle, die es erhalten hätten. Damit sind die kampanische und die leontinische Mark gemeint, beide nach Ansicht unserer Vorfahren Rettungsanker unserer Getreideversorgung. So sorgt er für seine Komödianten, Spielkumpane und Zuhälter und auch für Cafo und Saxa, zwei schlagkräftige und muskelstarke Hauptleute, die er in seine Truppe von Schauspielern und Schauspielerinnen aufgenommen hat[31].

Er fordert ferner, daß seine und seines Kollegen Anordnungen, die handschriftlichen Aufzeichnungen und Entwürfe, gültig bleiben. Warum macht er sich Gedanken, daß jeder behalten darf, was er sich eingehandelt hat: wo doch er, der Verkäufer, behält, was er bekommen hat? Und daß man nicht an die Abrechnung beim Tempel der Ops rühren dürfe – das heißt, daß man 700 Millionen Sesterze abschreiben muß. Daß den Siebenmännern kein Nachteil aus ihren Amtshandlungen erwachsen solle. Das hat, glaube ich, Nucula angeregt: er fürchtete wohl, seine zahlreiche Gefolgschaft zu verlieren[32]!

Auch will er für seine Leute gesorgt wissen, mögen sie noch so sehr gegen Gesetze verstoßen haben. Er denkt an Mustela und Tiro; für seine Person ist er ganz unbekümmert.

Denn was hat er sich je zuschulden kommen lassen? Hat er 27 etwa öffentliche Mittel angerührt oder jemanden getötet oder Bewaffnete um sich gehabt? Doch warum macht er sich wegen seiner Leute Gedanken? Er fordert nämlich, daß sein Richtergesetz gültig bleibe: wenn ihm das zugestanden wird, was braucht er dann noch zu fürchten? Daß einer seiner Leute von einem Kydas, Lysiades oder Curius für schuldig befunden wird[33]?

Immerhin bedrängt er uns nicht mit weiteren Bedingungen; ja er gibt etwas nach und kommt uns entgegen: «Auf das diesseitige Gallien verzichte ich, das jenseitige will ich haben» (ach ja, er will lieber in Frieden leben) «mitsamt sechs Legionen», sagt er, «und zwar ergänzt aus dem Heere des D. Brutus» (also nicht nur durch eigene Aushebungen) – und zudem will er sein Heer ebenso lange behalten dürfen, wie M. Brutus und C. Cassius als Konsuln oder Prokonsuln ihre Provinzen behalten. So hat er denn mit dieser Wahl seinen Bruder Gaius (der das Jahr seiner Bewerbung erreicht hat) schon jetzt durchfallen lassen. «Ich selber möchte meine 28
Provinz», sagt er, «fünf Jahre lang behalten.» Doch das untersagt ein Gesetz Caesars, und du trittst für die Anordnungen Caesars ein[34]!

Diese Bedingungen hast du, L. Piso, und du, L. Philippus – habt ihr als maßgebliche Männer unserer Bürgerschaft ich sage nicht ruhig hinnehmen, sondern überhaupt nur anhören können? Gewiß, vermute ich, war Einschüchterung im Spiel: ihr seid von ihm weder als Unterhändler noch als ehemalige Konsuln behandelt worden, und ihr konntet weder eure eigene Würde noch die des Staates wahren. Und dennoch wart ihr (ich weiß nicht, wieso – wohl mit Hilfe einer Art von Weisheit, zu der ich nicht imstande wäre) bei eurer Rückkehr nicht allzu aufgebracht. M. Antonius hat euch, hochangesehenen Männern, Unterhändlern des römischen Volkes, keinerlei Rücksicht erwiesen – wir hingegen, was haben wir Cotyla, dem Unterhändler des M. Antonius, nicht zugestanden? Einem Manne, dem sich die Tore dieser Stadt nicht hätten öffnen dürfen, öffnete sich dieser Tempel[35]: er durfte vor dem Senat erscheinen, er notierte sich am gestrigen Tage eure Anträge und alle eure Worte, ihm suchten sich selbst einstige Inhaber höchster Ämter, ihrer Würde nicht achtend, feilzubieten.

29 Ihr unsterblichen Götter, wie schwer ist es doch, der Rolle eines maßgeblichen Politikers gerecht zu werden! Dann muß man nicht nur auf die Empfindungen, sondern auch auf die Augen der Mitbürger Rücksicht nehmen. Den Unterhändler der Feinde in seinem Hause empfangen, ins Schlafzimmer vorlassen und dann noch in eine Ecke ziehen, das kann nur ein Mensch, der überhaupt nicht an seine Würde und allzu sehr an seine Sicherheit denkt. Indes, wie steht es mit unserer Sicherheit? Wenn es zum Äußersten kommt, dann ist die Freiheit der Lohn des Siegers, der Tod das Schicksal des Besiegten: das eine ist wünschbar, dem anderen kann niemand entgehen. Eine schimpfliche Flucht vor dem Tode jedoch wäre schlimmer als jede Art von Tod.

30 Denn dazu bin ich nicht bereit: zu glauben, manche Leute blickten scheel auf die Standfestigkeit, die jemand[36] zeige, auf seine Ausdauer, und sie seien verstimmt, weil seine unermüdliche Bereitschaft, für den Staat einzutreten, die Billigung des Senats und des römischen Volkes finde. Das müßten wir alle tun, und darin sahen nicht nur zur Zeit unserer Vorfahren, sondern auch kürzlich noch die ehemaligen Konsuln ihre größte Ehre: wachsam und mit ganzem Herzen bei der Sache zu sein, stets mit Gedanken, Worten oder Taten dem Staate zu dienen.

31 Ich erinnere mich, versammelte Väter, daß Q. Scaevola, der Augur, im marsischen Kriege trotz seines hohen Alters

und seines hoffnungslosen Gesundheitszustandes Tag für Tag, sobald es hell wurde, jedermann Gelegenheit gab, ihn aufzusuchen[37]; nie hat ihn während des Krieges jemand im Bett gesehen, und er, der alte und hinfällige Mann, erschien als erster in der Kurie. Angesichts seines Eifers wünschte ich mir an erster Stelle, daß sich ihn *die* zum Vorbild nehmen, die dazu verpflichtet sind, und an zweiter, daß diese Leute die Bemühungen eines anderen nicht scheel ansehen.

Denn da uns jetzt, versammelte Väter, nach sechs Jah- 32
ren[38], die Hoffnung auf Freiheit winkt und da wir die Knechtschaft länger erduldet haben, als brave und fleißige Kriegsgefangene sie gewöhnlich erdulden müssen: welche Mühen, welche Sorgen, welche Anstrengungen dürfen wir von uns weisen, um dem römischen Volke die Freiheit zu verschaffen? Männer meines Ranges, versammelte Väter, pflegen das Friedenskleid anzubehalten, wenn sich die Bürgerschaft in Kampfbereitschaft[39] befindet: trotzdem habe ich beschlossen, mich von euch und den anderen Bürgern in so schrecklicher Zeit und so schlimmer Verwirrung unseres Staatswesens nicht durch meine Kleidung zu unterscheiden. Denn wir verhalten uns in diesem Kriege nicht so, wir ehemaligen Konsuln, daß das römische Volk die Zeichen unseres Ranges ohne Unwillen erblicken könnte: einige von uns sind so ängstlich, daß sie jede Erinnerung an die Gunstbeweise des römischen Volkes beiseite geschoben haben; andere haben sich von unserem Staate in dem Maße abgewandt, daß sie ihre Sympathien für den Staatsfeind offen zu erkennen geben, die geringschätzige und höhnische Behandlung, die Antonius unseren Unterhändlern hat zuteil werden lassen, auf die leichte Schulter nehmen und Vergünstigungen für den von Antonius entsandten Unterhändler wünschen. Dem – so sagten sie ja[40] – solle man die Rückkehr zu Antonius nicht verbieten, und sie

berichtigten, als es um eine Ausnahme zu seinen Gunsten ging, meinen Vorschlag. Ich will ihnen den Gefallen tun: mag Varius zu seinem Oberbefehlshaber zurückkehren, doch unter der Bedingung, daß er nicht wieder nach Rom kommt. Den anderen aber sollte man, glaube ich, wenn sie ihrem Irrtum abgeschworen und sich mit dem Staate wieder ausgesöhnt haben, Verzeihung und Straffreiheit gewähren.

33 Ich schlage daher folgenden Beschluß vor: Wer von denen, die unter M. Antonius dienen, die Waffen niederlege und sich bis spätestens zum 15. März[41] bei C. Pansa oder A. Hirtius, den Konsuln, oder beim Feldherrn und künftigen Konsul D. Brutus oder beim Proprätor C. Caesar melde, dem solle aus der Tatsache, daß er unter M. Antonius gedient habe, kein Nachteil erwachsen. Wenn sich jemand aus der Zahl derer, die unter M. Antonius dienen, in einer Weise hervorgetan habe, daß er einer Auszeichnung oder Belohnung würdig zu sein scheine, dann sollten die Konsuln C. Pansa und A. Hirtius, einer von ihnen oder beide, wenn sie es für richtig hielten, bei nächster Gelegenheit dem Senat wegen der Auszeichnung oder Belohnung des Betreffenden berichten. Wenn sich jemand nach Bekanntgabe dieses Senatsbeschlusses zu M. Antonius begebe (abgesehen von L. Varius), dann werde der Senat der Auffassung sein, daß der Betreffende eine staatsfeindliche Handlung begangen habe.

NEUNTE PHILIPPISCHE REDE

Einleitung

Nachdem der Senat aus dem mageren sachlichen Ergebnis der Gesandtschaft zu Antonius ebenso magere Konsequenzen gezogen hatte, ging er – wohl am 4. Februar – über die Ehrungen des während der Reise verstorbenen Gesandtschaftsmitgliedes Ser. Sulpicius zu Rate. Der die Sitzung leitende Konsul Pansa hielt eine Lobrede auf den Toten und schlug vor, ihm ein Standbild zu errichten. Dagegen erhob der angesehene Senator P. Servilius Vatia Isauricus (Konsul 48 und 41 v. Chr.) Bedenken: die Ehre eines Standbildes komme traditionsgemäß nur denen zu, die während einer Gesandtschaftsreise eines gewaltsamen Todes gestorben seien. Diese Auffassung wiederum rief den Widerspruch Ciceros hervor – so entstand die neunte Philippische Rede.

Cicero sprach ernst und feierlich und enthielt sich – anders als am Vortage, in der achten Philippica – jeder Kritik an seinen Standesgenossen. Er sucht zunächst an Hand von Musterfällen zu beweisen, daß Sulpicius sehr wohl die Ehre einer Statue verdient habe: man dürfe eben bei den Entscheidungen der Vorfahren nicht am Buchstaben haften, sondern müsse stets nach den dahinterstehenden Absichten fragen (1–5). Sodann legt er dar, daß der Tod des Sulpicius die unmittelbare Folge der Gesandtschaftsreise gewesen sei; hierbei ist er darauf bedacht, seinen Zuhörern den pflichtbewußten, das Opfer des Lebens nicht scheuenden Patrioten eindringlich vor Augen zu stellen (5–10). Hieran schließt sich wie von selbst ein Gesamtbild vom Charakter und Wirken des bedeutenden Juristen sowie der Hinweis auf das Leid des Sohnes an; gerade diese Partie scheint der herkömmlichen römischen Totenrede, der *laudatio funebris,* verpflichtet zu sein (10–12). Cicero schlägt nunmehr ein ehernes Standbild ohne Pferd als eine der schlichten Wesensart des Verstorbenen angemessene Ehrung vor und verliest den Text seines Antrags, der außer dem Standbild noch ein Staatsbegräbnis sowie eine erbliche Grabstätte auf öffentlichem Grund befürwortet (13–17).

Die von Ethos und aufrichtiger Anteilnahme zeugenden Darlegungen Ciceros verfehlten ihre Wirkung nicht: der Senat erhob den Antrag zum Beschluß. Das Standbild wurde auch wirklich ausgeführt und aufgestellt; wie Pomponius, ein Jurist des 2. Jahrhunderts n. Chr., bezeugt, befand es sich zu seiner Zeit vor einer von Augustus errichteten Tribüne (Digesten 1, 2, 2, 43).

NEUNTE PHILIPPISCHE REDE

Ich wollte, die unsterblichen Götter hätten erlaubt, versam- 1
melte Väter, daß wir Ser. Sulpicius zu seinen Lebzeiten Dank sagen und nicht nach seinem Tode fragen, welche Ehren er verdient hat. Auch zweifle ich nicht, daß, hätte uns der Mann von seinen Verhandlungen berichten können, seine Rückkehr für uns ein erfreuliches und für den Staat ein segensreiches Ereignis gewesen wäre. Nicht als ob L. Philippus und L. Piso bei einer so wichtigen Pflicht und einer so wichtigen Aufgabe zu wenig Eifer oder Sorgfalt gezeigt hätten[1]! Vielmehr war es so, daß Ser. Sulpicius, der die Genannten an Jahren und uns alle an Klugheit übertraf, als er so plötzlich aus der Sache herausgerissen wurde, die ganze Abordnung in verwaistem und geschwächtem Zustande zurückließ.

Wenn je mit Recht dem Tode eines Gesandten Ehre 2
erwiesen worden ist: bei niemandem wird man sie für berechtigter halten als bei Ser. Sulpicius. Alle anderen, die auf einer Gesandtschaftsreise den Tod fanden, waren in die üblichen Unsicherheiten des Lebens aufgebrochen, ohne des Todes gewärtig sein zu müssen; Ser. Sulpicius brach zwar mit einiger Hoffnung auf, M. Antonius zu erreichen, jedoch ohne Hoffnung, wieder zurückzukehren. Er war so stark angegriffen, daß er, wenn zu seinem schweren Leiden noch Strapazen kämen, nicht einmal selbst mehr Zutrauen zu sich hatte; gleichwohl weigerte er sich nicht zu versuchen, ob er dem Staate – und sei es mit dem letzten Atemzuge – noch einen Dienst erweisen könne. So hielt ihn nichts zurück: nicht die Härte des Winters, nicht der Schnee, nicht die weite Entfernung, nicht der schlechte Zustand der Straßen, nicht die sich verschlimmernde Krankheit, und als er schon an den Ort der Zusammenkunft und des Gesprächs mit dem Manne gelangt war, den er aufsuchen sollte, da schied er mitten in

der Sorge und im Bedenken, wie er seine Aufgabe erfüllen könne, aus dem Leben.

3 So ist denn, wie manches andere, so auch dies vortrefflich von dir, C. Pansa: daß du uns aufgefordert hast, Ser. Sulpicius zu ehren, und daß du schon selbst mit beredten Worten vieles zu seinem Lobe gesagt hast. Nach deinen Darlegungen würde ich – abgesehen von meinem Antrag – nichts äußern, wenn ich nicht einem hochangesehenen Manne, dem P. Servilius, antworten zu sollen glaubte, der behauptet hat, die Ehre eines Standbildes dürfe nur jemandem zuerkannt werden, der auf einer Gesandtschaftsreise eines gewaltsamen Todes gestorben sei. Ich indessen, versammelte Väter, bin der Auffassung, daß unsere Vorfahren nach der Ursache, nicht aber nach der Art des Todes fragen zu müssen glaubten. Denn jedem, dessen Tod unmittelbar durch die Gesandtschaftsreise verursacht worden sei, wollten sie ein Denkmal errichtet wissen: damit man sich in gefährlichen Kriegen desto freudiger bereit finde, das Amt einer Gesandtschaftsreise zu übernehmen. Wir sollten also nicht nach Musterfällen aus der Zeit der Vorfahren fragen, sondern deren Absichten – aus denen die Musterfälle hervorgegangen sind – darlegen.

4 Lars Tolumnius, der König von Veji, ließ in Fidenae vier Gesandte des römischen Volkes töten; ihre Standbilder befanden sich bis zu meiner Zeit auf der Rednertribüne[2]. Eine verdiente Ehre; denn unsere Vorfahren schenkten Männern, die fürs Vaterland in den Tod gegangen waren, als Entgelt für das kurze Leben einen langen Nachruhm.

Cn. Octavius, ein berühmter und bedeutender Mann, brachte zum ersten Male das Konsulat in eine Familie, die hernach durch ungemein tüchtige Männer zu hohem Ansehen kam: wir sehen sein Standbild auf der Rednertribüne. Niemand blickte damals scheel auf neue Männer; niemand

versagte dem Verdienst die Ehre. Doch die Reise des Octa-
vius ließ keinerlei Gefahr vermuten. Er war nämlich vom
Senat entsandt worden, die Stimmung bei den Königen und
den freien Völkern zu erkunden, und vor allem, dem Enkel
des Königs Antiochos (des Königs, der gegen unsere
Vorfahren Krieg geführt hatte) den Besitz von Kriegsschif-
fen und die Unterhaltung von Elefanten zu verbieten – da
wurde er in einem Gymnasium in Laodikeia von einem
gewissen Leptines ermordet. Daraufhin haben ihm unsere 5
Vorfahren für das Opfer des Lebens ein Standbild errichtet,
das durch viele Jahre seine Nachkommen ehrte und uns jetzt
als einzige Erinnerung an eine solche Familie geblieben ist[3].

Doch sowohl ihm als auch Tullus Cluilius, L. Roscius, Sp. Antius und C. Fulcinius, den Männern, die der König von Veji töten ließ, hat nicht das beim Tode vergossene Blut, sondern der um des Staates willen erlittene Tod selbst diese Ehre verschafft.

Deshalb, versammelte Väter: wenn Ser. Sulpicius zufällig verstorben wäre, dann würde ich, so schwer mich dieser große Verlust unseres Staatswesens träfe, glauben, daß sein Tod nicht durch ein Denkmal, sondern durch öffentliche Trauer zu ehren sei. In Wahrheit aber: wer kann zweifeln, daß ihm nichts anderes als die Gesandtschaftsreise das Leben geraubt hat? Er nahm ja doch den Tod mit sich, den er, wäre er bei uns geblieben, dank eigener Vorsicht und dank der Pflege seines vortrefflichen Sohnes[4] und seiner getreuen Gattin hätte abwenden können.

Er aber sah durchaus, daß er, wenn er eurem dringenden 6
Wunsche nicht entspreche, sich selbst verleugnen, wenn er
ihm entspreche, mit diesem zum Wohle des Staates über-
nommenen Amt seinem Leben ein Ende setzen werde.
Gleichwohl wollte er angesichts der schweren Krise unseres
Staates lieber sterben als den Anschein erwecken, er habe

weniger für den Staat getan, als in seinen Kräften stand. In mancher Stadt, die er auf seiner Reise berührte, hätte er sich erholen und pflegen können; es fehlte nicht an großzügigen Einladungen von seiten der Gastfreunde, wie sie dem Ansehen des bedeutenden Mannes gemäß waren, sowie an Warnungen der Mitgesandten, er möge sich schonen und an sein Leben denken. Doch er, eilend, drängend, sich beeifernd, eure Aufträge auszuführen, hielt bis zuletzt, so sehr die Krankheit ihm zusetzte, an seiner Entschlossenheit fest.

7 Über seine Ankunft zeigte sich Antonius in höchstem Maße bestürzt, weil ja alles, was man ihm in eurem Namen erklären sollte, im Sinne der Empfehlungen und Vorschläge des Ser. Sulpicius abgefaßt war[5]; dann aber gab er zu erkennen, wie sehr er den Senat haßt, indem er darüber, daß der führende Kopf des Senates tot war, in hemmungslose Freude ausbrach. Nicht anders also als Leptines für Octavius oder der König von Veji für die soeben Genannten, wurde Antonius für Ser. Sulpicius zum Mörder; denn allerdings hat der jemandem den Tod bereitet, der die Ursache des Todes war. Es ist daher, meine ich, auch für das Andenken der Nachwelt von Belang, daß man etwas vorfindet, woraus ersichtlich ist, wie der Senat diesen Krieg beurteilt hat; das Standbild selbst wird ja bezeugen, wie furchtbar der Krieg war: daß der Tod eines Gesandten ein Denkmal zu seinen Ehren nach sich zog.

8 Wenn ihr euch der Entschuldigung erinnern wollt, versammelte Väter, mit der sich Ser. Sulpicius der Gesandtschaftsreise zu entziehen suchte, dann bleibt euch kein Zweifel mehr, daß wir durch eine Ehrung des Toten das Unrecht sühnen, das wir dem Lebenden angetan haben. Denn ihr, versammelte Väter (es ist peinlich, jedoch unumgänglich, das zu sagen), ihr, sage ich, habt Ser. Sulpicius das Leben genommen. Als ihr nämlich saht, daß seine Entschul-

digung, die Krankheit, durch sein Aussehen noch deutlicher bestätigt wurde als durch seine Worte, da wart ihr zwar nicht gerade unbarmherzig (denn was stünde dieser Versammlung schlechter an?), doch habt ihr, weil ihr glaubtet, er vermöge mit seinem Ansehen und seiner Klugheit einfach alles durchzusetzen, seinen Einwänden ziemlich hartnäckig widersprochen und ihn, der eurer einhelligen Meinung stets das größte Gewicht beigemessen hat, dazu gebracht, sich anders zu entschließen.

Wie nun noch die mahnenden Worte des Konsuls Pansa 9
hinzukamen, schärfer, als sie die Ohren des Ser. Sulpicius zu ertragen gelernt hatten, da nahm er schließlich seinen Sohn und mich beiseite und äußerte sich dahingehend, daß euer Wunsch ihm wichtiger sei als sein Leben. Voller Bewunderung für seinen Mut wagten wir nicht, Einwände gegen seinen Entschluß zu erheben. Stark bewegt war in seiner Zuneigung der Sohn; nicht viel gab seiner Erregung mein Schmerz nach. Doch beide wurden wir gezwungen, zurückzustehen vor seiner Seelengröße und dem Ernst seiner Worte, während er unter euer aller höchstem Lob und Preis versprach, eurem Wunsche gemäß zu handeln und sich nicht den Gefahren zu entziehen, die der von ihm selbst gestellte Antrag mit sich bringe. So haben wir ihm, der sich beeilte, eure Aufträge auszuführen, am Morgen des anderen Tages das Geleit gegeben; die Worte, die er scheidend zu mir sprach, schienen mir sein Schicksal anzukündigen.

Gebt also, versammelte Väter, dem Manne das Leben 10
zurück, dem ihr's genommen habt. Denn das Leben Verstorbener hängt ab von der Erinnerung der Lebenden. Setzt alles daran, daß der Mann, den ihr unwissentlich in den Tod geschickt habt, von euch die Unsterblichkeit empfängt. Wenn ihr ihm durch euren Beschluß ein Standbild auf der Rednertribüne errichtet, dann wird kein Vergessen seine

Gesandtschaftsreise im Gedächtnis der Nachwelt verdunkeln.

Denn das übrige Leben des Ser. Sulpicius empfiehlt sich durch zahlreiche herrliche Zeugnisse auf immer der Erinnerung. Stets werden seine Festigkeit, Ausdauer und Treue, seine beispielhafte Sorgfalt und Umsicht, wenn es um den Schutz des Staates ging, bei allen Sterblichen preisende Erwähnung finden. Auch wird man nicht verschweigen, was eine bewundernswerte, ja unglaubliche und geradezu göttliche Könnerschaft bei der Auslegung von Gesetzen und bei der Suche nach gerechten Entscheidungen geleistet hat. Alle Männer aller Zeiten, die in diesem Staatswesen Kenntnis des Rechts besessen haben, lassen sich auch zusammengenommen nicht mit Ser. Sulpicius vergleichen. Denn er war Kenner nicht nur des Rechts, sondern ebensosehr
11 auch der Gerechtigkeit; daher fragte er bei allen Normen, die sich auf die Gesetze und das bürgerliche Recht gründeten, nach der Angemessenheit und Billigkeit, und er war nicht so sehr bestrebt, klagbare Ansprüche festzustellen als Streitigkeiten aus der Welt zu schaffen. Dieses Denkmals, eines Standbildes, bedarf er daher gar nicht: er hat andere, die größer sind. Das Standbild wird also Zeuge seines ehrenvollen Todes sein, alles andere hingegen Erinnerung an ein ruhmreiches Leben; das Standbild wird demnach eher auf den dankbaren Senat hinweisen als auf den verdienten Bürger.

12 Auch wird man annehmen, daß die Liebe des Sohnes ein wichtiger Grund gewesen sei, den Vater zu ehren. Obwohl nun der Sohn, von Trauer gebeugt, nicht anwesend ist, müßt ihr genauso gesinnt sein, wie wenn er's wäre. Denn er ist so schwer getroffen, daß nie jemand größeren Schmerz über den Tod des einzigen Sohnes empfunden hat als er über den seines Vaters. Außerdem aber muß, meine ich, Ser. Sulpicius

dem Sohne um seines Rufes willen daran liegen, daß er dem Vater ersichtlich die geschuldete Ehre erwiesen hat. Allerdings konnte uns Ser. Sulpicius kein schöneres Andenken hinterlassen als das Abbild seines Wesens und Wertes, seiner Geradheit, Gewissenhaftigkeit und Begabung: seinen Sohn. Dessen Schmerz kann nur durch diese Ehre von eurer Seite, sonst aber durch keinerlei Trost gelindert werden.

Wenn ich nun an meine zahlreichen freundschaftlichen 13
Gespräche mit Ser. Sulpicius denke, dann möchte ich glauben, daß ihm – sofern es nach dem Tode noch Bewußtsein gibt – ein ehernes Denkmal, und zwar eines ohne Pferd, lieber ist als ein vergoldetes Reiterstandbild, wie es L. Sulla als erster erhalten hat[6]. Denn Servius hat in außergewöhnlichem Maße die Bescheidenheit der Vorfahren geschätzt und die Verschwendung unseres Jahrhunderts verdammt. Kurz und gut, als ob ich ihn selbst nach seinem Begehr fragen könnte, so schlage ich ein ehernes Fußstandbild vor, in der Überzeugung, hiermit seinem Wunsch und Willen zu genügen; dies ehrenvolle Denkmal wird die große Trauer und Sehnsucht der Bürger lindern und beschwichtigen.

Und dieser Antrag, versammelte Väter, wird zwangsläu- 14
fig durch den des P. Servilius gestützt, obwohl der vorgeschlagen hat, man solle Ser. Sulpicius ein staatliches Grabmal, nicht aber ein Standbild zuerkennen. Denn wenn der Tod eines Unterhändlers, der ohne Blutvergießen und Gewalt eingetreten ist, keinerlei Ehre verdient, warum schlägt er dann die Ehre des Begräbnisses vor, die größte, die man einem Toten erweisen kann? Wenn er Ser. Sulpicius zuerkennt, was einem Cn. Octavius nicht gewährt worden ist, warum glaubt er, man dürfe, was dem einen gewährt worden ist, nicht auch dem anderen gewähren? Unsere Vorfahren jedenfalls haben Standbilder vielen, Grabmäler nur wenigen zuerkannt. Standbilder werden durch die Witterung, durch

Gewalt, durch Alter zerstört; die Unantastbarkeit von Grabmälern hingegen beruht auf dem Boden, den keine Gewalt entfernen oder beseitigen kann, und, während alles andere zugrunde geht, werden Grabmäler durch Alter ehrwürdiger.

15 Erhöhen wir also auch durch diese Ehre einen Mann, dem wir keine Ehre zuerkennen können, die wir ihm nicht schuldig wären; zeigen wir uns dankbar bei der Feier von dessen Tod, dem wir auf keine andere Weise mehr unseren Dank abzustatten vermögen. Brandmarken wir auch die frevlerische Skrupellosigkeit des M. Antonius, des Anführers in einem verbrecherischen Kriege. Denn diese Ehren, die wir dem Ser. Sulpicius erweisen, werden dauern: als ewiges Zeugnis für die von Antonius verschmähte und abgewiesene Gesandtschaft.

Ich schlage daher folgenden Beschluß vor: da Ser. Sulpicius Rufus, der Sohn des Quintus, aus dem lemonischen Bezirk[7], in einer schweren Krise unseres Staates, während er selbst schwer und gefährlich erkrankt gewesen sei, das Wohl des Staates für wichtiger gehalten habe als sein Leben und sich trotz der Gewalt der schweren Krankheit bemüht habe, ins Lager des M. Antonius, wohin der Senat ihn entsandt habe, zu gelangen, und da er unmittelbar vor der Ankunft im Lager, von der Gewalt der Krankheit niedergeworfen, in kritischer Lage des Staates verstorben sei und da sein Tod in Einklang gestanden habe mit einem lauteren und ehrenhaften Leben, in dem Ser. Sulpicius dem Staate oft große Dienste erwiesen habe, als gewöhnlicher Bürger und als
16 Inhaber eines Amtes: da ein solcher Mann um des Staates willen während einer Gesandtschaftsreise den Tod erlitten habe, beschließe der Senat, daß Ser. Sulpicius dem Willen dieser Versammlung gemäß auf der Rednertribüne ein Fußstandbild aus Erz erhalten und daß um dieses Standbild

seinen Kindern und Nachkommen ein Platz von fünf Fuß in alle Richtungen zum Zuschauen bei Spielen und Schwertkämpfen vorbehalten sein solle, da er um des Staates willen den Tod erlitten habe, und daß dieser Grund auf dem Sockel zu vermerken sei; daß die Konsuln C. Pansa und A. Hirtius, einer von ihnen oder beide, wenn sie es für richtig hielten, den Stadtquästoren[8] den Befehl erteilen sollten, die Anfertigung des Sockels und des Standbildes sowie deren Aufstellung auf der Rednertribüne auszuschreiben und für die Überweisung und Auszahlung des vereinbarten Entgelts an den Unternehmer zu sorgen. Und da der Senat auch früher schon bei der feierlichen Bestattung tüchtiger Männer seine Anteilnahme zum Ausdruck gebracht habe[9], beschließe er, dem Verstorbenen die letzte Ehre mit größter Feierlichkeit
zu erweisen. Und da sich Ser. Sulpicius Rufus, der Sohn des 17
Quintus, aus dem lemonischen Bezirk, derart um den Staat verdient gemacht habe, daß es angemessen sei, ihn durch diese Auszeichnungen zu ehren, befinde der Senat und halte er im Hinblick auf das Staatswohl für geboten, daß die kurulischen Ädilen ihre Verordnung über Begräbnisse beim Begräbnis des Ser. Sulpicius, des Sohnes des Quintus, aus dem lemonischen Bezirk, außer Kraft setzen[10]. Und daß der Konsul C. Pansa auf dem esquilinischen Friedhof[11] oder wo immer er es für richtig halte einen Platz für die Grabstätte von dreißig Quadratfuß Größe anweise, wo Ser. Sulpicius bestattet werden solle; daß dieser Platz ihm selbst, seinen Kindern und seinen Nachkommen als Grabstätte dienen solle, mit allen Rechten einer vom Staat verliehenen Grabstätte.

ZEHNTE PHILIPPISCHE REDE

Einleitung

M. Antonius hatte am 28. November 44 v. Chr. bei der von ihm arrangierten Verlosung der Provinzen seinem Bruder Gaius die Statthalterschaft von Makedonien in die Hände gespielt – Gaius sollte dortselbst Q. Hortensius, den Sohn des berühmten Redners, ablösen. So begab er sich, obwohl der Senatsbeschluß vom 20. Dezember diese Zuweisung wieder aufhob, eilends nach Makedonien, wobei er sich unterwegs, in Illyrien, der Unterstützung des caesarisch gesinnten Statthalters P. Vatinius zu versichern hoffte. Seine Absichten wurden von M. Iunius Brutus, dem Haupt der Verschwörung gegen Caesar, durchkreuzt. M. Antonius hatte ihn im Sommer 44 v. Chr. auf den bedeutungslosen Posten einer Statthalterschaft in Kreta abzuschieben versucht. Brutus reiste denn auch in der zweiten Augusthälfte ab – jedoch nicht nach Kreta, sondern nach Griechenland, wo sich alsbald zahlreiche Republikaner um ihn scharten. Hortensius und andere unterstellten sich ihm; auch die Truppen des Vatinius gingen zu ihm über. C. Antonius sah sich schließlich auf einen Rest von sieben Kohorten verwiesen – er schloß sich mit ihnen in Apollonia (an der albanischen Küste) ein.

Von diesen und anderen Erfolgen berichtete Brutus dem Senat: er habe ein Heer aufgestellt, C. Antonius sei ohnmächtig, Griechenland, Makedonien und Illyrien stünden der Republik zur Verfügung. Pansa ordnete alsbald – gegen

Mitte Februar – eine Sitzung an, zweifellos in der Absicht, dem eigenmächtigen Vorgehen des Brutus eine rechtliche Grundlage zu verschaffen. Q. Fufius Calenus, Pansas Schwiegervater, erhielt – wie stets seit dem 1. Januar – als erster das Wort; er beantragte, der Senat möge feststellen, daß der Bericht ordnungsgemäß geschrieben sei, und Brutus die weitere Ausübung des Heereskommandos untersagen. Daraufhin hielt Cicero seine zehnte Philippische Rede.

Die kurze Einleitung (1 f.) dankt Pansa, daß er sofort nach Eintreffen des Berichts von Brutus eine Sitzung anberaumt und sich sachgemäß zu der anstehenden Frage geäußert habe. Sodann befaßt sich ein erster widerlegender Abschnitt mit dem Antrag des Calenus (2–6): Cicero gibt sich mit überlegenem Spott erstaunt über den Widerspruchsgeist seines Gegners, dessen Vorschlag, wie stets, so auch dieses Mal bei niemandem Zustimmung finden werde.

Nunmehr ein längerer, erzählend-argumentierender Abschnitt, in dem der Redner aus seiner Perspektive zu den Ereignissen Stellung nimmt (7–14): Brutus habe zunächst mit größter Geduld alles Unrecht, das ihm angetan wurde, hingenommen und um des Friedens willen Italien verlassen; erst als der Senat ihm das Zeichen zum Freiheitskampf gab, sei er C. Antonius entgegengetreten, um Makedonien, Illyrien und Griechenland sowie die dort stationierten Truppen für den Staat zu retten. Mit diesem Argument – dem Staat – weiß Cicero auch die unbequeme Frage nach dem Rechtstitel für den eigenmächtigen Eingriff zu beantworten: Brutus, der Sachwalter des Staates, habe nach dem Grundsatz gehandelt, daß alle Truppen dem Staat gehörten und nicht gegen den Staat eingesetzt werden dürften (12).

Ein zweiter widerlegender Abschnitt gilt den Bedenken, die offenbar von mehreren Seiten gegen eine Anerkennung des M. Brutus vorgebracht wurden, insbesondere dem Hinweis auf den Unwillen der Veteranen, das heißt der ehemaligen Soldaten Caesars (14–20). Cicero hält derartige Befürchtungen für gegenstandslos – angesichts der Tatsache, daß jetzt lauter Caesarianer Krieg führen, um D. Brutus zu befreien, und daß sich Pansa so nachdrücklich für M. Brutus ausgesprochen hat. Wenn aber die Veteranen wirklich beabsichtigen sollten, Druck auf den Senat auszuüben, dann (die Rede erreicht mit diesem pathetischen Appell ihren Höhepunkt) müsse man mit dem Einsatz des Lebens um die Freiheit kämpfen, dann sei der Tod ein geringeres Übel als die Knechtschaft.

Nochmals eine argumentierende Partie; sie mündet in den abschließenden Antrag (21–24): Antonius und seinem verbrecherischen Gefolge stünden die Truppen der Konsuln und Oktavians gegenüber; man dürfe nicht zögern, die Streitmacht des M. Brutus, des Vorkämpfers der Freiheit, in diese Allianz aufzunehmen. Wie der Senat am 20. Dezember die Handlungen der Truppenführer D. Brutus und Oktavian gutgeheißen habe, so müsse er jetzt M. Brutus anerkennen und ihm ebenfalls eine seiner faktischen Stellung entsprechende Kommandogewalt zubilligen. Cicero schlägt demgemäß vor, der Senat möge M. Brutus mitsamt seinem Heer den Schutz von Makedonien, Illyrien und Griechenland übertragen; Hortensius solle bis auf weiteres Statthalter von Makedonien bleiben (25 f.).

Die wohldurchdachte, wegen des Wechsels von Widerlegung und Argumentation, von Polemik und Pathos überaus wirkungsvolle Rede führte zum Erfolg: der Senat stimmte dem Vorschlag Ciceros zu.

Schematische Inhaltsübersicht

Einleitung (1 f.):

Dank an den vorsitzenden Konsul Pansa.

1. Teil (2–6):

Kritik am Antrag des Calenus (Abberufung des M. Brutus).

2. Teil (7–14):

M. Brutus – seine Geduld, seine Erfolge.

3. Teil (14–20):

Kritik an Einwänden (Kriegsgefahr, Haltung der Veteranen); Appell an den römischen Freiheitssinn.

4. Teil (21–26):

M. Brutus als Mitglied der Allianz gegen Antonius und sein Gefolge; der Text des Antrags.

Schema der Aussageebenen

	Referierende Aussagen		*Suasorische Aussagen*	*Axiomatisch-ideologische Aussagen*
2–6	Unverständlicher Antrag des Calenus	→	Er soll sich besinnen	*Res publica* als Richtschnur des M. Brutus (6 a. E.)
7–14	Verhalten des M. Brutus und des C. Antonius	→	Senat muß Brutus stützen (7 a. A., 12)	Alle Truppen gehören der *res publica* (12)
14–20	Die Lage im Osten und in Italien	→	Keine Drohung mit den Veteranen!	*libertas* als absoluter Wert (18–20)
21–24	M. Antonius und sein Gefolge	→	Aufnahme des M. Brutus in die Allianz gegen ihn ↓	—
25–26			Antrag	

ZEHNTE PHILIPPISCHE REDE

Größten Dank, Pansa, müssen wir alle dir aufrichtigen 1
Herzens entgegenbringen. Denn während wir nicht damit
rechneten, daß du am heutigen Tage eine Sitzung einberufen
würdest, hast du, sobald der Brief des M. Brutus, unseres
hervorragenden Mitbürgers, bei dir eingetroffen war, kei-
nen Augenblick gezögert, uns so bald wie möglich den
Genuß einer großen Freude und Befriedigung zu verschaf-
fen. Wenn schon diese Tat uns alle zu Dank verpflichtet,
dann erst recht die Ansprache, die du nach der Verlesung des
Briefes an uns gerichtet hast. Da hast du gezeigt, wie wahr
der Satz ist, den ich stets für richtig gehalten habe: daß
niemand, der sich seines eigenen Wertes bewußt ist, scheel
auf den eines anderen blickt. So brauche ich, der ich durch 2
zahlreiche Dienste und ein enges Freundschaftsverhältnis
mit Brutus verbunden bin, über ihn nicht mehr viel zu sagen;
denn die Punkte, die ich mir zurechtgelegt hatte, hat deine
Rede bereits vorweggenommen.

Gleichwohl, versammelte Väter, sehe ich mich in die Notwendigkeit versetzt, etwas ausführlicher zu sprechen: angesichts der Äußerung des Mannes, der vor mir aufgerufen worden ist. Mit ihm bin ich so oft uneins, daß ich schon fürchten muß, unsere ständige Uneinigkeit könnte (was zuallerletzt eintreten sollte) unserer Freundschaft abträglich sein.

Denn was für Grundsätze hast du, Calenus, was für 3
Absichten: kein einziges Mal seit dem 1. Januar warst du
derselben Meinung wie der, der dich als ersten um seine
Meinung befragt[1]; kein einziges Mal war der Senat zahlreich
genug versammelt, daß sich auch nur *ein* Mitglied deiner
Meinung angeschlossen hätte! Warum trittst du immer für
Leute ein, mit denen du nichts gemein hast; warum – obwohl

dir Lebensweise und äußere Stellung ein ruhiges, ein würdevolles Verhalten nahelegen – billigst du, beantragst du, äußerst du, was sich weder mit der öffentlichen Ruhe noch mit deiner Würde verträgt?

4 Denn, um Früheres nicht zu erwähnen, diesen Punkt wenigstens, der mich in größtes Erstaunen versetzt, kann ich nicht verschweigen. Was ziehst du gegen die beiden Brutus zu Felde? Warum werden die Männer, denen wir alle so etwas wie Verehrung schulden, von dir allein bekämpft? Des einen Belagerung bereitet dir kein Kopfzerbrechen, dem anderen entzieht dein Vorschlag die Truppen[2], die er selbst mit eigener Anstrengung und Gefahr, zum Schutze des Staates, nicht zu seinem eigenen, aus eigener Kraft und ohne fremde Hilfe, zusammengebracht hat. Was für eine Einstellung hast du also, was für eine Denkart, daß dir die beiden Brutus nicht gefallen, die drei Antonier[3] hingegen gefallen? Die alle hochhalten, lehnst du ab, die jedermann aufs schärfste ablehnt, schätzest du mit größter Beharrlichkeit? Sehr stattlich ist dein Vermögen, sehr hoch deines Ranges Stufe, und dein Sohn ist, wie ich höre und hoffe, zum Ruhme geboren – ich bin bereit, ihn zu fördern: um des Staates und
5 zumal um deinetwillen. Ich frage dich also, was möchtest du lieber: soll er Brutus gleichen oder Antonius, und ich erlaube dir, aus den drei Antoniern nach Belieben einen auszuwählen. «Gott bewahre», wirst du sagen. Warum also bist du nicht *denen* gewogen, trittst du nicht für *die* ein, denen dein Sohn einst gleichen soll? Mit einem würdest du für das Wohl des Staates sorgen und deinem Sohne nachahmenswerte Beispiele vor Augen führen.

Zu dem folgenden Punkte, Q. Fufius, möchte ich, ohne daß unsere Freundschaft Schaden nimmt, dir gegenüber als anders denkender Senator mein Bedauern ausdrücken. Du hast gesagt (und zwar nach einem vorbereiteten Text; sonst

hätte ich geglaubt, du habest dich in den Worten vergriffen), der Brief des Brutus sei offenbar richtig und ordentlich[4] geschrieben. Heißt das nicht den Schreiber des Brutus loben, statt Brutus? Eine reiche politische Erfahrung, Calenus, 6
kannst und mußt du jetzt besitzen: hast du je erlebt, daß man so etwas vorschlägt oder daß in irgendeinem derartigen Senatsbeschluß (und es gibt unzählige) vom Senat bestätigt wird, ein Brief sei gut geschrieben? Dieses Wort ist dir nicht, wie es oft vorkommt, unversehens entfallen; du brachtest eine Niederschrift mit, die durchdacht und wohlüberlegt war.

Wenn man dir die Gewohnheit ausreden könnte, bei jeder Gelegenheit den Rechtschaffenen[5] Abbruch zu tun, behieltest du dann nicht lauter Eigenschaften, die wir alle uns wünschen würden? Nimm dich also zusammen und bezwinge endlich deinen Unmut und mildere ihn, hör auf die vielen rechtschaffenen Männer, mit denen du umgehst, rede mit diesem ungewöhnlich klugen Menschen, deinem Schwiegersohn, öfter noch als mit dir selber: das wird dir schließlich den höchsten Ehrentitel einbringen. Oder hältst du es für völlig gleichgültig (und deswegen nötigt mich unsere Freundschaft manches Mal, Bedauern für dich zu empfinden), daß dies nach draußen dringt und dem römischen Volke zu Ohren kommt: dem Manne, der als erster seine Meinung geäußert habe, sei niemand beigetreten? Was – wie ich annehmen möchte – auch heute passieren wird.

Du nimmst Brutus die Legionen weg. Welche? Die doch wohl, die er dem verbrecherischen Unternehmen des C. Antonius entzogen und aus eigener Vollmacht für den Staat zurückgewonnen hat. Abermals also, willst du, soll er entblößt und als der einzige dastehen, der aus unserem Staate verbannt ist[6].

Ihr aber, versammelte Väter, wenn ihr M. Brutus preis- 7

gebt und verratet: wo fände sich dann noch ein Bürger, den ihr auszeichnen, den ihr unterstützen könnt? Denn ihr seid ja wohl nicht der Meinung, man müsse die Leute erhalten, die das Diadem aufgesetzt[7], und diejenigen preisgeben, die die erklärte Monarchie beseitigt haben. Doch kein Wort über das göttliche und unsterbliche Verdienst des Brutus – es ist zwar in der dankbaren Erinnerung aller Bürger aufgehoben, aber noch nicht durch öffentliche Anerkennung bestätigt.

Welche Geduld, ihr guten Götter, welche Mäßigung, welche Gelassenheit und Selbstbeherrschung bei all dem Unrecht! Er hat, obwohl er Stadtprätor[8] war, auf die Stadt verzichtet, hat nicht Recht gesprochen, obwohl alles Recht durch ihn in unsern Staat zurückgekehrt ist. Und obwohl ihn die tägliche Zusammenkunft aller Rechtschaffenen (sie pflegten sich in erstaunlicher Zahl bei ihm einzufinden) und die Hilfe ganz Italiens hätte behüten können, zog er es vor, in Abwesenheit durch das Urteil der Rechtschaffenen statt in Anwesenheit durch deren Fäuste in Schutz genommen zu werden. Auch die Apollinarischen Spiele, ausgestattet, wie es seine und des römischen Volkes Würde gebot, hat er nicht persönlich geleitet, um der Skrupellosigkeit verbrecheri-
8 scher Menschen keine Bahn zu öffnen. Und doch: hat es je frohere Spiele und Festtage gegeben als dieses Mal, wo das römische Volk bei jedem Vers durch lebhaftes Rufen und Klatschen die Erinnerung an Brutus wachhielt? Die Person des Befreiers war abwesend, die Erinnerung an die Freiheit war da: sie schien die Züge des Brutus zu zeigen[9].

Ihn aber traf ich genau an den Spieltagen auf einer Insel, die Lucullus, einem hochangesehenen jungen Manne, seinem Vetter, gehört, wie er an nichts als an den Frieden und die Versöhnung unter den Bürgern dachte. Ich traf ihn dann nochmals in Velia, wie er Italien verließ, um nicht durch seine Person Anlaß zu einem Bürgerkriege zu geben. Ein erschütternder Anblick nicht nur für die Menschen, sondern auch für die Wogen und Gestade: es verläßt das Vaterland, der's gerettet hat, es bleiben im Vaterland, die's verderben wollen! Die Flotte des Cassius folgte ihm ein paar Tage später, so daß ich mich schämte, versammelte Väter, in *die* Stadt zurückzukehren, aus der diese beiden sich entfernt hatten. In welcher Absicht ich dann doch zurückgekehrt bin, habt ihr zunächst euch sagen lassen und dann selbst feststellen können[10].

Brutus hat also nur auf den richtigen Augenblick gewar- 9
tet. Denn solange er euch bereit sah, alles zu erdulden, wappnete er selbst sich mit unglaublicher Geduld; sobald er bemerkt hatte, daß ihr euch zur Freiheit ermanntet, verschaffte er eurer Freiheit Schutz.

Doch was für einem Verderben – und von welchem Ausmaß – ist er entgegengetreten! Wenn nämlich C. Antonius seine Absichten hätte ausführen können – er hätte es gekonnt, hätte nicht seiner Niedertracht der Heldenmut des M. Brutus die Stirne geboten –, wir hätten Makedonien, Illyrien und Griechenland eingebüßt, und Griechenland würde sei es (falls Antonius[11] unterliegt) als Auffangstellung, sei es als Basis für die Eroberung Italiens dienen. Doch jetzt, dank der Führung, des Ansehens und der Truppen des M. Brutus nicht nur gerüstet, sondern sogar wohlbemannt, streckt es seine Hand nach Italien aus und verspricht ihm seinen Schutz. Wer somit Brutus das Heer wegnimmt, beseitigt den ansehnlichsten Rückhalt und die zuverlässigste Stütze unseres Staates.

Ich wünschte, Antonius erführe hiervon möglichst bald; 10
dann begriffe er, daß nicht D. Brutus, den er mit Schanzen umschlossen hält, sondern er selbst belagert wird. Nur drei Städte auf der ganzen Welt sind in seiner Hand; er muß mit erbitterter Feindschaft in Gallien und mit starker Abnei-

gung auch bei denen rechnen, auf die er zählte, bei den Transpadanern; ganz Italien ist gegen ihn; die auswärtigen Völker von der vordersten Küste Griechenlands bis nach Ägypten hin unterstehen der Befehlsgewalt und den Truppen unserer besten und tapfersten Mitbürger. Seine einzige Hoffnung war C. Antonius, der, an Jahren zwischen seinen Brüdern stehend, an Lasterhaftigkeit mit beiden wetteiferte. Der aber tat, als würde er vom Senat nach Makedonien getrieben und nicht vielmehr gehindert, dorthin aufzubrechen: so eilig hatte er's [12].

11 Welch Unwetter, ihr unsterblichen Götter, welche Feuersbrunst, welche Verwüstung, welch Verderben für Griechenland, hätte nicht Tatkraft, beispiellos und übermenschlich, des wahnwitzigen Burschen tolldreistes Beginnen zunichte gemacht! Welche Schnelligkeit damals bei Brutus, welcher Eifer, welches Draufgängertum! Allerdings war auch die Schnelligkeit des C. Antonius nicht zu verachten: wäre sie nicht unterwegs durch herrenlose Erbschaften [13] verlangsamt worden, dann könnte man wohl sagen, er sei geflogen, nicht gereist. Bei anderen, von denen wir wünschen, daß sie eine öffentliche Aufgabe übernehmen, haben wir im allgemeinen Mühe, sie hinzutreiben – ihn haben wir hingetrieben, indem wir ihn zurückhielten. Was hatte er denn in Apollonia zu suchen? Was in Dyrrhachium [14]? Was in Illyrien? Was bei den Truppen des Feldherrn P. Vatinius? Er war der Nachfolger (wie er jedenfalls sagte) des Hortensius. Ein bestimmtes Gebiet gehört zu Makedonien, ein bestimmter Zustand, ein bestimmtes Heer (vorausgesetzt, es gab dort eins) – doch in Illyrien und bei den Legionen des Vatinius: was hatte Antonius da zu suchen?

12 Aber auch Brutus nicht: das wird ja wohl mancher schlechte Bürger [15] sagen. Nun gehören aber alle Legionen, alle Truppen, die sich wo immer befinden, dem Staat; man

wird ja auch nicht behaupten wollen, die Legionen, die M. Antonius verlassen haben[16], hätten Antonius und nicht dem Staate gehört; denn jedes Recht auf ein Heer und eine Befehlshaberstelle verliert, wer gestützt auf die Befehlshaberstelle und das Heer den Staat bekämpft.

Wenn nun der Staat selbst urteilen oder durch seine eigenen Entscheidungen alles Recht festsetzen könnte: wem – Antonius oder Brutus – würde er die Legionen des römischen Volkes zusprechen? Der eine war plötzlich herbeigeeilt, um die Bundesgenossen auszuplündern und zugrunde zu richten, um, wo immer er durchzog, alles zu verwüsten, zu rauben und an sich zu reißen, um ein Heer des römischen Volkes gegen das römische Volk einzusetzen; der andere hatte sich ein solches Verhalten zum Grundsatz gemacht, daß, wohin er auch kam, gleichsam Licht zu kommen schien und Hoffnung auf Rettung. Kurz und gut, der eine suchte Hilfsmittel, den Staat zu vernichten, der andere, ihn zu erhalten. Und ebenso wie wir waren sich hierüber auch die Soldaten selbst im klaren, obwohl man doch bei ihnen so viel Vernunft im Urteilen gar nicht erwarten konnte.

Mit sieben Kohorten, schreibt Brutus, sei Antonius in 13
Apollonia – inzwischen ist er entweder bereits in Gefangenschaft geraten (was die Götter geben mögen), oder er, der brave Mann, geht wenigstens nicht nach Makedonien, um nicht offensichtlich dem Senatsbeschluß zuwiderzuhandeln. Eine Aushebung hat in Makedonien stattgefunden, von Q. Hortensius mit größtem Eifer und Nachdruck durchgeführt – der Brief des Brutus hat euch über dessen hervorragende Gesinnung, würdig seiner selbst und seiner Vorfahren, unterrichtet. Die Legion, die L. Piso führte, der Legat des Antonius, hat sich Cicero, meinem Sohne, unterstellt. Reiterei war nach Syrien unterwegs, in zwei Abteilungen: die eine verließ den Quästor, der sie führte, in Thessalien und

begab sich zu Brutus; die andere wurde in Makedonien von Cn. Domitius, einem überaus mutigen, besonnenen und charakterfesten jungen Manne, dem syrischen Legaten abgenommen[17]. P. Vatinius aber, schon früher mit Recht von euch gelobt und jetzt mit gutem Grunde allen Lobes wert, öffnete Brutus die Tore von Dyrrhachium und übergab ihm seine Truppen.

14 So besitzt der Staat Makedonien, besitzt er Illyrien, schützt er Griechenland; uns gehören die Legionen, uns die Leichtbewaffneten, uns die Reiterei, und vor allem gehört uns jetzt und für allezeit Brutus, der teils wegen seiner hervorragenden Tüchtigkeit, teils durch die Bestimmung von Namen und Geschlecht beider Eltern dazu ausersehen ist, dem Staate zu dienen[18].

Und von seiten dieses Mannes fürchtet jemand Krieg – wo er doch, bis uns der Krieg aufgezwungen wurde, lieber im Frieden sich pflegen als im Kriege sich regen[19] wollte? Obwohl er sich niemals gepflegt hat und dieser Ausdruck einer so hervorragenden Persönlichkeit gar nicht gerecht werden kann. Er war ja stets gegenwärtig in der Sehnsucht der Bürgerschaft, im Munde, in den Gesprächen aller. Der Gedanke an Krieg jedoch lag ihm so ferne, daß er sich, als ganz Italien vom Drange nach Freiheit entbrannt war, dem Verlangen seiner Mitbürger versagte, um sie nicht der Gefahr von Kämpfen auszusetzen. Daher können gerade die (falls es sie gibt), die mit der Langsamkeit des Brutus unzufrieden sind, gleichwohl seine Mäßigung und Geduld bewundern.

15 Doch ich weiß schon, was sie reden; sie tun's ja nicht im geheimen. Sie fürchteten, sagen sie, das Verhalten der Altgedienten, wenn Brutus ein Heer habe. Als ob zwischen den Heeren, die A. Hirtius, C. Pansa, D. Brutus und C. Caesar befehligen, und dem des M. Brutus irgendein Unter-

schied bestünde! Denn wenn die vier genannten Heere deswegen Lob erhalten[20], weil sie für die Freiheit des römischen Volkes zu den Waffen gegriffen haben: aus welchem Grunde sollte man das Heer des M. Brutus nicht nach demselben Gesichtspunkt beurteilen?

Doch bei den Altgedienten, heißt es, hat der Name des M. Brutus einen schlechten Klang. Einen schlechteren als der des Decimus? Das glaube ich nicht: zwar gehört die Tat den beiden Brutus gemeinsam und haben sie gleichen Anteil am Ruhm, doch waren die Leute, die diese Tat beklagten, über Decimus um so mehr empört, als gerade er sich ihrer Meinung nach am wenigsten daran hätte beteiligen dürfen[21].

Wozu dienen jetzt alle die Truppen: sollen sie nicht Brutus aus der Umklammerung befreien? Und was für Männer führen diese Truppen? Die, möcht' ich meinen, die gewillt sind, die Anordnungen C. Caesars aufzuheben und die Sache der Altgedienten zu verraten! Wenn C. Caesar selbst noch 16
lebte, dann würde er, dünkt mich, seine Anordnungen mit größerem Nachdruck verteidigen, als sie jetzt ein so tatkräftiger Mann wie Hirtius verteidigt! Oder läßt sich ein besserer Förderer der caesarischen Sache ausfindig machen als der Sohn? Der eine dieser beiden, von einem langwierigen und schweren Leiden noch nicht völlig wiederhergestellt, hat alle Kräfte, die er besaß, eingesetzt, um deren Freiheit zu schützen, die ihn, wie er überzeugt war, durch ihre Gelübde vom Tode zurückgerufen hatten; der andere, stärker durch die Kraft seines Willens als durch die seiner Jahre, hat sich mit eben den Altgedienten auf den Weg gemacht, D. Brutus zu befreien[22]. So führen denn die entschiedensten und zugleich tatkräftigsten Verteidiger der Anordnungen Caesars um der Rettung des D. Brutus willen Krieg, und die Altgedienten machen mit – sie sehen ja, daß in diesem

Waffengang die Freiheit des römischen Volkes, nicht ihr persönliches Auskommen auf dem Spiele steht.

17 Warum also ist bei denen, die D. Brutus mit allen Mitteln gerettet wissen wollen, das Heer des M. Brutus ein Gegenstand des Argwohns? Oder, wenn es schiene, als hätten wir von M. Brutus irgend etwas zu befürchten, würde Pansa nichts davon merken oder, wenn er etwas merkte, nicht dagegen einschreiten? Wer wäre besser geeignet, dank seiner Klugheit Künftiges vorauszusehen oder dank seiner Behutsamkeit Ängste zu verscheuchen? Ihr habt nun aber sein Wohlwollen und seine Bereitschaft gegenüber M. Brutus bemerkt: er empfahl uns in seiner Rede, was wir wegen Brutus zu beschließen, was wir von ihm zu denken hätten, und, weit entfernt, das Heer des Brutus für eine Bedrohung des Staates zu halten, erblickte er darin dessen zuverlässigsten und wirksamsten Schutz. Ganz gewiß: Pansa nimmt entweder die Gefahr nicht wahr (er ist ja ein Dummkopf), oder er beachtet sie nicht! Denn auch daß Caesars Anordnungen gültig bleiben, kümmert ihn nicht – wo er doch vorhat, sie durch ein Gesetz gutzuheißen und zu bestätigen, das die Volksversammlung auf unsere Empfehlung hin beschließen soll[23]! So mögen denn die Leute, die sich gar nicht fürchten, aufhören, Furcht und Sorge für das Staatswohl vorzuschützen, oder wenigstens die, die sich vor allem und jedem ängstigen, davon ablassen, allzu ängstlich zu sein: damit uns nicht hier Heuchelei, dort Feigheit im Wege steht!

18 Was, zum Henker, ist das für eine Art, ständig gegen ganz ausgezeichnete Maßregeln den Namen der Altgedienten ins Feld zu führen? Wenn mir ihre Tapferkeit noch so willkommen wäre (wie es ja der Fall ist): ich könnte trotzdem, wenn sie sich unverschämt aufführten, ihren Hochmut nicht ertragen. Oder wird das unsere Anstrengungen, die Fesseln der

Knechtschaft zu zerreißen, behindern, wenn es heißt, die Altgedienten seien dagegen? Diejenigen, möchte ich meinen, sind ja durchaus gering an Zahl, die bereit wären, für unser aller Freiheit zu den Waffen zu greifen! Und außer den altgedienten Soldaten fände sich kein Mensch, den eine edle Empörung dazu brächte, der Knechtschaft ein Ende zu machen! Der Staat kann also nur bestehen, wenn er sich auf die Altgedienten stützt, ohne die kräftige Hilfe der Jungmannschaft! Die Altgedienten müßt ihr, wenn sie die Freiheit bringen, willkommen heißen, wenn sie die Knechtschaft herbeiführen wollen, von euch weisen.

19 Zu guter Letzt (denn hervorbrechen soll endlich ein wahres und meiner würdiges Wort): wenn das Gutdünken der Altgedienten die Meinungen in dieser Versammlung beherrscht und sich alle unsere Reden und Handlungen nach ihrem Willen richten sollen, dann wollen wir uns den Tod wünschen, den die römischen Bürger schon immer der Knechtschaft vorgezogen haben. Alle Knechtschaft ist kläglich; immerhin mag sie bisher notwendig gewesen sein[24] – wann wollt ihr endlich anfangen, nach der Freiheit zu streben? Wollen wir, nachdem wir jenes unvermeidliche und einem Verhängnis vergleichbare Unglück nicht hingenommen haben, dies hier freiwillig hinnehmen? Ganz Italien ist vom Verlangen nach Freiheit entbrannt, Knecht sein will länger nicht die Bürgerschaft – später erst haben wir dem römischen Volke diese Tracht und Wehr gegeben[25], als wir von ihm dazu aufgefordert wurden.

20 Mit großer, des Ausgangs fast gewisser Zuversicht haben wir uns die Sache der Freiheit zu eigen gemacht; doch so sehr – wie ich gern zugebe – das Ende eines Krieges zweifelhaft ist und das Schlachtenglück unberechenbar, so entschieden muß man für die Freiheit mit dem Einsatz des Lebens streiten. Denn nicht schon, wer atmet, lebt; vielmehr geht *dem*

alles Leben ab, der Knecht ist. Alle Völker können die Knechtschaft ertragen, unsere Bürgerschaft kann es nicht, und zwar deshalb, weil die anderen Völker vor Strapazen und Schmerzen ausweichen und, um davon verschont zu bleiben, alles zu erdulden vermögen, während wir von unseren Vorfahren so erzogen und geprägt worden sind, daß wir alle unsere Pläne und Handlungen an der Würde und an sittlichen Werten messen. Etwas so Herrliches ist die Wiedererlangung der Freiheit, daß man beim Wiedererringen der Freiheit auch den Tod nicht scheuen darf. Wäre Unsterblichkeit der Lohn der Furcht vor der gegenwärtigen Gefahr: man müßte sich um so mehr vor ihr hüten, als ja dann die Knechtschaft desto dauerhafter wäre. Uns bedrängen jetzt Tag und Nacht von überallher tödliche Gefahren jeder Art – da kann kein Mann, und am wenigsten ein Römer, zögern, den Atem, den er der Natur verdankt, fürs Vaterland hinzugeben.

21 Man eilt von allen Seiten herbei, den allgemeinen Brand zu löschen. Als erste wiesen die Altgedienten, die dem Rufe Caesars folgten, das Unterfangen des Antonius ab; hernach wurde dessen wilder Trotz von der Legion des Mars gebrochen, von der vierten zunichte gemacht. So von seinen eigenen Legionen verworfen, fiel er in Gallien ein und stellte fest, daß ihm dort Herzen und Hände mit Haß und Feindschaft begegneten. Gegen ihn nahmen alsbald die Truppen des A. Hirtius und des C. Caesar die Verfolgung auf; dann steigerten Pansas Aushebungen in der Stadt und in ganz Italien die Zuversicht. Er allein ist aller Feind[26].

Er hat allerdings seinen Bruder Lucius bei sich, den Bürger, der dem römischen Volke der liebste ist: die Bürgerschaft kann das Verlangen nach ihm nicht länger mehr
22 ertragen! Gibt es etwas Schlimmeres als dieses Scheusal, etwas Ungeheuerlicheres? Er ist, so scheint es, nur deshalb

zur Welt gekommen, damit M. Antonius nicht der ärgste Schandkerl unter allen Sterblichen wäre.

Bei ihm sind auch Trebellius, der sich inzwischen mit dem Gedanken an einen Schuldenerlaß ausgesöhnt hat, T. Plancus und Konsorten, die nur darum kämpfen, die nur danach lechzen zu zeigen, daß sie zum Schaden unseres Staates begnadigt worden sind. Außerdem wiegeln Saxa, Cafo und Genossen unerfahrene Leute auf, bäurische und rohe Kerle sie selbst: sie haben unseren Staat noch nie in guter Verfassung gesehen und wollen das auch gar nicht; sie treten nicht für die Anordnungen Caesars, sondern für die des Antonius ein, wozu sie durch unendlichen Besitz in der kampanischen Mark gebracht wurden. Daß sie sich dessen nicht schämen, wundert mich wirklich, wo sie sich doch in der Nachbarschaft von Komödianten und Komödiantinnen sehen[27]!

Wo es gilt, diese Scheusale zu beseitigen: warum sollen 23
wir ungehalten sein, daß die Armee des M. Brutus hinzugekommen ist? Eines ungezügelten Menschen, möchte ich meinen, und eines aufrührerischen! Nein: eher eines allzu geduldigen, wenngleich es in den Überlegungen und Handlungen dieses Mannes nie ein Zuviel oder ein Zuwenig gegeben hat. Jede Regung des M. Brutus, versammelte Väter, jeder Gedanke, sein ganzes Trachten ist auf das Ansehen des Senats, auf die Freiheit des römischen Volkes gerichtet: dies hat er vor Augen, dies will er bewahren. Er hat probiert, was sich mit Geduld erreichen lasse; als er nichts erreichte, hielt er sich für berechtigt, mit Gewalt gegen die Gewalt vorzugehen.

Ihm müßt ihr jetzt dieselbe Stellung zubilligen, versammelte Väter, die ihr am 20. Dezember auf meinen Vorschlag hin[28] D. Brutus und C. Caesar zugebilligt habt: deren Planen und Handeln für den Staat, das auf keinerlei Amt beruhte, wurde damals durch euren Beschluß anerkannt und gutge-

24 heißen. Dasselbe müßt ihr nunmehr im Falle des M. Brutus tun, der dem Staat eine unverhoffte, plötzliche Stütze – große und brauchbare Kräfte an Legionen, Reiterei und Hilfstruppen – verschafft hat. Einzubeziehen ist Q. Hortensius, der sich während seiner Statthalterschaft in Makedonien bei der Aufstellung des Heeres als treuester und beharrlichster Helfer des Brutus erwiesen hat. Wegen des M. Appuleius sollte, meine ich, gesondert beraten werden: er war, wie der Brief des M. Brutus bezeugt, der erste, der sich bemüht hat, Truppen zusammenzubringen[29].

25 Bei dieser Sachlage möchte ich, nachdem der Konsul C. Pansa über den Brief des Prokonsuls Q. Caepio Brutus[30], eine Botschaft, die vor dieser Versammlung verlesen worden ist, berichtet hat, in dieser Angelegenheit folgendes vorschlagen: da dank der Mühewaltung, Umsicht, Bereitwilligkeit und Tatkraft des Prokonsuls Q. Caepio Brutus inmitten einer schweren Krise unseres Staates die Provinzen Makedonien und Illyrien und ganz Griechenland sowie die dort befindlichen Legionen, Fußtruppen und Reitereinheiten für die Konsuln, den Senat und das römische Volk verfügbar seien, habe der Prokonsul Q. Caepio Brutus richtig und dem Staatswohl gemäß gehandelt, wie es seinem und seiner Vorfahren Ansehen, wie es ferner deren ständiger Bereitschaft entspreche, dem Staate zu dienen; hierfür seien und blieben ihm der Senat und das römische Volk zu Dank
26 verpflichtet. Der Prokonsul Q. Caepio Brutus solle die Provinzen Makedonien und Illyrien sowie ganz Griechenland sichern, verteidigen, bewachen und vor Schaden bewahren und über die Truppen verfügen, die er selbst aufgestellt und ausgerüstet habe, er solle ferner die für Wehrzwecke erforderlichen öffentlichen Geldmittel, sobald sie fällig seien, einziehen und verwenden sowie, ebenfalls für Wehrzwecke, bei ihm geeignet erscheinenden Leuten Darle-

hen aufnehmen, solle die Lieferung von Getreide anordnen und Sorge tragen, daß er sich mit seinen Truppen in möglichst großer Nähe von Italien aufhalte. Und da aus dem Brief des Prokonsuls Q. Caepio Brutus hervorgehe, daß das Staatswohl durch die Mühewaltung und Tatkraft des Prokonsuls Q. Hortensius erhebliche Förderung erfahren habe und dessen Entschlüsse sämtlich auf die Entschlüsse des Prokonsuls Q. Caepio Brutus abgestimmt gewesen und hieraus dem Staate große Vorteile erwachsen seien, stehe fest, daß der Prokonsul Q. Hortensius richtig und gehörig und dem Staatswohl gemäß gehandelt habe, und der Senat ordne an, daß der Prokonsul Q. Hortensius mit einem Quästor oder Proquästor und mit seinen Legaten die Provinz Makedonien verwalten solle, bis er auf Grund eines Senatsbeschlusses einen Nachfolger erhalte.

ELFTE PHILIPPISCHE REDE

Einleitung

Ein Senatsbeschluß vom April 44 v. Chr. hatte dem Konsul P. Cornelius Dolabella für das folgende Jahr die Statthalterschaft in Syrien zugewiesen, ein Gesetz von Anfang Juni sie auf fünf Jahre ausgedehnt. Die Senatsbeschlüsse vom 28. November und vom 20. Dezember, die den Provinzen für die Prätoren galten, ließen diese Regelung unberührt; Dolabella begab sich Ende 44 v. Chr. mit der legitimen Anwartschaft auf das syrische Kommando in den Osten. Er brachte, in der Provinz Asien angekommen, Smyrna in seine Gewalt und tötete den dortigen Statthalter, den Caesarmörder C. Trebonius. Die Kunde von dieser Untat gelangte während der zweiten Februarhälfte nach Rom; der Senat machte sich den Vorschlag des Q. Fufius Calenus zu eigen und erklärte Dolabella einstimmig zum Staatsfeind.

Die Beratungen des folgenden Tages hatten die Suche nach einem geeigneten Kandidaten für die Niederwerfung Dolabellas zum Gegenstand. Ein Senatsmitglied – vielleicht Pansa, der Leiter der Sitzung – schlug vor, die amtierenden Konsuln sollten untereinander durch das Los entscheiden, wer Asien und wer Syrien erhalte, und, sobald D. Brutus befreit sei, den Krieg gegen Dolabella führen. Ein zweiter Antrag – er wurde von L. Iulius Caesar gestellt – empfahl, P. Servilius Vatia Isauricus, den Amtsvorgänger des ermordeten Statthalters Trebonius, mit einem außerordentlichen Kommando zu betrauen. Bei diesem Stand der Dinge ergriff

Cicero das Wort. Sein ausführliches Votum, die elfte Philippische Rede, trug der Tatsache Rechnung, daß C. Cassius Longinus, den Antonius in die bedeutungslose Cyrenaica hatte abschieben wollen, in Wahrheit nach Syrien aufgebrochen war, in der Absicht, dortselbst statt Dolabellas das Kommando an sich zu bringen; er beantragte demgemäß, Cassius mit der Statthalterschaft in Syrien und einer übergeordneten Befehlsgewalt *(imperium maius)* in Asien und Bithynien-Pontos zu betrauen.

Der erste, überwiegend erzählende, schildernde und charakterisierende Abschnitt (1–14) sucht die – nach Cicero – barbarische Mordtat an Trebonius in ein möglichst grelles Licht zu rücken. Zugleich aber dient er eigenartigerweise noch einem weiteren Zweck: da Dolabella und Antonius einander an Grausamkeit nichts nachgäben, könne man aus dem Verhalten Dolabellas schließen, wessen man sich von seiten des Antonius zu gewärtigen habe; Antonius, meint Cicero, werde sogar um so schlimmer wüten, als er über die größere Zahl von Helfern gebiete – was durch einen mit Sarkasmen gespickten Katalog solcher Helfer veranschaulicht wird. Der Abschnitt soll also nicht nur das Verbrechen Dolabellas vor Augen führen, sondern auch demonstrieren, wie gefährlich Antonius sei; man fragt sich, ob dieses gewaltsame Ceterum censeo dem Hauptzweck der Rede nicht eher abträglich als förderlich gewesen ist.

Der zweite Abschnitt (15–25) weist die bisherigen Vorschläge zurück. Die Bewilligung eines außerordentlichen Kommandos, behauptet Cicero, sei eine gefährliche und, wie er an Hand von Beispielen aus früheren Zeiten darzulegen sucht, den Grundsätzen des Senats zuwiderlaufende Maßnahme. Die Befehlshaberstellen des Pompeius gelten ihm in diesem überaus fragwürdigen Räsonnement als von aufrührerischen Volkstribunen ertrotzt, obwohl doch niemand anders als er die eine von ihnen, das Kommando gegen Mithridates VI. von Pontos, in seiner ersten politischen Ansprache befürwortet hatte*. Und mit der außerordentlichen Befehlshaberstelle, die unlängst dem jungen Oktavian – und zwar abermals durch ihn, durch seine fünfte Philippica – übertragen worden war, soll es wegen der dringlicheren Umstände eine ganz andere Bewandtnis haben. Der zweite Vorschlag, die Benennung der amtierenden Konsuln, würde, erklärt Cicero, deren Aufmerksamkeit von Mutina ablenken und überdies die Verfolgung Dolabellas verzögern.

Dritter Abschnitt (26–40): Cicero umschreibt und begründet seinen eigenen Vorschlag. Man benötige einen Truppenführer, der bereitstehe und sich bewährt habe; folglich kämen sowohl M. Brutus als auch Cassius in Betracht; da M. Brutus in Griechenland gebunden sei, bleibe Cassius. Beide, fährt Cicero fort, seien nicht in ihre eigene, sondern in eine fremde Provinz gegangen, und zwar der eine wie der andere nach der Maxime, nach der alles, was dem Staate Rettung bringe, für gesetz- und rechtmäßig gelte. Cicero zitiert nunmehr den Text seines Vorschlags (29–31) und mustert sodann die Streitkräfte, die Cassius zu Gebote stünden, wobei er vor allem rechtfertigend und rühmend auf den Galaterkönig Deiotarus eingeht. Zum Schluß beteuert er, man werfe ihm zu Unrecht vor, daß er Brutus und Cassius mit schrankenloser Machtvollkommenheit ausgestattet wissen wolle, und den Einwand, die Veteranen Caesars möchten die Maßnahme übel aufnehmen, weist er mit ähnlichen Argumenten zurück wie in der zehnten Philippica, 15–20.

* Siehe hierüber die Einleitung zur Rede über den Oberbefehl des Cn. Pompeius.

Pansa lehnte Ciceros Vorschlag ab und empfahl dem Senat mit Erfolg, die Konsuln – also ihn selbst und seinen Kollegen Hirtius – mit der Führung des Krieges gegen Dolabella zu betrauen.

Schematische Übersicht

1. Teil (1–14):

Die Ermordung des Trebonius – Dolabellas Tat zeigt, wozu Antonius fähig ist.

a) Das grauenhafte Geschehen; Dolabella ein Abbild des Antonius (1–9).
b) Die Gefährlichkeit des Antonius; sein Gefolge (10–14).

2. Teil (15–25):

Mißbilligung der bisherigen Vorschläge.

a) Kein außerordentliches Kommando für Servilius (15–20).
b) Keine Verlosung von Asien und Syrien durch die Konsuln (21–25).

3. Teil (26–40):

Ciceros eigener Vorschlag.

a) Die Statthalterschaft in Syrien gebührt Cassius (26–28).
b) Der Text des Antrags (29–31).
c) Die Streitkräfte des Cassius (32–35).
d) Widerlegung von Einwänden, insbesondere des Hinweises auf die Veteranen (36–40).

ELFTE PHILIPPISCHE REDE

1 Mit dem großen Leid, versammelte Väter, mit der Trauer vielmehr, in die uns der grausame und beklagenswerte Tod des C. Trebonius, eines vortrefflichen Bürgers und überaus maßvollen Mannes, versetzt hat, ist immerhin eine Erfahrung verbunden, die sich, glaube ich, günstig auf unsere Politik auswirken wird. Uns steht ja jetzt deutlich vor Augen, zu welchen Ungeheuerlichkeiten die fähig sind, die einen verbrecherischen Krieg gegen ihr Vaterland zu führen begonnen haben. Denn diese beiden Individuen sind, seit es Menschen gibt, der Gipfel des Abscheulichen und Schmutzigen: Dolabella und Antonius. Von ihnen hat der eine schon erreicht, worum es ihm zu tun war; bei dem anderen ist deutlich geworden, was er noch vorhat.

L. Cinna war grausam, C. Marius beharrlich in seinem Zorn, L. Sulla gewalttätig[1]; doch keiner von ihnen ging mit der Bitterkeit seiner Rache über den Tod hinaus, den man schon als Strafe, über Bürger verhängt, für allzu hart hielt.
2 Hier aber was für ein Paar: an Bosheit einer wie der andere – beispiellos, unerhört, schrecklich, barbarisch. So ist denn aus dem Haß und Krieg, mit dem sie sich einst heftig verfolgt haben (ihr erinnert euch)[2], eine wunderbare Gleichgesinntheit und Zuneigung hervorgegangen: die Ähnlichkeit ihres abstoßenden Charakters und ihres schändlichen Lebens hat sie zusammengeführt.

Demnach: was Dolabella dem antat, der in seine Gewalt geriet, damit bedroht Antonius viele. Dolabella, weit entfernt von den Konsuln und unseren Armeen, wußte ja noch nichts von dem Einverständnis zwischen dem Senat und dem römischen Volk, und so vollbrachte er im Vertrauen auf die Truppen des Antonius Verbrechen, die er in Rom bereits
3 von dem Genossen seiner Raserei vollbracht glaubte. Was

sonst, denkt ihr, führt demnach Antonius im Schilde, was sonst ist sein Begehr? Oder was für einen Grund hat eurer Meinung nach der ganze Krieg? Alle, die wir uns freimütig über die politische Lage geäußert, die wir unser würdige Anträge gestellt, die wir die Freiheit des römischen Volkes gewollt haben: uns alle hält Antonius nicht für persönliche Widersacher, sondern für Staatsfeinde. Er gedenkt uns jedoch noch schlimmer büßen zu lassen als einen Staatsfeind: der Tod, glaubt er, sei die Strafe der Natur, und nur Folterqual und Peinigung die des Zornes. Für wie gefährlich hat man nun einen Feind zu halten, der, wenn er siegt, einen Tod ohne Foltern als Wohltat betrachtet? Ihr müßt daher, versammelte Väter (wiewohl ihr keines Mahners bedürft; von selbst ist ja in euch der Wunsch entbrannt, die Freiheit zurückzugewinnen) – ihr müßt mit desto größerem Mut und Eifer für die Freiheit eintreten, je größer die Leiden der Knechtschaft sind, die ihr auf die Besiegten zukommen seht.

In Gallien[3] ist Antonius eingerückt, in Asien Dolabella: 4
beide in eine fremde Provinz. Dem einen warf sich Brutus entgegen, und er fesselte die Wut des Rasenden, der alles plündern und brandschatzen wollte, unter Einsatz seines Lebens; er hemmte den Vormarsch, er sperrte den Rückweg, er legte, indem er sich einschließen ließ, Antonius nach beiden Seiten hin lahm.

Der andere fiel in Asien ein. Warum? Wenn er nach Syrien wollte: der Weg war frei, gefahrlos und nicht weit; wenn nach Smyrna: wozu nahm er die Legion mit? Einem gewissen Octavius Marsus[4], der vorausgesandt war, einem skrupellosen Banditen und Habenichts (er sollte das Land ausplündern und die Städte heimsuchen: nicht zu dem Zweck, sich ein Vermögen zu verschaffen, das er nach Auskunft derer, die ihn kennen, gar nicht zusammenhalten könnte – mir ist dieser Senator nämlich unbekannt –, sondern zur unmittelbaren Befriedigung seiner Bettelarmut) – diesem Manne folgte Dolabella.

5 Keinerlei Verdacht, daß Krieg sei (wer hätte das auch angenommen) – so schlossen sich höchst freundschaftliche Gespräche mit Trebonius an, und es gab Umarmungen, als falsche Zeichen größten Wohlwollens inmitten vorgetäuschter Gewogenheit. Der Händedruck, gewöhnlich ein Zeugnis der Treue, wurde durch Treulosigkeit und Heimtücke entweiht: nachts drang man in Smyrna ein, wie in eine feindliche Stadt, obwohl dort unsere treuesten und ältesten Bundesgenossen wohnen; überrumpelt wurde Trebonius: wenn der Täter bereits offen als Feind auftrat, ein Opfer mangelnder Vorsicht, wenn der noch stets den Bürger mimte, ein Unglücklicher.

An ihm wollte uns das Schicksal gewiß ein Beispiel vor Augen stellen, was wir, wenn wir unterliegen, zu befürchten haben. Den ehemaligen Konsul, der mit konsularischen Befugnissen die Provinz Asien verwaltete, überantwortete er einem Verbannten namens Samiarius[5]; seinen Gefangenen sofort zu töten, widerstrebte ihm: er wollte, möchte ich annehmen, bei seinem Siege nicht allzu viel Großmut zeigen. Nachdem er den trefflichen Mann mit Beschimpfungen aus seinem schamlosen Munde zerfleischt hatte, verhörte er ihn unter Geißelhieben und Foltern wegen der Staatskasse, und zwar zwei Tage lang. Dann, nachdem man ihm das Genick gebrochen hatte, schnitt er den Kopf ab und ließ ihn auf einem Spieß befestigt umhertragen; den Rest der Leiche, abgeschürft und zerfetzt, warf er ins Meer.

6 So müssen wir gegen einen Feind kämpfen, dessen abscheuliche Grausamkeit jede Barbarei übertroffen hat. Was soll ich noch von dem Mord an römischen Bürgern, von den Tempelplünderungen reden? Wer vermöchte so schweres Unheil in seiner ganzen Schrecklichkeit angemessen zu

beklagen? Und jetzt schwirrt er durch ganz Asien, führt sich auf wie ein König, glaubt, wir seien durch einen anderen Krieg gebunden, als ob's nicht in Wahrheit ein und derselbe Krieg wäre: gegen dies abscheuliche Gespann von Verbrechern!

Ein Abbild der Grausamkeit des M. Antonius bietet sich euch in Dolabella dar: der eine hat dem anderen als Muster gedient; von dem einen stammen die Maximen, nach denen der andere seine Verbrechen begeht. Glaubt ihr denn, milder als sich in Asien Dolabella aufgeführt, werde sich in Italien, wenn er kann, Antonius aufführen? Ich jedenfalls möchte meinen, daß Dolabella den Punkt erreicht hat, bis zu dem sich die Wildheit eines Wahnsinnigen überhaupt versteigen kann, und daß Antonius bei der Anwendung aller nur möglichen Strafmittel nicht das geringste Detail auslassen wird, sobald er dazu die Macht hat.

Stellt euch also den Anblick vor Augen, versammelte 7
Väter, furchtbar zwar und jammervoll, doch unerläßlich, unseren Zorn zu entfachen: den nächtlichen Angriff auf eine berühmte Stadt in Asien, das Eindringen Bewaffneter ins Haus des Trebonius, wobei der Unglückliche die Schwerter der Banditen erblickte, bevor er überhaupt wußte, worum es ging, dann die Ankunft des tobenden Dolabella, die ordinäre Stimme und die niederträchtige Visage, die Fesseln, die Geißelhiebe, das Marterwerkzeug, den Folterknecht und Henker Samiarius – was Trebonius, wie es heißt, tapfer und geduldig ertragen hat. Ein hohes Lob, und in meinen Augen das allerhöchste; das bekundet ja Weisheit, von allem, was dem Menschen zustoßen kann, im vorhinein zu bedenken, daß man's gefaßt ertragen muß, wenn es eintritt. Man verrät gewiß mehr Umsicht, wenn man verhütet, daß sich so etwas ereignet, man verrät jedoch nicht weniger Mut, wenn man's tapfer erträgt, falls es sich ereignet.

8 Dolabella hingegen hatte so sehr alle Menschlichkeit vergessen (er besaß freilich nie etwas davon), daß er seine unersättliche Grausamkeit nicht nur an dem Lebenden, sondern auch an dem Toten ausließ und, indem er den Leichnam zerfleischte und schändete, seine Augen weidete, ohne seine Wut je sättigen zu können.

Wieviel unglücklicher, Dolabella, bist du als der, den du zum Unglücklichsten hast machen wollen! «Qualen hat Trebonius erduldet, große Qualen.» Viele erdulden in schwerer Krankheit größere; die aber nennen wir gemeinhin nicht unglücklich, sondern leidend. «Lange dauerte die Qual.» Zwei Tage; doch bei manch einem dauert sie viele Jahre. Und nicht immer sind die Martern der Henkersknechte schlimmer als die Folterqualen von Krankheiten.

9 Es gibt anderes, ganz anderes, ihr verworfenen und wahnwitzigen Menschen, was weit unglücklicher macht. Denn in dem Maße, wie die Kraft des Geistes der des Körpers überlegen ist, wiegt das, was dem Geiste widerfährt, schwerer als alles Körperliche. Unglücklicher ist also, wer ein Verbrechen auf sich lädt, als jemand, der gezwungen ist, die Tat eines anderen zu erleiden. «Gefoltert wurde von Dolabella Trebonius.» Und ebenso von den Karthagern Regulus; da nun aber die Punier deswegen als äußerst grausam galten, und zwar einem Feinde gegenüber, als was muß dann erst, einem Bürger gegenüber, Dolabella gelten? Kann man hier ernstlich vergleichen wollen oder bezweifeln, wer unglücklicher ist: der, für dessen Tod der Senat und das römische Volk Vergeltung wünschen, oder der, den der Senat einstimmig zum Staatsfeind erklärt hat[6]?

Und was alle übrigen Lebensumstände betrifft: wer könnte, ohne Trebonius schwer zu verunglimpfen, das Leben des Trebonius mit dem Dolabellas vergleichen? Des einen Umsicht, Klugheit, Güte, Lauterkeit und Seelengröße bei der Befreiung unseres Vaterlandes: wer wüßte nicht davon? Der andere machte sich von Kindheit auf ein Vergnügen aus Grausamkeit, dann auch aus Lüsten so scheußlich, daß er selbst sich immer wieder darüber freute, Dinge zu tun, die ihm nicht einmal ein Feind, wenn er Schamgefühl besaß, vorwerfen konnte.

Und dieser Mensch, unsterbliche Götter, hat einmal zu 10
meiner Familie gehört[7]. Denn verborgen blieben die Fehler dem, der nicht danach suchte. Auch jetzt wäre vielleicht noch keine Entfremdung zwischen uns eingetreten, wenn er sich nicht euch, nicht den Mauern seiner Heimat, nicht dieser Stadt, nicht den häuslichen Schutzgöttern und Altären und Herden von uns allen, wenn er sich vollends nicht auch der Natur und der Menschlichkeit als Feind erzeigt hätte. Von ihm gewarnt, wollen wir uns mit desto mehr Umsicht und Wachsamkeit vor Antonius hüten.

Denn Dolabella hatte nicht so viele berühmt-berüchtigte Räuber bei sich. Ihr seht jedoch, was für Leute und wie viele Antonius hat. Zunächst den Bruder Lucius[8]: wahrlich einen Brandstifter, ihr unsterblichen Götter, einen Schurken, einen Verbrecher, einen Schlund, einen Abgrund! Was, glaubt ihr, schlürft er nicht schon in Gedanken ein, was verschlingt er nicht in seiner Vorstellung, wessen Blut trinkt er nicht, auf wessen Besitz und Vermögen heftet er nicht voll Erwartung und Gier seine schamlosen Blicke?

Was ist mit Censorinus? Seinen Worten nach wünschte er 11
Stadtprätor zu werden, in Wahrheit jedoch keineswegs. Was mit Bestia? Er erklärt, er wolle sich um den Platz des Brutus im Konsulat bewerben: möge Iupiter uns vor dieser abscheulichen Aussicht bewahren! Und wie unsinnig, daß sich jemand, der's nicht einmal zum Prätor gebracht hat, ums Konsulat bewirbt! Oder glaubt er, seine Verurteilung wiege die Prätur auf? Ein zweiter Caesar Vopiscus, im Besitz

großer Geistesgaben und großer Macht, bewirbt er sich unmittelbar nach der Ädilität ums Konsulat: man befreie ihn von den Gesetzen! Doch nein: er schert sich ja gar nicht um die Gesetze – wegen seines gewaltigen Ansehens, möchte ich meinen. Er ist, von mir verteidigt, fünfmal freigesprochen worden. Eine sechste Siegespalme ist in Rom auch für einen Schwertkämpfer kaum zu erlangen; doch war's die Schuld der Richter, nicht meine: ich habe ihn, so gut ich konnte, verteidigt; sie hätten dem Staate einen so berühmten und hervorragenden Senator erhalten müssen. Jetzt freilich setzt er offenbar alles daran, uns klarzumachen, daß die Männer, deren Urteile wir aufgehoben haben, richtig und dem Staatswohl gemäß zu urteilen wußten[9].

12 Das ist nicht nur bei ihm so: es gibt noch andere im selben Lager, die in Ehren verurteilt und in Schanden zurückgerufen worden sind. Und die Absichten dieser Leute, die allen Rechtschaffenen übelwollen: glaubt ihr, sie könnten anders als äußerst grausam sein? Es kommt noch ein gewisser Saxa hinzu, der uns von Caesar aus dem fernsten Keltiberien als Volkstribun beschert wurde, bisher Vermesser von Feldlagern, jetzt, wie er hofft, von Rom – möge, da er dort nichts zu suchen hat, sein Wunsch zu unserem Heile auf ihn selbst zurückfallen! Bei ihm Cafo, ein Altgedienter; niemanden hassen die Altgedienten unversöhnlicher als ihn. Denen hat, wie um die Mitgift abzurunden, die sie während der Bürgerwirren empfangen hatten, Antonius die kampanische Mark geschenkt, als Nährmutter ihrer übrigen Besitzungen. Könnten sie sich nur damit zufrieden geben! Wir nähmen's hin, obwohl es unerträglich war – wir mußten uns jedoch alles gefallen lassen, um diesen abscheulichen Krieg zu vermeiden[10].

13 Und dann: stellt ihr euch auch diese Leuchten im Lager des M. Antonius vor Augen? Zunächst die beiden Kollegen

der Antonier und Dolabellas, Nucula und Lento, die Verteiler Italiens, auf Grund eines Gesetzes, das nach Auffassung des Senats unter Anwendung von Gewalt eingebracht worden ist[11]. Der eine von ihnen hat Possen verfaßt, der andere Tragödie gespielt.

Was soll ich von dem Apulier Domitius[12] sagen? Ich sah neulich sein Vermögen zur Versteigerung ausgeschrieben: so groß ist die Schlamperei seiner Verwalter! Doch unlängst hat er dem Sohn seiner Schwester Gift massenhaft eingeflößt, nicht bloß gegeben. Sie können ja nicht anders als verschwenderisch leben – sie, die auf unser Vermögen hoffen, da sie das eigene vergeuden.

Ich sah auch die Versteigerung bei P. Decius, einem berühmten Manne, der sich, dem Beispiel der Vorfahren folgend, für seine Gläubiger dem Untergang geweiht hat[13]. Gleichwohl, ein Käufer fand sich bei dieser Versteigerung nicht. Ein lächerlicher Mensch: glaubt, er könne sich fremdem Zugriff entwinden, indem er fremdes Gut verkauft!

Was soll ich jetzt von Trebellius sagen? Ihn haben, 14
scheint's, die Rachegeister der Schuldner bestraft; denn wir sehen ihn, den Beschützer vor Schuldenerlaß, als Schuldner ausgeschrieben. Und was von T. Plancus? Ihn hat ein hervorragender Mitbürger namens Aquila aus Pollentia verjagt, und zwar mit gebrochenem Schienenbein: wäre ihm das doch eher passiert; dann hätte er nie mehr nach hier zurückkehren können[14]!

Das Glanzlicht und die Zierde des Heeres wäre beinahe unerwähnt geblieben: T. Annius Cimber, der Sohn des Lysidikos, ein Lysidikos auch selbst, da er ja jegliches Recht auflöst – es sei denn, ein Cimber hätte das Recht, den eigenen Bruder zu töten[15].

Wenn nun Antonius eine solche Menge von solchen Leuten bei sich hat, welches Verbrechen wird er dann auslassen – wo sich doch Dolabella so furchtbarer Mordtaten schuldig gemacht hat, mit einer weit geringeren Streitkraft und Anzahl von Banditen?

15 Daher habe ich, nachdem ich wider Willen schon oft anderer Meinung war als Q. Fufius, jetzt seinem Vorschlag gerne zugestimmt. Hieraus könnt ihr ersehen, daß ich nicht wegen einer Person, sondern wegen der Sache anderer Meinung zu sein pflege. So stimme ich denn Fufius nicht nur zu, sondern sage ihm auch Dank. Er hat ja strenge, harte, der Würde unseres Staates angemessene Schritte vorgeschlagen: er wollte Dolabella zum Staatsfeind erklärt wissen und beantragte die Einziehung seines Vermögens. Dem war nichts hinzuzufügen (denn welche schärfere, welche strengere Maßnahme hätte er vorschlagen können?); trotzdem erklärte er, wenn einer der nach ihm Befragten härtere Schritte vorschlage, dann werde er sich dem anschließen. Wer wäre nicht bereit, diese Strenge gutzuheißen?

16 Jetzt, wo Dolabella zum Staatsfeind erklärt ist, muß man Krieg gegen ihn führen. Er seinerseits ist ja nicht untätig: er hat eine Legion, hat entlaufene Sklaven, hat eine unheilvolle Schar von Frevlern; er ist voller Selbstvertrauen und Anmaßung; er hat sich vorgenommen, nach Schwertkämpferart dem Tode ins Auge zu sehen.

Da wir also, nachdem Dolabella am gestrigen Tage zum Staatsfeind erklärt worden ist, Krieg führen müssen, obliegt uns die Wahl eines Feldherrn. Zwei Lösungen wurden vorgeschlagen, die ich beide mißbilligen muß: die eine, weil ich sie stets für gefährlich halte (außer wenn sie unvermeidlich ist), die andere, weil ich meine, daß sie den gegenwärtigen Umständen nicht gerecht wird.

17 Denn ein außerordentliches Kommando ist eine dem Pöbel gefällige, eine windige Maßnahme, unvereinbar mit unserer Würde, unvereinbar mit den Grundsätzen dieses

Hauses. Als während des großen und beschwerlichen Krieges gegen Antiochos L. Scipio die Provinz Asien erhalten hatte und man ihm den erforderlichen Mut, die erforderliche Tatkraft absprach und der Senat Miene machte, die Aufgabe C. Laelius, dem Vater des bekannten Sapiens, zu übertragen, erhob sich P. Africanus, der ältere Bruder des L. Scipio, um diese Schande von der Familie abzuwenden, und sagte, sein Bruder verfüge über sehr viel Tatkraft und sehr viel Erfahrung und er selbst wolle ihm trotz seines Alters und seiner Verdienste als Legat zur Seite stehen[16]. Als er das gesagt hatte, wurde keine Veränderung mit der Provinz Scipios vorgenommen, und man hat sich für diesen Krieg ebensowenig nach einem außerordentlichen Kommando umgesehen wie vorher während der beiden furchtbaren punischen Kriege, die von Konsuln oder Diktatoren geführt und beendet wurden, wie im Krieg mit Pyrrhos, mit Philipp, wie hernach im achäischen und schließlich im dritten punischen Kriege, und wenn sich hierzu das römische Volk selbst einen geeigneten Feldherrn ausgesucht hat – P. Scipio –, dann verlangte es gleichwohl, daß dieser den Krieg als Konsul führe[17].

Gegen Aristonikos war Krieg zu führen unter dem 18
Konsulat des P. Licinius und L. Valerius. Das Volk wurde befragt, wer den Krieg führen solle. Crassus, Konsul und erster Oberpriester, verurteilte seinen Kollegen Flaccus, einen Marspriester, zu einer Buße für den Fall, daß er seinen kultischen Verpflichtungen nicht nachkomme. Das Volk erließ die Buße, befahl jedoch dem Marspriester, er solle dem Oberpriester gehorchen. Aber nicht einmal damals hat das römische Volk den Krieg einem Manne ohne Amt übertragen, obwohl Africanus zur Verfügung stand, der im Jahre zuvor über Numantia triumphiert hatte: er war allen anderen an Kriegsruhm und Tüchtigkeit weit überlegen und bekam

gleichwohl nur die Stimmen zweier Bezirke[18]. So überantwortete das römische Volk die Kriegführung lieber dem Konsul Crassus als dem amtlosen Africanus. Die Befehlshaberstellen des Cn. Pompeius, dieses hochberühmten Mannes, des Ersten unter allen, haben aufrührerische Volkstribunen durchgesetzt; den Krieg gegen Sertorius wiederum hat ihm, dem Amtlosen, der Senat nur deshalb anvertraut, weil die Konsuln sich weigerten, was L. Philippus zu der Äußerung veranlaßte, er entsende ihn statt der Konsuln, nicht statt eines Konsuls[19].

19 Wozu also diese Wahlen? Und was für einen Streit hat ein so besonnener und umsichtiger Mitbürger wie L. Caesar in den Senat gebracht! Er schlägt einen hochangesehenen und ganz untadeligen Mann[20] für das Kommando vor – freilich einen, der ohne Amt ist. Hiermit hat er uns eine schwere Last aufgebürdet: wenn ich zustimme, dann bringe ich Streit in die Kurie; wenn ich widerspreche, dann wird man meinen, ich hätte – wie bei Wahlen – meine Stimme benutzt, einem meiner besten Freunde eine Ehre vorzuenthalten. Wenn gewünscht wird, daß im Senat Wahlen stattfinden, dann wollen wir uns bewerben und um Stimmen bitten, vorausgesetzt, man erlaubt uns, geheim abzustimmen, wie man's dem Volke erlaubt hat. Warum willst du den Eindruck hervorrufen, Caesar, daß ein ausgezeichneter Mann eine Niederlage erlitten habe (falls du keine Zustimmung findest) oder daß wir allesamt übergangen worden seien (falls man uns, die wir denselben Rang innehaben, derselben Ehre nicht für wert hält)?

20 Aber ich habe doch – so höre ich nämlich reden – dem jungen C. Caesar mit meinem Antrag[21] ein außerordentliches Kommando verschafft. Ja, denn er hatte mir einen außerordentlichen Schutz verschafft. Wenn ich sage «mir», dann meine ich den Senat und das römische Volk. Dem

Manne, von dem der Staat einen gänzlich unverhofften Schutz erhielt – so bedeutend, daß er ohne ihn verloren gewesen wäre –, sollte ich kein außerordentliches Kommando geben? Wir mußten ihm entweder die Truppen wegnehmen oder das Kommando geben; denn wie läßt sich begründen oder wie kann man zulassen, daß jemand ohne Kommando Truppen unterhält? Man darf nicht glauben, was nicht genommen sei, das sei auch schon gegeben; ihr hättet vielmehr C. Caesar das Kommando genommen, versammelte Väter, wenn ihr's ihm nicht gegeben hättet. Die altgedienten Soldaten, die, seinem Rat, Gebot und Namen folgend, für den Staat zu den Waffen gegriffen hatten, wünschten, daß er ihr Befehlshaber sei; als sich die Legion des Mars und die vierte Legion dem Ansehen des Senats und der Hoheit des Staates unterstellten, da baten sie sich C. Caesar zum Feldherrn und Führer aus[22]. Den Oberbefehl hat C. Caesar die Not des Krieges, und nur die Rutenbündel hat ihm der Senat verliehen. Doch einem unbeschäftigten und untätigen Manne ohne Amt – ich bitte dich, L. Caesar (ich habe es ja mit einem sehr erfahrenen Manne zu tun): wann hat der Senat so jemandem je ein Kommando gegeben? Doch hierüber so viel: man sollte nicht glauben, ich stünde einem treuen und hervorragend um mich verdienten Freunde im Weg. Doch wie kann man jemandem im Weg stehen, der selbst gar nicht will, ja sich sogar weigert?

Der andere Vorschlag, versammelte Väter, ist unverein- 21
bar mit der Würde der Konsuln, unvereinbar mit der Schwere der Zeit: daß die Konsuln, um Dolabella zu bekämpfen, wegen Asiens und Syriens losen sollen. Ich sage noch, warum das dem Staate nicht hilft; doch seht zunächst, wie schimpflich das für die Konsuln ist. Während unser künftiger Konsul[23] belagert wird und das Wohl des Staates von seiner Befreiung abhängt, während sich Verderben und

Mord bringende Bürger vom römischen Volke losgesagt haben und wir einen Krieg führen, in dem es um unsere Würde, unsere Freiheit, unser Leben geht, während jedem, der in die Gewalt des Antonius gerät, Foltern und Martern bevorstehen und während der Kampf um dies alles unseren ebenso rechtschaffenen wie tapferen Konsuln anvertraut und überantwortet ist: soll da noch von Asien und Syrien die Rede sein, als hätten wir dem Argwohn einen Grund oder dem Neide Nahrung geben wollen[24]?

22 Doch in dem Vorschlag heißt es ja: «Nach der Befreiung des Brutus.» Das hätte noch gefehlt: ihn zu verlassen, preiszugeben, zu verraten! Ich meine sogar, daß hier überhaupt zu ungelegenster Zeit von Provinzen die Rede war. Denn du magst mit ganzer Seele darauf bedacht sein, C. Pansa (wie du es auch bist), den tapfersten und angesehensten Mann unter uns allen zu befreien: es liegt dennoch in der Natur der Sache, daß du unwillkürlich manchmal deine Aufmerksamkeit auf die Verfolgung Dolabellas richtest und einen Teil deiner Überlegungen und Sorgen auf Asien und Syrien wendest. Wenn es möglich wäre, dann wünschte ich, du hättest die Kraft von mehreren Seelen, um sie allesamt auf Mutina zu konzentrieren. Da das nicht sein kann, wünschen wir, daß die hervorragende und starke Seele, die du hast, an nichts
23 anderes denkt als an Brutus. Das tust du bereits und gehst ganz darin auf, ich weiß. Doch zwei Dinge, zumal schwierige, kann niemand zugleich tun, ja nicht einmal in Gedanken abwickeln. Schüren und entflammen müssen wir deinen unvergleichlichen Eifer, nicht zu einem Teil auf andere Sorgen lenken.

Denk auch an das Gerede der Leute, an den Argwohn, an den Neid. Mach's mir nach, mit dem du schon immer einverstanden warst: ich habe eine Provinz, für die der Senat das Personal und die Geldmittel bewilligt hatte, abgelehnt, um die Feuersbrunst des Vaterlandes frei von anderen Gedanken löschen zu können[25]. Kein Mensch außer mir allein, mit dem du dich bestimmt, wenn du mit irgendeinem Vorteil für dich gerechnet hättest, eng miteinander befreundet wie wir sind, in Verbindung gesetzt hättest – kein Mensch würde glauben, man habe dir gegen deinen Willen eine Provinz zuerkannt. Dies Gerücht (ich bitte dich: laß dich von deiner unvergleichlichen Klugheit leiten) – ersticke es im Keime und verhalte dich so, daß du nicht einer Sache nachzujagen scheinst, die dir gleichgültig ist.

Hierum mußt du dich um so nachdrücklicher bemühen, 24
als dein Kollege[26], ein hochangesehener Mann, nicht auch in diesen Verdacht geraten kann. Er weiß von alledem nichts, er hat keine Ahnung: er führt Krieg, steht in vorderster Linie, kämpft um sein Blut und sein Leben; er wird eher erfahren, daß man ihm eine Provinz zuerkannt hat, als er etwas von einer hierfür sich bietenden Gelegenheit ahnen kann. Auch habe ich Sorge, daß unsere Truppen, die sich doch nicht, weil ihnen die Aushebung keine Wahl ließ, sondern freiwillig der Sache des Staates zugewandt haben, in ihrem Eifer ermatten, wenn sie den Eindruck gewinnen, wir hätten außer dem gegenwärtigen Kriege noch anderes zu bedenken.

Wenn man aber glaubt, die Konsuln sollten sich um Provinzen bemühen, wie sich schon oft mancher hochberühmte Mann darum bemüht hat, dann gebe man uns zuerst unseren Brutus zurück, die Leuchte und Zierde unserer Bürgerschaft! Er verdient ebensoviel Schutz wie das berühmte Standbild, das sich, nachdem es vom Himmel gefallen ist, im Gewahrsam der Vesta befindet: seine Rettung verbürgt unsere Rettung[27]. Bis in den Himmel wollen wir euch dann, wenn es möglich ist, auf unseren Schultern heben, und jedenfalls suchen wir euch die Provinzen aus, die eurer am würdigsten sind. Doch jetzt wollen wir an das gehen, worum es jetzt geht; es geht aber darum, ob wir in Freiheit leben oder den Tod erleiden sollen – den man doch gewiß der Knechtschaft vorziehen muß.

25 Wie – wenn dieser Vorschlag die Verfolgung Dolabellas sogar hinauszögert? Denn wann wird einer der Konsuln eingreifen? Oder wollen wir so lange warten, bis keine Spur von den Gemeinden und Städten Asiens mehr übrig ist? Sie werden eben jemanden hinschicken, der ihren Rang hat[28]. Da kann ich nur kräftig zustimmen – ich, der ich soeben einem hochangesehenen, aber amtlosen Manne das außerordentliche Kommando nicht zugestanden habe! Sie werden immerhin einen Geeigneten hinschicken. Geeigneter als P. Servilius? Den gibt es nicht in unserer Bürgerschaft. Ich habe soeben gemeint, diese Befugnis dürfe nicht einmal von seiten des Senats irgend jemandem zuerkannt werden: wie soll ich dann billigen, daß sie von der Entscheidung eines Einzelnen abhängt?

26 Einen Mann, der bereitsteht und entschlossen ist, brauchen wir, versammelte Väter, und der ein ordentliches Kommando innehat, der außerdem Einfluß, Ansehen und Truppen besitzt und sich im Kampf um die Befreiung des Staates bewährt hat. Wer ist das? Entweder M. Brutus oder C. Cassius oder alle beide. Ich würde jetzt gewiß, wie das oft bei Konsuln geschieht, die Formel «einen von ihnen oder beide» vorschlagen, hätten wir nicht Brutus in Griechenland gebunden und seine Truppen im Bereich Italiens – statt Asiens – gewünscht, nicht um unsererseits Rückhalt durch diese Streitmacht zu haben, sondern um ihr von Übersee her Deckung zu geben. Außerdem, versammelte Väter, wird M. Brutus noch stets durch C. Antonius festgehalten, der Apollonia, eine große und bedeutende Stadt, besitzt, der, glaube ich, Byllis, der Amantia besitzt, der Epirus bedroht,

Orikos bedrängt, der einige Kohorten hat, der Reiterei hat[29]. Wenn Brutus von hier auf einen anderen Kriegsschauplatz geworfen wird, dann geht uns Griechenland mit Sicherheit verloren. Und zudem müssen wir an Brundisium und die dortige Küste Italiens denken. Ich wundere mich allerdings, daß Antonius noch stets auf sich warten läßt; er pflegt nämlich sonst selbst sein Ränzlein zu schnüren, ohne sich allzu lange der Angst vor einer Belagerung auszusetzen.

Wenn Brutus damit fertig ist und feststellt, daß er dem Staate durch die Verfolgung Dolabellas mehr nützen kann als durch weiteres Bleiben in Griechenland, dann wird er selbständig handeln, wie er das auch bis jetzt getan hat, und nicht inmitten so vieler Feuersbrünste, die ein sofortiges Eingreifen verlangen, auf den Senat warten. Denn Brutus 27
und ebenso Cassius sind sich schon bei vielen Gelegenheiten selber Senat gewesen. Man muß sich nämlich inmitten eines solchen Durcheinanders und einer so allgemeinen Verwirrung mehr nach dem Gebot der Stunde richten als nach dem Herkommen. Und es ist ja jetzt nicht das erste Mal, daß Brutus oder Cassius das Heil und die Freiheit des Vaterlandes für das unverbrüchlichste Gesetz und das beste Herkommen halten[30]. Wenn uns daher wegen der Verfolgung Dolabellas gar nicht Bericht erstattet würde, dann wäre sie trotzdem für mich eine beschlossene Sache: angesichts solcher Männer, durch Tüchtigkeit, Ansehen und Herkunft von erstem Rang, über deren Truppen wir im einen Falle genau Bescheid wissen, im anderen einige Kunde erhalten haben.

Hat Brutus denn bisher unsere Beschlüsse abgewartet, wenn er unsere Wünsche kannte? Er ist ja nicht in seine eigene Provinz, nach Kreta, gegangen, sondern nach Makedonien, in eine fremde, geeilt; er meinte, daß ihm alles zustehe, wofür ihr zuständig zu sein wünschtet. Er hob neue

Legionen aus und berief alte wieder ein; er nahm Dolabella die Reiterei weg[31] und erklärte ihn, der sich damals noch nicht mit einer so schrecklichen Mordtat besudelt hatte, durch eigenen Spruch zum Staatsfeind; denn wenn dem nicht so wäre: mit welchem Recht hätte er dem Konsul die Reiterei weggenommen?

28 Wie – C. Cassius, ein Mann von ebenso großer Entschlossenheit und Umsicht: ist er nicht mit dem Vorsatz aus Italien abgereist, Dolabella von Syrien fernzuhalten? Nach welchem Gesetz, nach welchem Recht? Nach dem, das Jupiter selbst geschaffen hat, wonach alles, was dem Staate Rettung bringt, für gesetz- und rechtmäßig gilt; ein Gesetz ist ja nichts anderes als ein richtiger und aus dem Willen der Götter abgeleiteter Grundsatz, der das Gute vorschreibt und das Gegenteil verbietet. Diesem Gesetz also hat Cassius gehorcht, als er nach Syrien abreiste: in eine fremde Provinz, wenn sich die Menschen an die geschriebenen Gesetze halten wollten, im Falle von deren Mißachtung hingegen in seine eigene, nach dem Gesetz der Natur.

29 Damit jedoch dieses Gesetz auch durch euer Wort bestätigt werde, schlage ich folgenden Beschluß vor: Da P. Dolabella und alle, die an seinem grausamen und abscheulichen Verbrechen als Diener, Mittäter und Helfer beteiligt waren, vom Senat zu Feinden des römischen Volkes erklärt worden seien und der Senat beschlossen habe, daß gegen P. Dolabella mit Krieg vorzugehen sei, damit er, der alles göttliche und menschliche Recht durch ein beispielloses, unerhörtes und unsühnbares Verbrechen besudelt und sich dem Vaterland durch einen gräßlichen Mord verpfändet habe, die den Göttern und Menschen geschuldete und verfallene Buße
30 entrichte, beschließe der Senat, C. Cassius solle als Prokonsul die Provinz Syrien verwalten, und zwar mit allen Befugnissen, die einem Statthalter dieser Provinz zukommen

können; er solle von dem Prokonsul Q. Marcius Crispus, dem Prokonsul L. Staius Murcus und dem Legaten A. Allienus[32] die vorhandenen Streitkräfte in Empfang nehmen (die ihm die Genannten zu übergeben verpflichtet seien) und mit diesen Truppen sowie denen, die er sich zusätzlich verschaffe, zu Lande und zur See mit Krieg gegen P. Dolabella vorgehen.

Daß er, um diesen Krieg zu führen, das Recht und die Befugnis habe, wem er wolle, die Ablieferung von Schiffen, Seeleuten, Geld und allem übrigen, was für die Kriegführung erforderlich sei, aufzuerlegen, und zwar in Syrien, Asien, Bithynien und Pontos, und daß in allen Provinzen, die der Prokonsul C. Cassius um der Kriegführung willen betrete, seine Befehlsgewalt der Befehlsgewalt dessen übergeordnet sei, der zu der Zeit die betreffende Provinz verwalte, zu der der Prokonsul C. Cassius sie betrete.

Daß König Deiotarus der Vater und König Deiotarus der 31
Sohn[33], wenn sie, wie sie schon oft in manchem Krieg dem Reiche des römischen Volkes Hilfe geleistet hätten, ebenso auch dem Prokonsul C. Cassius mit ihren Truppen und Geldmitteln Hilfe leisteten: daß sie damit dem Senat und dem römischen Volk einen Dienst erwiesen. Und daß, wenn die übrigen Könige, Gaufürsten und Herrscher dasselbe täten, sich der Senat und das römische Volk für ihre Dienste erkenntlich zeigen wollten.

Und daß die Konsuln C. Pansa und A. Hirtius, einer von ihnen oder beide, wenn sie es für richtig hielten, nach der Wiederherstellung der Staatsgewalt möglichst bald wegen der konsularischen und prätorischen Provinzen vor dieser Versammlung Bericht erstatten sollten. Daß die Provinzen in der Zwischenzeit von denen verwaltet werden sollten, die sie jetzt verwalten, bis sie durch einen Senatsbeschluß einen Nachfolger erhielten.

32 Durch diesen Senatsbeschluß werdet ihr einen Brennenden entflammen und einen Gerüsteten noch besser rüsten: Cassius – ihr könnt ja seine Gesinnung nicht verkennen und auch die Stärke seiner Truppen nicht. Die Gesinnung: wie sie euch vor Augen steht; die Truppen: wie man euch davon berichtet hat ...[34] tapfere und zuverlässige Männer, die auch, wenn Trebonius noch lebte, die Raubzüge Dolabellas nicht bis nach Syrien hätten vordringen lassen. Allienus, ein guter Freund von mir, wird nach dem Tode des Trebonius ganz gewiß nicht Legat Dolabellas heißen wollen. Bei Q. Caecilius Bassus, der – wenn auch ohne Amt – ein tüchtiger und angesehener Mann ist[35], befindet sich ein schlagkräftiges, siegreiches Heer.

33 Die Könige Deiotarus, Vater und Sohn, haben ein stattliches und in unserer Kampftechnik ausgebildetes Heer. Zu größten Hoffnungen berechtigt der Sohn: durch größte Geistesgaben und größte Tapferkeit. Muß ich noch vom Vater reden? Seine Ergebenheit dem römischen Volk gegenüber ist so alt wie er selbst: er war in Kriegszeiten nicht nur der Bundesgenosse unserer Feldherren, sondern auch der Führer seiner eigenen Truppen.

Wieviel Rühmliches von diesem Mann hat Sulla, hat Murena, hat Servilius, hat Lucullus immer wieder im Senat berichtet, wie wohlgesetzt, wie ehrerbietig, wie eindring-
34 lich! Wozu noch von Cn. Pompeius reden? Deiotarus war's, den er als einzigen auf der ganzen Welt für einen aufrichtigen und wahrhaft ergebenen Freund, als einzigen für einen treuen Bündner des römischen Volkes hielt. Befehlshaber waren ich und M. Bibulus in benachbarten, aneinandergrenzenden Provinzen: kein anderer als König Deiotarus hat uns geholfen, mit Reiterei und Fußtruppen[36].

Es folgte der entsetzliche und verhängnisvolle Bürgerkrieg: was Deiotarus damals hätte tun sollen, was überhaupt richtiger gewesen wäre, brauchen wir hier nicht zu erörtern – nicht zuletzt, weil das Kriegsglück gegen die Wahl entschied, die Deiotarus getroffen hatte. Wenn er in jenem Krieg irrte, dann irrte er gemeinsam mit dem Senat; wenn seine Wahl richtig war, dann verdient auch die besiegte Seite keinerlei Tadel.

Zu diesen Truppen kommen noch andere Könige, kommen auch neue Aushebungen. Selbst an Schiffen wird es 35
nicht fehlen: so viel geben die Tyrier[37] auf Cassius, so groß ist sein Ansehen in Syrien und Phönizien!

An C. Cassius, versammelte Väter, hat unser Staat einen Feldherrn, der gerüstet ist gegen Dolabella, und er ist nicht nur gerüstet, sondern auch erfahren und tüchtig. Große Dinge hat er vor der Ankunft des Bibulus, eines hervorragenden Mannes, vollbracht, indem er die berühmtesten Heerführer und gewaltige Truppenmassen der Parther aus dem Felde schlug und Syrien von dem ungeheuren Druck der Parther befreite. Seine größte Ruhmestat, ein Verdienst ohnegleichen, lasse ich beiseite: ihr Lob ist noch nicht jedermann willkommen, und so wollen wir ihr Andenken lieber durch das Zeugnis unserer Erinnerung ehren als durch das unserer Stimme[38].

Ich habe vermutet, versammelte Väter, und sogar gehört, 36
daß man sagt, allzu sehr werde Brutus von mir ausgezeichnet, und Cassius erhalte durch meinen Vorschlag eine schrankenlose Gewalt. Wen zeichne ich denn aus? Doch wohl Männer, die selbst Auszeichnungen für unseren Staat sind! Wie – habe ich nicht D. Brutus durch alle meine Vorschläge immer wieder ausgezeichnet? Wollt ihr mir das zum Vorwurf machen? Oder hätte ich besser die Brüder Antonius ausgezeichnet, die Schmach und Schande nicht nur ihrer Familien, sondern auch des römischen Namens? Soll ich Censorinus[39] auszeichnen, den Staatsfeind im Krieg und

Beutelschneider im Frieden? Soll ich die übrigen gescheiterten Existenzen aufzählen, die zu dieser Räuberbande gehören? Was mich betrifft, so bin ich weit davon entfernt, diese Widersacher der Ruhe, des Friedens, der Gesetze, der Rechtsprechung und der Freiheit auszuzeichnen, ja nichts kann mich daran hindern, sie ebensosehr zu hassen, wie ich unseren Staat liebe.

37 «Hüte dich», sagt man mir, «die Altgedienten gegen dich aufzubringen»; das bekomme ich nämlich oft genug zu hören. Ich muß vielmehr für alle Altgedienten eintreten, solange sie einen klaren Kopf bewahren, und jedenfalls darf ich mich nicht vor ihnen fürchten. Die Altgedienten aber, die um des Staates willen zu den Waffen gegriffen und sich C. Caesar angeschlossen haben, dem Bürgen der vom Vater verliehenen Vergünstigungen, und die jetzt unter Einsatz ihres Lebens den Staat verteidigen: für die muß ich nicht nur eintreten, sondern auch weitere Vorteile durchsetzen. Alle, die Ruhe halten, wie die siebte, wie die achte Legion, verdienen, meine ich, großen Ruhm und Preis. Die Gefolgsleute des Antonius hingegen, die, nachdem sie die Wohltaten Caesars verpraßt haben, den künftigen Konsul belagern, die unserer Stadt mit Feuer und Schwert drohen, die sich einem Saxa und einem Cafo [40] ausgeliefert haben, geborenen Verbrechern und Räubern: ist jemand hier, der glaubt, für sie eintreten zu müssen? Also: sie sind entweder rechtschaffen – dann müssen wir sie sogar auszeichnen, oder friedlich – dann müssen wir sie schützen, oder skrupellos – dann haben wir schon begonnen, ihrem Rasen mit Krieg und gerechter Waffengewalt zu begegnen.

38 Was sind das für Altgediente, die wir gegen uns aufzubringen fürchten? Die Leute, die D. Brutus von der Einschließung zu befreien suchen? Wenn ihnen die Rettung des Brutus am Herzen liegt, wie können sie dann den Namen

Cassius hassen? Oder die Leute, die für keine Seite kämpfen? Ich fürchte keinerlei Feindseligkeiten gegen wen auch immer von seiten derer, die den Frieden schätzen. Einer dritten Gruppe hingegen – nicht altgedienter Soldaten, sondern schlimmster Feinde – würde ich gern einen möglichst heftigen Schmerz eingebrannt wissen. Indes, versammelte Väter, wie lange sollen sich unsere Vorschläge nach den Wünschen der Altgedienten richten? Ist denn ihr Hochmut so groß, ihre Anmaßung so schlimm, daß wir sogar die Feldherrn nach ihrem Gutdünken aussuchen?

Ich glaube vielmehr (denn ich darf nicht verschweigen, 39
versammelte Väter, was ich denke), daß wir nicht so sehr auf die Altgedienten achten müssen wie darauf, was die jungen Rekruten, die Blüte Italiens, was die neuen Legionen, voller Bereitschaft, das Vaterland zu befreien, was ganz Italien von der Festigkeit eurer Gesinnung hält. Denn nichts blüht ewig; eine Generation folgt der anderen. Lange Zeit waren die Legionen Caesars stark, jetzt sind's die des Pansa, die des Hirtius, die des jungen Caesar, die des Plancus[41]: überlegen an Zahl, überlegen durch ihr jugendliches Alter, sind sie zweifellos auch auf Grund ihres Ansehens überlegen; sie führen ja einen Krieg, der von allen Völkern gutgeheißen wird. Daher wurden den einen Belohnungen versprochen, den anderen sind sie längst ausgezahlt. Mögen *die* das Ihre genießen, und man zahle den zuerst Genannten, was wir ihnen versprochen haben. Denn das, hoffe ich, werden die unsterblichen Götter für das gerechteste Vorgehen halten.

Aus alledem folgt, meine ich, daß ihr dem Vorschlag, den 40
ich euch gemacht habe, versammelte Väter, eure Zustimmung nicht versagen könnt.

ZWÖLFTE PHILIPPISCHE REDE

Einleitung

Ein Intermezzo. Ciceros Mißerfolg bei der Besetzung der Statthalterschaft in Syrien spornte die Anhänger des Antonius dazu an, aufs neue Verhandlungen zu fordern. Q. Fufius Calenus und L. Calpurnius Piso Caesoninus machten sich zu Fürsprechern dieses Projekts; sie erwirkten Ende Februar oder Anfang März mit der Unterstützung Pansas einen – offenbar selbst von Cicero gutgeheißenen – Senatsbeschluß, der eine zweite Gesandtschaft an die Adresse des Antonius vorsah. Zu Mitgliedern der Abordnung wurden die Antragsteller Calenus und Piso sowie P. Servilius Vatia Isauricus, L. Iulius Caesar und Cicero bestimmt.

Dieser Gang der Dinge rief offenbar Unzufriedenheit hervor, und Pansa sah sich veranlaßt, die Angelegenheit ein paar Tage später aufs neue zur Diskussion zu stellen. Daraufhin erklärte Servilius, seine Angehörigen und Freunde hätten ihm seine Teilnahme an der geplanten Gesandtschaft zum Vorwurf gemacht; er müsse seine Zusage zurückziehen. Nach ihm sprach Cicero; er erklärte sich in seiner zwölften Philippischen Rede ebenfalls außerstande, mit Antonius zu verhandeln.

Man sei, behauptet Cicero, von falschen Voraussetzungen ausgegangen, als man die zweite Gesandtschaft beschloß: man habe, von den Antragstellern irregeführt, geglaubt, daß Antonius ernstlich zu einem für den Senat annehmbaren Frieden bereit sei (1–4). Diese Voraussetzung habe sich inzwischen als Illusion erwiesen; man solle daher das Gesandtschaftsprojekt wieder fallenlassen (5–7). Cicero greift nunmehr auf Bedenken zurück, die er bereits in früheren Reden, anläßlich der ersten Gesandtschaft, geäußert hatte: das Vorhaben werde der Sache der Republik schaden, da es die Widerstandskraft in den eigenen Reihen lähme (7–10) – ähnlich die fünfte Philippica, 25 f. Außerdem, heißt es sodann, sei ein Friede mit dem Verbrecher Antonius für den Senat entwürdigend und unannehmbar (11–16) – so mit großer Ausführlichkeit schon die siebte Philippica, 9–25. In der zweiten Hälfte der Rede (16–30) erörtert Cicero einige Gründe, die es ihm persönlich unmöglich machen, sich an der Gesandtschaft zu beteiligen: man werde ihn auch dann für ungünstige Verhandlungsergebnisse verantwortlich machen, wenn er anderer Meinung sei als die übrigen Mitglieder; die Anhänger des Antonius und erst recht Antonius selbst lehnten ihn ab; er seinerseits könne den Anblick des Antonius nicht ertragen, und schließlich werde sein Leben, das er doch dem Staate erhalten müsse, aufs schwerste gefährdet sein, und zwar nicht nur auf der Reise, sondern auch während der Verhandlungen.

Der Senat verzichtete auf das Vorhaben, nachdem sowohl Servilius als auch Cicero sich geweigert hatten mitzuwirken.

ZWÖLFTE PHILIPPISCHE REDE

1 Es ist gewiß nicht in Ordnung, versammelte Väter, daß sich gerade der täuschen, hintergehen und irreführen läßt, dem ihr euch oft bei den wichtigsten Entscheidungen anschließt; mich tröstet immerhin, daß ich mich genauso wie ihr und gemeinsam mit unserem überaus verständigen Konsul geirrt habe. Denn als uns zwei ehemalige Konsuln Hoffnung auf einen ehrenhaften Frieden machten (sie waren ja Freunde des M. Antonius, waren seine Hausgenossen), da sah es aus, als kennten sie irgendeine Wunde von ihm, die uns unbekannt sei. Bei dem einen leben seine Frau und seine Kinder; der andere tauscht täglich Briefe mit ihm aus und hält offen zu ihm[1].

2 Diese beiden schienen nicht ohne Grund auf einmal zum Frieden zu mahnen; sie hatten das schon lange nicht mehr getan. Da kam noch der Konsul als Mahner hinzu. Und was für einer! Wenn wir nach seiner Klugheit fragen: der sich am wenigsten würde täuschen lassen – und nach seiner Entschlossenheit: der keinen Frieden gutheißen würde, außer mit einem unterwürfigen und besiegten Gegner – und schließlich nach seiner Seelengröße: der lieber den Tod auf sich nehmen würde als die Knechtschaft. Ihr aber, versammelte Väter, wart offenbar nicht darauf aus, eure strengen Beschlüsse zu vergessen, und so habt ihr – in der Erwartung einer Kapitulation, welche die Freunde lieber Frieden genannt wissen wollten – nur daran gedacht, Bedingungen aufzuerlegen, nicht jedoch, welche entgegenzunehmen. Und meine eigene Hoffnung (wie ich glaube, auch eure) war dadurch gestiegen, daß, wie ich hörte, das Haus des Antonius von Trauer hart getroffen sei und seine Frau bitterlich weine und daß ich selbst hier bei den Gefolgsleuten des Antonius, auf deren Mienen meine Blicke sich schon häus-

lich eingerichtet haben, eine gewisse Verdüsterung bemerkte.

Wenn das nun gar nicht zutrifft: warum wurde ausgerechnet von Piso und Calenus, warum zu diesem Zeitpunkt, warum so unversehens, warum so plötzlich auf die Möglichkeit eines Friedens hingewiesen? Piso erklärt, nichts zu wissen, nichts gehört zu haben; Calenus erklärt, nichts Neues sei ihm zur Kenntnis gelangt, und das erklären sie jetzt, nachdem sie uns in die Friedensgesandtschaft verwikkelt glauben. Wozu bedarf es also einer neuen Maßnahme, wenn sich die Situation überhaupt nicht geändert hat? 3

Wir sind hintergangen worden, sage ich, versammelte Väter: auf die Sache des Antonius hatten es dessen Freunde abgesehen, nicht auf die des Staates. Das sah ich zwar, doch wie durch einen Nebelschleier: abgestumpft hatte mir die Schärfe des Blicks der Gedanke an die Rettung des D. Brutus. Denn wenn es üblich wäre, im Kriege Leute auszutauschen: gern ließe ich mich, damit D. Brutus freikäme, an seiner Statt einschließen.

Und dies sind die Worte des Q. Fufius, die uns geblendet 4
haben: «Auch wenn er sich von Mutina zurückzieht, auch dann wollen wir uns weigern, Antonius zu hören? Auch wenn er sagt, er sei bereit, sich dem Senat zu unterstellen?» Das kam uns hart vor; so ließen wir uns denn erweichen und gaben nach. Zieht er sich jetzt von Mutina zurück? «Ich weiß es nicht.» Fügt er sich dem Senat? «Ich glaube: ja», sagt Calenus, «allerdings unter Wahrung seiner Würde.» Da müßt ihr euch aber mächtig anstrengen, versammelte Väter, daß ihr *eure* Würde, die doch groß ist, loswerdet und die des Antonius, die es nicht gibt und nicht geben kann, wahrt – damit er sie durch euch zurückgewinnt, nachdem er selbst sich darum gebracht hat. Wenn er am Boden liegend Verhandlungen mit euch aufnähme: ich würde ihn vielleicht

anhören. Indes – doch ja, ich bin eher geneigt zu sagen: ich würde ihn anhören. Solange er aber noch aufrecht steht, müssen wir Widerstand leisten oder gemeinsam mit unserer Würde unsere Freiheit an ihn preisgeben.

5 Aber es gibt kein Zurück: die Gesandtschaft ist beschlossen. Warum soll es für den Klugen kein Zurück geben, wenn sich die Ausgangslage wiederherstellen läßt? Jeder kann sich irren, doch nur der Unkluge verharrt bei seinem Irrtum: die späteren Überlegungen pflegen ja, wie man sagt, die klügeren zu sein[2]. Zerstreut hat sich der Nebel, von dem ich soeben sprach; es ist hell geworden und klar, wir sehen alles, nicht nur von uns aus, sondern auch, weil die Unseren uns warnen.

Ihr habt vorhin gehört, was die Worte eines hervorragenden Mannes waren: «In trüber Stimmung», sagte er, «traf ich mein Haus an, die Frau und die Kinder; erstaunt waren die Rechtschaffenen[3] und Vorwürfe machten mir die Freunde, daß ich mich um des erhofften Friedens willen auf die Gesandtschaft eingelassen hätte.» Kein Wunder, P. Servilius; deine ebenso treffenden wie strengen Meinungsäußerungen hatten ja Antonius nicht nur alle Würde, sondern auch alle
6 Aussicht auf Rettung genommen. Daß du zu diesem Manne als Unterhändler gehst, wen sollte das nicht wundern?

Das sehe ich an mir selber: ich habe ja denselben Entschluß gefaßt wie du und spüre jetzt, wie sehr man ihn ablehnt. Sind wir die einzigen, denen man Vorwürfe macht? Wie – hat Pansa, dieser mutige Mann, soeben ohne Grund eine so wohlbedachte und lange Rede gehalten? Worum ging es ihm: wollte er nicht den falschen Verdacht eines Verrats von sich ablenken? Doch woher kommt dieser Verdacht? Von der unvermuteten Befürwortung des Friedens, für den er so plötzlich eingetreten ist, demselben
7 Irrtum erlegen wie wir. Wenn wir uns geirrt haben, versam-

melte Väter, von einer falschen und trügerischen Hoffnung verleitet, dann wollen wir auf den rechten Weg zurückkehren. Der beste Hafen ist, wenn man bereut, die Änderung der Absicht.

Denn wodurch kann, ihr unsterblichen Götter, unsere Gesandtschaft dem Staat von Nutzen sein? Von Nutzen sein, sage ich – wie: wenn sie ihm gar Nachteile einbrächte? Einbrächte – wie: wenn sie ihm bereits geschadet und Nachteile eingebracht hat? Oder wollt ihr bezweifeln, daß das lebhafte und furchtlose Verlangen des römischen Volkes, die Freiheit wiederzugewinnen, abnahm und schwächer wurde, sobald etwas von Friedensverhandlungen verlautete? Wie: glaubt ihr denn, die Landstädte – ja, und die Siedlerstädte – ja, ganz Italien werde noch *die* Entschlossenheit zeigen, von der es bislang angesichts der allgemeinen Feuersbrunst entflammt war? Oder müssen wir nicht annehmen, daß es ihnen leid tut, ihre Abneigung gegen Antonius bekundet und offen zur Schau getragen zu haben: sie, die Geldmittel versprochen haben und Waffen, die sich ganz und gar mit Leib und Seele der Rettung des Staates verschrieben haben? Wie kann Capua unseren Entschluß billigen, das gegenwärtig ein zweites Rom ist! Capua hat die schlechten Bürger verurteilt, vertrieben, ausgeschlossen; dieser Stadt, ja ihr, die die mutigsten Anstrengungen machte, ist Antonius aus den Händen gerissen worden[4].

Wie – lähmen wir nicht mit diesen Beschlüssen alle Kraft 8
unserer Legionen? Wer wird sich noch mit brennendem Herzen am Krieg beteiligen, wenn sich die Aussicht auf Frieden zeigt? Sogar die himmlische, göttliche Legion des Mars wird bei dieser Nachricht matt und untätig werden und ihren herrlichen Beinamen verlieren – die Schwerter entfallen, die Waffen entgleiten ihren Händen. Denn sie hat sich dem Senat unterstellt – da kann sie nicht meinen, sie müsse

Antonius mit stärkerem Haß verfolgen als eben der Senat. Ich schäme mich vor dieser Legion und schäme mich vor der vierten, die mit gleicher Entschiedenheit unser Urteil gebilligt und die Antonius, nicht weil er noch ihr Konsul und Feldherr wäre, sondern weil er ein Staatsfeind und Streiter wider das Vaterland ist, verlassen hat; ich schäme mich vor dem ausgezeichneten Heer, das sich aus zwei Heeren zusammensetzt[5], das man schon geprüft hat, das nach Mutina abmarschiert ist – es wird, sobald die Kunde von Friedensverhandlungen, das heißt von unserer Furcht zu ihm gelangt, wenn nicht kehrt machen, so jedenfalls anhalten. Denn wozu sollte es, wenn der Senat abwinkt und zum Rückzug bläst, in den Kampf eilen?

9 Und was ist unangebrachter, als daß wir uns ohne Wissen derer, die den Krieg führen, um Frieden bemühen – nicht nur ohne ihr Wissen, sondern sogar gegen ihren Willen? Oder meint ihr, A. Hirtius, unser hochangesehener Konsul, und C. Caesar, durch Göttergunst in diesen schweren Zeiten zu uns gesandt – sie, deren Briefe mit dem Ausdruck ihrer Hoffnung auf den Sieg ich hier in Händen halte, wollten den Frieden? Zu siegen sind sie entschlossen, und den süßen und herrlichen Namen des Friedens möchten sie nicht durch Verhandlungen, sondern durch den Sieg erringen.

Wie – mit welcher Betroffenheit, glaubt ihr, wird Gallien[6] hiervon erfahren? Diese Provinz trägt doch die Hauptlast des Krieges, ihn abzuwehren, durchzuführen, aufzufangen; Gallien hat, einem bloßen Wink des D. Brutus – nicht erst einem Befehle – folgend, mit seinen Waffen, Männern und Geldmitteln die Anfänge des Krieges unterstützt und sich dem Wüten des M. Antonius mit allen seinen Kräften entgegengeworfen. Es wird ausgeplündert, verwüstet, niedergebrannt; es nimmt alle Unbill des Krieges gleichmütig hin, um die drohende Knechtschaft abzuwehren.

Und – um von den übrigen Gemeinden Galliens nicht zu 10
reden (sie haben ja alle dieselbe Einstellung) – die Pataviner[7] haben die Boten des Antonius teils gar nicht eingelassen, teils hinausgeworfen; mit Geld, mit Soldaten und – was am nötigsten war – mit Waffen halfen sie unseren Truppenführern. Dasselbe taten die andern, die sich einst in der gleichen Lage befunden hatten und, da sie durch lange Jahre ungerecht behandelt worden waren, als Widersacher des Senates galten; es ist keineswegs erstaunlich, daß sie, jetzt Teilhaber an unserem Bürgerrecht, uns treu sind – sie, die uns auch, als sie es noch nicht waren, stets die Treue gehalten haben[8]. Alle diese Leute zweifeln nicht am Siege; da wollen wir uns auf den Namen des Friedens berufen, das heißt auf unsere Verzweiflung am Siege?

Wie, wenn gar kein Friede zustande kommen kann? Denn 11
was sind das für Friedensverhandlungen, in denen man der Partei, mit der man Frieden schließen möchte, keine Zugeständnisse machen darf? Auf vielerlei Weise haben wir Antonius nahegelegt, Frieden zu schließen – er wollte trotzdem lieber Krieg. Unterhändler gingen an ihn ab, trotz meines Widerstrebens – sie gingen gleichwohl an ihn ab und überbrachten unsere Anordnungen, doch er fügte sich nicht. Ihm wurde befohlen, die Belagerung des Brutus aufzuheben, sich von Mutina zu entfernen: er begann, die Stadt um so heftiger zu bestürmen.

Und an den Mann wollen wir Friedensunterhändler schicken, der die Friedensboten abgewiesen hat? Sollen wir glauben, was er uns gegenüber fordere, werde bescheidener ausfallen als die Bedingungen, die er damals dem Senat mitgeteilt hat? Dabei sah es damals so aus, als seien seine Forderungen zwar rundherum unverschämt, aber trotzdem irgendwie annehmbar[9]: er hatte noch nicht die Prügel so schwerer und so zahlreicher beschämender Urteile von eurer

Seite erhalten. Jetzt aber fordert er, was wir auf keine Weise gutheißen können – es sei denn, wir wären sofort zu dem Zugeständnis bereit, wir hätten den Krieg verloren.

12 Die von ihm hinterlegten Senatsbeschlüsse haben wir für Fälschungen erklärt: können wir sie jetzt für echt ausgeben? Von seinen Gesetzen haben wir festgestellt, daß sie gewaltsam und unter Mißachtung der Vorzeichen eingebracht worden seien und weder das Gesamtvolk noch die Plebs bänden: glaubt ihr, man könne ihnen wieder Geltung verschaffen? 700 Millionen Sesterze an öffentlichen Mitteln hat Antonius nach euren Feststellungen unterschlagen: kann diese Unterschlagung ohne Sühne bleiben? Steuerbefreiungen, Aufnahmen in die Bürgerschaft, Priesterämter und Königstitel wurden von ihm verkauft: soll man die Bekanntmachungen wieder anbringen, die ihr durch eure Beschlüsse beseitigt habt[10]?

Selbst wenn wir bereit wären, unsere Maßnahmen zu widerrufen, könnten wir dann auch die Erinnerung an die Vorgänge auslöschen? Denn wann wird die Nachwelt je vergessen, wessen Verbrechen uns zu dieser abstoßenden Kleidung genötigt hat? Mag man das Blut abwaschen, das die Hauptleute der Mars-Legion in Brundisium vergossen haben: läßt sich auch das öffentliche Eingeständnis dieser Grausamkeit abwaschen[11]? Um das, was folgte, zu überspringen: welche Zeit ist fern genug, das scheußliche Denkmal seiner Schanzwerke um Mutina zu beseitigen, das Zeichen seines Verbrechens, die Spur seiner Gewalttat?

13 Diesem abgefeimten Schuft und Mordgesellen: was, ihr unsterblichen Götter, können wir dem überlassen? Etwa das jenseitige Gallien mitsamt einem Heer[12]? Das hieße doch wohl nicht Frieden schließen, sondern den Krieg aufschieben, und nicht nur den Krieg verlängern, sondern auch den Sieg abtreten? Oder hätte er nicht gesiegt, wenn er unter

welchen Bedingungen auch immer mit seinen Leuten unsere Stadt betreten dürfte?

Unsere Waffen gebieten jetzt überall, unser Ansehen
vermag sehr viel; zahlreiche verworfene Bürger sind fort,
ihrem abscheulichen Führer nach – trotzdem können wir
schon die Mienen und Worte einiger weniger von ihnen, die
in der Stadt geblieben sind, nicht ertragen. Was glaubt ihr
nun: wenn so viele Leute zugleich über uns herfallen, wäh-
rend wir die Waffen niedergelegt, sie aber die Waffen nicht
niedergelegt haben, sind wir dann nicht auf Grund unserer
eigenen Entschlüsse besiegt für alle Zeiten? Stellt euch den 14
ehemaligen Konsul M. Antonius vor Augen; nehmt noch
den aufs Konsulat hoffenden Lucius hinzu. Reiht dann die
übrigen an, nicht nur Männer aus unserem Stande, denen es
um Ämter und Befehlshaberstellen geht: hütet euch, über
Leute wie Numisius Tiro und Seius Mustela[13] hinwegzuse-
hen. Ein mit denen geschlossener Friede kann kein Friede
sein, sondern nur die Besiegelung unserer Knechtschaft.

Der herrliche Ausspruch des ehrenwerten L. Piso[14] ist
von dir nicht nur in diesem Hause gepriesen worden, Pansa,
sondern auch vor versammeltem Volke, und mit Recht: Piso
hat gesagt, er werde sich aus Italien entfernen, werde die
häuslichen Götter und die Heimat verlassen, falls (was die
Götter verhüten mögen!) Antonius den Staat überwältige.
Ich frage dich daher, L. Piso: meinst du nicht, daß der Staat 15
überwältigt ist, wenn wir so schlimme, so skrupellose, so
verbrecherische Männer darin aufgenommen haben? Die
wir, als sie sich noch nicht mit solchen Mordtaten besudelt
hatten, kaum ertragen konnten, die, meinst du, werde die
Bürgerschaft jetzt, nachdem sie jede Art von Verbrechen auf
sich geladen haben, für erträglich halten? Wir werden
entweder (glaub mir!) deinen Rat befolgen müssen: das Land
zu verlassen, fortzugehen, ein elendes und unstetes Leben zu

führen, oder uns bleibt, den Banditen den Hals hinzuhalten und in der Heimat zugrunde zu gehen.

Wo sind jetzt deine vortrefflichen Mahnreden, C. Pansa, mit denen du den Senat aufgerüttelt und das römische Volk entflammt hast: nicht nur fürs Ohr bestimmt, sondern zur Lehre, daß es für einen Römer nichts Schlimmeres gibt als
16 die Knechtschaft? Haben wir deswegen allgemeine Kampfbereitschaft angeordnet, zu den Waffen gegriffen, alle jungen Männer ganz Italiens aufgeboten, um – trotz unseres prachtvollen und starken Heeres – Unterhändler für den Frieden zu entsenden? Wenn sie ihn entgegennehmen sollen: warum fragt man nicht uns? Wenn sie darum ersuchen sollen: was haben wir zu fürchten[15]?

Ich soll einer Gesandtschaft angehören und an Beratungen teilnehmen, ohne daß, auch wenn ich anderer Meinung bin als die übrigen Mitglieder, das römische Volk etwas davon erfährt? So wird, wenn es zu Verzichtleistungen oder Zugeständnissen kommt, die Verantwortung für alle Vergehen des Antonius mich treffen: man muß ja annehmen, meine Zugeständnisse hätten ihm die Vergehen ermöglicht.

17 Wenn es nötig war, dem Raubgesindel des M. Antonius ein Friedensangebot zu machen, dann durfte man gleichwohl meine Person am wenigsten für den Abschluß des Friedens ausersehen. Ich habe nie für die Entsendung von Unterhändlern gestimmt; ich habe vor der Rückkehr der Unterhändler zu äußern gewagt, man dürfe, auch wenn sie ein Friedensangebot mitbrächten, nicht darauf eingehen, da unter dem Namen des Friedens der Krieg verborgen sei. Ich war der erste, der auf allgemeine Kampfbereitschaft drang; ich habe Antonius stets als Staatsfeind bezeichnet (andere hingegen als Widersacher), und ich sprach stets von Krieg (andere hingegen von einem Aufruhr)[16]. Und diesen Standpunkt habe ich nicht nur im Senat, sondern auch vor dem

Volke immerfort vertreten, und nicht nur gegen ihn selbst, sondern auch gegen die an seinen Verbrechen Beteiligten und seine Gehilfen, gegen die hier anwesenden wie die, die ihn begleiten, kurz gegen die ganze Gefolgschaft des M. Antonius habe ich immerfort meine Stimme erhoben.

So erklärt sich, daß eben die schlechten Bürger, die sich 18
vergnügt und heiter bei der ersten Friedenshoffnung, als hätten sie einen Sieg errungen, beglückwünschten, von mir, ihrem Feinde, nichts wissen wollten und sich über mich beschwerten. Sie trauten auch dem Servilius nicht: sie bedachten, wie schwer seine Meinungsäußerungen Antonius getroffen hatten. In L. Caesar, einem mutigen und charakterfesten Senator, sehen sie gleichwohl seinen Onkel, in Calenus seinen Geschäftsführer, in Piso seinen Freund; auch dich, Pansa, einen scharf zupackenden und überaus beherzten Konsul, glauben sie schon milder gestimmt, nicht weil es so wäre oder sein könnte, sondern weil dein Hinweis auf Frieden bei vielen den Verdacht erregt hat, du habest deine Meinung geändert[17]. Daß ich mich in diesem Kreise befinde, macht den Freunden des Antonius schwer zu schaffen – ich will ihnen den Gefallen tun, da ich nun einmal angefangen habe, großzügig zu sein. Sie mögen also abrei- 19
sen, unsere Unterhändler, von den besten Wünschen begleitet, doch sollen nur die abreisen, an denen Antonius keinerlei Anstoß nehmen kann.

Doch wenn euch Antonius gleichgültig ist, versammelte Väter, dann müßt ihr jedenfalls an mich denken. Schont wenigstens meine Augen und zeigt ein wenig Verständnis für meinen berechtigten Zorn. Denn wie soll ich's fertig bringen, ihn anzublicken – ich sage nicht: den Vaterlandsverräter (dieser Grund seiner Verhaßtheit ist mir und euch gemeinsam) – wie soll ich ihn also anblicken, der gerade mir gnadenlose Feindschaft geschworen hat (wie seine bitterbösen Reden über mich beweisen)? Glaubt ihr, ich sei so gefühllos, daß ich mit diesem Manne zusammentreffen oder ihm ins Auge sehen kann – wo er doch neulich in einer Versammlung, als er die Mitglieder seiner Mörderbande, die er für die skrupellosesten hielt, belohnte, geäußert hat, mein Vermögen schenke er dem Petusius aus Urbinum[18], jemandem, den es aus dem Schiffbruch eines stattlichen Erbguts an die Klippen des Antonius verschlagen hat?

20 Oder könnte ich den Anblick des L. Antonius ertragen – ich, der ich seiner Grausamkeit nicht entronnen wäre, wenn mich die Mauern und Tore und die Hilfsbereitschaft meiner Heimatstadt nicht beschützt hätten! Und eben dieser Fechter aus Asien, der Plünderer Italiens, der Kollege eines Lento und Nucula, behauptete, als er Aquila, einem ranghöchsten Hauptmann, Goldmünzen schenkte, die schenke er ihm aus meinem Vermögen – wenn er nämlich gesagt hätte, aus seinem eigenen, dann, dachte er, werde ihm nicht einmal Aquila glauben[19].

Unzumutbar für meine Augen, sage ich, sind Saxa und Cafo, sind zwei Prätoren, sind zwei künftige Tribunen, ist Bestia, ist Trebellius, ist T. Plancus[20]. Ich kann nicht, ohne die Fassung zu verlieren, in so großer Zahl so gefährliche und so verderbliche Feinde erblicken, und das nicht aus Empfindlichkeit, sondern aus Liebe zum Vaterlande.

21 Doch ich will Sieger sein über meine Gefühle und mich beherrschen, will meinen allzu berechtigten Zorn, wenn ich ihn nicht unterdrücken kann, verbergen. Aber mein Leben: seht ihr nicht ein, versammelte Väter, daß ich darauf einige Rücksicht nehmen muß? Zwar hat es für mich selbst nicht den geringsten Wert, zumal Dolabella erreicht hat, daß ich den Tod für wünschenswert halten muß, wenn er nur frei bleibt von Folterqualen[21]; doch euch und dem römischen Volk darf mein Atem nicht gleichgültig sein. Denn niemand

anders als ich (wenn ich mich nicht täuschen sollte) hat es doch mit seinen Wachen, Sorgen, Empfehlungen, auch mit den Wagnissen, wie ich sie, dem erbitterten Haß aller schlechten Bürger ausgesetzt, in großer Zahl auf mich genommen habe, dahin gebracht, dem Staat – wenigstens keinen Schaden zuzufügen (damit man nicht glaubt, ich beanspruchte zu viel für mich).

Leuchtet euch nicht ein, daß ich unter diesen Umständen 22
auch etwas an die mir drohenden Gefahren denken muß? Obwohl ich doch hier in der Stadt und bei mir zu Hause war, hat man immer wieder Anschläge auf mich verübt – dort, wo mich nicht nur die treuen Dienste meiner Freunde, sondern die Augen der ganzen Bürgerschaft bewachen! Da glaubt ihr, ich hätte, wenn ich eine Reise mache, eine weite zumal, kein Attentat zu befürchten? Drei Wege führen nach Mutina. Es drängt mich dorthin, weil ich nicht früh genug das Unterpfand der Freiheit des römischen Volkes, D. Brutus, erblicken kann: ich bin gern bereit, in seinen Armen den letzten Atemzug zu tun, sobald alle meine Maßnahmen, alle meine Empfehlungen der letzten Monate zu dem Ziel geführt haben, das mir vor Augen steht. Doch wie gesagt, drei Wege sind's: an der Adria die flaminische, am tyrrhenischen Meer die aurelische und in der Mitte die cassische Straße[22].

Jetzt seht bitte zu, ob ich mich in meiner Annahme irre, 23
wenn ich Gefahr für mich fürchte. Die cassische Straße durchquert Etrurien. Wissen wir denn, Pansa, in welcher Gegend jetzt Caesennius Lento sein Amt als Mitglied der Siebenmänner-Behörde ausübt? Er steht bestimmt – und mit Leib und Seele – nicht auf unserer Seite! Ob er nun zu Hause ist oder nicht weit davon entfernt: er ist jedenfalls in Etrurien, das heißt in der Nähe der Straße. Wer bürgt mir denn dafür, daß Lento mit *einem* Kopf zufrieden ist? Sag mir

außerdem, Pansa, wo sich Ventidius aufhält, mit dem ich stets befreundet war, bevor er so unverkennbar zum Feinde unseres Staates und aller Rechtschaffenen geworden ist[23].

Ich könnte die cassische Straße meiden und die flaminische benutzen. Wenn aber, wie behauptet wird, Ventidius in Ancona eingetroffen ist: kann ich dann ohne Gefahr nach Ariminum gelangen? So bleibt die aurelische Straße. An ihr habe ich sogar Stützpunkte. Denn dort liegen Besitzungen des P. Clodius: die ganze Dienerschaft wird mir entgegeneilen und mir wegen unserer wohlbekannten Herzensfreundschaft gastliche Aufnahme anbieten!

24 Diesen Straßen soll ich mich anvertrauen – ich, der ich neulich während der Terminalien[24] nicht einmal in einen Vorort (von wo ich noch am gleichen Tage zurückkehren wollte) zu gehen wagte! In meinen eigenen vier Wänden bin ich kaum sicher ohne den Schutz meiner Freunde. So bleibe ich hier in der Stadt und will, wenn's erlaubt ist, hier bleiben. Hier ist mein Wohnsitz, mein Wachtposten, mein Ausguck, mein Standquartier. Mögen andere im Feld stehen, die Kampfhandlungen leiten, den Feind vernichten (das ist ja die Hauptsache): ich meinerseits will, wie ich schon sagte und wie ich's seit jeher getan habe, gemeinsam mit euch für die Stadt und die städtischen Belange eintreten.

Dabei lehne ich die mir zugedachte Aufgabe keineswegs ab – obwohl mir nicht entgeht, daß das römische Volk sie an meiner Statt ablehnt. Niemand ist weniger furchtsam als ich, niemand ist andrerseits mehr auf der Hut. Das zeigt der Erfolg: es ist das zwanzigste Jahr, daß es sämtliche Verbrecher auf mich allein abgesehen haben[25]. Und dafür haben sie ich sage nicht mir, wohl aber dem Staate gebüßt; mich hingegen hat der Staat bislang geschützt, um mich für sich zu bewahren. Ich sage das nicht ohne Scheu; ich weiß ja, was dem Menschen alles zustoßen kann. Immerhin, als ich einmal von der vereinigten Streitmacht der mächtigsten Männer umlagert war, da stürzte ich wissentlich, um mich auf die ehrenvollste Weise wieder erheben zu können[26].

Ist's demnach möglich, daß man glaubt, ich sei vorsichtig, 25
sei behutsam genug, wenn ich mich zu einer so unsicheren und gefährlichen Reise bereit finde? Ruhm in ihrem Tode sollen die Männer, die sich dem Staate widmen, hinterlassen, nicht Tadel wegen eines Fehlers und den Vorwurf des Unverstands. Gibt es einen Rechtschaffenen, der nicht den Tod des Trebonius betrauert, den der Untergang eines solchen Bürgers und Mannes nicht schmerzt? Einige indes behaupten (damit urteilen sie gewiß hart; immerhin: sie tun's), das Ereignis sei weniger schmerzlich, weil er sich nicht vor dem skrupellosen Gewaltmenschen in acht genommen habe[27]; denn wer sich anheischig macht, der Schützer von vielen zu sein, der muß, wie die Weisen sagen, zuallererst das eigene Leben zu schützen verstehen.

Wen die Gesetze und abschreckende Prozesse beschirmen, der braucht nicht mit allem zu rechnen und nicht vor Anschlägen jeder Art auf der Hut zu sein; denn wer wäre so kühn, bei Tage, wer, auf einer Hauptstraße, wer, gegen ein starkes Gefolge, wer, auf einen angesehenen Mann einen Überfall ins Werk zu setzen? Doch diese Gesichtspunkte 26
treffen weder in dieser Zeit noch auf meine Person zu. Denn keinerlei Strafe braucht der zu befürchten, der mir Gewalt antut, ja er kann hoffen, bei den Räuberbanden Ruhm zu ernten und noch Belohnungen dazu.

In der Stadt kann ich immerhin vorbauen: es ist leicht für mich, darauf zu achten, woher ich komme und wohin ich gehe, was sich rechts und was sich links befindet. Werde ich dazu auch auf den Gebirgspfaden des Apennin in der Lage sein? Jedenfalls wird, auch wenn man mir nicht nachstellt (was doch sehr leicht möglich ist), mein Geist beunruhigt sein, so daß er außerstande ist, die Gesandtschaftspflichten wahrzunehmen.

Doch gesetzt, ich bin den Nachstellungen entronnen, ich habe den Apennin überwunden: es muß ja zur Zusammenkunft und zur Unterredung mit Antonius kommen. Welcher Ort soll dazu dienen? Wenn einer außerhalb der Feldlager, dann mögen die anderen sich vorsehen – ich aber werde, möchte ich annehmen, kaum meines Lebens sicher sein. Ich kenne die Wut dieses Menschen, ich kenne seine hemmungslose Gewalttätigkeit. Die Schroffheit seines Charakters und sein unmenschliches Wesen pflegt sich auch nicht, wenn Wein hinzukommt, zu mildern: von Zorn und Raserei entbrannt, wird er sich ebenso wie sein Bruder Lucius, dieses ekelhafte Untier, unter allen Umständen mit seinen gottlosen und frevlerischen Händen an mir vergreifen.

27 Ich erinnere mich an Gespräche unter erbitterten Feinden und schwer miteinander zerstrittenen Bürgern. Der Konsul Cn. Pompeius, der Sohn des Sextus, verhandelte, wie ich selbst gesehen habe (ich diente damals als Rekrut in seinem Heere), zwischen den beiden Feldlagern mit P. Vettius Scato, dem Führer der Marser; zu diesem Gespräch fand sich, wie ich mich erinnere, auch Sex. Pompeius, der Bruder des Konsuls, ein gebildeter und kluger Mann, von Rom aus ein[28]. Als Scato den begrüßte, fragte er: «Für wen soll ich dich halten?» Darauf der andere: «Der Neigung nach für deinen Gastfreund, den Umständen nach für deinen Feind.» In diesem Gespräch herrschte Verständnisbereitschaft; keine Furcht, kein Verdacht schlich sich ein, auch der Haß hielt sich in Grenzen. Denn unsere Bundesgenossen wollten nicht uns das Bürgerrecht entziehen, sondern ihrerseits damit beliehen werden. Sulla und Scipio, der eine von der Blüte des Adels, der andere von seinen Waffenbrüdern begleitet, verhandelten miteinander zwischen Cales und

Teanum über Gesetze und Bestimmungen, die die Vorrangstellung des Senats, die Volksabstimmungen und das Bürgerrecht betrafen[29]. Zwar ging's bei dieser Unterredung nicht ganz ehrlich zu; von Gewalt aber und Drohungen hielt man sich fern. Doch wir: können wir uns inmitten der Räuberbande des Antonius ebenso sicher fühlen? Wir können es nicht, oder, wenn's die andern können: ich zweifle, daß ich's kann.

Wenn jedoch die Zusammenkunft nicht außerhalb der 28
Feldlager stattfinden soll, welches Lager wollen wir dann für die Unterredung wählen? In unseres wird er niemals kommen, und wir weit weniger in seines. So bleibt, daß wir die beiderseitigen Forderungen brieflich vorbringen und entgegennehmen. Wir werden also in unserem Lager bleiben, und meine Antwort auf alle Forderungen von seiner Seite wird stets gleich lauten. Wenn ich die schon jetzt, hier vor euren Ohren, ausspreche, dann könnt ihr annehmen, ich sei gegangen und zurückgekehrt: ich habe meiner Gesandtenpflicht genügt. Ich werde nämlich in meiner Antwort alles an den Senat verweisen, was Antonius auch fordern mag. Denn anders ist's nicht erlaubt, und wir haben von dieser Versammlung keinerlei Vollmacht erhalten, wie sie doch nach Beendigung eines Krieges zehnköpfigen Gesandtschaften dem Brauch unserer Vorfahren gemäß erteilt zu werden pflegt, und der Senat hat uns überhaupt keine Weisungen mitgegeben.

Wenn ich nun in unseren Beratungen diesen Standpunkt einnehme, wobei mir mehrere, denke ich, widersprechen werden: muß ich dann nicht befürchten, daß die uneinsichtige Masse der Soldaten in mir ein Hindernis des Friedens sieht? Nehmt immerhin an, mein Standpunkt stoße bei den 29
neuen Legionen nicht auf Kritik (denn was die Mars-Legion und die vierte betrifft, die stets nur an ihren Ruhm und ihre

Ehre denken[30], so weiß ich mit Bestimmtheit, daß ich bei ihnen Zustimmung finden werde): wie – scheuen wir uns dann nicht vor den Altgedienten[31] (denn daß wir uns vor ihnen fürchten, wollen sie selber nicht), vor der Haltung, die sie angesichts meiner Unnachgiebigkeit einnehmen werden? Denn viele Lügen über mich sind ihnen zu Ohren gekommen, und vieles haben ihnen schlechte Bürger hinterbracht, obwohl ich doch, wie ihr am besten bezeugen könnt, stets mit meiner Meinung, meinem Ansehen und meinen Worten für ihre Belange eingetreten bin. Doch sie glauben den Schlechten, glauben den Aufrührern, glauben den Ihren. Es sind gewiß ordentliche Leute, doch die Erinnerung an die Taten, die sie für die Freiheit des römischen Volkes und das Heil des Staates vollbracht haben, macht sie allzu ungebärdig und veranlaßt sie, alle unsere Beschlüsse an ihrer Stärke
30 zu messen. Solange sie noch nachdenken, ist mir vor ihnen nicht bange, doch vor ihrer Gewalttätigkeit fürchte ich mich sehr.

Wenn ich auch diesen großen Gefahren entrinnen sollte, was meint ihr: ist dann meine Rückkehr hinlänglich gesichert? Denn wenn ich, wie es meine Gewohnheit ist, euren Standpunkt verteidigt und dem Staat meine Treue und Festigkeit bewiesen habe, dann muß ich nicht nur meine Hasser, sondern auch meine Neider fürchten. Man schone daher um des Staates willen mein Leben und bewahre es, solange die Ehre und die Natur nichts anderes gebieten, für das Vaterland: mein Tod sei entweder unvermeidliches Menschenlos oder er führe mich, wenn ich ihn denn schon vorher erleiden muß, im Erleiden zu Ruhm.

Trotz dieser Umstände und obgleich die politische Lage die Gesandtschaft – um mich so gelinde wie möglich auszudrücken – nicht gebietet, wäre ich, vorausgesetzt, ich könnte in Sicherheit reisen, bereit aufzubrechen. Im ganzen allerdings, versammelte Väter, möchte ich meine Entschlüsse in dieser Angelegenheit nicht von der mir drohenden Gefahr, sondern vom Wohle unseres Staates abhängig machen. Hierüber aber muß ich, scheint mir – da mir noch Zeit zu Gebote steht –, immer wieder gründlich nachdenken und dann *die* Möglichkeit wählen, von der ich glaube, daß sie dem Staatswohl am ehesten förderlich ist.

DREIZEHNTE PHILIPPISCHE REDE

Einleitung

Wohl am Morgen des 20. März begab sich Pansa nach Oberitalien, um neben seinem Kollegen Hirtius das Kommando über die dortselbst stehenden Truppen auszuüben. Bereits am gleichen Tage fand die erste der nunmehr vom Prätor M. Caecilius Cornutus geleiteten Senatssitzungen statt. Man verlas amtliche Schreiben der Statthalter M. Aemilius Lepidus und L. Munatius Plancus. Lepidus hatte die Ehrung, die ihm Anfang Januar auf Grund des ciceronischen Antrags zuerkannt worden war (Fünfte Philippica, 38–41), mit Stillschweigen beantwortet. Jetzt riet er dem Senat zum Frieden mit Antonius, wobei er Krieg ankündigte, falls sein Rat nicht beachtet werde; der Brief des Plancus enthielt ebenfalls eine Friedensempfehlung.

In der Debatte sprach an erster Stelle P. Servilius Vatia Isauricus; er wies das Ansinnen des Lepidus zurück. Nach ihm bekam Cicero das Wort; er hielt die dreizehnte Philippische Rede. Auch er befaßte sich mit dem Friedensappell des Lepidus; hauptsächlich aber suchte er ein geschickt abgefaßtes und somit nicht ungefährliches Schreiben zu zerpflükken, das Antonius an Hirtius und Oktavian gerichtet und von dem ihm der Erstgenannte eine Kopie übersandt hatte.

In einleitenden Betrachtungen (1–7) versichert Cicero einmal mehr – man vergleiche etwa die siebte Philippica, 11–25, und die zwölfte Philippica, 11–16 –, daß, anders als in den früheren Bürgerkriegen, gegenwärtig ein Frieden nicht in Betracht komme; die Partie enthält eine ausführliche Erörterung der Maxime, daß alle Friedensbereitschaft an der Notwendigkeit, die Freiheit zu wahren, eine Grenze finde. Der erste Hauptteil (7–21) behandelt die Friedensmahnung des Lepidus. Drei leitende Gesichtspunkte ragen unter den vielfältigen Betrachtungen hervor, die den Appell als unangebracht erweisen sollen: der Pakt, den Lepidus unlängst mit dem Pompeiussohne Sextus geschlossen habe, könne – wegen der grundverschiedenen Wesensart des Antonius – nicht als Vorbild dienen; angesichts der günstigen Lage seien Drohungen und selbst wohlgemeinte Empfehlungen, den Frieden aufrechtzuerhalten, fehl am Platze; Antonius verkörpere, wie eine gedrängte Übersicht über sein Treiben vom Luperkalienfest bis zur Gegenwart zu zeigen sucht, die ärgste Barbarei.

Der zweite Hauptteil (22–49) gilt dem Brief des Antonius. Cicero zitiert ihn Satz für Satz, um jeweils der Auffassung des Widersachers die eigene gegenüberzustellen – er verwendet also einmal mehr die Kommentarform, wie er das vor allem in den Reden über das Siedlergesetz (dort ebenfalls in der Absicht, dem kommentierten Text am Zeuge zu flicken) und über das Gutachten der Opferschauer getan hatte. Die von ihm zitierten Sätze oder Satzelemente ergeben, hintereinanderweg gelesen, ein lückenloses Ganzes, das, ins Deutsche übersetzt, wie folgt lautet:

«Antonius an Hirtius und Caesar.

Die Nachricht vom Tode des C. Trebonius hat mich mit Freude, doch ebensosehr mit Schmerz erfüllt. Daß ein Verbrecher der Asche und den Gebeinen eines bedeutenden Mannes gebüßt und daß sich das gerechte Walten der Götter vor Ablauf eines Jahres offenbart hat, sei es durch die bereits vollzogene, sei es durch die noch drohende Sühne für den Mord: darüber muß man sich freuen. Daß der Senat Dolabella wegen der Tötung eines Mörders zum Feind des römischen Volkes erklärt hat und daß dem römischen Volk der Sohn eines Possenreißers mehr bedeutet als C. Caesar, der Vater des Vaterlandes, das muß man bedauern.

Das Ärgste ist jedoch, zu sehen, wie du, A. Hirtius, von Caesar durch Wohltaten ausgezeichnet und in einer Stellung zurückgelassen, die dich selbst erstaunt, und du, Knabe, der du alles deinem Namen verdankst – wie ihr euch bemüht zu erreichen, daß Dolabella als zu Recht verurteilt gilt, daß diese Gifthexe von der Belagerung befreit wird und daß Cassius und Brutus möglichst viel Macht bekommen!

Offenbar denkt ihr über diese Dinge ebenso wie über die Vergangenheit. Ihr macht das Lager des Pompeius zum Senat. Ein Besiegter, Cicero, ist euer Führer. Ihr sichert Makedonien durch Truppen. Afrika habt ihr einem Varus überantwortet, der schon zweimal in Gefangenschaft war. Nach Syrien habt ihr Cassius entsandt. Ihr habt Casca das Tribunat ausüben lassen. Ihr habt den Luperci die von Caesar festgesetzten Einkünfte genommen. Siedlungen von Altgedienten, durch ein Gesetz gegründet, habt ihr durch einen Senatsbeschluß wiederaufgehoben. Der Gemeinde Massilia versprecht ihr zurückzugeben, was sie nach Kriegsrecht eingebüßt hat. Kein überlebender Pompejaner sei noch an das hirtische Gesetz gebunden, behauptet ihr unentwegt. Die Kasse des Appuleius habt ihr Brutus zur Verfügung gestellt. Ihr habt die Hinrichtung von Petraios und Menedemos, die das Bürgerrecht bekommen hatten und Gastfreunde Caesars waren, gebilligt. Daß Theopomp, von Trebonius nackt aus seinem Hause verjagt, nach Alexandrien fliehen mußte, hat euch nicht gekümmert. Ser. Galba, noch mit demselben Dolch bewaffnet, hält sich vor euren Augen im Lager auf. Ihr habt Soldaten an euch gezogen, meine eigenen und altgediente, als gelte es die Vernichtung der Caesarmörder, und sie ahnungslos, wie sie waren, dazu benutzt, ihren Quästor oder ihren Feldherrn oder ihre Kameraden in Gefahr zu bringen. Ferner: was habt ihr gutgeheißen oder getan, was nicht, wenn er zum Leben zurückkehrte, auch Cn. Pompeius selber täte oder sein Sohn, wenn er könnte? Schließlich erklärt ihr, ein Frieden könne nur zustande kommen, wenn ich Brutus abziehen lasse oder mit Getreide beliefere. Wie – werden damit eure Altgedienten einverstanden sein, die noch stets zu allem freie Hand haben, die ihr mit Schmeicheleien und vergifteten Geschenken habt bestechen wollen? Ihr leistet gar den eingeschlossenen Soldaten Hilfe. Ich habe nichts dagegen, daß sie am Leben bleiben und abziehen, wohin sie wollen; sie müssen allerdings zulassen, daß der Mann stirbt, der es verdient hat.

Man habe im Senat, schreibt ihr, eine Beilegung des Konflikts in Betracht gezogen und fünf ehemalige Konsuln zu Unterhändlern bestimmt. Es fällt mir schwer zu glauben, daß Leute, die mich zum Äußersten getrieben haben, als ich die gerechtesten Bedingungen anbot und davon sogar noch etwas nachlassen wollte, je zu Maß und Menschlichkeit finden können. Es ist auch ziemlich unwahrscheinlich, daß sie, die Dolabella wegen einer vollauf berechtigten Tat zum Staatsfeind erklärt haben, uns schonend zu behandeln vermögen: wir denken ja ebenso wie er.

Prüft daher lieber, was wohl schicklicher und für unsere Partei vorteilhafter ist: den Tod des Trebonius zu ahnden oder den Caesars, und was mehr Vernunft verrät: uns gegenseitig zu bekämpfen, so daß es die Sache der Pompejaner, um die es schon oft geschehen war, desto leichter hätte wiederaufzuleben, oder zusammenzuhalten, damit wir nicht zum Gespött unserer Feinde werden. Die haben nämlich, wer immer unserer Zwietracht zum Opfer fällt, den Vorteil davon – ein Schauspiel, das das Schicksal bislang verhindert hat, um nicht erleben zu müssen, wie zwei Heere eines zusammengehörigen Ganzen, vom Fechtmeister Cicero einstudiert, gegeneinander losschlagen. Dieser Mann hatte Glück genug, euch mit denselben Auszeichnungen zu täuschen, mit denen, wie er prahlt, schon Caesar getäuscht worden ist.

Ich bin fest entschlossen, keinerlei Beschimpfung meiner selbst oder meiner Leute hinzunehmen, nie die Partei zu verlassen, die ein Pompeius gehaßt hat, nicht zu dulden, daß die Altgedienten aus ihren Wohnsitzen vertrieben und bestimmte Leute der Folter unterworfen werden, nicht dem Treueversprechen ungehorsam zu werden, das ich Dolabella gegeben habe, nicht mein Bündnis mit Lepidus zu verletzen, einem überaus gewissenhaftigen Manne, und auch an Plancus nicht Verrat zu üben, dem Teilhaber meiner Pläne.

Wenn mir die unsterblichen Götter auf meinem geraden Wege wie erhofft beistehen, dann will ich gerne weiterleben. Wenn mir jedoch ein anderes Schicksal bestimmt ist, dann freue ich mich im voraus über euren Untergang. Denn wenn die Pompejaner selbst als Besiegte so maßlos sind, dann werdet vor allem ihr zu spüren bekommen, wie sie erst als Sieger auftreten.

Kurz und gut, meine Absichten laufen im ganzen darauf hinaus, das Unrecht hinzunehmen, das meinen Leuten widerfahren ist, vorausgesetzt, die Urheber selbst sind bereit, ihr Tun zu vergessen und gemeinsam mit uns für Caesars Tod Vergeltung zu üben.

Daß Unterhändler kommen, glaube ich nicht. Wenn sie aber kommen, dann bin ich bereit, mir ihre Forderungen anzuhören.»

Dieses eindrucksvolle Schreiben ist, wie der vierte Absatz lehrt, eine Antwort auf die Mitteilung von dem – geplanten, bald darauf wieder aufgegebenen – Projekt einer zweiten

Gesandtschaft; Hirtius und Oktavian hatten Antonius offenbar von dem einschlägigen Senatsbeschluß unterrichtet. Antonius wiederum beschränkt sich nicht auf die Gesandtschaft (von der er sich nichts verspricht), sondern äußert sich zur gesamten politischen Lage, und er tut dies – das zeigt der Ton des Ganzen – mit dem Anspruch, als das Haupt der Caesarianer zu gelten. Er beginnt mit einem spektakulären Ereignis der jüngsten Zeit, mit dem Tode des Caesarmörders Trebonius und den unmittelbaren Folgen, und wendet sich alsbald seinem eigentlichen Thema zu: einer Abrechnung mit Hirtius und Oktavian (dem «Knaben»), die – hierauf zielt vor allem der dritte Absatz, ein langer Katalog von Fehlhandlungen – als abtrünnige Caesarianer und Werkzeuge der Pompejaner erscheinen sollen. Denn in diesen Kategorien denkt Antonius, wie besonders deutlich aus dem fünften Absatz hervorgeht: eine *res publica,* ein Staatsganzes, ist für ihn nicht mehr vorhanden; es gibt nur noch *partes,* die Parteien der Caesarianer und der Pompejaner. Eben hierauf sollen sich jetzt auch Hirtius und Oktavian besinnen, damit es nicht dazu kommt, daß Caesarianer (die Truppen der Abtrünnigen) gegen Caesarianer (die Truppen des Antonius) zum Kampf antreten – wie es der teuflische Plan Ciceros, des «Fechtmeisters» (Einstudierers von Gladiatoren), vorsieht. Antonius bekennt sich zu seinem Standpunkt als Caesarianer und dem zugehörigen Programm, der Rache für Caesars Tod, und macht den Adressaten seines Briefes ein Angebot (vorletzter Absatz): alles bisherige Unrecht solle vergessen sein, wenn sich dessen Urheber, das heißt Hirtius und Oktavian, bereit fänden, von ihrem verfehlten Bündnis mit den Pompejanern abzulassen.

Cicero weiß auf die Darlegungen des Antonius meist nur mit Beschimpfungen, Gezänk, bissiger Ironie und Hohn zu antworten, und durch die Worte «Ihr macht das Lager des

Pompeius zum Senat», sieht er sich zu einem detaillierten Kontrastbild von der jetzigen Gefolgschaft des Antonius und der einstigen Gefolgschaft des Pompeius veranlaßt (26–30). Immerhin geht er an zwei Stellen auch auf die fundamentalen Dissenspunkte ein. So verlautet zu dem Stichwort «Partei», daß es sich gerade nicht um einen Konflikt unter Parteien handele, sondern um einen Krieg, den der gesamte Staatsapparat gegen einen Hochverräter führe (39), und zur Kategorie «Pompejaner» heißt es entsprechend (45): «Du führst ja nicht nur gegen die Pompejaner Krieg, sondern gegen den ganzen Staat.» Oktavian werde sich nicht von der Rettung des Vaterlandes abbringen lassen, bemerkt Cicero zu dem Angebot des Antonius – Oktavian, der wie Hirtius und Pansa weit eher berufen wäre als Antonius, die Partei Caesars zu repräsentieren, wenn die Parteien nicht längst der Vergangenheit angehörten (46f.).

So prallten in dem Streit zwischen Antonius und Cicero die Berufung auf die *partes* und der Glaube an den Fortbestand der *res publica* schroff und unversöhnlich aufeinander. Zweifellos hatte Antonius recht, während Cicero sein Wunschdenken für die Wirklichkeit nahm. Wenn er gleichwohl die Adressaten seines Briefes nicht zu überzeugen vermochte, dann lag das an der Rolle, die er sich selbst innerhalb der Partei der Caesarianer zuwies: er beanspruchte den Primat, statt sich zu einer Verständigung auf gleichem Fuße bereit zu finden.

Am Schluß der dreizehnten Philippica (50) erklärt sich Cicero hinsichtlich des Lepidus-Briefes mit dem Votum des Servilius einverstanden; er beantragt außerdem noch eine Ehrung für Sex. Pompeius.

Schematische Übersicht

Einleitung (1–7):

Ein Friede mit Antonius ist unmöglich.

a) Der Friede ist an sich wünschenswert (1 f.).
b) Antonius und sein Gefolge führen einen gnadenlosen Krieg (2–5).
c) Die Freiheit ist das höchste Gut (5–7).

1. Teil (7–21):

Die Friedensmahnung des Lepidus.

a) Der mit Sex. Pompeius geschlossene Friede kann nicht als Vorbild dienen (7–13).
b) Angesichts der günstigen Lage sind Friedensappelle unangebracht (13–17).
c) Das verbrecherische Treiben des Antonius (17–21).

2. Teil (22–49):

Der Brief des Antonius.

Schluß (50):

Ablehnung der Friedensmahnung des Lepidus; Vorschlag einer Ehrung für Sex. Pompeius.

DREIZEHNTE PHILIPPISCHE REDE

1 Seit Beginn dieses Krieges, versammelte Väter, den wir gegen gewissenlose und verbrecherische Bürger führen, bin ich in Furcht, verfängliche Friedensbedingungen könnten unsern Eifer, die Freiheit zurückzugewinnen, ersticken. Denn süß ist schon der Name des Friedens; die Sache selbst aber ist ebenso angenehm wie segensreich. Daher kann weder der häusliche Herd noch die öffentliche Gesetzgebung noch auch unsre freiheitliche Verfassung dem etwas bedeuten, der an Zwietracht, an Bürgermord, an Bürgerkrieg Freude hat, und ich halte es für richtig, so jemanden aus der Zahl der Menschen auszuschließen, ihn aus der Gemeinschaft menschlicher Wesen zu verbannen.

Ob nun also Sulla oder Marius oder beide oder Octavius oder Cinna oder abermals Sulla oder Marius der Sohn und Carbo oder sonst jemand einen Bürgerkrieg gewollt hat[1]: ich sehe in ihm einen Bürger, der zum Verderben des Staates
2 bestimmt war. Und was soll ich vom letzten Krieg sagen, dessen Ergebnisse wir anerkennen, von dessen Urheber wir offen aussprechen, er sei zu Recht getötet worden[2]? So gibt es nichts Schlimmeres als *den* Bürger, als *den* Menschen (wenn man ihn überhaupt für einen Bürger oder Menschen halten darf), der nach einem Bürgerkrieg Verlangen trägt.

Doch zuvor muß man prüfen, versammelte Väter, ob man mit jedem in Frieden leben kann oder ob es auch unvermeidliche Kriege gibt, bei denen ein Friedensvertrag die Besiegelung unserer Knechtschaft wäre. Mochte Sulla den Frieden mit Scipio ernstlich oder nur zum Schein schließen wollen: man durfte hoffen, daß, wäre er zustande gekommen, erträgliche Verhältnisse in unserm Gemeinwesen geherrscht hätten[3]. Wenn sich Cinna bereit gefunden hätte, eine Übereinkunft mit Octavius zu treffen, dann wäre in unserem

Staate weiterhin ein vernünftiges Zusammenleben möglich gewesen. Und wenn im letzten Kriege Pompeius ein wenig seine strengen Grundsätze gelockert, Caesar erheblich seinen Ehrgeiz gebremst hätte, dann wäre für uns ein dauerhafter Friede und eine Art Staat dabei herausgekommen.

Doch wie steht es dieses Mal? Können wir mit den Brüdern Antonius in Frieden leben, mit einem Censorinus, Ventidius, Trebellius, Bestia, Nucula, Munatius, Lento oder Saxa? Ich habe nur ein paar Beispiele genannt; wie grenzenlos viele es sonst noch und wie unmenschlich sie sind, das
seht ihr ja selbst. Nehmt noch die gestrandeten Freunde 3
Caesars hinzu, Leute wie Cassius Barba, Barbatius, Pollio, ferner die Spiel- und Zechkumpane des Antonius: Eutrapelus, Mela, Pontius, Caelius, Crassicius, Tiro, Mustela, Petusius – ich übergehe das Gefolge und nenne nur die Anführer. Dazu kommen noch die Haubenlerchen und die übrigen Altgedienten, diese Pflanzschule von Richtern der dritten Abteilung: sie haben ihre eigene Habe durchgebracht und die Belohnungen Caesars verpraßt – so gieren sie jetzt nach unserm Vermögen[4].

Welch Pfand der Treue, die Rechte des Antonius, die 4
zahlreiche Bürger ermordet hat! Welch unverbrüchliches und heiliges Bündnis wird das sein, das wir mit den Brüdern Antonius schließen! Wenn Marcus Miene macht, dagegen zu verstoßen, dann wird ihn die Gewissenhaftigkeit des Lucius von einem Vertragsbruch abhalten! Wenn für diese beiden Platz in unserer Stadt ist, dann ist für die Stadt selbst kein Platz mehr da. Stellt euch die Visagen dieser Leute vor, besonders der Brüder Antonius, den Gang, die Blicke, die Gesichtszüge, den Atem, die Freunde, die teils an ihrer Seite, teils vor ihnen gehen – was, meint ihr, wird das für ein Weindunst sein, welch Schwall von beleidigenden und drohenden Worten! Es sei denn, der Friede stimmt sie

alsbald milde und sie tun ihr Äußerstes, jeden von uns, sobald sie dieses Haus betreten, zuvorkommend zu grüßen und freundlich anzureden.

5 Ist euch denn nicht mehr gegenwärtig, bei den unsterblichen Göttern, was für Maßnahmen ihr gegen sie beschlossen habt? Ihr habt die Anordnungen des M. Antonius für ungültig erklärt, habt seine Gesetze aufgehoben und festgestellt, sie seien gewaltsam und unter Mißachtung der Vorzeichen eingebracht worden, habt in ganz Italien Aushebungen vorgenommen, habt seinen Kollegen, den Komplizen aller seiner Verbrechen, zum Staatsfeind erklärt[5]: mit diesem Manne wäre Frieden möglich? Das ginge kaum bei einem auswärtigen Feinde, nach solchen Vorfällen, immerhin ginge es irgendwie: Meere, Gebirge, ausgedehnte Länder lägen dazwischen; man haßte ihn, ohne ihn sehen zu müssen. Doch diese Leute werden sich in unseren Gesichtskreis drängen und, wenn möglich, auch an unsere Kehle; denn welches Gitter wäre stark genug, uns so furchtbare Scheusale vom Leibe zu halten?

Doch ungewiß ist der Ausgang des Krieges. Ja, aber mutige Männer, wie ihr sie sein müßt, sind in jedem Fall verpflichtet, Tatkraft zu zeigen (denn das steht in ihrer Macht), ohne sich vor der Tücke des Schicksals zu fürchten.
6 Nun wird freilich von unserm Stande nicht nur Mut, sondern auch Klugheit erwartet (obwohl sich diese Eigenschaften wohl kaum voneinander trennen lassen, wollen wir sie hier einmal trennen): der Mut befiehlt zu kämpfen, entflammt den gerechten Zorn, treibt zum Widerstand, ruft zur Gefahr. Und die Klugheit? Sie faßt vorsichtigere Beschlüsse, denkt an die Zukunft, geht auf jede Weise behutsamer vor. Was rät sie nun? Man muß ihr ja gehorchen und das für das Beste halten, was man so reiflich wie möglich erwogen hat. Wenn sie mir gebietet, ich solle nichts für kostbarer

halten als mein Leben, solle nie in einem Kampf meinen Kopf riskieren und jeder Gefahr ausweichen, dann frage ich sie: «Auch wenn mich die Befolgung dieser Grundsätze zum Knecht macht?» Gesetzt, sie sagt ja, dann werde ich auf diese Art von Klugheit, sie mag noch so kenntnisreich sein, nicht hören. Falls sie aber antwortet: «Nimm Rücksicht auf Leib und Leben, auf deine Glücksgüter, auf dein Vermögen, doch so, daß du sie nicht für wertvoller hältst als die Freiheit, daß du sie nur genießen willst, wenn du in einem freien Staate lebst, daß du nicht die Freiheit für sie, sondern sie, die dem Unrecht als Pfand dienen können, für die Freiheit drangibst» – falls sie so antwortet, dann bin ich überzeugt, die Stimme der Klugheit zu vernehmen, und ich werde ihr gehorchen wie einem Gott.

Wenn wir daher mit diesen Leuten hier unter uns[6] noch 7
frei sein können, dann wollen wir unsern Haß bezwingen und uns mit dem Frieden abfinden; wenn jedoch, solange sie leben, keine Ruhe eintreten kann, dann wollen wir uns freuen, daß sich uns eine Gelegenheit zum Entscheidungskampf bietet. Denn wir werden entweder, nachdem sie beseitigt sind, an unserm siegreichen Staate Genüge finden oder als Unterlegene (was Jupiter verhindern möge!), auch wenn wir sterben müssen, in dem Ruhm unsrer Taten fortleben.

Doch freilich, M. Lepidus, zum zweiten Male Feldherr[7], der erste Oberpriester, er, der sich im letzten Bürgerkrieg größte Verdienste um den Staat erworben hat, rät uns dringend zum Frieden. Niemand, versammelte Väter, gilt mir mehr als M. Lepidus: wegen seiner eigenen Leistungen und zugleich wegen des Ansehens seiner Familie; es kommen noch zahlreiche wichtige Dienste hinzu, die er mir persönlich erwiesen hat, sowie ein paar Gefälligkeiten, mit denen ich ihm zur Hand war.

Doch als sein größtes Verdienst rechne ich ihm an, daß er sich so besorgt um den Staat zeigt, der mir ja seit jeher mehr
8 am Herzen liegt als mein eigenes Leben. Denn als er den jungen Pompeius Magnus, den hochangesehenen Sohn eines einzigartigen Mannes, durch sein Zureden veranlaßte, Frieden zu schließen, und so den Staat ohne Waffengewalt aus größter Bürgerkriegsgefahr befreite, da hat er mich durch diese Tat zu mehr verpflichtet, als ich ihm je entgelten kann. Daher habe ich ihm die denkbar größten Ehren zuerkannt wissen wollen (worin ihr mir gefolgt seid)[8] und in meinen Erwartungen und Reden stets viel auf ihn gegeben.

Durch viele Unterpfänder von großem Wert hält der Staat M. Lepidus an sich fest: durch höchsten Adel, die vollständige Reihe der Ämter, die ehrenvollste Priesterwürde sowie zahlreiche Denkmäler in der Stadt, die an ihn selbst, an seinen Bruder und an seine Vorfahren erinnern, durch eine treffliche Frau und innig geliebte Kinder, durch ein stattliches Vermögen, das frei ist von Bürgerblut, durch die Tatsache, daß er keinen Bürger je gekränkt und viele durch seine Hilfsbereitschaft und Barmherzigkeit gerettet hat[9]. Ein solcher Mann und Bürger kann sich zwar in seiner Einschätzung der Dinge irren, nicht aber kann er in seiner Überzeugung je mit dem Staatswohl in Widerspruch geraten.

9 Für Frieden ist M. Lepidus. Ausgezeichnet, wenn er einen herbeiführen kann, wie er ihn neulich herbeigeführt hat – auf Grund dieses Friedens wird ja das Vaterland bald dem Sohn des Cn. Pompeius in die Augen blicken und ihn fest an die Brust drücken, und es wird nicht nur ihn, sondern mit ihm auch sich selbst wiedererstanden glauben. Das war für euch der Grund, ihm auf der Rednertribüne ein Standbild mitsamt einer herrlichen Inschrift, ihm trotz seiner Abwesenheit einen Triumph zu bewilligen. Er hatte zwar große

und eines Triumphs würdige Kriegstaten vollbracht; trotzdem durfte man ihm deswegen nicht zuerkennen, was weder L. Aemilius noch Scipio Aemilianus noch der ältere Africanus noch Marius noch Pompeius (die allesamt größere Kriege führen mußten) erhalten hatten. Doch weil er in der Stille einen Bürgerkrieg beendete, deshalb habt ihr ihn, sobald es möglich war, mit den größten Ehren überhäuft[10].

Glaubst du nun, M. Lepidus, daß sich ebenso wie Pom- 10
peius, an dem der Staat einen vorzüglichen Bürger haben wird, auch die Brüder Antonius in der Politik zu bewähren gedenken? Bei Pompeius Ehrgefühl, Würde, Selbstbeherrschung, Lauterkeit, doch bei diesen Leuten (und wenn ich sie nenne, dann schließe ich im Geiste alle anderen Mitglieder der Räuberbande ein) nichts als Ausschweifungen, Verbrechen und eine ungeheuerliche Skrupellosigkeit, die zu jeder Schandtat bereit ist.

An zweiter Stelle flehe ich zu euch, versammelte Väter: wer von euch sähe nicht, was doch sogar die Glücksgöttin, die für blind gilt, gesehen hat? Unbeschadet der Anordnungen Caesars, die wir um des inneren Friedens willen gelten lassen, wird Pompeius sein Haus wieder offen finden und für denselben Preis, den Antonius erlegt hat, zurückkaufen – zurückkaufen, sage ich, wird der Sohn das Haus des Cn. Pompeius! Eine bittere Sache! Doch darüber haben wir lange und oft genug geklagt. Ihr aber habt dem Pompeius so viel Geld bewilligt, wie der siegreiche Feind bei der Verschleuderung der Beute aus dem Vermögen des Vaters erzielt hat[11].

Auf der folgenden Regelung muß ich – bei meinen engen 11
freundschaftlichen Beziehungen zum Vater – bestehen. Der Sohn wird die Gärten, das Haus, einige Grundstücke in der Stadt, die Antonius besitzt, zurückkaufen. Denn das Tafelsilber, die Kleider, den Hausrat, den Wein gibt er gelassen

verloren: diese Dinge hat der Prasser ja durchgebracht. Die Güter bei Alba und Formiae wird er von Dolabella zurückbekommen, desgleichen von Antonius das bei Tusculum, und die Leutchen, die jetzt Mutina belagern und D. Brutus umschlossen halten, die Brüder Anser, sollen sich von dem falernischen Gut aus dem Staube machen[12]. Es kommen vielleicht noch einige andere in Frage; sie sind jedoch meinem Gedächtnis entfallen. Jedenfalls möchte ich auch die einbezogen wissen, die nicht auf der Seite unserer Feinde stehen: sie werden ebenfalls die Besitzungen des Pompeius für den Preis, den sie gezahlt haben, an den Sohn zurückgeben.

12 Es war ziemlich unbedacht, um nicht zu sagen dreist, irgend etwas aus diesem Vermögen anzurühren: wer wird schon etwas behalten dürfen, nachdem der hochangesehene Eigentümer in seine alten Rechte wiedereingesetzt ist? Oder wird der Bursche die Rückgabe verweigern, der, den Besitz seines Herrn umwindend wie ein Drache einen Schatz – ein Sklave des Pompeius, ein Freigelassener Caesars –, die Güter in der lukanischen Mark an sich genommen hat? Schließlich soll über die 700 Millionen Sesterze[13], die ihr dem jungen Mann zugesichert habt, so verfügt werden, als hättet ihr dem Sohn des Cn. Pompeius das väterliche Vermögen zurückgegeben.

Soweit der Senat; im übrigen wird sich das römische Volk um diese Familie kümmern, die es in so großem Glanz gesehen hat, zuallererst um den väterlichen Platz im Kollegium der Auguren: den will ich ihm, um dem Sohne zurückzugeben, was ich vom Vater empfangen habe[14], durch meinen Vorschlag verschaffen. Denn wen wird wohl der allgütige, erhabene Jupiter, zu dessen Dolmetschern und Vermittlern wir bestimmt sind, wen wird das römische Volk lieber im Augurenamt bestätigen: einen Pompeius oder einen Antonius? Wie mir scheint, will ein gütiges Geschick, einem Wink der unsterblichen Götter folgend, darauf hinaus, daß – unbeschadet der Rechtskraft und Gültigkeit aller Anordnungen Caesars – der Sohn des Cn. Pompeius sowohl das Vermögen als auch die Ehrenstellung des Vaters zurückerhält.

Auch dies glaube ich nicht mit Schweigen übergehen zu 13
dürfen, versammelte Väter: hochangesehene Männer im Legatenrang, L. Paullus, Q. Thermus und C. Fannius[15] (ihr kennt ihre Einstellung gegenüber dem Staat, und die ist stetig und unveränderlich), berichten, sie hätten, um Pompeius aufzusuchen, ihren Weg über Massilia genommen und größte Bereitschaft bei ihm festgestellt, mit seinen Truppen nach Mutina zu ziehen; ihn hindere nur die Besorgnis, hiermit bei den Altgedienten Unwillen zu erregen[16]. Er ist eben der echte Sohn eines Vaters, der bei seinen Handlungen ebenso oft Vorsicht zeigte wie Mut. Ihr könnt hieraus ersehen, daß er Tatkraft bewiesen hat, ohne es an Einsicht fehlen zu lassen.

Und auch davor muß sich M. Lepidus hüten: er darf nicht
mehr Anmaßung zeigen, als es sonst seine Art ist. Wenn er 14
uns nämlich mit den Truppen droht, dann vergißt er, daß diese Truppen dem Senat und dem römischen Volk und überhaupt dem Staate gehören, nicht ihm[17]. Aber er kann sie doch einsetzen, als gehörten sie ihm! Ja – und? Sollen denn rechtschaffene Männer alles tun, was sie tun *können,* auch wenn etwas schändlich, wenn es verderblich, wenn es keineswegs erlaubt ist? Doch was ist schändlicher oder abstoßender oder ungehöriger als mit Truppenmacht gegen den Senat, gegen die Mitbürger, gegen das Vaterland vorzurücken? Und was verdient mehr Mißbilligung als eine Tat, die nicht erlaubt ist? Es ist aber doch niemandem erlaubt, mit Truppenmacht gegen das Vaterland vorzurük-

ken – wenn wir nur *das* als erlaubt betrachten, was die Gesetze, der Brauch der Vorfahren und unsere Einrichtungen uns zugestehen. Denn niemandem ist alles, was er kann, auch erlaubt, und aus dem Fehlen eines Hindernisses folgt nicht einfach, daß etwas gestattet sei. Dir, Lepidus, hat das Vaterland die Truppen genauso wie deinen Vorfahren nur um seiner selbst willen überantwortet. Mit ihnen sollst du den Feind abwehren, unser Reich vergrößern, dem Senat und dem römischen Volke zur Verfügung stehen, falls sie dir irgendeine andere Aufgabe anvertrauen.

15 Wenn du dich danach richtest, dann bist du M. Lepidus, der erste Oberpriester, des M. Lepidus, des ersten Oberpriesters[18], Urenkel; wenn du aber meinst, den Menschen sei alles, was sie können, auch erlaubt, dann hüte dich: man wird glauben, du folgtest lieber fremden Beispielen aus der jüngsten Zeit als den altbewährten deines eigenen Hauses. Wenn du aber deinen Einfluß geltend machen willst, ohne die Waffen zu gebrauchen, dann bin ich schon eher zufrieden; doch vielleicht ist auch dies ganz unangebracht. Denn gewiß reicht dein Einfluß nicht weniger weit, als es sich für einen Mann von hohem Adel gehört; andererseits braucht der Senat nicht gering von sich zu denken, noch hat er jemals mehr Würde, Festigkeit und Mut gezeigt. Hell entflammt, streben wir alle danach, die Freiheit zurückzugewinnen; keinerlei Einfluß vermag den glühenden Eifer des Senats und des römischen Volkes zu ersticken. «Wir hassen, wir kämpfen im Zorn»[19]: wir lassen uns die Waffen nicht entwinden; wir sind außerstande, das Signal zum Rückzug oder die Abberufung aus dem Kriege zu befolgen; wir hoffen das Beste, wollen aber lieber das Äußerste erleiden als in Knechtschaft leben.

16 Caesar hat eine unschlagbare Armee geschaffen, zwei überaus fähige Konsuln stehen mit ihren Truppen bereit; der

künftige Konsul L. Plancus läßt es nicht an vielfältiger und bedeutender Unterstützung fehlen; um die Rettung des D. Brutus geht der Kampf. Einzig ein wahnwitziger Mordgeselle führt mit seiner Bande abscheulicher Räuber gegen das Vaterland, gegen die Schutzgötter unserer Häuser, gegen unsere Altäre und Feuerstätten, gegen vier Konsuln Krieg. *Dem* sollen wir weichen, *dessen* Bedingungen annehmen, mit *dem* einen Frieden für möglich halten[20]?

Doch wir laufen Gefahr, von ihm[21] überwältigt zu werden. Nein: ich fürchte nicht, daß jemand, der seines riesigen Vermögens nur sicher ist, wenn die Rechtschaffenen die Oberhand behalten, die eigene Existenz aufs Spiel setzt. Bürgerliche Rechtschaffenheit ist zuallererst eine Gabe der Natur und zusätzlich eine Folge des Besitzstandes. Denn allen Rechtschaffenen liegt daran, daß der Staat nicht Schaden nimmt, doch bei denen, die vermögend sind, zeigt sich
das deutlicher. Wer ist nun (wie ich schon sagte[22]) vermö- 17
gender als Lepidus, wer ist zugleich vernünftiger?

Bemerkt hat das römische Volk seine Betroffenheit und seine Tränen am Luperkalientage, es hat bemerkt, wie bedrückt, wie niedergeschlagen er war, als Antonius versuchte, Caesar das Diadem aufzusetzen, weil der lieber Caesars Knecht sein wollte als Caesars Kollege[23]. Wenn sich Antonius aller anderen Schändlichkeiten und Verbrechen enthalten hätte, ich würde trotzdem glauben, er habe für diese eine Tat jede Strafe verdient. Denn wenn es ihm selber nichts ausmachte, Knecht zu sein, warum wollte er dann auch uns einen Herrn geben? Und wenn er in seiner Kindheit die Lüste all derer zu ertragen vermochte, die ihm Gewalt antaten, warum wollte er auch unseren Kindern einen Herrn und Gewaltherrscher verschaffen?

Und wie er sich Caesar uns gegenüber vorstellte, so trat er
selbst nach dessen Tode allen anderen gegenüber auf. Denn 18

welches Barbarenland hätte je einen so abscheulichen, einen so grausamen Tyrannen gesehen wie diese Stadt in der Person des von bewaffneten Barbaren umringten Antonius? Unter Caesars Herrschaft kamen wir wenn nicht als freie Männer, so wenigstens ohne Gefahr in den Senat. Unter diesem Erzbanditen (von einem Tyrannen kann man gar nicht mehr reden) waren unsere Sitze von Ityräern umlagert[24]. Er eilte plötzlich nach Brundisium, um von dort mit einem kampfbereiten Heer gegen Rom vorzurücken; einen sehr ansehnlichen Ort, jetzt eine Landstadt, früher eine Siedlung mit einer überaus ehrbaren Bewohnerschaft, Suessa, besudelte er mit dem Blut der tapfersten Soldaten, und in Brundisium ließ er – in den Armen seiner ebenso habgierigen wie grausamen Frau – willkürlich ausgewählte Zenturionen der Mars-Legion umbringen[25]. In welcher Wut, in welcher Hitze stürmte er von dort zur Stadt, das heißt zur Ermordung aller Rechtschaffenen!

In diesem Augenblick haben uns die unsterblichen Götter
selbst überraschend einen unvermuteten Beistand ver-
19 schafft. Denn Caesars beispiellose, ja göttliche Tatkraft
hemmte das entsetzliche und rasende Vordringen des Bandi-
ten. Der aber glaubte damals in seinem Wahnsinn, er könne
Caesar mit seinen Bekanntmachungen treffen, ohne zu
beachten, daß alles, was er fälschlich gegen den ganz unsträf-
lichen jungen Mann vorbrachte, der Wahrheit gemäß die
Erinnerung an seine eigene Kindheit auffrischte. Als er in
die Stadt einzog: was für ein Gefolge oder vielmehr Heeres-
zug! Wobei er rechts und links unter den Seufzern des
römischen Volkes den Eigentümern drohte, auf die Häuser
zeigte und seinen Leuten unverhohlen die Verteilung der
Stadt in Aussicht stellte. Er kehrte zurück zu seinen Solda-
ten; dort, in Tibur, fand jene verderbliche Versammlung
statt[26].

Von da eilends in die Stadt, der Senat auf dem Kapitol versammelt, vorbereitet der Antrag eines ehemaligen Konsuls, die Pläne des jungen Mannes zu durchkreuzen – da plötzlich (denn daß sich die Mars-Legion in Alba festgesetzt hatte, wußte er schon) ereilt ihn die Nachricht über die Vierte. Tief bestürzt, gab er das Vorhaben auf, den Senat wegen Caesars zu befragen; er zog ab – nicht auf offener Straße, sondern auf Seitenwegen, im Feldherrnmantel, und stellte am gleichen Tag noch zahllose Senatsbeschlüsse her, die allesamt ins Archiv gebracht wurden, bevor sie überhaupt schriftlich aufgesetzt waren[27].

Alsbald trat er keine Reise, sondern eine eilige Flucht nach 20
Gallien[28] an. Caesar sei ihm auf den Fersen, glaubte er, mit der Legion des Mars, mit der vierten, mit den Altgedienten, deren Namen er aus Furcht nicht ertragen konnte, und dann warf sich ihm, wie er in Gallien eindrang, D. Brutus entgegen, der sich lieber von den Fluten des ganzen Krieges umbranden lassen als Antonius den Weg zum Vor- oder Rückmarsch freigeben wollte: der hemmte den Ungebärdigen durch Mutina, als legte er seinem Rasen Zügel an.

Als Antonius die Stadt mit Schanzwerken und Befestigungen umschlossen hatte und ihn weder das Ansehen der blühenden Siedlerstadt noch der Rang des künftigen Konsuls von Bürgermord abhielt, da – ich rufe euch und das römische Volk und alle Götter, die diese Stadt beschirmen, zu Zeugen an – wurden gegen meinen Willen und Widerstand drei ehemalige Konsuln als Unterhändler zu dem
Räuber- und Banditenhauptmann entsandt[29]. Wer hat sich je 21
so barbarisch aufgeführt, so unmenschlich, so roh? Er wollte nichts hören, nichts antworten; er hielt nicht nur die Männer, die vor ihm standen, sondern weit mehr noch uns, von denen sie entsandt waren, für verächtlich und nichtswürdig.

Und danach: welches Verbrechen, welche Untat hätte der Mordgeselle nicht begangen? Er belagert unsere Siedler, ein Heer des römischen Volkes, einen Feldherrn und künftigen Konsul, er verwüstet das Land unserer besten Mitbürger und bedroht – so furchtbar ist seine Feindschaft – alle Rechtschaffenen mit Kreuzigung und Folterqualen. Mit diesem Manne, M. Lepidus, kann es irgend Frieden geben? Bei ihm könnte wohl nicht einmal die schlimmste Bestrafung das römische Volk zufriedenstellen.

22 Wer bislang noch zu bezweifeln vermochte, daß es für diese Versammlung und für das römische Volk keine Gemeinsamkeit mit dem abscheulichen Unmenschen geben kann, der wird bestimmt von seinen Zweifeln ablassen, sobald er den Brief zur Kenntnis genommen hat, der, vom Konsul Hirtius übersandt, soeben bei mir eingetroffen ist. Während ich ihn verlese und Satz für Satz kurz erläutere: bitte, versammelte Väter, tut wie bisher und hört mir aufmerksam zu.

«Antonius an Hirtius und Caesar.» Kein «Feldherr» bei ihm selbst[30], kein «Konsul» bei Hirtius und kein «Proprätor» bei Caesar. Das war recht schlau: er wollte lieber auf seinen angemaßten Titel verzichten als den anderen die ihnen gebührenden zugestehen.

«Die Nachricht vom Tode des C. Trebonius hat mich mit Freude, doch ebensosehr mit Schmerz erfüllt.» Beachtet, warum er Freude, warum er Schmerz empfunden haben will: das erleichtert eure Friedensberatungen.

«Daß ein Verbrecher der Asche und den Gebeinen eines bedeutenden Mannes gebüßt und daß sich das gerechte Walten der Götter vor Ablauf eines Jahres offenbart hat, sei es durch die bereits vollzogene, sei es durch die noch drohende Sühne für den Mord: darüber muß man sich freuen.» Du Spartacus! Denn wie kann ich dich treffender nennen,

wo sich doch im Vergleich zu deinen entsetzlichen Verbrechen ein Catilina erträglich ausnimmt? Man müsse sich freuen, wagtest du zu schreiben, weil Trebonius gebüßt habe? Trebonius ein Verbrecher? Warum – doch wohl deshalb, weil er dich an den Iden des März dem verdienten Untergang entzogen hat? Darüber freust du dich also; sehen 23
wir jetzt, was dich verdrießt[31]!

«Daß der Senat Dolabella wegen der Tötung eines Mörders zum Feind des römischen Volkes erklärt hat und daß dem römischen Volk der Sohn eines Possenreißers mehr bedeutet als C. Caesar, der Vater des Vaterlandes: das muß man bedauern.» Was bedauerst du? Daß Dolabella als Staatsfeind gilt? Wie – merkst du nicht, daß die Aushebungen in ganz Italien, die Entsendung der Konsuln, die Vollmachten für Caesar und schließlich die allgemeine Kampfbereitschaft *dich* zum Staatsfeind erklären? Und aus welchem Grund, du Schurke, bedauerst du, daß der Senat Dolabella zum Staatsfeind erklärt hat? Du hältst ja doch diese Versammlung für gänzlich wesenlos; du siehst es sogar als dein Kriegsziel an, den Senat völlig zu beseitigen und den übrigen Rechtschaffenen sowie allen Vermögenden dasselbe Los zu bereiten wie der höchsten Ratsversammlung. Da redet er von dem Sohn eines Possenreißers. Als ob wir den vortrefflichen römischen Ritter, den Vater des Trebonius, nicht gekannt hätten! Und der Mann nimmt sich heraus, auf jemanden wegen seiner niedrigen Herkunft herabzusehen, der selbst von einer Fadia Kinder bekommen hat[32]?

24 «Das Ärgste ist jedoch, zu sehen, wie du, A. Hirtius, von Caesar durch Wohltaten ausgezeichnet und in einer Stellung zurückgelassen, die dich selbst erstaunt ...[33]» Ich kann wahrlich nicht leugnen, daß Hirtius von Caesar ausgezeichnet worden ist; doch diese Auszeichnungen strahlen hell, da sie auf Tatkraft und Tüchtigkeit beruhen. Du aber, den, wie

du nicht leugnen kannst, derselbe Caesar ausgezeichnet hat: was wärest du, wenn er dir nicht so viel gegeben hätte? Zu was hätte dir deine Tatkraft, zu was deine Herkunft verholfen? In Bordellen und Kneipen, beim Würfel und Wein hättest du dein ganzes Leben verbracht, wie zuvor, als du mit Leib und Seele [34] im Schoße von Schauspielerinnen ruhtest.

«... und du, Knabe ...» Einen Knaben nennt er ihn [35], den er bereits als Mann, ja als ungemein kühnen Mann kennen gelernt hat und noch kennenlernen wird. Der Ausdruck paßt zwar zum Alter, doch darf ihn der am wenigsten gebrauchen, der diesem Knaben mit seinem Wahnwitz zu Ruhm verhilft.

«... der du alles deinem Namen verdankst ... [36]» Er kennt seine Dankesschuld und trägt sie jetzt wunderbar ab; denn wenn jener andere ein Vater des Vaterlandes war (wie du sagst – ich behalte mir meine eigene Meinung vor), warum ist's der hier nicht mit noch größerem Recht, da wir ihm doch das Leben verdanken, das er deinen von Verbrechen besudelten Händen entrissen hat?

«... wie ihr euch bemüht zu erreichen, daß Dolabella als zu Recht verurteilt gilt ...» Wahrhaftig ein schändliches Bemühen, das den Namen der höchsten Ratsversammlung gegen den Wahnwitz eines entmenschten Verbrechers zu verteidigen sucht!

«... daß diese Gifthexe von der Belagerung befreit wird ...» Eine Gifthexe wagst du den Mann zu nennen, der sich deiner Gifttränke durch Gegenmittel zu erwehren wußte? Du belagerst ihn so erfolgreich, du neuer Hannibal oder jeder andere Feldherr, falls er noch schlauer war, daß du dich selbst belagerst und dich, auch wenn du wolltest, nicht von dort lösen könntest: wenn du zurückgehst, setzt man dir allgemein von überallher nach; wenn du bleibst, hängst du fest [37]. So nennst du ihn allerdings mit Recht eine Gifthexe, da du dir von ihm deinen baldigen Untergang bereitet siehst.

«... und daß Cassius und Brutus möglichst viel Macht bekommen!» Man sollte glauben, er rede von Censorinus 26
oder Ventidius[38] oder auch von den Brüdern Antonius selbst. Doch was spricht dagegen, daß Männer Macht bekommen, die ungemein tüchtig und von hohem Adel sind und sich außerdem eng miteinander verbunden haben, unseren Staat zu schützen?

«Offenbar denkt ihr über diese Dinge ebenso wie über die Vergangenheit.» Worüber denn?

«Ihr macht das Lager des Pompeius zum Senat.» Täten wir besser daran, dein Lager zum Senat zu machen? Denn gewiß: dort bist du, der ehemalige Konsul, dessen ganzes Konsulat aus sämtlichen Urkunden getilgt ist; ferner zwei Prätoren, die ohne Grund zweifeln, ob sie nocht etwas zu sagen hätten (wir halten uns ja an die Anordnungen Caesars); die ehemaligen Prätoren Philadelphus Annius und der harmlose Gallius; vier ehemalige Ädilen, nämlich Bestia, der mir beim Training meiner Lunge und Stimme als Sandsack gedient hat, Trebellius, ein Anwalt von Treu und Glauben und Betrüger seiner Gläubiger, Caelius, eine verkrachte und zusammengebrochene Existenz, sowie der Eckpfeiler unter den Freunden des Antonius, Varius Cotyla, den Antonius, um die Stimmung bei einem Gelage zu heben, von Staatssklaven auspeitschen ließ; die Mitglieder des Siebenmänner-Ausschusses Lento und Nucula sowie die Lust und Wonne des römischen Volkes, L. Antonius; ferner Tribunen, und zwar zunächst zwei künftige: Tullus Hostilius, der mit vollem Recht an einem Tor seinen Namen anbrachte (er benutzte es, seinen Feldherrn, da er ihn nicht verraten konnte, im Stich zu lassen) – der andere künftige Tribun ist ein gewisser Insteius, ein unerschrockener Räuber, wie es heißt, der immerhin in Pisaurum ein enthaltsamer Bademeister gewesen sein soll[39].

27 Es folgen die ehemaligen Tribunen, T. Plancus an erster Stelle, der, hätte er den Senat gemocht, gewiß nicht die Kurie in Brand gesteckt hätte; für dieses Verbrechen gebührend bestraft, kehrte er mit Waffengewalt in *die* Stadt zurück, die er auf Grund der Gesetze verlassen hatte. Doch das hat er gemein mit mehreren anderen, die ihm ähnlich sind; hingegen ist verwunderlich, daß man von diesem Plancus in Anlehnung an das Sprichwort zu sagen pflegt, mit ihm könne es nur zu Ende gehen, wenn ihm die Beine gebrochen seien – sie waren gebrochen, und er lebt. Das können wir immerhin, wie vieles andere, zugunsten Aquilas verbuchen. Dort ist auch ein Decius, ein Nachkomme, glaube ich, des Zweiges Mus, und so hat er an den Geschenken Caesars genagt – die Erinnerung an die Decier ist nach langer Zeit durch diesen prachtvollen Mann erneuert worden! Und Decidius Saxa, wie könnte ich den übergehen: herbeigeholt aus den entferntesten Gegenden, weil wir jemanden als Volkstribunen sehen sollten, den wir als Bürger noch nie
28 gesehen hatten! Dort ist auch einer von den Saserna – sie sehen sich allerdings alle so ähnlich, daß ich mich in ihren Vornamen irren kann. Außerdem darf ich Extitius, den Bruder des Philadelphus, den Quästor, nicht unerwähnt lassen: man könnte ja, wenn ich ihn übergehe, denken, ich hätte Antonius um den herrlichen jungen Mann beneidet. Da ist noch ein gewisser Asinius, ein Senator aus eigenem Entschluß, von sich selbst dazu erkoren: er sah die Kurie nach Caesars Tod geöffnet; er wechselte die Schuhe und gehörte auf einmal zu den versammelten Vätern. Ich weiß nicht, wer Sex. Albesius ist; ich bin jedoch keinem solchen Lästermaul begegnet, das ihn für unwürdig erklärt hätte, im Senat des Antonius Mitglied zu sein[40].

Ich nehme an, daß ich diesen oder jenen vergessen habe; die aber, die mir einfielen, konnte ich nicht mit Schweigen

übergehen. Dies ist also der Senat, auf den *er* sich stützt, und
dann sieht er auf den pompejanischen Senat herab, in dem
wir, die ehemaligen Konsuln, zu zehnt waren – wenn die
noch alle lebten, dann hätte es jetzt keinen Krieg gegeben:
vor diesem Glanz wäre seine Frechheit zuschanden gewor-
den. Denn welchen Beistand die andern geleistet hätten, das 29
kann man daraus ersehen, daß ich, allein noch übrig aus der
großen Zahl, mit eurer Hilfe die Frechheit dieses anmaßen-
den Banditen gedämpft und gebrochen habe. Wenn uns das
Schicksal nicht unlängst Ser. Sulpicius und vorher schon
seinen Kollegen M. Marcellus geraubt hätte (was für Bürger,
was für Menschen!), wenn unser Staatswesen die beiden
vaterlandsliebenden Konsuln, die zur gleichen Zeit aus
Italien vertrieben wurden, wenn es L. Afranius, einen über-
aus fähigen Truppenführer, wenn es P. Lentulus, einen
Mitbürger, der sich, wie in anderen Fällen, so auch bei
meiner Rückberufung hervorgetan hat, wenn es M. Bibulus,
den um seiner Staatstreue willen stets mit Recht Gerühmten,
wenn es L. Domitius, einen ganz ausgezeichneten Mitbür-
ger, und Appius Claudius, dessen Gesinnung seinem Adel
nicht nachstand, wenn es schließlich P. Scipio, einen erlauch-
ten, seiner Vorfahren in jeder Hinsicht würdigen Mann,
hätte behalten dürfen: wahrhaftig, bei diesen ehemaligen
Konsuln hätte kein Grund bestanden, auf den pompejani-
schen Senat herabzublicken. Und was wäre zuträglicher, was 30
wäre besser für unseren Staat: daß Cn. Pompeius lebte oder
der Aufkäufer des Cn. Pompeius, Antonius[41]?

Was für ehemalige Prätoren gab es dort! Der Erste unter ihnen war M. Cato, zugleich durch seine Lauterkeit auf der ganzen Welt der Erste[42]. Wozu noch die übrigen hochangesehenen Männer nennen? Ihr kennt sie alle; ihr haltet mich, fürchte ich, eher für langweilig, wenn ich sie aufzähle, als für undankbar, wenn ich sie übergehe. Ferner: was gab es dort für Männer, die Ädilen, die Tribunen, die Quästoren gewesen waren! Kurz und gut, mit dem Ansehen und der Zahl der Senatoren stand es so, daß alle die einer zwingenden Entschuldigung bedurften, die nicht in das bekannte Lager[43] kamen. Vernehmt jetzt das Weitere.

«Ein Besiegter, Cicero, ist euer Führer.» Das Wort «Führer» höre ich besonders gern, weil er es bestimmt widerwillig gebraucht. Der «Besiegte» hingegen macht mir nichts aus; es ist ja mein Los, daß ich stets gemeinsam mit dem Staat besiegt werde und siege.

«Ihr sichert Makedonien durch Truppen.» Allerdings: wir haben es deinem Bruder[44] entrissen, der euch in nichts nachgibt.

«Afrika habt ihr einem Varus[45] überantwortet, der schon zweimal in Gefangenschaft war.» Bei dieser Schmähung steht ihm offenbar sein Bruder Gaius vor Augen.

«Nach Syrien habt ihr Cassius entsandt.» Und du merkst immer noch nicht, daß für unsere Sache die ganze Welt offensteht, während du außerhalb deiner Befestigungen nicht weißt, wohin deinen Fuß setzen?

31 «Ihr habt Casca das Tribunat ausüben lassen.» Ja – und? Sollten wir ihn wie Marullus, wie Caesetius aus seinem Amt entfernen: den Mann, durch den wir erreicht haben, daß sich seitdem weder dies noch vieles andere dieser Art zutragen konnte[46]?

«Ihr habt den Luperci die von Caesar festgesetzten Einkünfte genommen.» Die Luperci wagt er zu erwähnen, und er erschaudert nicht vor der Erinnerung an den Tag, an dem er es wagte, voll beladen mit Wein, triefend von Salben, nackt wie er war, das römische Volk, so sehr es ächzte, zur Knechtschaft aufzufordern[47]?

«Siedlungen von Altgedienten, durch ein Gesetz gegründet, habt ihr durch einen Senatsbeschluß wiederaufgehoben.» Haben wir sie aufgehoben und nicht vielmehr durch ein von der Volksversammlung beschlossenes Gesetz bestätigt? Du aber sieh dich vor, daß du nicht Altgediente, die schon ruiniert waren, gänzlich ruinierst und sie in eine Gegend führst, aus der es, wie sie schon selbst merken, kein Entrinnen für sie geben wird[48].

«Der Gemeinde Massilia versprecht ihr zurückzugeben, 32
was sie nach Kriegsrecht eingebüßt hat[49].» Ich erörtere jetzt nicht das Kriegsrecht (die Erörterung wäre leicht, aber unnütz); nehmt nur zur Kenntnis, versammelte Väter, in welchem Maße Antonius der geborene Feind unseres Staates ist, wenn er gerade die Gemeinde so sehr haßt, die, wie er weiß, seit jeher mit diesem Staate aufs engste befreundet ist.

«Kein überlebender Pompejaner sei noch an das hirtische Gesetz gebunden, behauptet ihr unentwegt[50].» Wer, bitte schön, spricht noch vom hirtischen Gesetz: ich glaube, es wird jetzt vom Urheber selbst nicht weniger bedauert als von denen, gegen die es sich gerichtet hat. Meiner Meinung nach ist es gar nicht erlaubt, hier von einem Gesetz zu reden, und wenn es sich um ein Gesetz handeln sollte, dann dürfen wir's nicht dem Hirtius zur Last legen.

«Die Kasse des Appuleius habt ihr Brutus zur Verfügung gestellt[51].» Und wenn der Staat diesen hervorragenden Mann mit allen seinen Hilfsmitteln ausgerüstet hätte: welcher rechtschaffene Bürger nähme wohl daran Anstoß? Denn ohne Geld hätte er nicht ein Heer unterhalten und ohne Heer nicht deinen Bruder gefangennehmen können.

«Ihr habt die Hinrichtung von Petraios und Menedemos, 33
die das Bürgerrecht bekommen hatten und Gastfreunde Caesars waren, gebilligt[52].» Wir haben nicht gebilligt, was uns gar nicht zu Ohren gekommen war. Wir hatten ja reichlich Anlaß, uns in diesen politischen Wirren mit zwei griechischen Taugenichtsen zu beschäftigen!

«Daß Theopomp[53], von Trebonius nackt aus seinem Hause verjagt, nach Alexandrien fliehen mußte, hat euch nicht gekümmert.» Ein schwerer Vorwurf für den Senat! Um Theopomp, den großen Mann, haben wir uns nicht gekümmert – wo in aller Welt er ist, was er treibt, ob er überhaupt noch lebt oder schon tot ist: wer weiß das oder denkt darüber nach?

«Ser. Galba, noch mit demselben Dolch bewaffnet, hält sich vor euren Augen im Lager auf[54].» Ich antworte dir mit keinem Wort wegen Galbas, der ein ebenso beherzter wie charakterfester Bürger ist: er wird in Person erscheinen, bereit, dir zu antworten – mitsamt dem von dir gebrandmarkten Dolch.

«Ihr habt Soldaten an euch gezogen, meine eigenen und altgediente, als gelte es die Vernichtung der Caesarmörder, und sie ahnungslos, wie sie waren, dazu benutzt, ihren Quästor oder ihren Feldherrn oder ihre Kameraden in Gefahr zu bringen[55].» Ganz gewiß haben wir alle Welt hinters Licht geführt und belogen: keine Ahnung hatte die Legion des Mars und die vierte, unbekannt war den Altgedienten, worum es ging! Nicht das Ansehen des Senats, nicht die Freiheit des Volkes zeichnete ihnen den Weg vor: sie wollten Rache für Caesars Tod, den sie allesamt für ein Verhängnis hielten! Und so hatten sie zweifellos dein Wohlergehen,
34 Glück und Gedeihen im Auge! Du armer Kerl, nicht nur deiner Lage wegen, sondern vor allem, weil du gar weißt, wie arm du dran bist! Hört jetzt seinen schwersten Vorwurf.

«Ferner: was habt ihr gutgeheißen oder getan, was nicht, wenn er zum Leben zurückkehrte, auch ...» Wer wohl? Denn ich nehme an, daß er uns irgendeinen Ausbund von Verbrecher nennt.

«... Cn. Pompeius selber täte ...» Wie schändlich von uns, Cn. Pompeius nachzuahmen!

«... oder sein Sohn, wenn er könnte?» Er wird können, glaub mir; denn in wenigen Tagen kehrt er in das Haus und die Gärten des Vaters zurück[56].

«Schließlich erklärt ihr, ein Friede könne nur zustande kommen, wenn ich Brutus abziehen lasse oder mit Getreide beliefere.» Das erklären andere! Ich aber bin überzeugt, daß auch, wenn du das tust, nie ein Friede zwischen dir und diesem Staate zustande kommen wird.

«Wie – werden damit eure Altgedienten einverstanden sein, die noch stets zu allem freie Hand haben ...» Zu keinem Unternehmen haben sie, wie ich feststellen konnte, so sehr freie Hand, wie zum Kampf gegen einen Feldherrn, der von ihnen so entschieden und so einhellig zum Staatsfeind erklärt worden ist.

«... die ihr mit Schmeicheleien und vergifteten Geschen- 35
ken habt bestechen wollen?» Hat man Leute bestochen, die fest entschlossen sind, einen abscheulichen Feind in dem gerechtesten aller Kriege niederzuwerfen?

«Ihr leistet gar den eingeschlossenen Soldaten Hilfe. Ich habe nichts dagegen, daß sie am Leben bleiben und abziehen, wohin sie wollen; sie müssen allerdings zulassen, daß der Mann stirbt, der es verdient hat.» Wie gütig! Am Ende haben die Soldaten nur dank der Großzügigkeit des Antonius ihren Feldherrn verlassen und sich, von Furcht gejagt, zum Feind begeben; ohne ihr Eingreifen hätte nicht Dolabella eher seinem Oberbefehlshaber ein Totenopfer dargebracht als Antonius seinem Kollegen[57].

«Man habe im Senat, schreibt ihr, eine Beilegung des 36
Konflikts in Betracht gezogen und fünf ehemalige Konsuln zu Unterhändlern bestimmt[58]. Es fällt mir schwer zu glauben, daß Leute, die mich zum äußersten getrieben haben, als ich die gerechtesten Bedingungen anbot und davon sogar noch etwas nachlassen wollte, je zu Maß und Menschlichkeit

finden können. Es ist auch ziemlich unwahrscheinlich, daß sie, die Dolabella wegen einer vollauf berechtigten Tat zum Staatsfeind erklärt haben, uns schonend zu behandeln vermögen: wir denken ja ebenso wie er.» Bekennt er nicht deutlich genug, daß er bei allen seinen Untaten mit Dolabella im Bunde steht? Seht ihr nicht, wie alle Verbrechen aus *einer* Quelle entspringen[59]? Er gesteht sich endlich selbst ein (und das ist eine treffende Feststellung), daß diejenigen, die Dolabella zum Staatsfeind erklärt haben («wegen einer vollauf berechtigten Tat»: so die Meinung des Antonius), ihn, der ebenso denkt, nicht schonend zu behandeln vermögen.

37 Kann man den noch retten, der so etwas einem Briefe, einem Schriftstück anvertraut: er habe mit Dolabella vereinbart, dieser solle Trebonius und wenn möglich auch Brutus und Cassius unter Martern töten, und er selbst werde dieselben Strafen über uns verhängen? Ein bewahrenswerter Bürger, der einen so rücksichtsvollen und rechtmäßigen Pakt schließt! Und der beschwert sich noch über die Ablehnung seiner Bedingungen, die ja wirklich gerecht und bescheiden waren[60]: ihm das jenseitige Gallien zu überlassen, die für eine Erneuerung des Krieges und für Rüstungen geeignetste Provinz; die Soldaten der Haubenlerchen-Legion als Richter der dritten Abteilung anzuerkennen, das heißt der schlimmsten Hefe unseres Staates eine Zuflucht für ihre Verbrechen zu verschaffen; alle seine Anordnungen zu bestätigen, obwohl von seinem Konsulat keine Spur mehr vorhanden ist. So sorgte er auch für L. Antonius, den gewissenhaften Vermesser privaten und öffentlichen Bodens, und für dessen Kollegen Nucula und Lento.

38 «Prüft daher lieber, was wohl schicklicher und für unsere Partei vorteilhafter ist: den Tod des Trebonius zu ahnden oder den Caesars, und was mehr Vernunft verrät: uns gegenseitig zu bekämpfen, so daß es die Sache der Pompejaner, um

die es schon oft geschehen war, desto leichter hätte wieder-
aufzuleben, oder zusammenzuhalten, damit wir nicht zum
Gespött unsrer Feinde werden.» Wenn es wirklich um sie
geschehen wäre: nie könnte sie sich wieder erheben – möchte
dir und den Deinen dies Los zuteil werden! «Was wohl
schicklicher wäre», sagt er: zweifellos geht's in diesem
Kriege um Schicklichkeit! «... und für unsere Partei vorteil- 39
hafter.» Von Parteien, du Wahnsinnsmensch, spricht man
auf dem Forum, in der Kurie! Krieg gegen dein Vaterland,
ein Verbrechen, hast du angezettelt; du belagerst Mutina
und schließt einen künftigen Konsul ein. Krieg gegen dich
führen beide Konsuln und an ihrer Seite der Proprätor
Caesar; ganz Italien steht gegen dich in Waffen. Das nennst
du Partei und nicht vielmehr Hochverrat am römischen
Volke? Wir ahnden den Tod des Trebonius, und nicht den
Caesars? Der Tod des Trebonius ist hinlänglich geahndet,
seit Dolabella als Staatsfeind gilt; dem Caesars wird man am
ehesten gerecht, wenn man ihn vergißt und verschweigt. So
seht denn, was er im Schilde führt. Indem er den Tod Caesars
rächen zu müssen glaubt, kündigt er nicht nur denen den
Tod an, die die Tat ausgeführt haben, sondern auch all
denen, die nicht schwer davon getroffen waren.

«Die haben nämlich, wer immer unsrer Zwietracht zum 40
Opfer fällt, den Vorteil davon – ein Schauspiel, das das
Schicksal bislang verhindert hat, um nicht erleben zu müs-
sen, wie zwei Heere eines zusammengehörigen Ganzen, vom
Fechtmeister Cicero einstudiert, gegeneinander losschlagen.
Dieser Mann hatte Glück genug, euch mit denselben Aus-
zeichnungen zu täuschen, mit denen, wie er prahlt, schon
Caesar getäuscht worden ist[61].» Er fährt fort, mich zu
beschimpfen, als ob ihm das schon in den vorausgehenden
Abschnitten wunders wie gut gelungen wäre; ich aber werde
ihn dafür mit den Zeichen eines nur zu berechtigten

Schimpfs brandmarken und ihn so dem ewigen Andenken der Menschheit überantworten. Ich ein Fechtmeister? Gewiß kein unverständiger; ich wünsche ja, daß die Schlechteren auf der Strecke bleiben und die Besseren siegen. Wer immer ihrer Zwietracht zum Opfer falle, schreibt er, wir
41 hätten den Vorteil davon. Ein herrlicher Vorteil: wenn du siegst – was die Götter verhüten mögen –, dann haben die einen wunderbaren Tod, die ohne Folterqualen aus dem Leben scheiden dürfen. Ich hätte, sagt er, Hirtius und Caesar mit denselben Auszeichnungen zu täuschen vermocht. Welche seiner bisherigen Auszeichnungen, bitte sehr, hat Hirtius mir zu verdanken? Und Caesar sind wir noch mehr und noch größere schuldig. Ich hätte Caesar getäuscht, wagst du zu behaupten? Du, ja du hast ihn am Luperkalientage umgebracht – und warum hast du undankbarer Mensch das ihm zu Ehren eingerichtete Priesteramt vernachlässigt[62]?

Doch seht jetzt den großen und berühmten Mann, ein
42 Wunder unwandelbarer Festigkeit: «Ich bin fest entschlossen, keinerlei Beschimpfung meiner selbst oder meiner Leute hinzunehmen, nie die Partei zu verlassen, die ein Pompeius gehaßt hat, nicht zu dulden, daß die Altgedienten aus ihren Wohnsitzen vertrieben und bestimmte Leute der Folter unterworfen werden, nicht dem Treueversprechen ungehorsam zu sein, das ich Dolabella gegeben habe ...» Ich übergehe alles andere: das Treueversprechen, das Dolabella, ein grundanständiger Mann, empfangen hat, kann der gewissenhafte Mensch nicht brechen. Wofür ein Treueversprechen? Für den Mord an allen Rechtschaffenen, für die Verteilung der Stadt und Italiens[63], fürs Verwüsten und Plündern der Provinzen? Denn was sonst hätten Antonius und Dolabella, zwei Mordgesellen der widerlichsten Sorte, durch ein Bündnis und Treueversprechen bekräftigen sollen?

«... nicht mein Bündnis mit Lepidus zu verletzen, einem überaus gewissenhaftigen[64] Manne ...» Du bist mit Lepidus verbündet oder sonst einem ich will nicht sagen rechtschaffenen Bürger (wie er einer ist), sondern überhaupt einem vernünftigen Menschen? Du willst erreichen, daß man Lepidus für gewissenlos und unvernünftig hält. Du erreichst nichts (obwohl es heikel ist, so etwas von anderen zu versichern), am wenigsten bei Lepidus, vor dem ich mich nie fürchten, von dem ich nur Gutes hoffen werde, solange es möglich ist. Abbringen von deiner Raserei wollte dich Lepidus, nicht Helfer bei deinem Wahnsinn sein. Außerdem bist du nicht auf gewissenhafte Leute erpicht, sondern auf gewissenhaftige; so suchst du aus beispielloser Gewissenhaftigkeit ein Wort, das es in der lateinischen Sprache gar nicht gibt, als Neuheit einzuführen. 43

«... und auch an Plancus nicht Verrat zu üben, dem Teilhaber meiner Pläne.» Plancus dein Teilhaber? Dessen denkwürdige, ja beispiellose Tüchtigkeit unsern Staat mit Glanz erfüllt (oder glaubst du, er käme dir zu Hilfe: mit seinen tapferen Legionen, mit gewaltigen gallischen Reiter- und Fußtruppen?) und der, wenn dich die Strafe für deinen Hochverrat nicht schon vor seiner Ankunft ereilt hat, selbst die Führung in diesem Kriege übernehmen wird. Denn so gewiß die ersten Helfer dem Staate mehr nützen, so gewiß werden die letzten besonders geschätzt. 44

Doch jetzt steigert er sich und fängt schließlich noch an zu philosophieren: «Wenn mir die unsterblichen Götter auf meinem geraden Wege wie erhofft beistehen, dann will ich gerne weiterleben. Wenn mir jedoch ein anderes Schicksal bestimmt ist, dann freue ich mich im voraus über euren Untergang. Denn wenn die Pompejaner schon als Besiegte so maßlos sind, dann werdet vor allem ihr zu spüren bekommen, wie sie erst als Sieger auftreten.» Freue dich nur im 45 voraus – du führst ja nicht nur gegen die Pompejaner Krieg, sondern gegen den ganzen Staat. Alle – Götter und Menschen, hoch, mittel und niedrig, Bürger und Fremde, Männer und Frauen, Freie und Sklaven – verabscheuen dich. Das haben wir neulich bei einer falschen Nachricht erlebt; wir werden's demnächst bei einer richtigen erleben. Wenn du darüber mit dir ins reine kommst, dann kannst du mit mehr Gelassenheit und besserem Trost sterben.

46 «Kurz und gut, meine Absichten laufen im ganzen darauf hinaus, das Unrecht hinzunehmen, das meinen Leuten widerfahren ist, vorausgesetzt, die Urheber selbst sind bereit, ihr Tun zu vergessen und gemeinsam mit uns für Caesars Tod Vergeltung zu üben.» Glaubt ihr, daß die Konsuln A. Hirtius und C. Pansa, von diesen Absichten des Antonius in Kenntnis gesetzt, zögern werden, zu Antonius überzutreten, Brutus zu belagern, die Eroberung Mutinas anzustreben? Doch was rede ich von Pansa und Hirtius? Caesar, ein junger Mann von einzigartigem Pflichtgefühl: wird der sich enthalten können, mit dem Blut des D. Brutus für den Vater Vergeltung zu üben? Allerdings, und so rückten sie, nachdem sie den Brief gelesen hatten, nur noch näher an die Belagerungswerke heran. Desto größer der junge Caesar, desto größer das Geschenk der Götter, gerade ihn für unser Staatswesen auszuersehen: er ließ sich durch keinerlei Glanz des väterlichen Namens noch durch sein Pflichtgefühl in die Irre führen; er hat begriffen, daß für das Pflichtgefühl die Rettung des Vaterlandes unbedingt den
47 Vorrang haben muß. Wenn hier ein Streit unter Parteien stattfände (ihr Name ist ja längst erloschen), wer wäre wohl eher berufen, für die Partei Caesars einzutreten: Antonius und Ventidius oder einmal der junge Caesar, der von der dankbaren Erinnerung an seinen Vater ganz durchdrungen ist, zum anderen Pansa und Hirtius, die gewissermaßen die

beiden Flügel des älteren Caesar kommandierten – damals, als man mit Recht von Parteien redete? Doch wie steht es jetzt mit Parteien, wo sich die eine Seite das Ansehen des Senats, die Freiheit des römischen Volkes und das Wohl des Staatsganzen zum Ziel gesetzt hat, die andere hingegen die Beseitigung aller Rechtschaffenen sowie die Verteilung der Stadt und ganz Italiens[65]?

Wir wollen uns endlich dem Schluß zuwenden. «Daß Unterhändler kommen, glaube ich nicht.» Da kennt er mich gut. Mögen die anderen hingehen, zumal sie das Beispiel Dolabellas vor Augen haben! Gewiß werden ihm die Unterhändler mehr Achtung abnötigen als die beiden Konsuln, gegen die er Krieg führt, als Caesar, der Sohn des Mannes, dessen Priester er ist[66], als ein künftiger Konsul, den er belagert, als Mutina, das er umschlossen hält, als das Vaterland, das er mit Feuer und Schwert zu bedrängen wagt.

«Wenn sie aber kommen, dann bin ich bereit, mir ihre 48
Forderungen anzuhören.» Verderben und Höllenpein über dich: zu dir käme noch jemand, der anders ist als Ventidius? Den entstehenden Brand zu löschen, haben wir die angesehensten Männer entsandt: du lehntest ab. Jetzt sollen wir jemanden in eine so furchtbare, so mächtig erstarkte Feuersbrunst entsenden, obwohl du dir jede Möglichkeit eines Friedens, ja einer Kapitulation abgeschnitten hast?

Diesen Brief habe ich euch vorgelesen, versammelte Väter, nicht weil ich glaubte, Antonius verdiene das, sondern um mit Hilfe seines eigenen Geständnisses alle seine Verbrechen offen vor euch auszubreiten. Mit diesem Manne 49
wollte ein M. Lepidus, im Vollbesitz aller Güter der eigenen Tüchtigkeit und des Glücks[67], wenn er das sähe, noch Frieden schließen, mit ihm glaubte er das zu können? «Eher verbinden sich Feuer und Wasser», wie irgendein Dichter sagt[68], kurz, eher ist alles möglich, als daß sich der Staat mit

den Brüdern Antonius oder die Brüder Antonius mit dem Staate wiederaussöhnen. Sie sind ja Scheusale und Ungeheuer und die bösen Geister unseres Gemeinwesens. Es wäre besser, unsere Stadt zu verpflanzen und wenn möglich in andere Länder zu verlegen, wo man von den Antoniern «weder Taten noch Namen vernimmt»[69], als diese Burschen, vertrieben von der Tapferkeit Caesars, festgehalten von der des Brutus, innerhalb unserer Mauern zu sehen. Das Wünschenswerteste ist der Sieg; das Zweitbeste: kein Ungemach für zu schwer zu halten, das der Ehre und Freiheit des Vaterlands dient. Was dann noch bleibt, ist nicht etwas Drittes, sondern das Allerletzte: aus Angst um das Leben die schlimmste Schande hinzunehmen.

50 Unter diesen Umständen stimme ich hinsichtlich der brieflichen Empfehlungen des M. Lepidus, eines hochangesehenen Mannes, dem Servilius zu, und darüber hinaus möchte ich vom Senat festgestellt wissen, daß Pompeius Magnus, der Sohn des Gnaeus, ganz dem Mut und dem Eifer, der von seinem Vater und seinen Vorfahren dem Staate erzeigt worden ist, sowie der eigenen bewährten Tüchtigkeit, Tatkraft und Überzeugung entsprochen habe, als er dem Senat und dem römischen Volk seine und seiner Gefolgschaft Dienste zusicherte[70], und daß dieser Entschluß dem Senat und dem römischen Volk ebenso angenehm wie willkommen sei, und daß ihm selbst hieraus noch Ehre und Ansehen erwachsen solle. Dieser Text mag an den anderen Senatsbeschluß angehängt werden; man kann ihn aber auch getrennt davon halten und für sich aufzeichnen – dann erscheint das Lob des Pompeius in einem besonderen Senatsbeschluß.

VIERZEHNTE PHILIPPISCHE REDE

Einleitung

Am 14. April errangen die verbündeten Heere der Konsuln Hirtius und Pansa sowie des Proprätors Oktavian bei Forum Gallorum, südöstlich von Mutina, ihren ersten Sieg. In Rom herrschte unterdessen – bis zum Eintreffen der Erfolgsmeldung – große Nervosität. Von Cicero kursierte das Gerücht, er beabsichtige, sich am 21. April, dem Gründungstage der Stadt, zum Diktator ausrufen zu lassen; vielleicht hatten – so Cicero selbst in der vierzehnten Philippica, 15 – die Freunde des Antonius diese Mär in Umlauf gebracht, um einen Vorwand für den Kampf gegen den «Tyrannen» zu haben. Am 20. April trat der Volkstribun P. Appuleius in einer von ihm einberufenen Versammlung dem gefährlichen Gerede entgegen, und wenige Stunden später gelangte die Nachricht von dem Siege in die Stadt. Daraufhin wurde Cicero von einer großen Menge, die sich vor seinem Hause eingefunden hatte, wie in einem Triumph auf das Kapitol geleitet.

Am 21. April tagte der Senat; der die Sitzung leitende Prätor M. Caecilius Cornutus stellte den Schlachtbericht des Hirtius zur Debatte. Daraufhin schlug P. Servilius Vatia Isauricus ein mehrtägiges Dankfest vor; der erste Tag solle dadurch ausgezeichnet werden, daß man statt der Kriegstracht * Friedenskleider anlege. Cicero war mit diesen Maßnahmen nicht zufrieden; er hielt sie, wie er in seiner vierzehn-

* Siehe hierüber die Einleitung zur achten Philippischen Rede.

ten Philippischen Rede ausführlich darlegte, teils für unzureichend, teils für unpassend.

Ein erster Abschnitt (1–5) gilt dem symbolischen Wechsel der Tracht: es gehe um die Befreiung des D. Brutus; folglich dürfe das Friedenskleid erst wieder getragen werden, wenn dieses Ziel erreicht sei. Sodann holt Cicero zu einem längeren Gedankengang aus (6–25). Er rügt zunächst, daß man ein Dankfest vorschlage, ohne Antonius als Feind zu bezeichnen, obwohl er doch in Wahrheit ein überaus furchtbarer und grausamer Feind sei (6–10). Außerdem, fährt er fort, müsse man, wenn man ein Dankfest bewillige, den erfolgreichen Truppenführern die Ehre des Titels *imperator* zuerkennen (11 f.). Dann ein Exkurs über die eigene Person (13–21): Cicero handelt von dem Putschgerücht, das man über ihn verbreitet habe, und von den Ereignissen des 20. April; er appelliert an seine Widersacher, vom Neide abzulassen und lieber durch Leistungen mit ihm zu wetteifern. Er faßt nunmehr die dem Exkurs vorausgehenden Abschnitte zusammen (21–25): Dankfeste feiere man nur nach Siegen über Feinde, nicht in Bürgerkriegen; mit dem Dankfest über Feinde sei notwendig die Ehre des *imperator*-Titels verbunden. Die folgende Partie (25–29) würdigt die Verdienste der drei Truppenführer, die, wie Cicero meint, sowohl den *imperator*-Titel als auch ein Dankfest von fünfzig Tagen rechtfertigten. Schließlich wird auch der Soldaten gedacht (29–35); Cicero verlangt, daß man den Gefallenen zu ihrem Ruhme und zum Trost ihrer Angehörigen ein Denkmal errichte – der Ton steigert sich zu einem feierlichen, von den Grabreden der griechischen Klassik inspirierten Pathos. Die Rede endet mit dem förmlichen Antrag (36–38), der vom Senat zum Beschluß erhoben wurde.

Schematische Übersicht

1. Abschnitt (1–5):

Kein Friedenskleid, ehe D. Brutus befreit ist.

2. Abschnitt (6–25):

Dankfest, Staatsfeind, *imperator*-Titel.

a) Die Bewilligung eines Dankfestes impliziert die Feinderklärung (6–10)
b) sowie den *imperator*-Titel (11 f.).
   Exkurs: Cicero über sich selbst, über das Putschgerücht u. a. (13–21).
c) Zusammenfassung von a) und b) (21–25).

3. Abschnitt (25–35):

Lob der Sieger.

a) Die Truppenführer (25–29).
b) Die Soldaten (29–35).

Schluß (36–38):

Der Text des Antrags.

VIERZEHNTE PHILIPPISCHE REDE

1 Dem Bericht, den man soeben verlesen hat, versammelte Väter, konnte ich entnehmen, daß die Truppen unserer unseligen Feinde zerrieben und in die Flucht geschlagen worden sind: wenn ich ihm ebenso hätte entnehmen können, was wir alle am lebhaftesten wünschen und mit dem von uns errungenen Sieg auch erreicht zu haben glauben, nämlich daß D. Brutus bereits aus Mutina abgezogen sei, dann würde ich ohne zu zögern vorschlagen, wir sollten, wie wir seiner Bedrängnis wegen den Kriegsrock angezogen hätten, so seiner Rettung wegen zur gewohnten Tracht zurückkehren. Doch bis diese Nachricht, auf die unsere Bürgerschaft mit größter Ungeduld wartet, hier eintrifft, müssen wir uns mit der Freude über die gewaltige und herrliche Schlacht begnügen – schiebt den Wechsel der Kleidung bis zur Vollendung des Sieges auf! Denn vollendet ist dieser Krieg erst mit der Befreiung des D. Brutus.

2 Was ist das also für ein Antrag: wir sollen heute die Kleidung wechseln und morgen schon wieder im Kriegsrock erscheinen? Wir wollen doch, wenn wir erst einmal zur erstrebten und ersehnten Tracht zurückgekehrt sind, zusehen, daß wir sie ständig anbehalten können. Denn das ist mißlich, ja den unsterblichen Göttern unwillkommen: daß wir uns von ihren Altären, nachdem wir sie im Friedenskleid aufgesucht haben, entfernen, um alsbald wieder den Kriegsrock anzuziehen.

3 Mir entgeht nicht, versammelte Väter, daß einige diesen Antrag unterstützen: sie sehen voraus, wie ruhmreich der Tag für D. Brutus sein wird, an dem wir seiner Rettung wegen zur Friedenstracht zurückkehren, und sind daher fest entschlossen, ihn um diesen Lohn zu bringen – damit nicht in die Erinnerung der Nachwelt eingehen kann, das römi-

sche Volk habe wegen der Bedrängnis eines einzigen Bürgers den Kriegsrock angezogen und sei ebenso wegen seiner Rettung zur Friedenstracht zurückgekehrt. Seht von dieser Überlegung ab: ihr werdet keinerlei Grund mehr für einen so unsinnigen Antrag entdecken.

Wahrt also euer Ansehen, versammelte Väter, bleibt bei eurer Meinung und verliert nicht aus dem Auge, was ihr schon oft bekundet habt: daß es in diesem ganzen Kriege um das Leben eines einzigen ebenso tüchtigen wie bedeutenden
Mannes geht. Zur Befreiung des D. Brutus wurden maßge- 4
bende Männer unserer Bürgerschaft als Unterhändler entsandt, mit dem Auftrag, diesem Hochverräter und Mordgesellen zu befehlen, er solle sich von Mutina entfernen; zur Rettung von niemand anderem als D. Brutus zog der Konsul A. Hirtius, durchs Los bestimmt, ins Feld, wobei die Stärke seines Geistes und die Hoffnung auf den Sieg seiner schwächlichen Gesundheit[1] zu Hilfe kamen. Caesar hatte eben erst mit einem von ihm selbst aufgestellten Heere den Staat von diesem Unheil befreit, und schon brach er, weil er auch weiterhin Freveltaten verhindern wollte, gleichfalls auf, Brutus zu befreien – wobei die Liebe zum Vaterland den
Sieg über einigen familiären Schmerz davontrug[2]. Was 5
bezweckte C. Pansa, als er Truppen aushob, Geld beschaffte, schärfste Senatsbeschlüsse gegen Antonius erwirkte, uns drängte und das römische Volk zur Sache der Freiheit aufrief: nicht einzig und allein die Befreiung des D. Brutus? Von ihm hat das zahlreich versammelte römische Volk einhellig die Rettung des D. Brutus verlangt – sie war ihm sogar wichtiger als der eigene Vorteil, ja als das tägliche Brot.

Zwar müssen wir hoffen, versammelte Väter, daß die Sache in vollem Gange oder schon abgeschlossen ist; gleichwohl ist es besser, mit der erhofften Freude bis zum wirklichen Eintritt des Ereignisses zu warten: es soll nicht so aussehen, als hätten wir ein Geschenk der unsterblichen Götter vorzeitig an uns gerissen oder die Macht des Schicksals aus Torheit verachtet.

6 Doch ihr gebt mir deutlich genug zu erkennen, wie ihr hierüber denkt; ich will mich daher dem Bericht zuwenden, den uns die Konsuln und der Proprätor geschickt haben, nicht ohne zuvor auf einige Punkte hinzuweisen, die sich auf den Bericht beziehen. Gerötet sind die Schwerter unserer Legionen und sonstigen Truppen, versammelte Väter, oder vielmehr, sie sind triefend naß von den beiden Schlachten der Konsuln und der dritten Caesars[3]. War's Feindesblut, dann taten die Soldaten nichts als ihre Pflicht; war's hingegen Bürgerblut, begingen sie ein scheußliches Verbrechen. Wie lange noch gedenkt man den, dessen Bosheit alle Feinde übertroffen hat, mit dem Namen eines Feindes zu verschonen? Ihr wollt es doch gewiß nicht dahin bringen, daß selbst die Schwerter unserer Soldaten zittern, aus Unsicherheit, ob sie einen Bürger oder Feind durchbohren.

Ihr schlagt ein Dankfest vor – Feind wollt ihr ihn nicht
7 nennen. Willkommen werden den unsterblichen Göttern unsere Dankgebete sein, willkommen die Opfer: nach dem Mord an unzähligen Bürgern! «Überwunden sind», heißt es, «schlechte und skrupellose Menschen.» Denn so nennt sie der hochangesehene Herr[4]: mit herabsetzenden Ausdrükken, wie sie bei Zivilprozessen üblich sind, nicht mit der scharfen Sprache in einem Krieg auf Leben und Tod. Sie schieben Testamente unter, möcht' ich meinen, oder vertreiben Nachbarn von ihrem Besitz oder legen junge Leute herein; denn wer diese und ähnliche Gemeinheiten begeht, den nennt man nach gewöhnlichem Sprachgebrauch schlecht oder skrupellos.

8 Einen erbarmungslosen Krieg führt gegen vier Konsuln

der abscheulichste aller Banditen, er führt ebenfalls Krieg gegen den Senat und das römische Volk; ihnen allen kündigt er, wiewohl infolge seiner Niederlagen selbst dem Zusammenbruch nahe, Verderben, Zerstörung und Folterqualen an. Dolabellas unmenschliche und gräßliche Tat, zu der sich kein Barbarenvolk zu bekennen vermöchte, ist, wie er bezeugt, auf seinen Rat hin vollbracht worden. Und was er in dieser Stadt getan hätte, wenn nicht *der* dort, Jupiter selbst, ihn von diesem Tempel und diesen Mauern ferngehalten hätte, das zeigte er an den unglücklichen Bürgern von Parma[5]. Denn sie, vortreffliche und überaus ehrenwerte Männer, die sich aufs engste mit dem Ansehen dieser Versammlung und der Hoheit des römischen Volkes verbunden fühlen, hat auf die grausamste Weise das widerliche Ungeheuer L. Antonius umgebracht: das Musterbild des Hasses bei allen Menschen und (wenn auch die Götter jeden hassen, der's verdient) bei allen Göttern.

Mein Empfinden sträubt sich, versammelte Väter, und 9
weigert sich auszusprechen, was L. Antonius den Frauen und Kindern der Parmenser angetan hat. Denn die Brüder Antonius sind stolz darauf, alle die Unsittlichkeiten, die sie selbst sich trotz der Schande gern gefallen ließen, anderen gewaltsam zugefügt zu haben. Doch schrecklich ist die Gewalt, der die Parmenser ausgesetzt waren: die schmachvolle Begierde, mit der das ganze Leben der Antonier befleckt ist. Und da scheut sich noch jemand, *die* als Staatsfeinde zu bezeichnen, deren Niedertracht anerkanntermaßen die Grausamkeit der Karthager überbietet? Denn in welcher eroberten Stadt hat sich Hannibal so ungeheuerlich aufgeführt wie Antonius im heimlich besetzten Parma? Man wird ja nicht etwa meinen, er sei nicht der Feind dieser Siedlung, sowie aller andern, denen er mit der gleichen Einstellung begegnet.

10 Wenn er nun ohne jeden Zweifel der Feind der Siedler- und Landstädte ist: wie, glaubt ihr, steht es dann mit unserer Stadt, nach der er giert, die Bedürfnisse seines Räuberlebens zu befriedigen, die der erfahrene und gewitzte Meßbeamte Saxa bereits mit seiner Meßlatte aufgeteilt hatte[6]? Bedenkt, bei den unsterblichen Göttern, versammelte Väter, was für Ängste wir die beiden letzten Tage ausstehen mußten, da die Feinde in unseren Mauern die schlimmsten Gerüchte ausstreuten. Wer konnte seine Kinder, wer seine Frau ansehen, ohne in Tränen auszubrechen? Wer sein Haus, sein Anwesen, seinen Herd? Den schrecklichsten Tod oder eine elende Flucht hatten alle vor Augen. Die uns damit bedrohten, die zögern wir Feinde zu nennen? Wenn jemand eine schärfere Bezeichnung vorzuschlagen weiß, dann will ich gern zustimmen; mit dieser, der gewöhnlichen, bin ich nur zur Not zufrieden, und eine mildere lehne ich ab.

11 Da wir nun auf Grund des Berichtes, den man soeben verlesen hat, ein nur zu berechtigtes Dankfest beschließen müssen und Servilius seinen Antrag gestellt hat, möchte ich die Gesamtzahl der Tage erhöht wissen, zumal wir das Fest nicht für einen, sondern für drei Truppenführer beschließen. Doch zuerst bestehe ich darauf, daß wir *die* Männer als Feldherren anerkennen, deren Tapferkeit, Einsicht und glückliche Hand uns in höchster Gefahr vor Knechtschaft und Untergang bewahrt hat[7]. Denn wem hat man in den letzten zwanzig Jahren ein Dankfest bewilligt, ohne ihn als Feldherrn anzuerkennen, obwohl er nur geringe oder (so meistens) gar keine Erfolge aufzuweisen hatte? Mein Vorredner durfte daher entweder gar kein Dankfest beantragen, oder er mußte eine ganz übliche und gewöhnliche Ehre auch denen zugestehen, die sogar neue und einzigartige Auszeich-
12 nungen verdient haben. Wenn jemand Spanier oder Gallier oder Thraker getötet hat, ein- oder zweitausend, dann

erkennt ihn der Senat auf Grund einer Gepflogenheit, die schon überhand genommen hat, als Feldherrn an: jetzt aber sind so viele Legionen aufgerieben, so zahlreiche Feinde vernichtet worden (ja, Feinde sage ich, auch wenn das den Feinden hier unter uns nicht paßt), und da wollen wir unseren hervorragenden Truppenführern die Ehre eines Dankfestes zugestehen und den Feldherrntitel vorenthalten?

Unter welchem Beifall, Jubel und Freudengebraus müssen *sie* in diesen Tempel eintreten: sie selbst, die Befreier dieser Stadt, wenn ihre Taten am gestrigen Tage dazu führten, daß das römische Volk mich in einem Fest-, ja beinah in einem Triumphzug von meinem Hause aus aufs Kapitol trug und von dort nach Haus zurückgeleitete? Das 13
erst ist nämlich nach meiner Auffassung ein richtiger und wahrer Triumph, wenn große Verdienste um den Staat von der einhelligen Zustimmung der Bürgerschaft bestätigt werden. Denn wenn man in der allgemeinen Freude des römischen Volkes dem *Einen* Glück wünschte, dann war's eine große Anerkennung, wenn man dem *Einen* Dank sagte, eine noch größere, wenn man schließlich beides tat, dann kann man sich etwas Herrlicheres gar nicht vorstellen.

Du sprichst hier also von dir? wird man jetzt sagen. Ja, wider Willen, doch die Empörung über ein Unrecht macht mich gegen meine Gewohnheit ruhmredig. Genügt es nicht, daß Leute, die von Leistung keinen Begriff haben, dem Verdienst keinerlei Dank wissen? Müssen sie noch gegen die, deren ganzes Sorgen auf das Wohl des Staates gerichtet ist, gehässige Beschuldigungen ersinnen? Ihr wißt ja, was 14
für ein Gerücht sich in letzter Zeit überall verbreitet hatte: ich würde am Parilientage, also heute, mit Rutenbündeln auf dem Forum erscheinen. Das ist, scheint mir, auf irgendeinen Mordgesellen oder Banditen oder Catilina gemünzt, nicht auf den Mann, der erreicht hat, daß so etwas in unserem

Staatswesen nicht vorkommen kann. Oder sollte ich, der ich Catilina, als er dies ins Werk setzte, beseitigt, vertilgt und unschädlich gemacht habe, plötzlich selber ein Catilina werden? Unter wessen Leitung hätte ich, der Augur, diese Rutenbündel empfangen, wie lange sie behalten, wem sie übergeben sollen? Wäre jemand niederträchtig genug gewesen, sich so etwas auszudenken, und verrückt genug, daran zu glauben[8]?

Woher rührt denn dieser Verdacht oder vielmehr dies
15 Gerücht? Als sich, wie ihr wißt, vor drei oder vier Tagen ungünstige Nachrichten aus Mutina verbreiteten, da strömten schlechte Bürger, von Freude und Übermut aufgebläht, an *einem* Ort zusammen, bei der Kurie, die weniger dem Staat als ihrer eigenen Raserei Unglück gebracht hat[9]. Als sie dort unsere Ermordung berieten und sich in Gruppen teilten, die das Kapitol, die Rednertribüne und die Stadttore besetzen sollten, da nahmen sie an, vor meinem Hause werde ein Auflauf der Bürgerschaft stattfinden. Um mich dabei verhaßt zu machen und gar mein Leben in Gefahr zu bringen, streuten sie das Gerücht von den Rutenbündeln aus; die Rutenbündel wollten sie selbst mir ins Haus bringen. Wenn das gewissermaßen mit meinem Einverständnis geschehen sei, dann sollte eine gemietete Bande über mich herfallen, als wäre ich ein Tyrann; dies Ereignis hätte die Ermordung von euch allen eingeleitet. Das kam von selbst heraus, versammelte Väter; zu gegebener Zeit wird auch die Quelle des ganzen Verbrechens ans Licht kommen.

16 So hat denn der Volkstribun P. Appuleius[10], bei allen meinen Unternehmungen und Bedrängnissen von meinem Konsulat an als Zeuge, Mitwisser und Helfer dabei, den Unwillen, mit dem er Anteil an meinem Unwillen nahm, nicht zu ertragen vermocht: er hielt eine stark besuchte Versammlung ab, in der sich das römische Volk einhellig zu

einer Auffassung bekannte. Denn als er mich dort (wir fühlen uns ja aufs engste freundschaftlich miteinander verbunden) von dem Verdacht der Rutenbündel befreien wollte, da erklärte die ganze Versammlung mit einer Stimme, ich hätte nie etwas anderes gewollt als das allgemeine Beste. Als die Versammlung vorbei war, zwei oder drei Stunden später, trafen mündlich wie schriftlich die erwünschtesten Nachrichten ein, so daß mich derselbe Tag nicht nur von den gehässigsten Anschuldigungen befreit, sondern auch durch den lebhaftesten Jubel des römischen Volkes bestätigt hat.

Diese Betrachtungen habe ich nicht, um für mich zu 17
sprechen, hier eingeschoben, versammelte Väter (es wäre ja schlecht mit mir bestellt, wenn ich nicht auch, ohne mich zu rechtfertigen, frei von jedem Verdacht vor euch dastünde), sondern um einige Leute von allzu dürftiger und beschränkter Denkart dazu aufzufordern (was auch ich selbst immer befolgt habe), die Tüchtigkeit hervorragender Bürger der Nachahmung, nicht des Neides für wert zu halten. Ein weites Feld eröffnet sich in unserem Staat, wie Crassus[11] treffend zu sagen pflegte, und viele finden dort die Bahn frei zum Ruhme. Lebten doch die führenden Männer noch, die mich seit meinem Konsulat – während ich meinerseits vor ihnen zurücktrat – freudig als ihren führenden Mann betrachteten! Doch jetzt, da es derart an ehemaligen Konsuln mit standhaftem Charakter und Tatkraft fehlt[12]: wie schmerzlich muß ich wohl, glaubt ihr, davon betroffen sein, wenn ich einige von ihnen bösgesinnt und andere gänzlich gleichgültig sehe und bei wieder anderen bemerke, daß sie wenig Neigung zeigen, bei ihrem Standpunkt zu bleiben, und sich in ihren Ansichten nicht immer vom Staatswohl, sondern teils von Hoffnung, teils von Furcht bestimmen lassen?

Wenn sich nun jemand auf den Kampf um die führende 18

Stellung einläßt – auf einen Kampf, den es gar nicht geben sollte –, dann handelt er sehr töricht, wenn er mit Hilfe seiner Fehler gegen Vorzüge ankämpft; denn wie man beim Laufen durch Laufen siegt, so übertreffen tüchtige Männer Vorzüge durch Vorzüge. Wenn ich die redlichsten Absichten mit unserm Staate habe, willst du dann, um mich zu besiegen, die unredlichsten haben? Oder, wenn du siehst, daß mein Haus ein Sammelpunkt der Rechtschaffenen ist, wirst du dann die schlechten Bürger zu dir einladen[13]? Besser nicht: einmal um unseres Staates, zum andern um deines Rufes willen. Wenn es nun aber um die führende Stellung ginge, nach der ich nie gestrebt habe: was könnte mir dann willkommener sein? Denn mit schlechten Absichten kann man mich nicht besiegen; mit guten könnte man's vielleicht, und das wäre mir recht.

19 Dies sieht, dies bemerkt und danach urteilt das römische Volk, und das nehmen mir manche Leute übel. Wäre es denn denkbar, daß die Leute nicht so über einen jeden urteilen, wie er's verdient? Wie nämlich das römische Volk mit vollem Recht vom Senat im ganzen glaubt, er habe sich in keiner Notlage unseres Staates fester und mutiger gezeigt als jetzt, so fragt man allgemein nach einem jeden von uns und zumal nach denen, die hier ihre Meinung äußern, und will wissen, was ein jeder vorgeschlagen hat; dann urteilt man so über ihn, wie man glaubt, daß er's verdient hat[14].

20 Man erinnert sich sehr wohl, daß ich am 20. Dezember als erster zum Kampf um die Freiheit aufgerufen und vom 1. Januar bis zu dieser Stunde für den Staat gewacht habe, daß mein Haus und meine Ohren Tag und Nacht für jedermanns Empfehlungen und Ratschläge offen standen, daß meine Briefe, meine Boten, meine Appelle alle, wo sie sich auch befinden mochten, zum Schutz des Vaterlands aufforderten, daß in meinen Vorschlägen vom 1. Januar an nie von

Verhandlungen mit Antonius die Rede war, daß er mir stets als Feind, der jetzige Zustand stets als Krieg gegolten hat, daß demnach ich, der ich zu jeder Zeit für wahren Frieden eingetreten bin, ein Gegner dieses verderblichen Nennfrie-
dens war, daß P. Ventidius von anderen als Prätor, von mir 21
jedoch stets als Staatsfeind bezeichnet worden ist. Wenn die Konsuln bereit gewesen wären, über diese meine Vorschläge abstimmen zu lassen, dann hätte allen diesen Banditen das bloße Machtwort des Senats schon längst die Waffen aus der Hand geschlagen[15].

Doch was damals nicht möglich war, versammelte Väter, das ist jetzt nicht nur möglich, sondern sogar unumgänglich: daß wir die Leute, die der Sache nach unsere Feinde sind, auch mit Worten so nennen und durch unsere Beschlüsse zu
Feinden erklären. Bisher, wenn ich von Feind und Krieg 22
sprach, hat man meinen Antrag wiederholt von der Abstimmung ausgeschlossen – was in diesem Falle nicht mehr in Betracht kommt. Denn auf Grund des Berichts der Konsuln C. Pansa und A. Hirtius und des Proprätors C. Caesar behandeln wir jetzt die Frage der den Göttern zukommenden Ehren. Derjenige nun, der soeben ein Dankfest vorgeschlagen hat, der hat zugleich, ohne es zu merken, die Feinderklärung ausgesprochen; denn noch nie ist in einem Bürgerkrieg ein Dankfest beschlossen worden. Beschlossen sage ich? Es wurde nicht einmal im Bericht des Siegers beantragt.

Einen Bürgerkrieg hat als Konsul Sulla geführt; nachdem 23
er mit seinen Legionen in die Stadt eingezogen war, vertrieb er, wen er wollte, und tötete er, wen er konnte: kein Wort von einem Dankfest. Es folgte der furchtbare Krieg gegen Octavius: kein Dankfest für den Sieger Cinna. Den Sieg Cinnas hat Sulla als Feldherr geahndet: keinerlei Dankfest wurde vom Senat beschlossen[16]. Hat dein Kollege an dich, P. Servilius, irgendeinen Bericht über die unglückselige

Schlacht von Pharsalus gesandt, hat er von dir eine Verhandlung wegen eines Dankfestes gewünscht? Nein, durchaus nicht. Immerhin sandte er später einen Bericht über Alexandrien, über Pharnakes – wegen der Schlacht von Pharsalus hingegen feierte er nicht einmal einen Triumph. Denn diese Schlacht hatte Bürger hinweggerafft, deren Leben, ja deren Sieg den Bestand und das Gedeihen unseres Staates durchaus
24 nicht beeinträchtigt hätte. Ebenso hat man es auch in allen früheren Bürgerkriegen gehalten. Denn mir als Konsul, der ich nicht zu den Waffen gegriffen hatte, wurde nicht für die Vernichtung von Feinden, sondern für die Erhaltung von Bürgern ein neuartiges und bis dahin beispielloses Dankfest zuerkannt[17].

Deswegen müßte man entweder unseren Feldherren trotz ihres glänzenden Erfolges das Dankfest, um das sie gebeten haben, abschlagen, was bisher außer bei A. Gabinius[18] noch niemals vorgekommen ist, oder ihr erklärt durch die Bewilligung des Dankfestes zwangsläufig die zu Staatsfeinden, derentwegen ihr die Bewilligung erteilt. Was mein Vorredner der Sache nach will, das verlange ich auch ausdrücklich, indem ich unsere Truppenführer Feldherren nenne: mit diesem Titel erkläre ich sowohl diejenigen, die schon ge-
25 schlagen sind, als auch die übrigen zu Staatsfeinden. Denn wie könnte ich Pansa passender nennen, obwohl ihm der Ehrenname des höchsten Amtes zukommt? Und wie Hirtius? Er ist zwar Konsul; doch dieser Name bezeugt eine Gunst des römischen Volkes, der andere hingegen Tapferkeit und einen Sieg. Und Caesar, den die Gnade der Götter unserem Staate geschenkt hat: soll ich Bedenken tragen, ihn Feldherr zu nennen? Hat er doch als erster[19] die scheußliche und entmenschte Grausamkeit des Antonius von unseren Kehlen, ja von unsern Gliedern und Eingeweiden abgewehrt.

Wie viele große Dinge, ihr unsterblichen Götter, wurden an dem einen Tage[20] vollbracht! Denn Pansa war's, der 26
zuallererst den Kampf begann und sich mit Antonius schlug, als Feldherr würdig der Mars-Legion, wie die Legion würdig ihres Feldherrn. Hätte Pansa deren äußerst heftigen Angriff zu zügeln vermocht, dann wäre die Sache mit einer Schlacht abgetan gewesen. Doch die Legion stürzte sich in ihrem Verlangen nach Freiheit allzu hitzig auf die Schlachtreihe der Feinde, und Pansa selbst focht in vorderster Linie mit: er empfing zwei gefährliche Wunden, vermochte jedoch, aus der Schlacht getragen, dem Staat sein Leben zu erhalten. Ich möchte meinen, daß dieser Mann nicht nur ein Feldherr, sondern sogar ein ganz hervorragender Feldherr ist: er, der gelobt hat, mit dem Leben oder dem Sieg seiner Bürgerpflicht zu genügen, er hat das eine getan – das andere mögen die unsterblichen Götter verhüten!

Was soll ich von Hirtius sagen? Die Meldung kam, und 27
schon führte er mit unglaublicher Eile und Entschlossenheit zwei Legionen aus dem Lager: die vierte, die Antonius schon vor geraumer Zeit verlassen und sich der Mars-Legion angeschlossen hat, sowie die siebte, die, aus Altgedienten bestehend, in dieser Schlacht bewies, daß den Soldaten, die mit Caesars Belohnungen hauszuhalten verstanden, der Name des Senats und des römischen Volkes noch etwas bedeutet. Mit diesen zwanzig Kohorten, ohne alle Reiterei, stieß Hirtius, der in eigener Person den Adler der vierten Legion trug (der schönste Anblick, den uns ein Feldherr je dargeboten hat!), auf die drei Legionen und die Reiterei des Antonius, er warf die schändlichen Feinde, die diesem Tempel Jupiters, des Allgütigen und Erhabenen, und denen der anderen unsterblichen Götter, den Häusern unserer Stadt, der Freiheit des römischen Volkes sowie unserem Leben und Blut zu drohen wagten, er schlug sie in die Flucht

und tötete sie, so daß sich, von nur wenigen begleitet, im Schutze der Nacht, von Furcht gepackt, das Haupt und der Anführer der Banditen davonmachen mußte. Welch überglücklicher Tag, der, bevor er dem Dunkel wich, die Leichen der Mordgesellen hingestreckt sah und den mit nur wenigen Begleitern fliehenden Antonius!

28 Oder sollte jemand Bedenken tragen, Caesar zum Feldherrn zu ernennen? Sein geringes Alter wird gewiß niemanden hiervon abhalten, da seine Tüchtigkeit seinem Alter weit voraus ist. Und ich habe die Verdienste C. Caesars stets für desto größer gehalten, je weniger sie bei seinen Jahren zu verlangen waren. Als wir ihm eine Befehlshaberstelle übertrugen[21], haben wir ihm zugleich die Aussicht auf den Feldherrntitel mitgegeben; er hat, indem er sich danach richtete, die Erwartung, die unserem Beschluß zugrunde lag, durch seine Taten bestätigt. Dieser junge Mann also – von größtem Mut beseelt, wie Hirtius mit vollem Recht schreibt – hat das Lager vieler Legionen mit wenigen Kohorten geschützt und zudem ein günstiges Gefecht geliefert. So wurde durch den Mut, die Umsicht und die glückliche Hand dreier Feldherren an einem Tage auf mehreren Plätzen
29 der Staat verteidigt. Ich schlage daher wegen dieser Drei ein Dankfest von fünfzig Tagen vor[22]; die Gründe werde ich in den ehrenvollsten Ausdrücken, die mir zu Gebote stehen, im Antrag selbst zusammenfassen.

Unser Wort und unser Pflichtgefühl gebieten, daß wir den tapferen Soldaten zeigen, wie erkenntlich wir sind und wie dankbar. Wir müssen daher, meine ich, was wir zugesichert, und zumal, was wir den Legionen nach Beendigung des Krieges zu gewähren versprochen haben[23], durch den heutigen Senatsbeschluß erneuern; es ist ja nur recht und billig, die Auszeichnung der Soldaten, zumal so tapferer,
30 einzubeziehen. Könnten wir doch, versammelte Väter, allen

Bürgern Belohnungen zukommen lassen! Jedenfalls: was wir versprochen haben, das wollen wir willig und reichlich geben.

Doch dies ist, wie ich hoffe, den Siegern sicher, bei denen der Senat im Wort steht – sie haben sich hiervon in der schwersten Zeit unseres Staates leiten lassen, und das sollen sie nie zu bereuen haben. Es ist freilich leicht, die gut zu behandeln, die uns, auch wenn sie schweigen, zu mahnen scheinen; es ist hingegen bewundernswerter und größer und steht der Weisheit des Senats wohl an, in dankbarem Andenken die Tapferkeit der Männer zu ehren, die für das Vaterland ihr Leben hingegeben haben. Käme mir doch, sie zu 31
ehren, noch mehr in den Sinn! Zwei Dinge zumindest will ich nicht unerwähnt lassen, die sich mir am meisten aufdrängen: der eine Vorschlag bezieht sich auf den ewigen Ruhm der tapferen Männer; der andere soll den Schmerz und die Trauer der Angehörigen lindern helfen.

Ich bin nun der Meinung, versammelte Väter, daß man den Soldaten der Mars-Legion und denen, die an ihrer Seite kämpfend gefallen sind, ein möglichst stattliches Denkmal errichten sollte. Groß, ja beispiellos sind dieser Legion Verdienste um den Staat. Sie hat sich als erste von der Räuberbande des Antonius losgerissen; sie hielt Alba besetzt; sie begab sich zu Caesar; ihr nacheifernd hat die vierte Legion gleichen Ruhm für ihre Tat erlangt[24]. Die siegreiche vierte vermißt keinen einzigen Mann; von der Mars-Legion sind einige wenige mitten im Siege gefallen. Ein herrlicher Tod, wenn er, wiewohl der Natur geschuldet, zuallererst fürs Vaterland erlitten wird! Ihr aber seid, meine ich, fürs Vater- 32
land geboren: ihr habt ja sogar euren Namen von Mars, so daß es offenbar derselbe Gott war, der diese Stadt für die Völker und euch für diese Stadt geschaffen hat[25]! Auf der Flucht ist der Tod eine Schande, im Siege ruhmreich; Mars

selber pflegt sich ja gerade die Tapfersten aus der Schlachtreihe zum Pfand zu nehmen. Die Pflichtvergessenen, die ihr getötet habt, werden auch in der Unterwelt für ihre Mordtaten büßen; ihr aber, die ihr den letzten Atem im Siege verhaucht habt, seid an den Sitz und die Stätte der Frommen gelangt. Kurz ist das Leben, das die Natur uns schenkt; doch die Erinnerung an ein wohl vollbrachtes Leben währt ewig. Wenn *die* nicht länger vorhielte als das Leben: wer wäre so töricht, unter größten Mühen und Gefahren nach höchstem Lob und Ruhm zu streben?

33 Sehr gut ist's euch demnach ergangen, ihr Tapfren, solange ihr lebtet; jetzt aber seid ihr gar heilige Krieger, weil eure Tapferkeit weder von der Vergeßlichkeit der Jetzigen noch vom Schweigen der Späteren ausgelöscht werden kann: euch werden – geradezu mit eigenen Händen – der Senat und das römische Volk ein unvergängliches Denkmal errichten. Schon oft hat es manche Truppe in den punischen, gallischen oder italischen Kriegen zu Ansehen und Größe gebracht; trotzdem ist keiner von ihnen eine derartige Ehre zuerkannt worden. Ach, könnten wir euch Größeres geben, da wir von euch das Größte empfangen haben! Ihr habt Antonius in seiner Raserei von der Stadt fortgedrängt; ihr habt ihn, als er zurückzukehren trachtete, abgewiesen. So soll denn ein mächtiger Bau von herrlicher Ausführung errichtet werden, mit einer Inschrift, zum ewigen Zeugnis eurer übermenschlichen Tapferkeit, und nie wird auf seiten derer, die euer Denkmal sehen oder davon hören, das dankerfüllte Gespräch über euch verstummen. So habt ihr statt einer sterblichen Lebensbahn die Unsterblichkeit erlangt.

34 Da nun unseren tüchtigen und tapferen Mitbürgern der Lohn des Ruhmes durch ein ehrenvolles Denkmal entrichtet wird, versammelte Väter, wollen wir auch die Angehörigen zu trösten suchen. Der beste Trost für sie ist der: für die

Eltern, daß sie so kräftige Stützen unsres Staates aufgezogen haben; für die Kinder, daß sie hinfort im eigenen Hause Vorbilder der Tapferkeit besitzen; für die Frauen, daß sie Männer entbehren müssen, die vor allem Lob verdienen, nicht Trauer; für die Brüder, daß sie sich darauf verlassen können, den Gefallenen wie im Aussehen, so auch an Tapferkeit ähnlich zu sein.

Ach, könnten wir ihnen allen mit unsern Anträgen und Beschlüssen die Tränen trocknen, oder könnten sie von Staats wegen eine Zusprache erhalten, die sie veranlaßte, aufzuhören mit Trauern und Klagen und sich vielmehr zu freuen: daß bei den vielen und vielfältigen Arten des Todes, welche die Menschen bedrohen, den Ihren *die* Art zuteil geworden sei, welche die schönste ist, und daß man sie weder unbestattet gelassen noch preisgegeben (was doch, als ein Opfer fürs Vaterland, gar nicht als beklagenswert gilt) noch auf mancherlei Scheiterhaufen nach gewöhnlichem Bestattungsbrauch verbrannt habe – man habe sie vielmehr in staatlichen Prachtbauten geborgen, in einem Meisterwerk, das zu ihrem ewigen Gedenken als Altar der Tapferkeit dienen solle.

Daher werden die Angehörigen den größten Trost darin 35
finden, daß dasselbe Denkmal von der Tapferkeit der Ihren, vom Dank des römischen Volkes, von der Treue des Senats und von der Erinnerung an den grausamsten aller Kriege kündet, in dem, wenn sich die Soldaten nicht so tapfer geschlagen hätten, die Mordgier des M. Antonius den Namen des römischen Volkes ausgetilgt hätte. Und so bin ich weiterhin der Meinung, versammelte Väter, daß wir die Belohnungen, die wir den Soldaten nach der Wiederherstellung des Staates zu gewähren versprochen haben – daß wir die allen noch lebenden Siegern reichlich, sobald die Zeit gekommen ist, gewähren sollten; wenn dann aber einige von

denen, die unser Versprechen empfangen haben, fürs Vaterland gefallen sind, dann müssen, meine ich, deren Eltern, Kinder, Frauen oder Brüder dieselben Belohnungen erhalten.

36 Um nun endlich meinen Antrag vorzubringen, schlage ich folgendes vor: da der Konsul und Feldherr C. Pansa den Kampf gegen den Feind eröffnet habe, wobei die Legion des Mars mit bewundernswerter, ja beispielloser Tapferkeit für die Freiheit des römischen Volkes eingetreten sei – was auch für die neu ausgehobenen Legionen gelte –, da der Konsul und Feldherr C. Pansa, während er sich im dichtesten Geschoßhagel der Feinde befand, Wunden empfangen habe, da ferner der Konsul und Feldherr A. Hirtius, kaum daß er vom Kampfe erfahren und von der Lage Kunde erhalten, mit größter Entschlossenheit und vorbildlichem Einsatz seine Truppen aus dem Lager geführt, den Angriff gegen M. Antonius und das feindliche Heer vorgetragen und dieses Heer gänzlich aufgerieben habe (wobei seine eigenen Streitkräfte so wenig zu Schaden gekommen seien, daß kein einziger
37 Mann verloren ging), da außerdem der Proprätor und Feldherr C. Caesar dank seiner Umsicht und Sorgfalt das Lager erfolgreich verteidigt und die feindlichen Truppen, die gegen das Lager vorgerückt seien, geschlagen und vernichtet habe: aus diesen Gründen erkläre und befinde der Senat, daß das römische Volk durch die hervorragende Führung, die Umsicht, Festigkeit, Charakterstärke, Geistesgröße und glückliche Hand der genannten drei Feldherren vor der schlimmsten und grausamsten Knechtschaft bewahrt worden sei; da die Genannten in tapferem Kampf und unter Einsatz ihres Lebens den Staat, die Stadt, die Tempel der unsterblichen Götter, das Hab und Gut aller sowie unsere Kinder gerettet hätten, sollten – wegen dieser tapfer und glücklich vollbrachten Taten – die Konsuln und Feldherren C. Pansa und A. Hirtius, einer von ihnen oder beide,

oder, im Falle ihrer Abwesenheit, der Stadtprätor M. Cornutus ein fünfzigtägiges Dankfest für alle Kultbetten anordnen[26]; da sich die tapferen Legionen ihrer hervorragenden 38
Feldherren würdig gezeigt hätten, werde der Senat alles, was er unseren Legionen und sonstigen Truppen bis dahin versprochen habe, nach der Wiederherstellung des Staates mit größter Bereitwilligkeit gewähren; da sich die Legion des Mars als erste mit dem Feind geschlagen und gegen den zahlenmäßig überlegenen Feind so erfolgreich gekämpft habe, daß sie ihm bei geringen eigenen Einbußen sehr große Verluste beibrachte, da deren Gefallene, ohne einen Augenblick zu zögern, ihr Leben fürs Vaterland hingegeben und ebenso tapfer auch Soldaten der übrigen Legionen für das Heil und die Freiheit des römischen Volkes den Tod auf sich genommen hätten, beschließe der Senat, daß die Konsuln und Feldherren C. Pansa und A. Hirtius – einer von ihnen oder beide, wie sie es für richtig hielten – allen denen, die für das Leben, die Freiheit, das Hab und Gut des römischen Volkes sowie für diese Stadt und die Tempel der unsterblichen Götter ihr Blut vergossen hätten, ein möglichst stattliches Denkmal erbauen und herstellen lassen und die Stadtquästoren[27] anweisen sollten, die hierfür erforderlichen Mittel herzugeben, zu bewilligen und auszuzahlen, damit zum ewigen Gedächtnis der Nachwelt ein Zeugnis für das Verbrechen entmenschter Feinde und für den göttlichen Kampfesmut der Soldaten vorhanden sei; der Senat beschließe ferner, daß die Belohnungen, die er bis dahin den Soldaten bewilligt habe, im Falle derer, die in diesem Kriege fürs Vaterland den Tod erlitten, den Eltern, Kindern, Frauen oder Brüdern gewährt würden und daß den Genannten all das zustehe, was den Soldaten selbst zugestanden hätte, wenn sie, die im Tode siegten, als Lebende den Sieg errungen hätten.

ANMERKUNGEN

Rede für M. Marcellus

1 An derselben Sache: am Kampf gegen Caesar, auf seiten des Pompeius. Dieselbe Gunst: die Begnadigung durch Caesar.

2 Marcellus war zwölf Jahre jünger als Cicero und von Jugend an mit ihm befreundet.

3 Bedenken, Kümmernisse: wegen vergangener Kränkungen (Marcellus hatte Caesar zumal während seines Konsulats erbittert bekämpft). Befürchtungen: wegen künftiger Gefahren; vgl. 21ff.

4 Mit der er sich dem Gnadengesuch des L. Piso und des C. Marcellus angeschlossen hatte.

5 Vielleicht ein übertreibender Hinweis auf den Umstand, daß Marcellus nunmehr wegen seines höheren Alters einen günstigeren Platz in der Reihe der ehemaligen Konsuln (in der ranghöchsten Gruppe des Senats) erhalten wird als zuvor.

6 C. Claudius Marcellus, Konsul 50 v. Chr., hatte Caesar fußfällig um Begnadigung seines Vetters M. Claudius Marcellus gebeten. Das Geschlecht der Claudier bestand aus einem patrizischen und einem plebejischen Zweig; die Claudii Marcelli waren die Hauptlinie des plebejischen. Sie verdankten ihr Ansehen vor allem dem fünffachen Konsul M. Claudius Marcellus, dem Feldherrn des Hannibalkrieges und Eroberer von Syrakus. Die Linie erlosch mit M. Claudius Marcellus, dem Sohne des Konsuls vom Jahre 50 v. Chr., einem Neffen des Augustus.

7 Im Gegensatz zu allen früheren Siegern in Bürgerkriegen.

8 Menschliches Irren, Vorwurf des Verbrechens: vgl. die Rede für Q. Ligarius, 1. 17ff., und die Rede für den König Deiotarus , 10. 36. Ohne daß jemand ihn bat: in Wahrheit hatte sich der Caesarianer P. Cornelius Dolabella, Ciceros Schwiegersohn, für seinen Schwiegervater verwendet; vgl. die Rede für Q. Ligarius, 7.

9 Zu denen insbesondere Cicero selbst gehörte; die folgende Selbstdarstellung entspricht den Tatsachen.

[10] Pompeius.

[11] Bis zum Ausbruch des Bürgerkrieges (Anfang Januar 49 v. Chr.). Cicero hat freilich damals nicht vor dem Senat gesprochen (er befand sich noch außerhalb der Stadt), sondern auf privatem Wege zwischen den Parteien zu vermitteln versucht.

[12] Den Hochmut bestimmter Leute und sonstige Anzeichen eines grausamen Sieges. Vgl. 18.

[13] Wegen seines Starrsinns: der zeitgenössische Hörer oder Leser konnte schwerlich umhin, diese Worte auf alle die zu beziehen, die in Afrika gefallen waren oder sich dort, wie Cato, das Leben genommen hatten. Deine Feinde sind ... gar nicht mehr da: Cicero läßt außer acht, daß die Söhne des Pompeius in Spanien eine neue Armee zusammengebracht hatten; Caesar benötigte etwa sechs Monate, sie zu vernichten (46/45 v. Chr.).

[14] Zu den Reformen Caesars, darunter zu der von Cicero nicht erwähnten Kalenderreform, vgl. Sueton, Caesar 40–44, und Cassius Dio 43, 25 f.

[15] Vgl. Sueton, Caesar 86: «Bei manchen, die ihm nahestanden, hinterließ Caesar den Eindruck, er habe nicht länger mehr leben wollen und sich nicht darum gekümmert, daß seine Gesundheit nicht mehr die beste war.»

[16] Epikureisch gefärbte Maxime, die an Caesars eigene Überzeugungen anknüpft; vgl. Sallust, Catilina 51, 20 (Caesar spricht): «Der Tod macht allem menschlichen Elend ein Ende; darüber hinaus gibt's kein Leid und keine Freude.»

[17] Z. B. von dem neuen Forum, das Caesar erbauen ließ, dem Forum Iulium nördlich des Forum Romanum. Vgl. ferner Sueton, Caesar 44, und Plutarch, Caesar 58.

[18] Die Epikureer, die die menschliche Seele für sterblich erklärten und im Tod das absolute Ende des individuellen Lebens sahen. Caesar teilte ihre Überzeugungen; vgl. 27.

[19] Unter Pompeius und Caesar.

[20] Viele legten die Waffen nieder: nach der Schlacht bei Pharsalus. Anderen: denen, die den Kampf gegen Caesar in Afrika fortsetzten.

[21] Cicero wollte sich gewiß zu den «anderen» gerechnet wissen; vgl. 21.

[22] Im Jahre darauf bot der Senat Caesar eine aus Senatoren und Rittern bestehende Leibwache an; Caesar lehnte ab.

[23] Vgl. 10.

Rede für Q. Ligarius

1 L. Aelius Tubero, der Vater des Anklägers, war mit einer Tullia verheiratet; vgl. 21.

2 Ironisch, wie die ganze Partie.

3 Vgl. 17ff. sowie die Reden für M. Marcellus, 13, und für den König Deiotarus, 10. 36.

4 Afrikanische Hafenstadt, zirka 40 km nordwestlich von Karthago.

5 D.h. er beging keine Verbrechen, machte keine Schulden usw.

6 Weil Considius gerade ihn mit der Stellvertretung betraut hatte.

7 Vgl. 33ff.

8 Cicero reiste im Juni 49 v. Chr., sechs Monate nach Ausbruch des Bürgerkriegs, nach Griechenland ins Lager des Pompeius.

9 Ehe er mich wiedersah, brieflich aus Ägypten: P. Cornelius Dolabella, der Schwiegersohn, hatte Cicero, als er noch in Griechenland weilte, im Namen Caesars aufgefordert, nach Italien zu kommen; während des Aufenthaltes in Brundisium (Oktober 48–September 47 v. Chr.) empfing Cicero einen beruhigenden Brief von Caesars Hand. Der mich als zweiten Feldherrn gelten ließ usw.: die Truppen in Kilikien hatten den Statthalter Cicero nach erfolgreichen militärischen Maßnahmen zum *imperator* ausgerufen; die Rutenbündel *(fasces)* seiner zwölf Liktoren waren seither mit Lorbeer geschmückt. Er machte sich nunmehr Hoffnungen auf einen Triumph, den der Senat bewilligen mußte; für einen Triumph aber war Voraussetzung, daß er *imperator* blieb (in Kriegstracht, mit Beilen in den Rutenbündeln der Liktoren), daß er die sakrale Stadtgrenze Roms, das *pomerium,* nicht überschritt. Er war während der Rückreise aus Kilikien sowie während des Aufenthaltes in Griechenland und in Brundisium ängstlich darauf bedacht, diesen formalen Anforderungen zu genügen; hierzu bedurfte er auf italischem Boden der Zustimmung Caesars, des einzigen wahren *imperator*. Erst im Oktober 47 v. Chr., bei der Ankunft in Rom, begrub er seine Triumph-Aspirationen: er entließ die Liktoren.

10 Der römische Bürger hatte das Recht, sich dem Kapitalurteil durch das Exil (die Flucht ins Ausland, die Selbstverbannung) zu entziehen. Da Ligarius bereits verbannt sei, meint Cicero, könne der Prozeß nur auf die Todesstrafe zielen. Ein Schein-

argument: Tubero wollte lediglich verhindern, daß der Bann aufgehoben wurde; vgl. 13 f.

11 Unbekannt, wie auch der Sohn. Vgl. 32 f.

12 Nicht einmal bei dem Diktator usw.: Anspielung auf die berüchtigten Proskriptionen Sullas; für die Tötung eines Geächteten war eine hohe Belohnung ausgesetzt. Diese Grausamkeit usw.: Caesar hatte im Jahre 64 v. Chr. als Vorsitzender des Geschworenengerichtshofs für Mordsachen Anstalten gemacht, alle diejenigen strafrechtlich zu verfolgen, die auf Grund der sullanischen Ausnahmebestimmungen Geächtete getötet hatten.

13 Vgl. Cicero, Ad Familiares 6, 14, 2 (an Ligarius): «Am 23. September begab ich mich auf Bitten deiner Brüder morgens zu Caesar und ertrug geduldig alle Demütigungen und Beschwernisse, zu ihm vorzudringen und mit ihm zu reden. Deine Brüder und Verwandten warfen sich ihm zu Füßen, und ich sagte, was deiner Sache und den Umständen dienlich war; da haben mich nicht nur Caesars Worte, die durchaus freundlich und zuvorkommend waren, sondern auch seine Blicke und seine Miene und noch viele andere Anzeichen, die man leichter zu spüren als zu beschreiben vermag, in der Überzeugung von ihm scheiden lassen, daß an deiner Begnadigung kein Zweifel mehr möglich ist.»

14 Vgl. 1 sowie die Reden für M. Marcellus, 13, und für den König Deiotarus, 10. 36.

15 Deines Ranges: der Begriff *dignitas,* der von Hause aus die Standesvorrechte des Adels bezeichnete, diente Caesar zur Rechtfertigung eines schier schrankenlosen Machtstrebens; vgl. hierzu Bellum civile 1, 7, 6 und Ciceros Kritik Ad Atticum 7, 11, 1.

16 Vorsichtiger Hinweis auf die Tatsache, daß sich im Lager des Pompeius die Mehrzahl der Senatsaristokratie befand, während Caesar nicht wenige Bankerotteure und Glücksritter um sich geschart hatte.

17 Der dem Vater Tubero die Statthalterschaft in Afrika zuwies; vgl. 21.

18 Des Pompeius.

19 Caesar hätte, behauptet Cicero, den für ihn vorteilhaften Verrat Tuberos moralisch verurteilt; vgl. 26.

20 Mit Iuba von Numidien.

21 Der Vater Tubero durfte weder vor Anker gehen noch den erkrankten Sohn auf dem Lande zurücklassen.

22 Wenn Vater und Sohn Tubero jene Lüge vorbrächten, dann würden sie entweder als Lügner durchschaut, oder sie erlangten wegen ihrer angeblichen Absicht, einen Verrat zu begehen, einen recht zweifelhaften Ruhm. Sie müßten Ligarius in jedem Falle Dank wissen, statt ihn anzuklagen: er hat sie auf dem afrikanischen Schauplatz entweder an caesarfeindlicher Tätigkeit oder an einem Verrat gehindert.

23 Ironisch.

24 Die fehlenden Worte haben dem Sinne nach etwa so gelautet: ... «nirgends zeigte sich Bereitschaft zur Verständigung...»

25 Da man ja mit Caesars unerhörter Milde nicht rechnen konnte.

26 Cicero hat nicht nur selbst Verzeihung erlangt, er kann auch auf Erfolg rechnen, wenn er sich für andere verwendet: hiervon sollte Ligarius nicht ausgeschlossen werden.

27 Wie Pansa, der andere Verteidiger.

28 Die Heimat des Ligarius.

29 Vgl. 11.

30 Wir hörten dich nämlich sagen usw.: mit «wir» sind hier stets die Pompejaner gemeint. Daß wir alle für Gegner hielten usw.: vgl. Sueton, Caesar 75: «Während Pompeius bekanntgab, er werde jeden als Feind ansehen, der sich nicht für die gemeinsame Sache einsetze, erklärte Caesar, er werde alle, die sich neutral verhielten, zu seinen Freunden rechnen.» L. Marcius usw.: die hier Genannten sind sämtlich unbekannt. L. Corfidius war zur Zeit des Prozesses bereits verstorben; Cicero, der auf den Irrtum aufmerksam gemacht wurde, bat seinen Verleger Atticus, den Namen aus den noch nicht verkauften Exemplaren zu tilgen (Ad Atticum 13, 44, 3). Diese Maßnahme scheint nicht viel gefruchtet zu haben, da der Text der Rede schon ziemlich verbreitet war; unsere handschriftliche Überlieferung hat den Namen Corfidius ausnahmslos bewahrt.

31 Etwa 54 v. Chr. Von den Vorgängen, auf die hier angespielt wird, hat sich keinerlei sonstige Kunde erhalten.

32 Für M. Claudius Marcellus, der vor dem versammelten Senat begnadigt wurde. Cicero hielt daraufhin die Rede für M. Marcellus.

Rede für den König Deiotarus

[1] Vgl. die Rede über das Gutachten der Opferschauer, 29.

[2] Dieselbe Rüge hätte Cicero auch im Falle Kastors aussprechen können: Verwandte in auf- und absteigender Linie durften ebensowenig gegeneinander aussagen wie der Sklave gegen den Herrn. Zur Anklage durch einen Sklaven vgl. 30 ff.

[3] Im Hause Caesars.

[4] Eine Disposition; Cicero behandelt in den Paragraphen 8–14 die Erwartungen der Ankläger, in den Paragraphen 15–34 die Anklage selbst.

[5] Caesar hatte sich bereits um 80 und um 75 v. Chr. bei Deiotarus aufgehalten.

[6] Beschönigende Deutung der Maßnahmen, die Caesar nach der Niederwerfung des Pharnakes gegen Deiotarus verhängte; vgl. 35 f.

[7] Vgl. 36 sowie die Reden für M. Marcellus, 13, und für Q. Ligarius, 1. 17 ff.

[8] Hinweis auf den Beschluß des Ausnahmezustands *(senatus consultum ultimum)*, mit dem am 7. Januar 49 v. Chr. der Bürgerkrieg begann. Mit den Oberkommandierenden meint Cicero – außer Pompeius – sich selbst: er führte von seiner kilikischen Statthalterschaft her den *imperator*-Titel und machte sich Hoffnungen auf die Bewilligung eines Triumphes; vgl. die Rede für Q. Ligarius, 7.

[9] Anspielung auf die Vorgänge, die dem *senatus consultum ultimum* des 7. Januar 49 v. Chr. vorangegangen waren. Mit den «gewissen Leuten» sind entschiedene Caesargegner gemeint, die sich weiteren Verhandlungen widersetzten: die amtierenden Konsuln C. Claudius Marcellus und L. Cornelius Lentulus Crus, ferner Q. Caecilius Metellus Pius Scipio Nasica (Konsul 52 v. Chr.), M. Porcius Cato Uticensis u. a.

[10] Caesar hatte im Jahre 67 v. Chr. die *lex Gabinia* (Vollmachten für den Seeräuberkrieg) und im Jahre darauf die *lex Manilia* (Vollmachten für den Krieg gegen Mithridates VI.) unterstützt, hatte als Konsul (59 v. Chr.) die Billigung aller Anordnungen durchgesetzt, die Pompeius im Osten getroffen hatte usw.

[11] Cicero meint den Rückzug von Italien nach Griechenland; um eine Flucht hat es sich dabei nicht gehandelt.

[12] Eine dunkle Anspielung auf einen unbekannten Vorgang.

13 Der er sich durch die anfänglichen Erfolge des Pharnakes ausgesetzt sah.

14 Cicero gibt zu verstehen, daß der Name des Deiotarus aufs engste mit dem des römischen Volkes verknüpft sei.

15 Im Gebiet der Tolistobogier; Deiotarus verwahrte dort seinen Staatsschatz.

16 Ironisch; Cicero meint die für den Mord bereitgestellten Leute.

17 P. Cornelius Scipio Aemilianus Africanus minor, der Eroberer Karthagos (Konsul 147 und 134 v. Chr.), beendete 134/133 v. Chr. den langen, wechselvollen Krieg gegen Numantia in Spanien (am Oberlauf des Durius/Duero, heute Muela de Garray). Nach Livius, Periocha 57, erhielt er dort Geschenke von Antiochos VII. Sidetes, dem syrischen König, während dergleichen von Attalos III., dem König von Pergamon (gestorben 133 v. Chr.), weder bei Livius noch sonstwo überliefert ist; wahrscheinlich hat Cicero die beiden orientalischen Herrscher miteinander verwechselt.

18 Der Residenz des Deiotarus, ebenfalls im Gebiet der Tolistobogier.

19 Vermutlich wegen eines Unwohlseins, nicht um (wie es damals üblich war) mit Prassen fortfahren zu können: Caesar war ein mäßiger Esser.

20 Cicero befaßt sich in umgekehrter Reihenfolge zunächst mit der Frage der Truppenmacht (22–24), dann mit den angeblichen Haßgefühlen des Deiotarus (24 ff.).

21 Nach Cicero, Ad Atticum 6, 1, 14, verfügte Deiotarus im Jahre 51 v. Chr. über 12 000 Fußsoldaten und 2000 Reiter.

22 Mit einem gewissen Caecilius: verächtlich, um Caesar zu schmeicheln; Cicero wußte sehr wohl, um wen es sich handelte. Der Ritter Q. Caecilius Bassus, ein Pompejaner, nahm nach Pharsalus Zuflucht in Tyros (Phönizien). Er stellte Truppen auf, mit denen er sich in Syrien gegen die Caesarianer zu behaupten vermochte, bis der Caesarmörder C. Cassius Longinus dort erschien und die Truppen an sich zog (Ende 44 v. Chr.). In der elften Philippischen Rede, 32, wird Caecilius als ein «tüchtiger und angesehener Mann» bezeichnet.

23 Nicht die besten Reiter: im Krieg gegen Pharnakes. Als Sklave: der militärische Einsatz von Sklaven war in Rom nur im Falle äußerster Not erlaubt.

24 Aus Alexandrien: das Caesar nach seinem Siege bei Pharsalus

(August 48 v. Chr.) besetzt hatte. Er suchte den dortigen Thronstreit zwischen Ptolemäus XIII. und Kleopatra zugunsten Kleopatras zu schlichten; die Anhänger des Ptolemäus erhoben sich und schlossen ihn in die Burg ein. Er konnte sich erst im Frühjahr 47 v. Chr., nachdem Verstärkungen aus Kleinasien eingetroffen waren, aus seiner mißlichen Lage befreien. Wegen der Beschaffenheit des Geländes: Alexandrien liegt westlich des Nildeltas auf der Nehrung zwischen dem Meer und dem Mareotissee. Dem Manne: Cn. Domitius Calvinus. Nach deinem Siege: über die Anhänger des Ptolemäus. Als Teilhaber: im Kampf gegen Pharnakes. Vgl. 14.

[25] Der afrikanische Krieg: gegen die Pompejaner, die sich dort unter M. Porcius Cato Uticensis u. a. gesammelt hatten, Dezember 47–April 46 v. Chr.; vgl. die Einleitung zur Rede für Q. Ligarius. Böse Kunde: Caesar sei geschlagen worden und gefallen. Nikäa: in Bithynien (heute Iznik). Domitius: Caesar, der ihn zunächst in Asien zurückgelassen hatte, rief ihn damals nach Afrika; die Nachricht von seinem Tode war falsch. In einer Burg: in Ruspina, zwischen Hadrumetum und Thapsus; Caesar erhielt bald darauf Verstärkungen, die seinen Schwierigkeiten ein Ende machten. Der Freund mag sterben: der Autor ist unbekannt.

[26] Kastor Saokondarios, der Schwiegersohn des Deiotarus; vgl. 30.

[27] Cn. Domitius Ahenobarbus (Konsul 96, Zensor 92, Pontifex Maximus ab 103 v. Chr.) klagte als Volkstribun (104 v. Chr.) M. Aemilius Scaurus (Konsul 115 v. Chr.) wegen nachlässiger Ausführung religiöser Zeremonien vor der Volksversammlung an; das Verfahren endete mit einem knappen Freispruch.

[28] Der Sklave Pheidippos, Ankläger wie Kastor, hat somit, nachdem die Anklage eingereicht war und ehe die Verhandlung stattfand, einen zweiten Seitenwechsel vollzogen: er kehrte zur Gesandtschaft zurück und eröffnete einem Cn. Domitius (wohl nicht dem 14 und 24 f. erwähnten Truppenführer Caesars), was geschehen war. Ser. Sulpicius Rufus: Konsul 51 v. Chr., Freund Ciceros, ein bedeutender Jurist. T. Manlius Torquatus: unbekannt; vielleicht ein Sohn des A. Manlius Torquatus (Prätor um 70 v. Chr.).

[29] Vgl. 38.

[30] Auf dem Kapitol, wie vom Senat einige Monate vor dem Deiotarus-Prozeß beschlossen.

31 Allerdings gab es in Rom viele Standbilder zu sehen, von Caesar und von anderen großen Männern, doch neben den Standbildern der Könige auf dem Kapitol fand man nur eines von Caesar, und gerade dieser Umstand wurde als verletzend empfunden.

32 Da die Rednertribüne auf dem Forum der ehrenvollste Platz für ein Standbild sei und da sich dort ebenfalls ein Standbild Caesars befinde, hätten die Leute, behauptet Cicero, eher Grund, sich über das Standbild auf der Rednertribüne zu ärgern als über das auf dem Kapitol.

33 L. Cornelius Scipio Asiaticus, der Bruder des Africanus maior, schlug als Konsul (190 v. Chr.) Antiochos III., den König von Syrien, bei Magnesia am Sipylos.

34 Vgl. 10 sowie die Reden für M. Marcellus, 13, und für Q. Ligarius, 1. 17ff.

35 Die Feldherren der mithridatischen Kriege: L. Cornelius Sulla, L. Licinius Murena, L. Licinius Lucullus und vor allem Pompeius; ferner P. Servilius Vatia Isauricus (Konsul 79 v. Chr.), der Sieger über die isaurischen Seeräuber. Vgl. die elfte Philippische Rede, 33.

36 Bei der Stoikern.

37 Stadt an der spanischen Ostküste, zirka 70 km nordöstlich der Ebromündung (heute Tarragona). Caesar hatte dort gegen Ende seines Feldzuges gegen die Pompeius-Söhne Quartier genommen.

38 Vgl. die Rede für Q. Ligarius, 7.

39 Deiotarus und seinen gleichnamigen Sohn.

Erste Philippische Rede

1 Da Caesar, das Hindernis für einen souverän regierenden Senat, beseitigt war.

2 Der Senat trat am 17. März 44 v. Chr. im Tempel der Tellus (der Göttin der Erde), am Abhang des Esquilin, auf der dem Forum zugewandten Seite, zusammen. Er beschloß die Anerkennung der *acta Caesaris* sowie Straffreiheit für die Caesarmörder; Cicero berief sich für die Straffreiheit auf die Amnestie, welche die attischen Demokraten nach ihrem Siege im Jahre 403 v. Chr. den Angehörigen des beseitigten oligarchischen Regimes zugestan-

den hatten. Dort habe ich... den Grund für den Frieden gelegt: vgl. die 4. Philippica, 1, die 5. Philippica, 30, und die 6. Philippica, 2.

3 Brutus und Cassius, die «geachtetsten Bürger», hatten sich auf dem Kapitol verschanzt; sie wagten sich erst daraus hervor, nachdem Antonius und Lepidus ihnen ihre Kinder als Geiseln übergeben hatten. Vgl. 31 und die 2. Philippica, 90.

4 Dem Sex. Clodius, einem Verwandten des P. Clodius; vgl. die 2. Philippica, 9 f.

5 Ende März 44 v. Chr., in einer Sitzung, die auf dem Kapitol stattfand. Vgl. die 2. Philippica, 91.

6 Anfang April 44 v. Chr. Vgl. 32 sowie die 2. Philippica, 91 und 115.

7 Caesar war schließlich, ab Februar 44 v. Chr., *dictator perpetuus*.

8 Der sogenannte falsche Marius, von Caesar verbannt, kehrte nach den Iden des März nach Rom zurück und brachte dem «Gotte» Caesar Opfer dar. Antonius ließ ihn festnehmen und hinrichten; seine Leiche wurde dem Brauche gemäß vom Henker an einem Haken in den Tiber geschleift (vgl. hierzu die Rede für C. Rabirius, 16).

9 Das berüchtigte Begräbnis: die Totenfeier für Caesar, am 20. März; der von Antonius aufgeputschte Pöbel verbrannte die Leiche, und zwar auf dem Forum, wo keine Begräbnisse stattfinden durften – daher «Nicht-Begräbnis». Die verwünschte Säule: die nach der Totenfeier zu Ehren Caesars auf dem Forum errichtet worden war; vgl. die 2. Philippica, 107. Von dem einen Tage: vgl. 30.

10 Über die Volksversammlung: Hinweis auf die Gesetze, durch die Antonius seine Machtposition befestigte; sie verschafften ihm insbesondere den Anspruch auf die Statthalterschaft in Oberitalien (Gallia Cisalpina). Die künftigen Konsuln: Hirtius und Pansa. Den Befreiern des Vaterlandes: Brutus und Cassius. Die sogenannten Altgedienten: der Zusatz «sogenannten» ist unverständlich. Einen Gesandtentitel ohne bestimmten Auftrag: Cicero hatte sich von Dolabella als dem künftigen Statthalter von Syrien eine *legatio libera* zuweisen lassen; vgl. hierzu die erste Rede über das Siedlergesetz, 8, und die Rede für L. Flaccus, 86.

11 In Brundisium sollten bereits Truppen eingetroffen sein, die Antonius aus Makedonien abgezogen hatte.

12 Seit dem Prozeß gegen Verres; vgl. die zweite Rede gegen Verres, 4, 136 ff.

13 Stadt an der Meerenge zwischen Italien und Sizilien, heute Reggio di Calabria. Leukopetra, die äußerste Spitze der ins Meer auslaufenden Apenninen (heute Capo dell'Armi), liegt zirka 10 km weiter südlich.

14 Vgl. Ad Atticum 16, 7, 1.

15 Gemeint ist wohl das Edikt, dessen Inhalt Velleius Paterculus 2, 62, 3, wiedergibt: sie wollten gern in ewiger Verbannung leben, wenn es dem Staate förderlich sei.

16 Auf Gallia Cisalpina (Oberitalien) und Gallia Transalpina.

17 Stadt in Lukanien, an der tyrrhenischen Küste, zirka 35 km südöstlich von Paestum (heute Castelammare della Bruca bei Pisciotta).

18 Cicero meint unvorhersehbare, aus Ursachen nicht ableitbare Ereignisse, insbesondere einen gewaltsamen Tod.

19 Hannibal usw.: *Hannibal ad portas,* der Schreckensruf des Jahres 212 v. Chr., war sprichwörtlich geworden. Frieden mit Pyrrhos: den Appius Claudius Caecus (Konsul 307 und 296 v. Chr.) im Jahre 280 v. Chr. durch eine berühmte Rede verhindert hatte.

20 Eine mögliche Folge unentschuldigten Fehlens.

21 Nach Ciceros Rückkehr aus der Verbannung; vgl. z. B. die Rede über das Gutachten der Opferschauer, 15 f.

22 Die Bitt- und Dankfeste *(supplicationes)* wurden Göttern (nicht Toten, also Menschen) zu Ehren begangen. Nun galt aber Caesar unter seinen Anhängern bereits vor der offiziellen Konsekration im Jahre 42 v. Chr. als Gott, und der zusätzliche Festtag zu seinen Ehren sollte den Glauben an seine Göttlichkeit bekräftigen. Cicero weist dieses Unterfangen schroff ab. L. Iunius Brutus: der legendäre Gründer der römischen Republik, der Überlieferung nach Konsul des Jahres 509 v. Chr.; Nachkommenschaft: die Caesarmörder M. Iunius Brutus und D. Iunius Brutus Albinus.

23 Als Strafe für den Beschluß, Caesar, einem Menschen, göttliche Ehren zu erweisen.

24 Nämlich Piso, der Redner selbst, dem niemand zuzustimmen wagte.

25 Während der Diktatur Caesars.

26 L. Iulius Caesar z. B. (Konsul 64 v. Chr.) war ein Onkel des Antonius; vgl. 27.

27 Mit bitterem Humor von den Soldaten, die Antonius um das Sitzungsgebäude zu postieren pflegte; vgl. besonders die 2. Philippica, 112.

28 Der Tempel der Ops (einer Fruchtbarkeitsgöttin), auf dem Kapitol, diente Caesar zur Aufbewahrung eines Staatsschatzes, der sich auf 700 Millionen Sesterze belief und zum Teil aus den über die Pompejaner verhängten Konfiskationen hervorgegangen war; Antonius hatte sich dieser Gelder bemächtigt. Vgl. die 2. Philippica, 93.

29 Im Jahre 52 v. Chr.; Pompeius war damals *consul sine collega*. Siehe hierüber die Einleitung zur Rede für T. Annius Milo.

30 Die hier genannten Beschränkungen von Statthalterschaften gingen auf ein caesarisches Gesetz des Jahres 46 v. Chr. zurück. Im Widerspruch hierzu ließen sich Antonius und Dolabella Anfang Juni 44 v. Chr. Statthalterschaften von fünfjähriger Dauer bewilligen.

31 Eine *lex Aurelia* des Jahres 70 v. Chr. hatte paritätisch mit Senatoren, Rittern und Ärartribunen (Angehörigen der auf die Ritter folgenden Vermögensklasse) besetzte Gerichtshöfe vorgesehen; ein Gesetz Caesars vom Jahre 46 v. Chr. schloß die Ärartribunen vom Richteramt aus. Antonius führte aufs neue eine dritte Abteilung ein, die aus ehemaligen Zenturionen und sonstigen altgedienten Soldaten bestand; hierdurch wurden nunmehr auch die Gerichte dem Einfluß des Militärs unterworfen. Vgl. die 5. Philippica, 12 ff.

32 Julisches, Aurelisches Gesetz: siehe die vorige Anmerkung. Pompeisches Gesetz: ein Richtergesetz vom Jahre 55 v. Chr.

33 So benannt nach dem Helmschmuck, den die Angehörigen dieser Legion zu tragen pflegten.

34 Hierdurch wurde die Stellung der zuständigen Geschworenengerichtshöfe ausgehöhlt.

35 Indem er die Volksversammlung, die über ihn befindet, durch den damals üblichen Bandenterror zu der von ihm gewünschten Entscheidung nötigt.

36 Diese Bestimmungen waren wohl Bestandteil der 19 erwähnten Gerichtsgesetze *(leges iudiciariae)* Caesars.

37 Mit Hilfe des Rechts, dem Beamten, der die Volksversammlung einberief oder leitete, zu erklären, daß ein ungünstiges (Vogel- oder sonstiges) Zeichen beobachtet worden sei; die Versammlung konnte daraufhin keine Beschlüsse mehr fassen.

38 Von seiten des Antonius und seiner Gefolgschaft.

39 Seiner Großväter M. Antonius, des berühmten Redners (Konsul 99 v. Chr.), und L. Iulius Caesar (Konsul 90 v. Chr.) sowie seines Onkels L. Iulius Caesar (Konsul 64 v. Chr.).

40 Caesar war in dritter und letzter Ehe mit Calpurnia, einer Tochter Pisos, verheiratet (ab 59 v. Chr.).

41 Vgl. 5.

42 Anspielung auf die Unruhen, die Dolabella im Jahre 47 v. Chr. als Volkstribun hervorgerufen hatte.

43 Den einen Tag: den 17. März, vgl. 1 f. Die Altgedienten mochten wegen der Versprechungen besorgt sein, die Caesar ihnen gemacht hatte. Deinen Kollegen: Dolabella; Antonius hatte – noch zu Lebzeiten Caesars – seine Wahl durch Meldung eines ungünstigen Vorzeichens hintertrieben; vgl. die 2. Philippica, 82 f. Der Bürge des Friedens: mit den Caesarmördern; vgl. 2 und die 2. Philippica, 90.

44 Vgl. 3 sowie die 2. Philippica, 91 und 115.

45 M. Manlius Capitolinus, der Verteidiger des Kapitols gegen die Gallier (Konsul 392 v. Chr.), strebte angeblich nach der Königsherrschaft und soll daraufhin verurteilt und hingerichtet worden sein.

46 Aus dem Atreus des Tragödiendichters L. Accius (zirka 170–86 v. Chr.).

47 Deinen Großvater: den Redner M. Antonius; vgl. 27. Der glanzvollen Tage: z. B. seiner Siege und seines Triumphes über die kilikischen Seeräuber (102–100 v. Chr.), seines Konsulats usw. Er wurde im Jahre 87 v. Chr. durch L. Cornelius Cinna (Konsul 87–84 v. Chr.) ermordet.

48 Vor der Statue des Pompeius: in dem von ihm erbauten Theater auf dem Marsfeld. Die beiden Volkstribunen: Ti. Cannutius und L. Cassius Longinus; vgl. 25. Apollinarische Spiele: zu Ehren Apolls, damals vom 7. bis zum 13. Juli; sie bestanden vor allem aus Aufführungen von Dramen. Gepriesen die Männer: M. Brutus, auf dessen Kosten die Apollinarischen Spiele des Jahres 44 v. Chr. veranstaltet wurden, und Cassius. Accius, nach sechzig Jahren: seine Tragödie Tereus, ein Werk des Jahres 104 v. Chr., wurde damals wiederaufgeführt.

49 Wie für Antonius und Dolabella während der «guten» Phase ihrer Politik.

Zweite Philippische Rede

1 Seit dem Konsulat im Jahre 63 v. Chr.

2 Am 3. Dezember 63 v. Chr. Vgl. z. B. 13 und 51 sowie die dritte catilinarische Rede, 15, und die vierte catilinarische Rede, 20.

3 Mit Hilfe eines gänzlich ungerechtfertigten Einspruchs: Antonius hatte sich offenbar mit Hilfe eines tribunizischen Vetos der Ladung vor Gericht entzogen; vgl. die Befragung des Zeugen P. Vatinius, 33. Der Schwiegersohn eines Freigelassenen usw.: vgl. die 13. Philippica, 23; von dieser angeblichen Ehe mit Fadia und den Kindern, die daraus hervorgegangen seien, ist sonst nichts bekannt.

4 C. Scribonius Curio, in seiner Jugend ein genialer Taugenichts, mit Clodius, Antonius und Caelius befreundet, ging im Jahre 50 v. Chr. als Volkstribun zu Caesar über und fiel im Jahre darauf in Afrika. Vgl. 44 ff.

5 Bei der Bewerbung um das Augurat: Cicero wurde im Jahre 53 v. Chr. an Stelle von M. Licinius Crassus Dives (Konsul 70 und 55 v. Chr.), der im Kriege gegen die Parther gefallen war, in das Priesterkollegium der Auguren aufgenommen. Man durfte … vorgeschlagen werden: nämlich einer in bestimmter Weise zusammengesetzten Versammlung des Volkes, welche die Wahl vollzog. Curio nicht in Italien: er war damals als Proquästor in Asien. Als du dann gewählt wurdest: im Jahre 50 v. Chr., an Stelle des verstorbenen Redners Q. Hortensius Hortalus, dank der nachdrücklichen Unterstützung, die der Caesarianer Curio seiner Bewerbung hatte angedeihen lassen.

6 In Brundisium: wo Cicero vom Oktober 48 bis zum September 47 v. Chr. auf die Begnadigung durch Caesar warten mußte; siehe die Einleitung zur Rede für M. Marcellus. Der Sieger persönlich: Caesar, der Antonius nach der Schlacht bei Pharsalus mit dem größten Teil des Heeres nach Italien zurückschickte. Dem er ausdrücklich gestattete: vgl. die Rede für Q. Ligarius, 7.

7 Die 1. Philippica; vgl. ebendort, 27.

8 Vgl. die 1. Philippica, 25, und die 5. Philippica, 7 ff.

9 Mit dem Triumvir M. Licinius Crassus Dives (Konsul 70 und 55 v. Chr.).

10 Gefolgsleute des Antonius; vgl. z. B. 106, die 5. Philippica, 18, und die 8. Philippica, 26.

11 Vgl. 42 f., ferner 101 und die 3. Philippica, 22.

[12] Den Sex. Clodius; vgl. die 1. Philippica, 3. Der Brief des Antonius und Ciceros Antwort: Ad Atticum 14,13 A und B.

[13] Eine Übertreibung: in seinem Brief (Ad Atticum 14, 13 A, 2) behauptet Antonius lediglich, Caesar habe die Begnadigung des Clodius mündlich zugesichert.

[14] Vgl. 79.

[15] Anspielung auf Fulvia, die in erster Ehe mit Clodius, in zweiter mit Curio und in dritter mit Antonius verheiratet war. Vgl. 113 und die 5. Philippica, 11.

[16] P. Servilius Vatia Isauricus: Konsul 79, †44 v. Chr. Q. Lutatius Catulus: Konsul 78 v. Chr. L. Licinius Lucullus: Konsul 74 v. Chr. M. Terentius Varro Lucullus: Konsul 73 v. Chr. Q. Hortensius Hortalus, der Redner: Konsul 69 v. Chr. C. Scribonius Curio, der Vater des 3f. u. ö. erwähnten Caesarianers Curio: Konsul 76 v. Chr. C. Calpurnius Piso und M'. Acilius Glabrio: Konsuln 67 v. Chr. M'. Aemilius Lepidus und L. Volcatius Tullus: Konsuln 66 v. Chr. C. Marcius Figulus: Konsul 64 v. Chr. D. Iunius Silanus und L. Licinius Murena; Konsuln 62 v. Chr. M. Porcius Cato Uticensis, Prätor 54 v. Chr., nahm sich nach der Schlacht bei Thapsus in Utica das Leben (46 v. Chr.). Nach seiner Rückkehr aus Syrien: 62 v. Chr.

[17] L. Aurelius Cotta: Konsul 65 v. Chr. Ein Dankfest usw.: vgl. 2 sowie die dritte catilinarische Rede, 15, und die vierte catilinarische Rede, 20.

[18] L. Iulius Caesar, Konsul 64 v. Chr.; vgl. die 1. Philippica, , 27. Seine Schwester Iulia, die Mutter des Antonius, war in zweiter Ehe mit dem Catilinarier P. Cornelius Lentulus Sura verheiratet. L. Caesar erklärte am 3. Dezember 63 v. Chr., sein Schwager habe das Leben verwirkt; vgl. die vierte catilinarische Rede, 13.

[19] Niedrige Komödienfiguren, aus dem Phormio und dem Eunuchus des Terenz sowie aus dem Pseudolus des Plautus.

[20] Im Tempel der Concordia, der Göttin der Eintracht (vgl. 19): dort fanden am 3., 4. und 5. Dezember 63 v. Chr. die Beratungen über die Behandlung der Catilinarier statt, und ebendort hielt Antonius am 1. und 19. September 44 v. Chr. Reden gegen Cicero. Zum Vorwurf der Schutzwachen vgl. 19 und 112.

[21] Vgl. die vierte catilinarische Rede, 14–16. Zur Polemik des Antonius vgl. z. B. die Rede für P. Sestius, 28.

[22] Vgl. die dritte catilinarische Rede, 4ff.

23 Arabisches Volk östlich des Libanon, seit Pompeius von den Römern abhängig. Vgl. 112.

24 Von seiner Geliebten Cytheris; vgl. 58. 61 u. ö.

25 Berühmt-berüchtigtes Zitat aus Ciceros Epos über das eigene Konsulat (De consulatu meo); es verkündet den Anspruch, daß Ciceros politisches Verdienst, die Aufdeckung der catilinarischen Verschwörung, jedem Waffenruhm überlegen sei. Vgl. die Rede gegen L. Piso, 72 ff.

26 Vgl. 49 und die Rede für T. Annius Milo, 40.

27 Aber ich habe usw., Aber ich war usw.: der Standpunkt des Antonius.

28 Kritik an dem von Pompeius eingebrachten Sondergesetz *de vi,* nach dem Milo zur Rechenschaft gezogen wurde; siehe hierüber die Einleitung zur Rede für T. Annius Milo.

29 Anders Cicero selber in der Rede für T. Annius Milo, 47.

30 M. Calpurnius Bibulus war im Jahre 59 v. Chr. gemeinsam mit Caesar Konsul; er zog sich nach erfolglosem Widerstand gegen dessen Gewaltakte von den Amtsgeschäften zurück.

31 Anspielung auf die Ereignisse des Jahres 58 v. Chr.: Pompeius versagte Cicero jede Unterstützung in den Bedrängnissen, denen Clodius ihn aussetzte und die mit seiner Verbannung endeten.

32 Im Jahre 55 v. Chr. setzten Pompeius und Crassus als Konsuln die Verlängerung von Caesars gallischem Kommando durch; im Jahre 52 v. Chr. verschaffte ein mit Billigung des Pompeius eingebrachtes Gesetz Caesar die Befugnis, sich als Abwesender um das Konsulat des Jahres 48 v. Chr. zu bewerben.

33 Eine ähnliche Äußerung hatte Cicero bereits in einem Briefe des Jahres 46 v. Chr. für sich beansprucht: Ad Familiares 6, 6, 4.

34 L. Iunius Brutus: vgl. die 1. Philippica, 13. C. Servilius Ahala, ein legendärer Vorfahr der Mutter des M. Brutus, tötete Sp. Maelius, weil er nach der Königsherrschaft strebte; vgl. die erste catilinarische Rede, 3. Sp. Cassius Vecellinus, ein Vorfahr des Caesarmörders Cassius, gedachte sich der Überlieferung nach zum Alleinherrscher aufzuwerfen; er wurde angeblich auf Betreiben seines Vaters verurteilt und hingerichtet. Wo er doch die Sache usw.: eine dunkle, wenig glaubwürdige Anspielung.

35 Cn. Domitius Ahenobarbus (Konsul 32 v. Chr.) war ein Sohn des L. Domitius Ahenobarbus und ein Neffe des M. Porcius

Cato Uticensis. L. Domitius (Konsul 54 v. Chr.) fiel bei Pharsalus; zu Cato vgl. 12. C. Trebonius (Konsul 45 v. Chr.) wurde 43 v. Chr. in Smyrna von Dolabella ermordet; siehe hierüber die Einleitung zur 11. Philippica. L. Tillius Cimber (wohl Prätor 45 v. Chr.) stand Caesar besonders nahe und war von ihm vielfach begünstigt worden. Die beiden Servilier: die Brüder C. Servilius Casca (Volkstribun 44 v. Chr.) und P. Servilius Casca Longus (Volkstribun 43 v. Chr.); sie waren Nachkommen des 26 erwähnten C. Servilius Ahala.

36 Vgl. die 13. Philippica, 23 und 25.

37 Von der gesetzlichen Vorschrift: der Brutus als Prätor unterworfen war. Die Feier der Apollinarischen Spiele: vgl. die 1. Philippica, 36. Provinzen: Kreta und die Cyrenaica; siehe die Einleitungen zur 10. und 11. Philippica.

38 Nämlich daß Cicero an der Ermordung Caesars keinen Anteil gehabt habe.

39 Brutus und Cassius, deren Statthalterposten Antonius als ein verschleiertes Exil aufgefaßt wissen möchte.

40 Das heißt Cicero hätte auch Antonius beseitigt; vgl. 86.

41 Es ist ja allbekannt usw.: eine dunkle, von Plutarch etwas anders berichtete Affäre (Antonius 13). Narbo: Hafenstadt in der nach ihr benannten Provinz Gallia Narbonensis, heute Narbonne. Wir haben beobachtet usw.: Trebonius und andere verwickelten Antonius am Eingang der Kurie in ein Gespräch, so daß er Caesar nicht folgen konnte; vgl. die 13. Philippica, 22.

42 Die Maxime des L. Cassius Longinus Ravilla (Konsul 127 v. Chr.); vgl. die Reden für Sex. Roscius aus Ameria, 84 f., und für T. Annius Milo, 32.

43 Vgl. 93 und die 1. Philippica, 17.

44 Vgl. 24.

45 Ein wohl nur zu berechtigter Vorwurf; vgl. z. B. Macrobius, Saturnalia 2, 3, 7 f.

46 Stadt an der südwestlichen Küste von Cypern; Pompeius befand sich auf dem Wege nach Ägypten.

47 Vgl. 64 ff.

48 L. Rubrius: vgl. 62 und 74; im übrigen unbekannt. Casinum: Stadt in Latium an der Via Latina, nördlich des Liris. Cicero spielt wohl auf eine Testamentsfälschung an, durch die sich Antonius in den Besitz der Erbschaft gebracht habe.

49 Ob er weiß oder schwarz war: sprichwörtliche Redensart.

Q. Fufius, L. Turselius (vgl. 62): ebenfalls unbekannt. Er hat sich außerdem usw.: Antonius.

50 Wegen der Schulden, welche die Erbschaft belasteten; vgl. 44.

51 Viele Tage lang: in der Zeit vom 1. bis zum 19. September. Auf einem Landsitz usw.: er hatte Q. Caecilius Metellus Pius Scipio Nasica (Konsul 52 v. Chr., Schwiegervater des Pompeius) gehört, der nach der Schlacht bei Thapsus aus dem Leben geschieden war; vgl. die 5. Philippica, 19.

52 Dem berühmten Redner; vgl. die 1. Philippica, 27.

53 Leontinoi: Stadt im Osten Siziliens, zirka 40 km nordwestlich von Syrakus, heute Lentini. Der Rhetor Sex. Clodius ist nicht identisch mit dem gleichnamigen Verwandten des P. Clodius, auf den Cicero in der 1. Philippica, 3, und der 2. Philippica, 9 f., anspielt.

54 Vgl. 100 f.

55 Eingebracht im Jahre 67 v. Chr. von dem Volkstribunen L. Roscius Otho; es reservierte die ersten vierzehn Sitzreihen im Theater für die Ritter.

56 Vgl. 3 f.

57 Vgl. 12.

58 Im Tribunat des Clodius: 58 v. Chr. Betätigte er sich usw.: mit Fulvia, der Frau des Clodius; vgl. 99. Die Expedition nach Alexandrien, gegen die göttlichen Gebote (das heißt gegen ein sibyllinisches Orakel), Gabinius: siehe hierüber die Einleitung zur Rede für C. Rabirius Postumus. Misenum: Vorgebirge und Ort am Nordrand des Golfs von Neapel. Sisapo: in Hispania Baetica, etwa 100 km nördlich von Corduba; dort befanden sich Zinnobergruben, die durch eine Gesellschaft ausgebeutet wurden. Antonius besaß – wie die Gesellschafter an den Gruben – nur einen Anteil an seinem Haus. Vgl. 73.

59 Antonius war als Handlanger des Clodius tätig gewesen; daraus hatte sich mit Notwendigkeit ein gespanntes Verhältnis zwischen ihm und Cicero ergeben.

60 Vgl. 21 f. und die Rede für T. Annius Milo, 40.

61 Das heißt er stellte sich Caesar zur Verfügung, ohne auf die unter den Quästoren übliche Geschäftsverteilung zu warten, die ihn hierzu ermächtigt hätte (52 v. Chr.).

62 Zum Tribunat: 49 v. Chr. (Amtsantritt am 10. Dezember 50 v. Chr.). Deinem Ehemanne: dem jüngeren Curio; vgl. 44 f.

63 Anfang Januar 49 v. Chr. berief der Senat Caesar von seiner

Statthalterschaft ab; als die caesarischen Tribunen Antonius und Q. Cassius Longinus dagegen Einspruch erhoben, erklärte er den Ausnahmezustand (er erließ das *senatus consultum ultimum*); hiermit war der Bürgerkrieg beschlossene Sache. Lieferte so seinen Hals usw., Gegen dich usw.: Cicero will den Einspruch als Hochverrat betrachtet wissen, durch den Antonius sein Leben verwirkt habe, und daher sei das *senatus consultum ultimum* nicht zuletzt gegen ihn verhängt worden.

64 Vgl. 2.

65 Vgl. Caesar, De bello civili 1, 22, 5.

66 Die meisten Angehörigen der Senatspartei (Magistrate und Senatoren) setzten im Frühjahr 49 v. Chr. mit Pompeius von Brundisium aus nach Griechenland über.

67 Bei Pharsalus, bei Thapsus und bei Munda (48, 46 und 45 v. Chr.); vgl. 75.

68 Die eine Bosheit bestand nach Cicero in der willkürlichen Rückberufung Verbannter, die andere darin, daß Antonius seinen Onkel von diesem Gnadenakt ausnahm.

69 Der Onkel war C. Antonius Hybrida, Ciceros Amtskollege im Konsulat (63 v. Chr.); Cicero hatte ihn im Jahre 59 v. Chr. erfolglos verteidigt. Licinius Denticulus: unbekannt. Wieder in seine Rechte eingesetzt: er war, wie das Folgende lehrt, nicht verbannt. Um sich mit Hilfe des Gesetzes usw.: Antonius habe sich, meint Cicero, von Licinius Denticulus für das Restitutionsgesetz die Summe zahlen lassen, die er ihm aus dem Würfelspiel schuldete.

70 Als ob er einen Sieg errungen hätte.

71 Cytheris, eine Freigelassene des P. Volumnius Eutrapelus; vgl. 20. 61 u. ö.

72 Vgl. 5.

73 Vgl. 2.

74 In Alexandrien: vom Herbst 48 bis zum Frühjahr 47 v. Chr. Befehlshaber der Reiterei *(magister equitum)*: der Gehilfe und Stellvertreter des Diktators, gewöhnlich vom Diktator selbst ernannt. Wenn Ciceros Behauptung «ohne Wissen Caesars» zutreffen sollte, dann war den Freunden jedenfalls bekannt, wen Caesar ernannt wissen wollte. Hippias: von (griechisch) hippos, das Pferd. Die Lieferung der für die Wagenrennen benötigten Pferde wurde ausgeschrieben; Cicero scheint andeuten zu wollen, daß Antonius den Schauspieler Sergius begünstigt habe.

Der Text läßt freilich auch die Auffassung zu, daß Antonius dem Sergius die Pferde schenkte, wenn die Spiele vorüber waren. Das Haus, das er jetzt usw.: das des Pompeius; vgl. 64ff. M. Pupius Piso Frugi Calpurnianus: Konsul 61 v. Chr.; Antonius scheint sich in seinem Hause als Gast aufgehalten zu haben.

75 Vgl. 40f.

76 Vgl. Plutarch, Antonius 9.

77 Die Lanze: als Hoheitszeichen, das eine öffentliche Versteigerung ankündigte. Der Tempel des Iupiter Stator lag am östlichen Ende des Forums, zwischen Palatin und Velia. Das Vermögen des Pompeius war nach dessen Tode an die Söhne gefallen; Caesar ließ es im Jahre 47 v. Chr. einziehen, weil die Söhne noch stets gegen ihn kämpften; es wurde nunmehr versteigert.

78 In den 13. Philippica, 11, weiß Cicero noch von einigen anderen Bietern.

79 Aus einem Drama des Cn. Naevius (etwa 270–200 v. Chr.).

80 Ein das Meer einschlürfendes und wieder ausspeiendes Ungeheuer, bildlich für einen allesverschlingenden Meeresstrudel.

81 Trophäen aus dem Seeräuberkrieg (66 v. Chr.).

82 Als wäre sie (gemeint ist Cytheris) seine Frau gewesen; vgl. 20.

83 Dein Großvater: vgl. 42. Dein Onkel: vgl. 56.

84 Vgl. 27.

85 Als Volkstribun, im Jahre 49 v. Chr.; vgl. 56.

86 Antonius, durch die drohende Vollstreckung bedrängt, suchte einen Teil seines Vermögens zu versteigern, um sich so die Summe zu verschaffen, die er Caesar aus dem Erwerb des konfiszierten Vermögens des Pompeius schuldete.

87 Vgl. 48.

88 Sie beanspruchten das Eigentum an ausgebotenen Gegenständen, die Antonius als «Erbe» des Rubrius an sich gebracht hatte. Vgl. 40f. und 62.

89 November 46 v. Chr., zum Kampf gegen die Pompeiussöhne.

90 Vgl. 34.

91 In der 1. Philippica, 7–10.

92 Der Gallia Cisalpina, Oberitaliens.

93 Gegen die zehnte Stunde: gegen vier Uhr nachmittags. Rote Felsen: an der Via Flaminia, etwa 12 km nördlich von Rom.

94 Zu Fulvia, seiner Frau.

95 Vgl. 69.

96 Die plötzliche Rückkehr des Antonius schien irgendwelche

Gerüchte zu bestätigen, etwa, daß Caesar in Spanien gefallen sei und die Pompejaner gegen Rom heranrückten.

97 L. Munatius Plancus (Konsul 42 v. Chr.) drohte als der zuständige Prätor den Bürgen des Antonius mit Vollstreckung, da Antonius selbst noch stets nicht gezahlt hatte; vgl. 71 ff.

98 Vgl. 99.

99 Caesar erklärte, er wolle, bevor er gegen die Parther zu Felde ziehe, Dolabella an seiner Stelle zum Konsul wählen lassen.

100 Etwa: die Auguren durften nur Vorzeichen melden, die sich ihnen spontan zeigten; die Beamten konnten sich durch Beobachtung um Vorzeichen bemühen.

101 Antonius erklärte, er werde entweder verhindern, daß die Versammlung überhaupt stattfinde, oder er werde sie, nachdem sie begonnen habe, durch Meldung eines ungünstigen Vorzeichens auflösen; vgl. 83.

102 Cicero sucht die von Antonius angedrohte Alternative als frevelhaft hinzustellen: nur durch Beobachtung lasse sich mit Sicherheit ein ungünstiges Vorzeichen ermitteln; für diese Möglichkeit aber sei es am Tage der Versammlung selbst kraft Gesetzes (wohl einer *lex Clodia* des Jahres 58 v. Chr.) zu spät; wer bis zu diesem Tage warte, könne nur noch auf Grund eines Vorzeichens, das sich spontan einstelle, eine Wahl verhindern.

103 In den für Konsulwahlen zuständigen Zenturiatkomitien stimmten zuerst die Zenturien der Ritter und der ersten Vermögensklasse, dann der Reihe nach die übrigen Klassen. Aus der ersten Klasse wurde eine Zenturie erlost, die mit der Wahl begann *(centuria praerogativa)*; ihr Votum wurde als göttlicher Hinweis betrachtet, wie die Wahl ausfallen solle.

104 C. Laelius (Konsul 140 v. Chr.), der bekannte Freund des jüngeren Scipio, galt als gründlicher Kenner des Auguralwesens.

105 Dem Augur und Konsul Caesar.

106 Ich wolle die Amtshandlungen usw.: da Antonius die Wahl Dolabellas durch die Meldung eines ungünstigen Vorzeichens angefochten hat. Vor unser Kollegium: vor das der Auguren, dem Cicero seit dem Jahre 53 v. Chr. angehörte. Andererseits, sobald es dir paßt usw.: Antonius hatte die Wahl Dolabellas nach der Ermordung Caesars anerkannt; vgl. die 1. Philippica, 31.

107 Den Luperkalien: dem 15. Februar 44 v. Chr. Die Luperkalien, das Wolfsfest, wurden alljährlich an diesem Tage von zwei Kultgenossenschaften, den Luperci (den Wolfsmännern oder

Wolfsabwehrern), ausgeführt, die, nur mit einem Schurz aus Ziegenfell bekleidet, allerlei sonderbare Riten ausführten. In der minucischen Halle: auf dem Marsfeld, erbaut von M. Minucius Rufus (Konsul 110 v. Chr.); vgl. 63. Honorar, Landbesitz von Leontinoi: vgl. 42 f. und 101.

108 Vgl. 44 f.

109 Vgl. 34.

110 Tarquinius Superbus: der Überlieferung nach der letzte König Roms, der, da seine Herrschaft zur Tyrannis entartete, von L. Iunius Brutus vertrieben wurde. Sp. Cassius usw.: Männer der frühen Republik, die nach der Königsherrschaft gestrebt haben sollen. Vgl. 26 und 114 sowie die 1. Philippica, 32.

111 Zu dem ungünstigen Vorzeichen, das Antonius während der Wahl Dolabellas gemeldet hatte.

112 Cicero hat jetzt die Ermordung Caesars und die unmittelbar darauffolgende Zeit erreicht; er bricht daher die Erörterung über die Gültigkeit des Vorzeichens ab.

113 Einige der Verschwörer verlangten, daß auch Antonius beseitigt würde; M. Brutus widersprach und drang mit seinem Standpunkt durch.

114 Am Abend des 15. März.

115 Am 17. März. Vgl. die 1. Philippica, 1 f. und 31 f.

116 Über M. Fulvius Bambalio, den Vater der Fulvia, sehr abschätzig die 3. Philippica, 16.

117 Vgl. die 1. Philippica, 5.

118 Vgl. 115 sowie die 1. Philippica, 3 f. und 32.

119 Vgl. die 1. Philippica, 24, und die 5. Philippica, 12.

120 Vgl. 35 und die 1. Philippica, 17.

121 König von Galatien, von Cicero im November 45 v. Chr. vor Caesar gegen den Vorwurf des Mordversuchs an Caesar verteidigt; siehe die Einleitung zur Rede für den König Deiotarus.

122 Sie hatte während des Bürgerkriegs zu Pompeius gehalten und war von Caesar nach langer Belagerung erobert worden (Oktober 49 v. Chr.).

123 Caesar bestrafte Deiotarus als einstigen Bundesgenossen des Pompeius durch Gebietsverluste (47 v. Chr.): die Tetrarchie (das Teilfürstentum) der Trokmer gelangte an Mithridates von Pergamon und Kleinarmenien, das Deiotarus vom Senat erhalten hatte, an Ariobarzanes, den König von Kappadokien.

124 Der Fulvia, der Cicero Habgier vorwirft; vgl. 113 sowie

die 5. Philippica, 11, die 6. Philippica, 4, und die 13. Philippica, 18.

125 Vielleicht der von Antonius aus der Verbannung zurückgerufene Sex. Clodius, der P. Clodius beim Abfassen von Gesetzesentwürfen geholfen hatte (vgl. z. B. die Rede über das eigene Haus, 47); vgl. 9 und die 1. Philippica, 3.

126 Vgl. 31.

127 Das die Verbannten betreffende Gesetz: vgl. die 1. Philippica, 24, und die 5. Philippica, 11. Daß man die Rückkehr der Männer usw.: Caesar hatte bei seinen Begnadigungen zwischen politischen und kriminellen Verbannten unterschieden; die hiervon abweichende Praxis des Antonius wirft auf die politischen Verbannten ein zweifelhaftes Licht. Warum behandelst du sie usw.: Antonius hatte während seines Tribunats schon einmal Verbannte zurückgerufen und dabei seinen Onkel nicht berücksichtigt; vgl. 56. Der Onkel wurde wahrscheinlich im Jahre 45 v. Chr. von Caesar begnadigt.

128 Ein ungünstiges Vorzeichen, das die Durchführung der Wahl verhinderte.

129 Antonius und Dolabella brachten Juni 44 v. Chr. ein Gesetz ein, das eine Siebenmänner-Behörde für Landverteilungen an Veteranen vorsah. Vgl. z. B. die 5. Philippica, 7.

130 Antonius hatte vor seiner Ehe mit Fulvia seine Kusine Antonia, die Tochter des C. Antonius Hybrida, zur Frau.

131 Vgl. 48.

132 Vgl. die 1. Philippica, 16.

133 Vom Senat, wohl im April 44 v. Chr.

134 In Capua: obwohl dort bereits eine von Caesar eingerichtete Siedlung bestand. Oder vielmehr beinahe nicht gefunden hättest: weil die früheren Siedler, die eine Schmälerung ihres Landbesitzes befürchteten, versucht hatten, ihn zu töten; vgl. die 12. Philippica, 7. Das leidige Beinahe: bezieht sich auf «oder vielmehr beinahe nicht gefunden hättest».

135 Durch Caesar, der in den Jahren 59 und 45 v. Chr. Landverteilungen durchführte.

136 Leontinische Mark, Redelehrer: vgl. 42 f.

137 Casilinum: Stadt am Volturnus, wenige Kilometer nordwestlich von Capua. Du fragtest usw.: Antonius bat Cicero um ein auguralrechtliches Gutachten. Standarte, Pflug: das bei der Gründung einer Siedlung übliche Ritual.

138 Casinum: vgl. 40. M. Terentius Varro (Prätor um 75 v. Chr.): der berühmte Schriftsteller, Pompejaner, von Caesar nach der Schlacht bei Pharsalus begnadigt; er erwähnt das hier zur Erörterung stehende Gut in seiner Schrift Res rusticae 3, 5, 9. L. Rubrius, L. Turselius: vgl. 40f. Die Lanze: vgl. 64. Nach Alexandrien: vgl. 62.

139 Ab neun Uhr morgens.

140 Die westliche und die südliche Nachbarstadt von Casinum (heute Aquino und Termini).

141 Stadt in Latium, oberhalb der Via Latina, zirka 60 km östlich von Rom.

142 Mustela: vgl. 8. Laco: im übrigen unbekannt. Cicero hat die beiden Namen auf Wunsch des Atticus in den Text eingefügt; vgl. Ad Atticum 16, 11, 3.

143 Sidiciner: Völkerschaft im nördlichen Kampanien, um Teanum. Puteoli: Hafenstadt westlich von Neapel (heute Pozzuoli). Basilus: vielleicht mit M. Satrius Basilus (Cicero, De officiis 3, 74) identisch, hier als Gefolgsmann des Antonius, im übrigen unbekannt.

144 Das Totenmal: vgl. 1. Philippica, 5, wo sich Cicero über die Einstellung des Antonius viel freundlicher äußert. Furcht... und die drohenden Waffen usw.: bei Dolabella, der von Antonius eingeschüchtert worden sei. Holtest du deinen Kollegen usw.: Antonius sorgte dafür, daß Dolabella nicht mehr in den Himmel gehoben wurde.

145 L. Cornelius Cinna «herrschte» von 87 bis 84 (als Konsul), L. Cornelius Sulla Felix von 82 bis 79 v. Chr. (als Diktator).

146 Vgl. die 1. Philippica, 18 f.

147 In den Park des Pompeius: vgl. 64ff. In das Landhaus Scipios: Cicero meint den Schwiegervater des Pompeius; vgl. 42.

148 Daß Caesar diese Ehren schon bei Lebzeiten zuteil geworden seien, berichtet z. B. auch Sueton, Caesar 76. Ein Kultbett: für die Götterstatue, wenn ihr, wie bei bestimmten Festen üblich, Speisen vorgesetzt wurden. Einen Tempelgiebel: als Bekrönung seines Wohnhauses.

149 Was zögerst du usw.: Cicero wirft Antonius vor, daß er sich, wiewohl zum Iulius-Priester ernannt, nicht ordentlich weihen lasse. Vgl. die 13. Philippica, 41 und 47. Wir sind Kollegen: als Auguren; vgl. 4 und 84. Eines Toten: vgl. die 1. Philippica, 13.

150 Hiernach endeten die Römischen oder Großen Spiele damals am

18. September nach viertägigen Wagenrennen. Noch einen fünften Tag: vgl. die 1. Philippica, 12 f.

151 Die Kultbetten und sakralen Götterbewirtungen waren ein wesentlicher Bestandteil der Bitt- und Dankfeste *(supplicationes)*; der von Antonius beantragte Senatsbeschluß zu Ehren Caesars sah offenbar nur ein Dankfest, jedoch inkonsequenterweise kein Kultbett vor.

152 Deinen Großvater: vgl. die 1. Philippica, 27. Nackt: Anspielung auf die Szene während des Luperkalienfestes, vgl. 86.

153 Vgl. 19.

154 Die dritte Rate: Antonius (nach Clodius und Curio); vgl. 11.

155 Vgl. die 1. Philippica, 9 und 36.

156 Vgl. 87.

157 Vgl. 91 sowie die 1. Philippica, 3 f. und 32.

158 In eben diesem Tempel: vgl. 15. Jemand, der Konsul war usw.: vgl. die vierte catilinarische Rede, 3.

Dritte Philippische Rede

1 Vgl. die 5. Philippica, 30. In einem Briefe, den Cicero am 20. Dezember an D. Brutus richtete, verlautet hingegen, er habe bis zum 1. Januar (dem Amtsantritt der Konsuln Hirtius und Pansa) warten wollen; er sei erst durch den Bescheid des D. Brutus veranlaßt worden, die Sitzung zu besuchen und das Wort zu ergreifen (Ad Familiares 11, 6, 2).

2 In Kampanien, wo Caesar sie angesiedelt hatte.

3 Cicero dramatisiert: als Antonius mit seiner Garde nach Rom zurückkehrte (Mitte November), waren die Legion des Mars und die vierte Legion noch nicht zu Oktavian übergetreten.

4 Er suchte durch die Hinrichtung von Rädelsführern der Meutereien Herr zu werden, die dem Abfall der beiden Legionen vorausgingen. Vgl. 10 und 31, ferner die 4. Philippica, 4, die 5. Philippica, 22 u. ö.

5 Alba Fucens, Stadt der Äquer, in 1000 m Höhe, zirka 80 km östlich von Rom, nordwestlich des Fucinersees, hielt während des Bundesgenossenkrieges zu Rom.

6 Gallia Cisalpina, Oberitalien; ebenso 13. 31 f. und 38.

7 Tarquinius Superbus: vgl. die 2. Philippica, 87. L. Iunius Bru-

tus: vgl. die 1. Philippica, 13. Bewaffnete Barbaren: vgl. 31 sowie die 2. Philippica, 15. 19 und 112. Augur: vgl. die 2. Philippica, 4. Vorzeichen: vgl. die 1. Philippica, 25, und die 5. Philippica, 7. Auch einen Kollegen: Dolabella; vgl. die 2. Philippica, 79 ff.

8 Abgabenfreiheit, Bürgerrecht: vgl. z. B. 1. Philippica, 24, und die 2. Philippica, 92. Wollkörbe: Anspielung auf Fulvia; vgl. die 2. Philippica, 95. Suessa Aurunca: kampanische Stadt, zirka 10 km südöstlich des unteren Liris. Alle, die er gefangen gesetzt hatte: ebenfalls meuternde Soldaten; vgl. die 13. Philippica, 18. In Brundisium usw.: vgl. 4.

9 Ohne die üblichen Opfer usw.: bei seinem Aufbruch nach Oberitalien, in der Nacht zum 29. November; vgl. 24. Gelübde: anders die 5. Philippica, 24. Die er nie zu erfüllen braucht: weil ihn die Götter nicht erhören, braucht er ihnen nicht darzubringen, was er ihnen für den Fall, daß sie ihn erhören, versprochen hat.

10 Nach dem 15. Februar. Vgl. die 2. Philippica, 84 ff.

11 Als Deserteure, die auf diese Weise hingerichtet wurden; vgl. Livius 5, 6, 14.

12 Aus der zweiten Novemberhälfte, der Zeit vor der Abreise nach Oberitalien.

13 Oktavians natürlicher Vater (im Gegensatz zu seinem Adoptivvater Caesar) C. Octavius (Prätor 61 v. Chr.) starb im Jahre 58 v. Chr. während der Bewerbung um das Konsulat. Seine Mutter: Atia; vgl. 16. Aricia: Latinerstadt an der Via Appia, zirka 22 km südöstlich von Rom; ihre Bewohner besaßen seit dem Jahre 338 v. Chr. das römische Bürgerrecht. Tralles: Stadt in Kleinasien, zirka 50 km östlich von Ephesus. Die Voconischen und Atinischen Gesetze gingen offenbar auf Antragsteller zurück, die aus Aricia stammten. Ein Voconisches Gesetz, eingebracht von Q. Voconius Saxa (Volkstribun 169 v. Chr.), betraf erbrechtliche Fragen; vgl. die 2. Rede gegen C. Verres, 1, 110. Ein Atinisches Gesetz befaßte sich mit gestohlenen Sachen, ein anderes mit der tribunizischen Gewalt (beide aus dem 2. Jahrhundert v. Chr.).

14 Tusculum: Stadt auf den Albanerbergen, zirka 20 km südöstlich von Rom; von dort stammten die Fulvier, die Familie der (zweiten oder dritten) Frau des Antonius; vgl. die Rede für Cn. Plancius, 20. M. Atius Balbus, der Vater der Atia und Großvater Oktavians: Prätor um 60 v. Chr. M. Fulvius Bamba-

lio: vgl. die 2. Philippica, 90. Sempronius Tuditanus, der Sohn des C. Sempronius Tuditanus (Konsul 129 v. Chr.) und Vater der Sempronia, der Frau des Bambalio, war geistesgestört.

15 Ein Sproß aus dem julischen Hause: Oktavian, dessen Großvater M. Atius Balbus mit Iulia, einer Schwester Caesars, verheiratet war. Von Mutterseite her: M. Antonius Creticus (Prätor 74 v. Chr.), der Vater des Antonius, war mit Iulia, einer Verwandten Caesars, verheiratet. M. Antonius Creticus war in erster Ehe mit Numitoria verheiratet, der Tochter des Q. Numitorius Pullus, der seine aufständische Heimatstadt Fregellae (an der Via Latina, etwa 100 km südöstlich von Rom) im Jahre 125 v. Chr. an die Römer verraten hatte. Von der Tochter eines Freigelassenen: vgl. die 2. Philippica, 3. L. Marcius Philippus (Konsul 56 v. Chr.) heiratete nach dem Tode des C. Octavius dessen Witwe Atia, die Mutter Oktavians. C. Claudius Marcellus (Konsul 50 v. Chr.) hatte Octavia, die Tochter der Atia und Schwester Oktavians, zur Frau.

16 Die Wirklichkeit unterschied sich erheblich von der hier angedeuteten Idylle: der junge Mann legte bedenkliche Eigenschaften an den Tag, und Cicero begegnete ihm mit großer Zurückhaltung.

17 Über die Mitverschworenen Catilinas.

18 Er verschob die Sitzung: in Wahrheit wohl wegen des Abfalls der Mars-Legion. Galliergang: ein unterirdischer Gang, mit dessen Hilfe die Gallier versucht haben sollen, das Kapitol zu erobern (387 v. Chr.); vgl. die Rede für A. Caecina, 88. Einen schriftlichen Antrag: auf Bestellung des Antonius; er enthielt die Forderung, Oktavian zum Staatsfeind zu erklären; vgl. die 5. Philippica, 23.

19 Vgl. die 4. Philippica, 15, und die 13. Philippica, 22, wo Cicero den Namen des bekannten Sklavenanführers auf Antonius anwendet.

20 Antonius meinte wohl: wenn jemand die Beleidigung ausspricht, der selbst beleidigt, das heißt beschimpft zu werden verdient.

21 Sein Lehrmeister: der Rhetor Sex. Clodius; vgl. die 2. Philippica, 42 f. Aus einem Redner zu einem Kätner: Versuch einer Wiedergabe des Wortspiels *ex oratore arator*.

22 L. Cassius Longinus (ein Bruder des Caesarmörders), D. Carfulenus, Ti. Cannutius: Gegner des Antonius. M. Aemilius Lepi-

dus hatte einen Vertrag mit dem Pompeiussohne Sextus vermittelt, der sich noch stets in Spanien zu halten vermochte; Cicero beantragte für ihn am 1. Januar ein vergoldetes Reiterstandbild; vgl. die 5. Philippica, 38 ff. Durch Auseinandertreten: so daß man die Mehrheit erkennen konnte, sofort nach der Verlesung des Antrags, ohne Debatte, ein abgekürztes Verfahren bei Routineangelegenheiten.

23 L. Cornelius Lentulus, P. Naso, L. Marcius Philippus (sein Vater: vgl. 17; sein Großvater: Konsul 91 v. Chr.), C. Turranius, Sp. Oppius, M. Calpurnius (oder Pupius) Piso, M. Vehilius, L. Cornelius Cinna, C. Cestius: Prätoren 44 v. Chr.

24 T. Annius Cimber, M. Gallius, C. Antonius (der Bruder des M. Antonius): ebenfalls Prätoren des Jahres 44 v. Chr. C. Calvisius Sabinus: wohl Prätor im Jahre 46 und Statthalter von Afrika im Jahre 45 v. Chr. Utica: Hafenstadt nordwestlich von Karthago. M. Cusinius, Q. Cassius: Prätoren 44 v. Chr.

25 Vgl. zu diesem Absatz die 5. Philippica, 21. Er werde die Stadt betreten usw.: was ihm als Truppenführer nicht gestattet war.

26 Nach der Schlacht bei Pharsalus.

27 Dessen Haus ausgeräumt usw.: vgl. die 2. Philippica, 109. Das Begräbnis: ebendort, 90. Nach zwei oder drei Senatsbeschlüssen: vgl. die 1. Philippica, 1 ff. und 31 f. Steuerbefreiungen usw.: vgl. 10. Das Volk und die Beamten usw.: vgl. die 1. Philippica, 25. Den Senat mit Soldaten umringt usw.: vgl. 9. Deren staatstreueste Offiziere: vgl. 4 und 10.

28 L. Antonius (Volkstribun 44, Konsul 41 v. Chr.) ging gegen Ende des Jahres zu seinem Bruder nach Oberitalien. Vgl. z. B. die 5. Philippica, 20.

29 Am 19. September; siehe die Einleitung zur 2. Philippica.

30 Er war von Caesar für das Jahr 42 v. Chr. ausersehen worden.

31 L. Munatius Plancus, Statthalter des jenseitigen Gallien, ebenfalls für das Jahr 42 v. Chr. zum Konsul bestimmt.

32 Vgl. die 1. Philippica, 19; das die Dauer von Statthalterschaften einschränkende Gesetz hat wohl Ausnahmebestimmungen für besondere Fälle enthalten.

Vierte Philippische Rede

1 Vgl. die 3. Philippica, 33.
2 Vgl. die 1. Philippica, 1, die 5. Philippica, 30, und die 6. Philippica, 2.
3 Vgl. die 3. Philippica, 3.
4 Vgl. ebendort, 4f. und 31. Suessa: vgl. ebendort, 10.
5 Vgl. ebendort, 39.
6 Alba: vgl. ebendort, 6. Dem mutigen Beispiel usw.: vgl. ebendort, 7.
7 Ich habe mir gedacht usw.: dem Leser wird bedeutet, daß die Menge dem Redner «Staatsfeind, Staatsfeind!» zugerufen hat.
8 Seinem heutigen Bescheid: vgl. die 3. Philippica, 8. Sei es zu begründen: Hinweis auf L. Iunius Brutus, den legendären Gründer der Republik; vgl. ebendort, 8 ff.
9 In Gallia Cisalpina, Oberitalien; ebenso 9.
10 Vgl. die 3. Philippica, 37.
11 Der eingezogenen Vermögen von Pompejanern; Cicero schreibt einfach «die unendliche Lanze»; vgl. die 2. Philippica, 64.
12 In den Jahren 146 und 133 v. Chr., unter der Führung von P. Cornelius Scipio Aemilianus Africanus minor.
13 Vgl. die 3. Philippica, 34.
14 Vgl. die 2. Philippica, 93.
15 Spartacus: vgl. die 3. Philippica, 21. Als zweiten Catilina: wohl eine Erfindung Ciceros.
16 Der Volkstribun, der gemeinsam mit einigen Kollegen die Senatssitzung des 20. Dezember einberufen hatte.

Fünfte Philippische Rede

1 Bis zum 20. Dezember 44 v. Chr., dem Tag, an dem Cicero die dritte Philippica hielt.
2 Des Q. Fufius Calenus.
3 Vgl. die 2. Philippica, 100 ff.
4 L. Varius Cotyla (Ädil um 44 v. Chr.) war in der Sitzung des 20. Dezember für Antonius eingetreten.
5 Jemand: wohl L. Calpurnius Piso Caesoninus (Konsul 58

v. Chr.); Cicero scheint diese Partie nach der Debatte in die schriftliche Fassung eingearbeitet zu haben. Das äußerste Gallien: Gallia Transalpina, das von Caesar eroberte Gallien. L. Munatius Plancus: vgl. die 3. Philippica, 38.

6 Er trete für jemandes (nämlich Caesars) Anordnungen ein usw.: vgl. die 1. Philippica, 16ff. Caesar wollte usw.: die Pontinischen Sümpfe. L. Antonius: vgl. die 3. Philippica, 31; er war der Vorsitzende der Siebenmänner-Behörde für Landverteilungen, welche Antonius und Dolabella Anfang Juni 44 v. Chr. eingerichtet hatten. Ließen die Vorzeichen usw.: vgl. die 2. Philippica, 99. Der gewissenhafte Augur: ironische Anspielung auf sein Einschreiten bei der Wahl Dolabellas; vgl. ebendort, 79ff.

7 Ein Gesetz über die Provinzen: vgl. die 1. Philippica, 19. Sechs: eigentlich (nach dem Vorbild der caesarischen Statthalterschaften) fünf Jahre. Gab es den Entwurf zu lesen usw.: vgl. ebendort, 25. Das Caecilisch-Didische Gesetz, ein Gesetz der Konsuln des Jahres 98 v. Chr., schrieb eine Frist von drei Markttagen (= 17 Tagen) als Mindestfrist vor, die zwischen der Veröffentlichung eines Gesetzesvorschlags und der Abstimmung darüber verstreichen mußte. Das Iunisch-Licinische Gesetz vom Jahre 62 v. Chr. regelte die Hinterlegung von Gesetzestexten im Staatsarchiv.

8 Vgl. 9: an den Zugängen waren Wachen ausgestellt.

9 Vgl. die 3. Philippica, 9.

10 Als Augur: vgl. die 2. Philippica, 4.

11 Vgl. z. B. die 1. Philippica, 25.

12 Gesetz über die Gültigkeit usw.: von Anfang Juni 44 v. Chr. Über ein ständiges Verbot der Diktatur: vgl. z. B. die 1. Philippica, 3f. und 32. Über die Gründung von Bauernsiedlungen: vgl. 7.

13 Zum folgenden vgl. vor allem die 2. Philippica, 92–98.

14 Fulvia; vgl. die 2. Philippica, 11 und 113.

15 Zum folgenden vgl. vor allem die 1. Philippica, 19f.

16 Stadt im südlichen Kreta, in der Mitte der Ebene Mesara.

17 Phaidros: Haupt der epikureischen Schule; Cicero besuchte vor dem Jahre 88 v. Chr. in Rom und zehn Jahre darauf in Athen seine Vorlesungen. Des Areopags: des berühmten athenischen Blutgerichtshofs. Bald im Pallium usw.: bald in griechischer, bald in römischer Tracht.

18 Vgl. die 1. Philippica, 17.

19 Vgl. die 2. Philippica, 108. L. Iunius Brutus: vgl. die 1. Philippica, 13.

20 Cassius, Mustela, Tiro: vgl. z. B. die 2. Philippica, 8, und die 13. Philippica, 3. Ausländische Bogenschützen: vgl. die 2. Philippica, 19 und 112. Beim Tempel der Eintracht usw.: am 1. und 19. September; vgl. die 1. Philippica, 27f., und die 2. Philippica, 19 und 112.

21 Werkleute: vgl. die 1. Philippica, 12. Etwas sehr Wichtiges usw.: vgl. ebendort, 11f. Ich äußerte mich usw.: in der ersten Philippica. L. Piso: vgl. die 1. Philippica, 10. In Scipios Landhaus: vgl. die 2. Philippica, 42 und 109.

22 Hafenstadt im Südwesten Kleinasiens, etwa 30 km südöstlich von Milet (heute Milas).

23 Vgl. 7.

24 Vgl. zu diesem Absatz die 3. Philippica, 27.

25 Vgl. ebendort, 4. 10 und 31.

26 Vgl. ebendort, 3.

27 Vgl. ebendort, 20.

28 Ohne ein Gelübde abzulegen: anders ebendort, 11; vgl. ferner ebendort, 24. Die Provinz Gallien: Gallia Cisalpina, Oberitalien; ebenso 26. 28. 31. 36f. 46 und 53. Als künftiger Konsul: vgl. die 3. Philippica, 37.

29 Cicero wendet sich an Q. Fufius Calenus.

30 Sagunt: Spanische Hafenstadt gegenüber den Balearen, wurde, mit Rom verbündet, von Hannibal belagert und erobert (219 v. Chr.), was zum zweiten punischen Kriege führte. P. Valerius Flaccus (Konsul 227 v. Chr.), Q. Baebius Tamphilus: über ihre Gesandtschaft wie hier Livius 21, 6, 8.

31 Vgl. die 3. Philippica, 8.

32 Der sich schon in der Fremde geschlagen hat: vgl. 20. Seine verzweifelte Flucht: vgl. 24. Habe ich nicht aufgehört usw.: vgl. die 3. Philippica, 1. Als wir dann zum ersten Male tagten: am 20. Dezember. Habe ich ... den Grund für unsere Politik gelegt: vgl. die 1. Philippica 1, die 4. Philippica, 1, und die 6. Philippica, 2.

33 Den Aufruhr ausrufen: hierüber vor allem die 8. Philippica, 2–4. Zum Kampfe bereit sein: durch Tragen des Kriegsrockes; vgl. z. B. die 6. Philippica, 2, die 8. Philippica, 32, und vor allem die 14. Philippica, 1 ff.

34 Zweier Parteien: der Pompejaner und der Caesarianer; ebenso in dem Briefe an Hirtius und Oktavian, in der 13. Philippica, 38 und

42; siehe hierüber die Einleitung zur dreizehnten philippischen Rede. Die einen sind besiegt: die Pompejaner. Zur Anhängerschaft C. Caesars: des «Vaters»; es geht nicht an, meint Cicero, die caesarische Partei auf der Seite der Gegner von Caesarianern wie Pansa, Hirtius und Oktavian zu vermuten.

35 Vgl. 7.

36 Mit dieser Formel, dem sogenannten *senatus consultum ultimum*, erklärte der Senat den Ausnahmezustand; sie ermächtigte den Inhaber der höchsten Gewalt u. a., ohne Anrufung der ordentlichen Gerichte gegen Staatsfeinde vorzugehen.

37 Der Bericht der beiden Konsuln.

38 Vgl. 24.

39 Der Ermordung Caesars.

40 Vgl. 5.

41 Vgl. die 3. Philippica, 23.

42 Am Luperkalientage (15. Februar) 44 v. Chr.; vgl. die 2. Philippica, 84ff.

43 Caesar in seinem abscheulichen und elenden Kriege: in dem großen Bürgerkriege der Jahre 49–45 v. Chr. Beide Söhne usw.: der ältere, Cn. Pompeius Magnus, fiel nach der Schlacht bei Munda (45 v. Chr.) von Mörderhand.

44 Auch Sulla u. a. hatten ein Reiterstandbild erhalten, aber nicht von seiten eines Senats, der in seiner Entscheidung frei und unabhängig gewesen wäre.

45 Zum folgenden vgl. die 3. Philippica, 3–5, und die 4. Philippica, 2–4.

46 Als Sulla den ersten mithridatischen Krieg beendet hatte und nach Italien zurückkehrte, um gegen die Marianer zu kämpfen, führte ihm der dreiundzwanzigjährige Pompeius drei Legionen zu, die er unter den Gefolgsleuten seines Vaters angeworben hatte (83 v. Chr.). Sulla mußte ihm nach rühmlichen Waffentaten in Italien, Sizilien und Afrika den ersten Triumph bewilligen, obwohl er noch kein ordentliches Amt bekleidet hatte (um 80 v. Chr.).

47 Der südlich von Umbrien gelegene Landstrich zwischen Apennin und Adria; die Pompeier besaßen dort ausgedehnte Güter.

48 Für die Prätur war nach gesetzlicher Vorschrift ein Mindestalter von vierzig Jahren erforderlich.

49 Zur Ehre eines *pontifex* hatte ihm bereits der Adoptivvater verholfen (47 v. Chr.).

50 Wozu an sich ein Mindestalter von dreißig Jahren erforderlich war.

51 Nämlich 43 Jahre; so wohl bereits die *lex Villia annalis* vom Jahre 180 v. Chr., das älteste Gesetz über das Mindestalter für Ämter.

52 Rullus: wohl Q. Fabius Maximus Rullianus, Konsul 322, 310, 308, 297, und 295 v. Chr. Decius: wohl der jüngere (oder mittlere) P. Decius Mus, Konsul 312, 308, 297 und 295 v. Chr.; vgl. die Rede für P. Sestius, 48. M. Valerius Corvus (oder Corvinus) war 348 v. Chr. als Dreiundzwanzigjähriger zum ersten Male Konsul, ferner 346, 343, 335, 300 und 299 v. Chr. P. Cornelius Scipio Africanus maior und T. Quinctius Flamininus erreichten mit dreißig Jahren das höchste Amt, Africanus im Jahre 205 und Flamininus im Jahre 198 v. Chr.

53 Der Caesarmörder.

54 Dem (zweiten) Ackergesetz zuwider, das Caesar als Konsul im Jahre 59 v. Chr. eingebracht hatte und das die Aufteilung des kampanischen Staatslandes anordnete.

55 Die beiden von insgesamt vier Legionen aus Makedonien, die Antonius im ganzen treu geblieben waren.

56 Vgl. z. B. 30.

Sechste Philippische Rede

1 Vgl. die 1. Philippica, 1, die 4. Philippica, 1, und die 5. Philippica, 30.

2 Als Cicero am 20. Dezember vor dem Volke die vierte Philippische Rede hielt.

3 Einen Feldherrn, eure Siedlerstadt: D. Brutus, Mutina. Den Aufruhr usw.: vgl. die 5. Philippica, 31.

4 Vgl. die 5. Philippica, 7 ff.

5 In Gallia Cisalpina, Oberitalien; ebenso 8 f.

6 D. Brutus; vgl. die 3. Philippica, 37.

7 Der Fulvia; vgl. z. B. die 2. Philippica, 11. 95 und 113.

8 Vgl. die 5. Philippica, 29 f.

9 Eines kleinen Flusses, der bei Ariminum/Rimini in die Adria mündet, wohl der heutige Fiumicino/Rubicone. Er bildete die Grenze zwischen Italien und der Provinz Gallia Cisalpina;

deshalb begann, als Caesar, der Statthalter der Gallia Cisalpina, ihn am 11. Januar 49 v. Chr. überschritt und in Italien einmarschierte, der caesarisch-pompejanische Bürgerkrieg.

10 Vgl. die 5. Philippica, 27.

11 Vgl. ebendort, 25 f. und 31.

12 Den Triumph zu feiern: über Alpenvölker, die er besiegt hatte. Bis er sein Amt anträte: das Konsulat; vgl. 4. Ein Brutus und für eure Freiheit bestimmt: wie M. Brutus und L. Iunius Brutus, der legendäre Gründer der römischen Republik; vgl. z. B. die 1. Philippica, 13.

13 Vgl. 2.

14 Gesetzt, er selber wäre bereit: vgl. die 5. Philippica, 30. Sein Bruder Lucius, dieser asiatische Fechter: vgl. ebendort, 20. Tibur: Stadt etwa 25 km nordöstlich von Rom (heute Tivoli); M. Antonius vereidigte dort vor dem Abmarsch nach Oberitalien sein Heer. Der Africanus: er gilt bei ihnen so viel, wie der ältere Scipio bei seinem Bruder L. Cornelius Scipio Asiaticus (Konsul 190 v. Chr.) gegolten hatte. L. Trebellius, mit dem Beinamen Fides («Treue»), hatte sich als Volkstribun (47 v. Chr.) mit seinem Kollegen Dolabella in der Frage des Schuldenerlasses gestritten; Ädil 44 v. Chr.; nach Caesars Tod Anhänger des Antonius. T. Munatius Plancus Bursa: Volkstribun 52 v. Chr., danach auf Betreiben Ciceros verurteilt und verbannt, kehrte im Jahre 49 v. Chr. als Caesarianer nach Rom zurück; nach Caesars Tod Anhänger des Antonius.

15 Der feine junge Mann (unsicherer Text): Antonius. Vom Strome: derer, die von Caesar aus der Verbannung zurückgerufen wurden. Der Gebrauch von Feuer und Wasser entzogen: altertümliche Umschreibung der Verbannungsstrafe. Der die Kurie in Brand gesteckt habe: er hatte als Volkstribun die Menge aufgehetzt, die Leiche des von Milo erschlagenen Clodius zu verbrennen, wobei auch die Kurie ein Raub der Flammen wurde; siehe hierüber die Einleitung zur Rede für T. Annius Milo.

16 Beim Triumph: er nahm wohl an Caesars Triumph im Jahre 46 v. Chr. teil. Der Rechtschaffenen: der Optimaten, der Pompejaner, der Republikaner.

17 Die fünfunddreißig Bezirke: die Wahlbezirke, in welche sich die gesamte römische Bürgerschaft gliederte. Das vergoldete Reiterstandbild: diese Ehre verdankte er offenbar seinem Amt als

Vorsitzendem der Siebenmänner-Behörde; vgl. die 5. Philippica, 7.

18 Q. Marcius Tremulus besiegte als Konsul im Jahre 306 v. Chr. die Herniker, ein Volk in Latium. Kastortempel: an der Südseite des Forums. Mylasa: vgl. die 5. Philippica, 20. Leichter Fechter *(myrmillo)*, Thraker: Bezeichnungen für bestimmte Arten von Gladiatoren. Von den römischen Rittern mit Staatspferd: von den Angehörigen der achtzehn Ritterzenturien, dem Ritterstand im engeren Sinne. Dann hätte ich's verdient: Cicero, der selbst aus dem Ritterstande aufgestiegen war, hatte zeit seines Lebens eine ritterfreundliche Politik betrieben.

19 Militärtribunen: Offiziere, sechs je Legion. Semurium: ein Stück Land in der Nähe von Rom. Aus dem Staube gemacht: vgl. die 5. Philippica, 24.

20 L. Iulius Caesar, der Onkel des Antonius (vgl. die 1. Philippica, 27), hatte mit Erfolg die Aufhebung des von Antonius und Dolabella im Juni 44 v. Chr. eingebrachten Ackergesetzes beantragt; hiermit war der Siebenmänner-Behörde und allen ihren Amtshandlungen die Grundlage entzogen. Nucula: Mitglied der Siebenmänner-Behörde; vgl. die 8. Philippica, 26.

21 Platz am Forum, neben oder in der Mitte eines bedeckten Durchgangs (Ianus), wo die Bankiers ihre Büros hatten; vgl. Horaz, Satire 2, 3, 18.

22 Vgl. die 2. Philippica, 1.

23 Vgl. die 4. Philippica, 1.

24 Die Diktatur Caesars; vgl. die 3. Philippica, 29.

Siebte Philippische Rede

1 Die appische Straße: Roms Hauptverbindung mit Süditalien, erbaut im Jahre 312 v. Chr. von Appius Claudius Caecus (Konsul 307 und 296 v. Chr.). Die Münzwerkstatt: im Tempel der Iuno Moneta, auf dem Kapitol. Der Konsul: Pansa. Über die Luperci: vgl. die 2. Philippica, 84f. Caesar hatte eine dritte Genossenschaft, die Luperci Iuliani, eingerichtet und ihr besondere Einkünfte zugewiesen; diese Einkünfte wurden nunmehr gestrichen; vgl. die 13. Philippica, 31.

2 Nach anderen usw.: vgl. die 5. Philippica, 5. Das diesseitige

Gallien: Oberitalien; ebenso 11. 21 und 24ff. Das äußerste Gallien: das von Caesar eroberte Gallien. Makedonien: die Provinz, die er sich ursprünglich hatte zuerkennen lassen. Seinem Bruder Gaius war Makedonien bei der Verlosung am 28. November zugefallen (vgl. die 3. Philippica, 26); der Senatsbeschluß vom 20. Dezember hob diese Zuweisung wieder auf (vgl. ebendort, 38).

3 Cicero verwendet hier das Schlagwort *improbi,* mit dem er einst die Catilinarier bezeichnet hatte; hier sind vor allem die Anhänger des Antonius gemeint.

4 Im Gegensatz zu denen, die sich Volksfreunde *(populares)* nennen, beansprucht Cicero, der wahre Volksfreund zu sein; als wahrer Volksfreund dürfe nämlich nur der gelten, dessen Politik auf das Wohl des ganzen Staates ziele. Vgl. hierzu die erste Rede über das Siedlergesetz, 23, sowie die zweite Rede über das Siedlergesetz, 7ff. u.ö.

5 Vgl. die 5. Philippica, 25; wie dort, so wendet sich Cicero auch hier zuallererst an Q. Fufius Calenus.

6 Der *boni,* das heißt der republikanischen, der von Cicero geführten Senatspartei.

7 Am 2. Januar, als der Senat die Anträge, die Cicero in seiner fünften Philippischen Rede, 35ff., gestellt hatte, zu Beschlüssen erhob.

8 Brutus, der schon durch sein Haus usw.: vgl. die 6. Philippica, 9. Als ihr beschloßt: bald nach dem 4. Januar.

9 Mein Kollege: als Augur. Sein Leben, das ihm die Gebete usw.: vgl. die 1. Philippica, 37.

10 Dem hattet ihr usw.: vgl. die 6. Philippica, 4. Wie schimpflich usw.: vgl. die 5. Philippica, 4. Was macht das aus usw.: vgl. ebendort, 26.

11 Unter der Diktatur Caesars.

12 Vgl. die 6. Philippica, 3, und besonders die 5. Philippica, 7ff.

13 D. Brutus war noch von Caesar zum Konsul für das Jahr 42 v.Chr. bestimmt worden.

14 Er ist ja der Schutzherr usw.: vgl. die 6. Philippica, 10ff. Trotz eines Gesetzes: L. Antonius brachte als Volkstribun des Jahres 44 v.Chr. ein Gesetz ein, das Caesar das Recht zugestand, die Hälfte aller Magistrate (außer den Konsuln) ohne Wahl durch die Volksversammlung nach freiem Ermessen zu ernennen.

15 Wie man auch M. Antonius manchmal einen Schwertkämpfer zu

nennen pflegt: im Sinne von Bandit, Schuft; vgl. z.B. die 2. Philippica, 7, und die 3. Philippica, 18. Er hat in Asien als leichter Fechter usw.: vgl. die 6. Philippica, 13. In Hundertschaften einteilen: als organisierte Knüppelbanden; vgl. die Rede für P. Sestius, 34.

16 Vgl. 5.

17 Vgl. die 3. Philippica, 34, und die 4. Philippica, 14.

18 Als Schutzwache des Senats, der vom 2. Januar an dort tagte.

19 Am 20. Dezember und am 4. Januar; Cicero hielt vor diesen Versammlungen die vierte und die sechste Philippische Rede.

20 Firmum: unweit der Adriaküste gelegene Stadt in Picenum, etwa 55 km südöstlich von Ancona (heute Fermo). Marruciner: kleiner sabellischer Stamm südlich des Aternusunterlaufs, an der Adriaküste Mittelitaliens.

21 Im übrigen unbekannt.

22 Vgl. die 6. Philippica, 5.

23 Vgl. 5.

24 P. Servilius Vatia Isauricus: Konsul 48 und 41 v. Chr.

Achte Philippische Rede

1 Vgl. die 2. Philippica, 14.

2 So Cicero selber noch in der 5. Philippica, 31; vgl. ferner die 6. Philippica, 2.

3 Nämlich daß, wie eine kühne Etymologie besagte, *tumultus,* «Aufruhr», von *timor,* «Furcht», abgeleitet sei.

4 In Gallia Cisalpina, Oberitalien; ebenso 5.

5 Vgl. 6 sowie die 5. Philippica, 31, und die 7. Philippica, 13.

6 Vgl. die 5. Philippica, 25 f., und vor allem die 7. Philippica, 23.

7 Den Konsul: Hirtius; über seine geschwächte Gesundheit z.B. die 7. Philippica, 12.

8 Vgl. die 3. Philippica, 3 ff.

9 Dem Konsul: Hirtius. Einen künftigen Konsul: D. Brutus; vgl. die 3. Philippica, 37.

10 Vgl. die 5. Philippica, 31.

11 P. Sulpicius Rufus, Volkstribun 88 v. Chr., setzte sich für die Neubürger ein und übertrug das Oberkommando im Kriege gegen Mithridates VI. von seinem Gegenspieler, dem Konsul

Sulla, auf Marius; Sulla zog daraufhin mit seinen Truppen in Rom ein. Cn. Octavius, Konsul 87 v. Chr., überwarf sich mit seinem Kollegen L. Cornelius Cinna, der die Neubürger-Politik des Sulpicius Rufus fortzusetzen suchte, und vertrieb ihn aus Rom; Cinna kehrte mit einem Heer zurück, tötete zahlreiche Gegner und errichtete ein senatsfeindliches Regime, das bis zur Rückkehr Sullas aus dem Osten (83 v. Chr.) unangefochten an der Macht blieb. Der daraufhin einsetzende Rachekrieg der Senatsaristokratie erreichte im Kampf gegen C. Marius den Sohn und Cn. Papirius Carbo, die Konsuln des Jahres 82 v. Chr., seinen Höhepunkt. Vgl. die 13. Philippica, 1, und die 14. Philippica, 23.

12 Zwischen Caesar und Pompeius.

13 Nach den drei Umwälzungen der achtziger Jahre, die Cicero soeben unterschieden hat, und dem caesarisch-pompejanischen Bürgerkrieg.

14 Cafo, L. Decidius Saxa (Volkstribun 44 v. Chr.): ehemalige Hauptleute, vgl. 26 sowie z. B. die 10. Philippica, 22. Tusculum (in den Albanerbergen; vgl. die 3. Philippica, 16); Alba Longa (ebenfalls in den Albanerbergen): beliebte Villenorte der römischen Aristokratie. Heilbäder: von Baiae, an der Westseite des Golfes von Puteoli; Puteoli: vgl. die 2. Philippica, 107.

15 Versteigerungen der konfiszierten Güter von Pompejanern, durchgeführt auf Anordnung des Diktators Caesar; vgl. die 2. Philippica, 64 ff., und die 4. Philippica, 9.

16 Q. Fufius Calenus. Zum folgenden vgl. vor allem die 7. Philippica, 7 f.

17 Unter Caesar, der ihm die Prätur (59 v. Chr.) und das Konsulat (47 v. Chr.) verschafft hatte.

18 Dein Vater: im übrigen unbekannt. Da der Konsul P. Mucius Scaevola sich weigerte, gegen Ti. Gracchus, der sich um das zweite Tribunat bewarb, Gewalt anzuwenden, warf sich P. Cornelius Scipio Nasica Serapio (Konsul 138 v.Chr.), ohne ein Amt innezuhaben, zum Führer der Optimaten auf; Ti. Gracchus und dreihundert seiner Anhänger wurden erschlagen (133 v. Chr.).

19 Was den Bericht über die politische Lage betrifft usw.: Formel, mit welcher der Senat den Ausnahmezustand beschloß und dem Konsul L. Opimius unbeschränkte Vollmacht erteilte *(senatus consultum ultimum);* Opimius ließ daraufhin C. Gracchus und dessen Anhängerschaft, insbesondere M. Fulvius Flaccus (Kon-

sul 125, Volkstribun 122 v.Chr.), niedermachen (121 v.Chr.). Q.Caecilius Metellus Macedonicus: Konsul 143 v.Chr.; seine Söhne: Q.Caecilius Metellus Balearicus (Konsul 123 v.Chr.), L.Caecilius Metellus Diadematus (Konsul 117 v.Chr.), M.Caecilius Metellus (Konsul 115 v.Chr.) und C.Caecilius Metellus Caprarius (Konsul 113 v.Chr.). P.Cornelius Lentulus: nachgewählter Konsul 162 v.Chr.

20 Im Jahre 100 v.Chr. wurden die Konsuln C.Marius und L.Valerius Flaccus durch ein *senatus consultum ultimum* ermächtigt, mit Waffengewalt gegen die Popularen L.Appuleius Saturninus und C. Servilius Glaucia vorzugehen. Alle ... die Scaurus, Metellus usw.: alle, die den führenden Familien der Senatsaristokratie angehörten.

21 Ironische Anspielung auf skandalöse Ereignisse der Jahre 62/61 v.Chr.: P.Clodius Pulcher hatte verkleidet an einem Kultfest der Guten Göttin (Bona Dea) teilgenommen, dem nur Frauen beiwohnen durften; er war erkannt worden. Der anschließende Prozeß wegen Religionsfrevels ging nach einem Gesetz vonstatten, das der damalige Volkstribun Q.Fufius Calenus eingebracht hatte und das Bestimmungen enthielt, die Clodius begünstigten; der Prozeß endete trotz des belastenden Zeugnisses von Cicero mit einem Freispruch.

22 Die die Soldaten beim Anrücken gegen die Stadtmauer schützen sollten.

23 Vgl. die 2.Philippica, 94, und die 13.Philippica, 32.

24 Beim Triumph Caesars, im Jahre 46 v.Chr.

25 Ein Volksfreund *(popularis)* zu sein: im üblichen Sinne; ein Volksfreund zu werden: im Sinne Ciceros; vgl. die 7.Philippica, 4.

26 Des Konsuls Pansa.

27 Vgl. die 6.Philippica, 15 f.

28 C.Popilius Laenas: Konsul 172 v.Chr. Er gehörte einer Gesandtschaft an, die in einen Krieg zwischen Syrien und Ägypten eingriff; er befahl Antiochos IV., dem syrischen König, seine Eroberungen preiszugeben und die Feindseligkeiten einzustellen (168 v.Chr.).

29 Vgl. die 5.Philippica, 5; zum folgenden vgl. die 13.Philippica, 26.

30 Auf das diesseitige und das jenseitige Gallien, das heißt auf Oberitalien und das von Caesar eroberte Gebiet.

[31] Daß das von ihm selbst und von Dolabella verteilte Land usw.: vgl. die 6. Philippica, 14. Die kampanische und die leontinische Mark; Komödianten usw.: vgl. die 2. Philippica, 42 f. und 100 f. Cafo, Saxa: vgl. 9.

[32] Die Abrechnung beim Tempel der Ops: vgl. die 1. Philippica, 17. Den Siebenmännern: vgl. die 2. Philippica, 129. Nucula: vgl. die 6. Philippica, 14.

[33] Mustela, Tiro: vgl. die 2. Philippica, 8. Richtergesetz: vgl. die 1. Philippica, 19 f., und die 5. Philippica, 12 ff. Kydas, Lysiades, Curius: ebendort, 13 f.

[34] Ebenso lange ... wie M. Brutus und C. Cassius: also bis mindestens zum Jahre 40 v. Chr. einschließlich. Denn Brutus und Cassius waren auf Grund einer Anordnung Caesars für das Konsulat des Jahres 41 v. Chr. vorgesehen; sie hätten also, wären nicht andere Ereignisse eingetreten, im darauf folgenden Jahre ihre Statthalterschaft wahrgenommen. Cicero meint, diese Bedingung enthalte das Eingeständnis, daß C. Antonius, der wie Brutus und Cassius im Jahre 44 v. Chr. die Prätur bekleidet hatte und somit für das Konsulat des Jahres 41 v. Chr. in Betracht gekommen wäre, zumindest zu diesem Zeitpunkt das Konsulat nicht erreichen werde – ein frostiger Scherz, da M. Antonius an die *acta Caesaris* gebunden war und somit gar nicht «wählen» konnte. Doch das untersagt ein Gesetz Caesars usw.: vgl. die 1. Philippica, 19, und die 5. Philippica, 7.

[35] Das Gebäude, in dem der Senat tagte, wohl der Tempel der Eintracht.

[36] Cicero meint sich selbst.

[37] Q. Mucius Scaevola der Augur: Konsul 117 v. Chr., ein angesehener Jurist, bei dem auch Cicero gelernt hat. Im marsischen oder Bundesgenossenkriege, 91–88 v. Chr.

[38] Vom Beginn des caesarisch-pompejanischen Bürgerkriegs (Januar 49 v. Chr.) an gerechnet.

[39] Vgl. 6.

[40] In der Debatte des Vortages, des 2. Februar.

[41] Cicero hatte zunächst (in seinem Antrag vom 1. Januar: 5. Philippica, 34) den 1. Februar vorgesehen.

Neunte Philippische Rede

1 Anders die 8. Philippica, 28.

2 Der Überlieferung nach war Fidenae, ein Städtchen zirka 10 km nördlich von Rom, im Jahre 438 v. Chr. von Rom abgefallen und zur weiter nordwestlich gelegenen, mit Rom verfeindeten Stadt Veji übergetreten. Die Römer schickten Gesandte, die sich nach den Gründen des Gesinnungswechsels erkundigen sollten; Lars Tolumnius befahl, sie zu töten.

3 Zum ersten Male das Konsulat: im Jahre 165 v. Chr. Niemand blickte damals scheel usw.: der «neue Mann» Cicero glaubte zu seiner Zeit andere Erfahrungen gemacht zu haben; vgl. z. B. die 8. Philippica, 30. Die Reise des Octavius: im Jahre 163 v. Chr. Dem Enkel des Königs Antiochos: gemeint ist der syrische König Antiochos V. Eupator, dessen Großvater, Antiochos III. (der Große), einen verlustreichen Krieg gegen Rom geführt hatte (192–189 v. Chr.). Laodikeia: syrische Hafenstadt, Zypern gegenüber (heute Lattakie). Und uns jetzt als einzige Erinnerung usw.: offenbar lebten damals keine direkten Nachkommen mehr.

4 Ser. Sulpicius Rufus; vgl. 9 und 12; Cicero kannte und schätzte ihn.

5 Vgl. 9; siehe hierzu die Einleitung zur fünften Philippischen Rede.

6 Im Jahre 81 v. Chr.

7 Dem Wahlbezirk (vgl. die 6. Philippica, 12), dem der Verstorbene angehört hatte und der bei vollständiger Namensnennung angegeben zu werden pflegte.

8 Als den für die Staatskasse zuständigen Beamten.

9 Bei der Bestattung Sullas; ein weiteres Beispiel, das dem Begräbnis des Sulpicius Rufus vorausgegangen wäre, ist nicht bekannt.

10 Die Ädilen nahmen polizeiliche Aufgaben wahr; die hier erwähnte Verordnung suchte den Bestattungsluxus einzuschränken. Der von Cicero beantragte Dispens sollte somit ein Begräbnis von ungewöhnlicher Pracht ermöglichen.

11 Im Osten der Stadt, außerhalb der Mauer.

Zehnte Philippische Rede

1 Wie Pansa, der Schwiegersohn des Calenus.

2 Des einen: des D. Brutus; dem anderen: dem M. Brutus.

3 M. Antonius, C. Antonius und L. Antonius (damals bei seinem Bruder Marcus im Lager vor Mutina; vgl. 21).

4 Mit diesen Worten hatte Calenus gewiß den Inhalt des Briefes charakterisieren wollen, nicht, wie Cicero seine Zuhörer glauben machen möchte, die Äußerlichkeiten der Schreibweise (den Stil oder die Schrift).

5 Den *boni,* das heißt der republikanischen, der von Cicero geführten Senatspartei.

6 Abermals: wie in den ersten Monaten nach der Ermordung Caesars. Verbannt: weil er sich nicht in Rom aufhalten konnte, ohne sein Leben zu riskieren; vgl. das Folgende sowie die 1. Philippica, 9.

7 Antonius; vgl. die 2. Philippica, 84 ff.

8 Der für Zivilprozesse unter römischen Bürgern zuständige Prätor (44 v. Chr.).

9 Auch die Apollinarischen Spiele usw.: vgl. die 1. Philippica, 36. Bei jedem Vers: der Tragödie Tereus, von L. Accius (etwa 170–86 v. Chr.).

10 An den Spieltagen: am 8. Juli; Cicero befand sich damals noch auf der Reise nach Griechenland; vgl. die 1. Philippica, 6 f. Auf einer Insel: auf Nesis, im Golf von Neapel, südöstlich von Puteoli (heute Nisida). M. Licinius Lucullus: Sohn des berühmten Lucullus, des Konsuls 74 v. Chr.; seine Mutter Servilia und die gleichnamige Mutter des M. Brutus waren Schwestern. In Velia: auf der Rückreise; vgl. die 1. Philippica, 9. Habt ihr zunächst euch sagen lassen: ebendort, 7–10.

11 M. Antonius.

12 Nur drei Städte: Bononia (Bologna), Regium Lepidum (Reggio Emilia) und Parma. In Gallien: in Gallia Cisalpina, Oberitalien. Bei den Transpadanern: sie waren Klienten des Cassius. Bis nach Ägypten hin, unserer besten und tapfersten Mitbürger: Cicero nimmt an, daß sich Cassius im Orient ebenso erfolgreich hat betätigen können wie Brutus in Griechenland. Und nicht vielmehr gehindert: durch den Beschluß vom 20. Dezember.

13 Erbschaften, die – in Ermangelung eines Erben – dem Fiskus

verfallen waren, hier wohl ironisch von Vermögenswerten, die C. Antonius rechtswidrig an sich gebracht hatte.

14 Wichtiger Hafen in Epirus, den man, von Brundisium kommend, für Reisen nach Griechenland zu benutzen pflegte (heute Durazzo/Durres). Sowohl Apollonia als auch Dyrrhachium gehörten zu Illyrien.

15 Vgl. die 7. Philippica, 3.

16 Vgl. die 3. Philippica, 6f.

17 M. Tullius Cicero, der Sohn, studierte in Athen; er wurde von Brutus zum Militärtribunen ernannt und übernahm die von einem L. Calpurnius Piso geführte Legion des C. Antonius. Nach Syrien: zu Dolabella; siehe hierüber die Einleitung zur elften Philippischen Rede. Den Quästor: Cornelius Cinna. Cn. Domitius Ahenobarbus: vgl. die 2. Philippica, 27.

18 Vgl. ebendort, 26.

19 Versuch einer Wiedergabe des Reims *in pace iacere quam in bello vigere.*

20 Vgl. die 3. Philippica, 38f., und die 5. Philippica, 53.

21 Diese Tat: die Ermordung Caesars. Als gerade er usw.: weil er seit jeher in Caesars Diensten gestanden hatte.

22 Der Sohn: Oktavian, der Adoptivsohn. Der eine dieser beiden usw.: Hirtius, vgl. z.B. die 1. Philippica, 37, und die 7. Philippica, 12. Der andere usw.: Oktavian; vgl. die 5. Philippica, 43f.

23 Der Senat hatte offenbar kurz zuvor sämtliche Anordnungen und Gesetze des Antonius für verfassungswidrig und nichtig erklärt; vgl. die 12. Philippica, 12, und die 13. Philippica, 5. Damit war auch ein Gesetz über die Gültigkeit der Anordnungen Caesars aufgehoben, das Antonius Anfang Juni 44 v. Chr. eingebracht hatte; vgl. die 5. Philippica, 10. Das von Pansa geplante Gesetz sollte diese Lücke wieder schließen.

24 Unter der Diktatur Caesars; vgl. die 3. Philippica, 29, und die 6. Philippica, 19.

25 Durch die Erklärung, daß Aufruhr herrsche, und den Beschluß, den Kriegsrock zu tragen; vgl. die 8. Philippica, 1ff. 6 und 32.

26 Als erste usw., von der Legion des Mars, von der vierten: vgl. die 3. Philippica, 3ff. Dem Rufe Caesars: Oktavians. In Gallien, mit Haß und Feindschaft: vgl. 10. Pansas Rüstungen: vgl. die 7. Philippica, 13.

27 Trebellius, der sich inzwischen usw.: er hatte im Jahre 47 v. Chr. das Schuldenerlaß-Projekt Dolabellas bekämpft; vgl. die 6. Phi-

lippica, 10f., und die 11. Philippica, 14. Plancus: vgl. ebendort, 10. Saxa, Cafo, kampanische Mark, Komödianten: vgl. die 8. Philippica, 25 f.

28 Vgl. die 3. Philippica, 37–39. Die volle Anerkennung wurde den Genannten allerdings erst dadurch zuteil, daß der Senat die Ehrungen guthieß, die Cicero in der 5. Philippica, 35 ff., vorgeschlagen hatte (1./2. Januar 43 v. Chr.).

29 Quästor in Asien; er führte Brutus auf der Rückreise Truppen und bedeutende Geldmittel zu. Vgl. die 13. Philippica, 32.

30 Q. Caepio Brutus: so der offizielle Name des M. Brutus, nachdem ihn sein Onkel Q. Servilius Caepio adoptiert hatte. Den Titel eines Prokonsuls führte Brutus als Statthalter von Kreta (vgl. die 2. Philippica, 31 und 97).

Elfte Philippische Rede

1 Vgl. die 2. Philippica, 108, und die 5. Philippica, 17 (Cinna, Sulla, Caesar) sowie die 8. Philippica, 7 (Bürgerkriege).

2 Vgl. die 2. Philippica, 79 ff. und 99.

3 In Gallia Cisalpina, Oberitalien.

4 M. Octavius Marsus: Legat Dolabellas.

5 Den ehemaligen Konsul: Trebonius; er war im Jahre 45 v. Chr. nachgewählt worden. Samiarius: im übrigen unbekannt.

6 Ihr verworfenen und wahnwitzigen Menschen: Cicero apostrophiert Antonius und Dolabella. Unglücklicher ist also usw.: nach Platon, Gorgias 469 a–c. M. Atilius Regulus: Konsul 267 v. Chr.; vgl. die Reden für P. Sestius, 127, und gegen L. Piso, 43. Der, für dessen Tod usw.: Trebonius.

7 Tullia hatte sich Ende 46 v. Chr. endgültig von Dolabella getrennt.

8 Vgl. die 10. Philippica, 4 und 21.

9 L. Marcius Censorinus (Konsul 39 v. Chr.) ging, wiewohl Prätor (43 v. Chr.), zu Antonius nach Mutina. L. Calpurnius Bestia (Ädil um 57 v. Chr.) bewarb sich vergebens um die Prätur, wurde nach fünf Freisprüchen, die er Cicero verdankte, in einem sechsten Prozeß für schuldig befunden und verbannt (wegen unerlaubter Wählerbeeinflussung), durfte unter Caesar zurückkehren und schlug sich schließlich auf die Seite des Antonius.

Um den Platz des Brutus: für das Jahr 41 v. Chr.; vgl. die 8. Philippica, 27. Die Bewerbung um das Konsulat war nur ehemaligen Prätoren gestattet; C. Iulius Caesar Strabo Vopiscus (Ädil 90 v. Chr.) hatte als erster versucht, sich über diese Vorschrift hinwegzusetzen. Deren Urteile wir aufgehoben haben: indirekt; der Senat hat alle Anordnungen Caesars anerkannt, darunter auch die Rückberufung von Verbannten.

10 Allen Rechtschaffenen: den *boni*, das heißt der republikanischen, der von Cicero geführten Senatspartei. Saxa, Cafo, die kampanische Mark: vgl. z. B. die 8. Philippica, 9 und 26. Saxa hofft die Stadt Rom zu vermessen, weil sie unter die Anhänger des Antonius verteilt werden soll; vgl. z. B. die 4. Philippica, 10, die 5. Philippica, 6, und vor allem die 14. Philippica, 10.

11 Nucula und Caesennius Lento, die Kollegen des L. Antonius, des M. Antonius und Dolabellas: als Mitglieder der Siebenmänner-Behörde; vgl. die 6. Philippica, 14, die 8. Philippica, 26, sowie die 12. Philippica, 20 und 23. Das nach Auffassung des Senats usw.: vgl. die 6. Philippica, 14.

12 Im übrigen unbekannt.

13 Vgl. die 13. Philippica, 27. Anspielung auf den Opfertod der P. Decius Mus, des Vaters und des Sohnes; vgl. die Rede über das eigene Haus, 64, und für P. Sestius, 48.

14 L. Trebellius Fides und T. Munatius Plancus Bursa: vgl. die 6. Philippica, 10f., und die 10. Philippica, 22. Pontius Aquila: Legat des D. Brutus; vgl. die 13. Philippica, 27. Pollentia: Stadt etwa 50 km südlich von Augusta Taurinorum/Turin (heute Pollenzo). Mit gebrochenem Schienenbein: Strafe für Sklaven, die ans Kreuz geschlagen werden sollten. Dann hätte er nie mehr usw.: aus der Verbannung.

15 T. Annius Cimber (Prätor 44 v. Chr.): vgl. die 3. Philippica, 26. Er war offenbar der Sohn eines griechischen Freigelassenen; Lysi-dikos, hier von Cicero allzu sehr im Wortverstande genommen, bedeutet eigentlich soviel wie «Streit lösend». Ein Cimber hätte das Recht usw.: unübersetzbares Wortspiel; der lateinische Text kann auch bedeuten: «ein Cimber» (das heißt ein Angehöriger des germanischen Volksstammes der Zimbern) «hätte das Recht, einen Germanen zu töten» (*germanus* = leiblicher Bruder; *Germanus* = Germane). Zum Vorwurf des Brudermords vgl. die 13. Philippica, 26 und 28.

16 Während des Krieges gegen Antiochos III. (den Großen) von

Syrien: im Jahre 190 v. Chr.; vgl. die 9. Philippica, 4. L. Cornelius Scipio Asiaticus und C. Laelius: Konsuln 190 v. Chr. C. Laelius war der Vater des durch seine Freundschaft mit dem jüngeren Scipio Africanus bekannten C. Laelius Sapiens (Konsul 140 v. Chr.). P. Africanus: der ältere, der Sieger über Hannibal.

17 1. punischer Krieg: 264–241 v. Chr. 2. punischer Krieg: 218–201 v. Chr. Krieg mit Pyrrhos von Epirus: 280–275 v. Chr. Krieg mit Philipp V. von Makedonien: 200–197 v. Chr. Achäischer Krieg: 146 v. Chr. 3. punischer Krieg: 149–146 v. Chr.; der jüngere Scipio wurde zum Konsul des Jahres 147 v. Chr. gewählt, obwohl er das hierzu von Gesetzes wegen erforderliche Alter noch nicht erreicht hatte; ein besonderer Volksbeschluß übertrug ihm das Oberkommando gegen Karthago.

18 Attalos III., der letzte König von Pergamon (138–133 v. Chr.), hatte sein Reich den Römern vermacht; sein unebenbürtiger Bruder Aristonikos erhob Ansprüche auf den Thron und trat an die Spitze einer gegen Rom gerichteten Unabhängigkeitsbewegung. P. Licinius Dives Crassus Mucianus und L. Valerius Flaccus: Konsuln 131 v. Chr. Crassus, gewillt, das Oberkommando gegen Aristonikos zu übernehmen, hinderte den Kollegen mit Hilfe der kultischen Hierarchie am Verlassen der Stadt Rom, und das Volk bevorzugte ihn gegenüber dem jüngeren Scipio Africanus, der im Jahre 133 v. Chr. den zehnjährigen Krieg gegen die spanische Stadt Numantia (am Oberlauf des Duero, heute Muela de Garray) erfolgreich beendet hatte. Bezirke: vgl. die 6. Philippica, 12.

19 Die Befehlshaberstellen: im Seeräuberkrieg und im Krieg gegen Mithridates VI. von Pontos (67 und 66 v. Chr.); der Krieg gegen den Marianer Q. Sertorius (Prätor 83 v. Chr.) in Spanien: 77–71 v. Chr. L. Marcius Philippus (Konsul 91 v. Chr.): vgl. die Rede über den Oberbefehl des Cn. Pompeius, 62.

20 P. Servilius Vatia Isauricus (Konsul 48 und 41 v. Chr.).

21 In der fünften Philippica, 46.

22 Vgl. die 3. Philippica, 3 und 6f.

23 D. Brutus, den Caesar zum Konsul für das Jahr 41 v. Chr. bestimmt hatte.

24 Es könnte heißen, meint Cicero, daß der Krieg gegen Dolabella nur als Vorwand gedient habe, den Konsuln reiche Provinzen zu verschaffen.

25 Der Senat hatte für die Konsuln des Jahres 63 v. Chr. die Provin-

zen Makedonien und Gallia Cisalpina (Oberitalien) ausersehen; Cicero war durch das Los das reiche Makedonien zugefallen. Er tauschte mit seinem Kollegen C. Antonius Hibrida und brachte ihn hierdurch von seiner Verbindung mit Catilina ab; er verzichtete sodann auf Gallien; vgl. die vierte catilinarische Rede, 23. Die Feuersbrunst des Vaterlandes: die catilinarische Verschwörung.

26 Hirtius.

27 Das Palladium, ein Kultbild der Pallas Athene, das, wie man glaubte, den Fortbestand Roms verbürgte, im Tempel der Vesta (der Göttin des Herdfeuers), an der Ostseite des Forums.

28 Ein Einwand, den sich Cicero von seinen Gegnern machen läßt: wenn Hirtius und Pansa nicht in der Lage sind, den Krieg gegen Dolabella selbst zu führen, dann werden sie einen ehemaligen Konsul als ihren Legaten damit betrauen.

29 Einen von ihnen oder beide: vgl. z. B. die 5. Philippica, 53. Und seine Truppen im Bereich Italiens ... gewünscht: vgl. die 10. Philippica, 26. C. Antonius, Apollonia: vgl. ebendort, 13. Byllis, Amantia: südöstlich von Apollonia; Orikos: Hafen an der Küste von Epirus.

30 Anspielung auf die Ermordung Caesars.

31 Vgl. die 10. Philippica, 13.

32 Q. Marcius Crispus (Prätor 46 v. Chr.): Statthalter von Bithynien-Pontos. L. Staius Murcus (Prätor 45 v. Chr.): Dolabellas Amtsvorgänger in Syrien. A. Allienus (Prätor 49 v. Chr.): Legat Dolabellas, der ihn beauftragt hatte, vier in Ägypten stehende Legionen nach Syrien zu führen; vgl. 32.

33 Der König von Galatien, sowie sein Sohn und Mitregent: siehe die Einleitung zur Rede für den König Deiotarus.

34 Textlücke; Cicero hat in dem fehlenden Stück der Truppen gedacht, die Cassius von Crispus und Murcius erhalten würde.

35 Ein Abenteurer, der sich zuletzt in Apameia (in Syrien, am Orontes) festgesetzt hatte; vgl. die Rede für den König Deiotarus, 23.

36 L. Cornelius Sulla, L. Licinius Murena, L. Licinius Lucullus: die Feldherren der mithridatischen Kriege; P. Servilius Vatia Isauricus (Konsul 79 v. Chr.): der Sieger über die isaurischen Seeräuber. Pompeius ist hier ebenfalls als Inhaber des Oberkommandos gegen Mithridates VI. genannt; er belohnte die Dienste des Deiotarus mit stattlichen Landgebieten. Im Jahre 51 v. Chr.

setzte sich Deiotarus mit seiner ganzen Streitmacht in Marsch, um den Statthaltern von Kilikien und Syrien, Cicero und Calpurnius Bibulus, gegen die Parther beizustehen.

37 Tyros, Hafenstadt an der phönizischen Küste, etwa 75 km südlich von Berytos/Beirut, hatte den Status einer autonomen Gemeinde.

38 Große Dinge usw.: im Jahre 51 v. Chr., als Proquästor in Syrien. Seine größte Ruhmestat: die Ermordung Caesars.

39 Vgl. 11.

40 Vgl. 12.

41 Vgl. die 3. Philippica, 38.

Zwölfte Philippische Rede

1 Bei dem einen: bei Piso; der andere: Calenus.

2 Sprichwort; vgl. Euripides, Hippolytos, 436.

3 Die *boni,* das heißt die Optimaten, die Republikaner.

4 Die schlechten Bürger: die Siedler, die Antonius in Capua unterbringen wollte; ihr ... ist Antonius usw.: die Bewohner hatten versucht, Antonius zu töten. Vgl. die 2. Philippica, 100 f.

5 Aus dem Heer des Hirtius und dem Oktavians.

6 Gallia Cisalpina, Oberitalien.

7 Die Bewohner von Patavium, dem heutigen Padua.

8 Die Gallier Oberitaliens, seit Beginn des 2. Jahrhunderts v. Chr. endgültig unterworfen, standen – zumal während des Bundesgenossenkrieges – treu zu Rom; die Region südlich des Po erhielt im Jahre 89 v. Chr., die Region nördlich des Po durch Caesar (49 v. Chr.) das volle römische Bürgerrecht.

9 Uns gegenüber: gegenüber den Mitgliedern der geplanten zweiten Gesandtschaft. Damals: Anfang Februar. Dabei sah es damals so aus: vgl. die 8. Philippica, 25 ff.

10 Die von ihm hinterlegten Senatsbeschlüsse: im Staatsarchiv; vgl. die 5. Philippica, 12. Für Fälschungen erklärt, von seinen Gesetzen usw.: vgl. die 13. Philippica, 5, ferner die 10. Philippica, 17. 700 Millionen Sesterze, Steuerbefreiungen usw.: vgl. die 2. Philippica, 92 ff., die 3. Philippica, 30, die 5. Philippica, 11 f., und die 7. Philippica, 15.

11 Zu dieser abstoßenden Kleidung: zum Kriegsrock; vgl. 16 (allgemeine Kampfbereitschaft) sowie die 8. Philippica, 6 und 32. Die Hauptleute der Mars-Legion: vgl. die 3. Philippica, 4. 10 und 31.

12 Vgl. die 8. Philippica, 27.

13 Vgl. die 2. Philippica, 8.

14 In der Rede, die er am 1. August 44 v. Chr. vor dem Senat gehalten hat; vgl. z. B. die 1. Philippica, 10 und 14, sowie die 5. Philippica, 19.

15 Warum fragt man nicht uns: warum wendet sich Antonius nicht an den Senat. Was haben wir zu fürchten: wir haben also ebenfalls keinerlei Anlaß, Unterhändler zu entsenden.

16 Ich habe vor der Rückkehr usw.: vgl. die 7. Philippica, 9 ff., besonders 19. Ich war der erste usw.: vgl. die 5. Philippica, 31, und die 6. Philippica, 2. Staatsfeind, Krieg: vgl. z. B. die 3. Philippica, 14, die 4. Phillipica, 1 f. u. ö., die 5. Philippica, 2 ff. Aufruhr: vgl. die 8. Philippica, 1 ff.

17 In L. Caesar ... sehen sie gleichwohl seinen Onkel: vgl. die 8. Philippica, 1 f. Calenus, Piso: vgl. 1. Auch dich, Pansa, usw.: vgl. 2.

18 Vgl. die 13. Philippica, 3. Urbinum: Urvinum Hortense, etwa 20 km südöstlich von Perusia/Perugia (heute Urbino), oder Urvinum Mataurense, etwa 40 km südlich von Ariminum/Rimini.

19 Wenn mich die Mauern usw.: Cicero hatte sich im Spätherbst 44 v. Chr. in seiner Heimatstadt Arpinum aufgehalten; er gibt vor, damals von L. Antonius bedroht worden zu sein. Dieser Fechter aus Asien: vgl. z. B. die 6. Philippica, 10. Der Kollege eines Lento und Nucula: in der Siebenmänner-Behörde für Landzuweisungen; vgl. die 6. Philippica, 14, die 8. Philippica, 26, und die 11. Philippica, 13. Aquila: unbekannt; nicht identisch mit dem in der 11. Philippica, 14, und der 13. Philippica, 27, erwähnten Legaten des D. Brutus.

20 Saxa und Cafo: vgl. z. B. die 8. Philippica, 9. Zwei Prätoren: nach der 13. Philippica, 2 und 26, L. Marcius Censorinus (vgl. die 11. Philippica, 11) und P. Ventidius Bassus (nachgewählter Konsul 43 v. Chr.). Zwei künftige Tribunen: nach der 13. Philippica, 26, Tullus Hostilius und M. Insteius. L. Calpurnius Bestia: vgl. die 11. Philippica, 11. Trebellius, T. Plancus: vgl. die 6. Philippica, 10 f.

21 Anspielung auf die Ermordung des Trebonius; vgl. die 11. Philippica, 3 und 21.

22 Die flaminische Straße führte durchs Tibertal und durch Umbrien nach Ariminum/Rimini (an der Adria), die aurelische längs der etrurischen Küste über Pisae/Pisa nach Genua und die cassische über Clusium/Chiusi und Florentia/Florenz nach Pisae.

23 Lento hatte im Jahre 45 v. Chr. den Pompeiussohn Gnaeus umgebracht. Ventidius: vgl. 20 (zwei Prätoren). Aller Rechtschaffenen: vgl. 5.

24 Ländliches, den Grenzsteinen *(termini)* geweihtes Fest am 23. Februar.

25 Vgl. die 2. Philippica, 1, und die 6. Philippica, 17.

26 Anspielung auf das Exil (58–57 v. Chr.); mit den «mächtigsten Männern» meint Cicero vor allem die Triumvirn Pompeius, Caesar und Crassus.

27 Vgl. die 11. Philippica, 5.

28 Eine Szene aus dem marsischen oder Bundesgenossenkriege (91–88 v. Chr.), vom Januar 89 v. Chr. Cn. Pompeius Strabo: Konsul 89 v. Chr, der Vater des berühmten Pompeius.

29 Ein Ereignis aus dem marianisch-sullanischen Bürgerkriege, vom Jahre 83 v. Chr. L. Cornelius Scipio Asiaticus: Konsul 83 v. Chr., Marianer. Cales und Teanum Sidicinum: Städte in Kampanien, an der Via Latina (heute Calvi und Teano).

30 Vgl. die 3. Philippica, 6f.

31 Zum folgenden vgl. die 2. Philippica, 59, und vor allem die 10. Philippica, 15–19, sowie die 11. Philippica, 37–39.

Dreizehnte Philippische Rede

1 Vgl. die 8. Philippica, 7, wo die Wirren der achtziger Jahre auf drei Bürgerkriege zurückgeführt werden: auf den Streit um den Oberbefehl gegen Mithridates VI. (Sulla, Marius; 88 v. Chr.), auf den Gegenschlag der Popularen (Octavius, Cinna; 87 v. Chr.) und auf die Kämpfe nach Sullas Rückkehr aus dem Osten (Sulla, Marius der Sohn und Carbo; 83/82 v. Chr.).

2 Vom letzten Krieg: zwischen Caesar und Pompeius. Dessen Ergebnisse: die Anordnungen Caesars *(acta Caesaris)*.

3 In den Verhandlungen des Jahres 83. v. Chr.; vgl. die 12. Philippica, 27.

4 Censorinus: vgl. 26 und die 11. Philippica, 11. Ventidius: vgl. 26 sowie die 12. Philippica, 20 (zwei Prätoren) und 23. Trebellius: vgl. 26 und die 6. Philippica, 10f. Bestia: vgl. 26 und die 11. Philippica, 11. Nucula; vgl. 26 und die 6. Philippica, 14. Munatius Plancus: vgl. 27 und die 6. Philippica, 10. Lento: vgl. 26 und die 11. Philippica, 13. Saxa: vgl. 27 und die 8. Philippica, 9. Cassius Barba: wohl identisch mit dem in der 5. Philippica, 18, erwähnten Cassius. M. Barbatius Philippus: Quästor 41 v. Chr. Asinius Pollio: vgl. 28; im übrigen unbekannt. P. Volumnius Eutrapelus: vgl. die 2. Philippica, 58. Mela, Pontius: unbekannt. Caelius: vgl. 26; im übrigen unbekannt. L. Crassicius: Grammatiker, Lehrer eines Sohnes des Antonius. Tiro, Mustela: vgl. die 2. Philippica, 8. Petusius: vgl. die 12. Philippica, 19. Die Haubenlerchen usw.: vgl. die 1. Philippica, 19f., und die 5. Philippica, 12ff.

5 Ihr habt die Anordnungen des M. Antonius usw.: vgl. die 12. Philippica, 12. Habt in ganz Italien Aushebungen vorgenommen: vgl. z. B. die 7. Philippica, 13, und die 10. Philippica, 21. Habt seinen Kollegen ... zum Staatsfeind erklärt: Dolabella; siehe die Einleitung zur elften Philippischen Rede.

6 Mit der soeben (2f.) erwählten Gefolgschaft des Antonius.

7 Der Imperator-Titel wurde ihm für erfolgreiche Verhandlungen zuteil, das zweite Mal für den Vergleich, den er mit Sex. Pompeius abschloß; vgl. 8ff. und die 5. Philippica, 39ff.

8 Vgl. ebendort, 40f.

9 Die Ämter: Ädil um 53, Prätor 49, Konsul 46 v. Chr.; die ehrenvollste Priesterwürde: Lepidus war seit 44 v. Chr. erster Oberpriester *(pontifex maximus)*. Denkmäler: vor allem die vom Zensor M. Aemilius Lepidus (Konsul 187 und 175 v. Chr.; vgl. 15) im Jahre 179 v. Chr. errichtete, später mehrfach von Aemiliern wiederhergestellte Basilica Aemilia, eine große Halle an der Nordseite des Forums. Bruder: L. Aemilius Lepidus Paullus (Konsul 50 v. Chr.); vgl. 13. Frau: Iunia, eine Halbschwester des M. Brutus.

10 Triumph: hiermit war der Senat über Ciceros Antrag hinausgegangen. L. Aemilius Paullus Macedonicus: Konsul 182 und 168

v. Chr., der Sieger über Perseus von Makedonien. Was weder ... noch ... erhalten hatten: eine vergoldete Statue; anders die 5. Philippica, 41.

11 Was doch sogar die Glücksgöttin ... gesehen hat: daß sich Sex. Pompeius und Antonius nicht miteinander vergleichen lassen. Den Antonius erlegt hat: vgl. die 2. Philippica, 64ff. Ihr aber habt dem Pompeius so viel Geld bewilligt: im Sommer oder Herbst 44 v. Chr., auf Grund eines Antrages, den Antonius gestellt hatte.

12 Denn das Tafelsilber usw.: vgl. die 2. Philippica, 66f. Alba Longa, Tusculum: benachbarte Villenorte auf den Albanerbergen, zirka 20 km südöstlich von Rom. Formiae: Küstenstadt an der Via Appia, zirka 75 km nordwestlich von Neapel (heute Formia). Die Brüder Anser: unübersetzbares Wortspiel (*anser* bedeutet Gans); einer von ihnen war Dichter; er hatte das Gut von Antonius geschenkt bekommen. Falernische Mark: in Kampanien, zwischen dem Unterlauf des Volturnus und dem Mons Massicus.

13 Nach anderer Quelle 200 Millionen. Die von Cicero genannte Summe stimmt eigenartigerweise mit dem Betrag überein, den Antonius dem Tempel der Ops (vgl. die 2. Philippica, 93) entnommen haben soll.

14 Vgl. die 2. Philippica, 4.

15 L. Aemilius Lepidus Paullus, der Bruder des M. Aemilius Lepidus; vgl. 8. Q. Minucius Thermus: Prätor um 55 v. Chr. C. Fannius: Prätor 54 v. Chr.

16 Vgl. die 12. Philippica, 29f.

17 Vgl. die 10. Philippica, 12.

18 Des M. Aemilius Lepidus: des Konsuls 187 und 175 v. Chr., des Erbauers der Basilica Aemilia; vgl. 8.

19 Nach einem Vers des C. Lucilius (etwa 180–102 v. Chr.); vgl. Cicero, Tusculanae disputationes 4, 48.

20 Caesar: Oktavian. Zwei überaus fähige Konsuln: Hirtius und Pansa. L. Munatius Plancus, der Statthalter des jenseitigen Gallien, war – wie D. Brutus – von Caesar zum Konsul des Jahres 42 v. Chr. bestimmt worden. Vier Konsuln: zwei amtierende und zwei zukünftige.

21 Von Lepidus.

22 Vgl. 8.

23 Vgl. die 2. Philippica, 84ff., und die 5. Philippica, 38.

24 Vgl. die 2. Philippica, 112.

25 Vgl. die 3. Philippica, 4. 10 und 31. Fulvias Habgier: vgl. die 2. Philippica, 95 und 113.

26 Der aber glaubte damals: vgl. die 3. Philippica, 15. Die Verteilung der Stadt: vgl. z. B. 42 und 47 sowie die 4. Philippica, 9f. In Tibur: vgl. die 6. Philippica, 10.

27 Vorbereitet der Antrag usw.: vgl. die 5. Philippica, 23. Alba Fucens: vgl. die 3. Philippica, 6. Senatsbeschlüsse ... ins Archiv gebracht: vgl. die 5. Philippica, 12.

28 Nach Gallia Cisalpina, Oberitalien.

29 Siehe die Einleitung zur siebten Philippischen Rede.

30 Die Soldaten hatten ihn also wegen eines – nach Cicero: zweifelhaften – Erfolges zum *imperator* ausgerufen, vielleicht wegen der Einschließung Mutinas.

31 Daß ein Verbrecher: Trebonius, der Caesarmörder, hat Caesar vor Ablauf eines Jahres – von den Iden des März an gerechnet – gebüßt. Spartacus: vgl. die 3. Philippica, 21. Weil er dich an den Iden des März usw.: vgl. die 2. Philippica, 35.

32 Eines Possenreißers: eines Menschen niedriger Herkunft. Der Vater des Vaterlandes: vgl. die 2. Philippica, 31. Die allgemeine Kampfbereitschaft: vgl. die 5. Philippica, 31. Staatsfeind: vgl. die 12. Philippica, 17. Den Rechtschaffenen: den *boni,* den Republikanern, den Angehörigen der von Cicero geführten Senatspartei. Fadia: vgl. die 2. Philippica, 3.

33 Hirtius, ein Mann ohne Adelstitel, verdankte Caesar seine gesamte Karriere.

34 Das Original enthält ein Wortspiel; etwa: «mit Kinn und Sinn.»

35 Vgl. die 3. Philippica, 3, und die 4. Philippica, 3, wo auch Cicero den jungen Oktavian einen Knaben nennt, allerdings in eher bewunderndem Sinne.

36 Dem Namen C. Iulius Caesar, den Oktavian als Adoptivsohn des Diktators Caesar angenommen hat.

37 Vgl. die 10. Philippica, 10.

38 Vgl. 2.

39 Ihr macht das Lager des Pompeius zum Senat: ihr haltet die Partei der Pompejaner wie einst so auch jetzt für die legitime Staatsregierung. Dessen ganzes Konsulat usw.: da der Senat seine Anordnungen und Gesetze für ungültig erklärt hat; vgl. 5. Zwei Prätoren: Censorinus und Ventidius. T. Annius Cimber, der Mörder seines Bruders, von Cicero sarkastisch nach dem

Muster hellenistischer Herrscher Philadelphus, «Bruderfreund», genannt: vgl. die 3. Philippica, 26, und die 11. Philippica, 14. Gallius: vgl. die 3. Philippica, 26. Bestia: vgl. 2; Cicero hatte ihn insgesamt sechsmal verteidigt. Trebellius, genannt Fides («Treu und Glauben»): vgl. 2. Caelius: vgl. 3. Varius Cotyla: vgl. die 5. Philippica, 5, und die 8. Philippica, 24. Lento, Nucula: vgl. 2. Die Lust und Wonne des römischen Volkes: vgl. die 6. Philippica, 12. Tullus Hostilius: Volkstribun 42 v. Chr.; der mit vollem Recht usw.: Anspielung auf ein unbekanntes Ereignis; er war wohl von D. Brutus zu Antonius übergelaufen. M. Insteius: Volkstribun 42 v. Chr. Pisaurum: Hafenstadt an der Adria, etwa 35 km südöstlich von Ariminum/Rimini (heute Pesaro).

40 T. Munatius Plancus Bursa: vgl. 2 sowie die 6. Philippica, 10, und die 11. Philippica, 14. Mit ihm könne es nur zu Ende gehen usw.: Redensart im Sinne von «Er hat ein so zähes Leben wie eine Katze.» Aquila: vgl. die 11. Philippica, 14. Decius: vgl. ebendort, 13; so hat er an den Geschenken Caesars genagt: *mus* bedeutet «Maus». Decidius Saxa: vgl. 2 und die 11. Philippica, 12. Von den Saserna: C., L. und P. Hostilius Saserna; sie waren Brüder und hatten alle in caesarischen Diensten gestanden. Extitius: Quästor 43 v. Chr. Asinius Pollio: vgl. 3; zur Tracht der Senatoren gehörten u. a. rote Schuhe. Sex. Albesius: unbekannt.

41 M. Claudius Marcellus: Konsul 51 v. Chr.; siehe die Einleitung zur Rede für M. Marcellus. Die beiden vaterlandsliebenden Konsuln usw.: C. Claudius Marcellus und L. Cornelius Lentulus Crus, Konsuln 49 v. Chr.; sie folgten Pompeius nach Griechenland. L. Afranius: Konsul 60 v. Chr. P. Cornelius Lentulus Spinther: Konsul 57 v. Chr. M. Calpurnius Bibulus: als Konsul des Jahres 59 v. Chr. Kollege Caesars; vgl. die 2. Philippica, 23. L. Domitius Ahenobarbus, Appius Claudius Pulcher: Konsuln 54 v. Chr. Q. Caecilius Metellus Pius Scipio Nasica: Konsul 52 v. Chr. Der Aufkäufer: vgl. die 2. Philippica, 39.

42 M. Porcius Cato Uticensis: Prätor 54 v. Chr., der berühmte Vorkämpfer der Republik, der sich nach der Schlacht bei Thapsus das Leben nahm.

43 Des Pompeius.

44 C. Antonius; siehe die Einleitung zur zehnten Philippischen Rede.

45 Sex. Quinctilius Varus: Quästor 49 v. Chr.

46 C. Servilius Casca: Caesarmörder; vgl. die 2. Philippica, 27. C. Epidius Marullus und L. Caesetius Flavus: Volkstribunen 44 v. Chr., von Caesar ihres Amtes entsetzt, da sie gegen Bekenntnisse zur Monarchie einzuschreiten suchten.

47 Ihr habt den Luperci usw.: vgl. die 7. Philippica, 1. Die Luperci wagt er zu erwähnen usw.: vgl. die 2. Philippica, 84 ff.

48 Siedlungen von Altgedienten usw.: vgl. die 6. Philippica, 14. Haben wir die aufgehoben usw.: vgl. die 10. Philippica, 17; Ciceros Replik bezieht sich also auf Siedlungen Caesars, nicht – wie es dem Vorwurf entsprochen hätte – auf die des Antonius. In eine Gegend: auf den Kriegsschauplatz um Mutina.

49 Massilia hatte offenbar ein Gesuch eingereicht, das vom Senat am 3. Februar in dem hier umschriebenen Sinne entschieden wurde; vgl. die 8. Philippica, 18.

50 Offenbar ein von Caesar veranlaßtes Gesetz zum Nachteil der Pompejaner, das der Senat für nichtig erklärt hatte.

51 Vgl. die 10. Philippica, 24.

52 Anhänger Caesars in Thessalien und Makedonien, von M. Brutus hingerichtet.

53 Vielleicht ein von Cicero, Ad Atticum 13, 7, erwähnter Freund Caesars.

54 Ser. Sulpicius Galba: Prätor 54 v. Chr., damals Legat unter Hirtius, Caesarmörder. Mit demselben Dolch: mit dem er Caesar getötet habe.

55 Ihren Quästor: wohl Extitius, vgl. 28. Ihren Feldherrn: Antonius meint sich selbst.

56 Vgl. 9 ff.

57 Den eingeschlossenen Soldaten: in Mutina. Der Mann: D. Brutus. Am Ende usw.: ironisch. Ohne ihr Eingreifen: stünden sie nicht zur Republik, dann wäre nicht Dolabella dem Antonius zuvorgekommen, das heißt Antonius hätte seinem Kollegen (dem Konsul Caesar) eher ein Totenopfer dargebracht als Dolabella seinem Oberbefehlshaber (Caesar, durch die Ermordung des Trebonius).

58 Siehe die Einleitung zur zwölften Philippischen Rede.

59 Vgl. 5 und die 11. Philippica, 1 ff.

60 Vgl. hierzu und zum folgenden die 8. Philippica, 25 ff.

61 Anspielung auf das Lob, mit dem Cicero den Diktator auf seine eigene Versöhnungspolitik festzulegen suchte; vgl. insbesondere die Reden für M. Marcellus und für Q. Ligarius.

62 Welche seiner bisherigen Auszeichnungen: hier im Sinne von Amt, Rang. Und Caesar: Oktavian. Ich hätte Caesar getäuscht: den Diktator. Das ihm zu Ehren eingerichtete Priesteramt: vgl. 47 und die 2. Philippica, 110.

63 Vgl. 19 und besonders 47 sowie die 5. Philippica, 6.

64 Versuch, den ungewöhnlich gebildeten Superlativ *piissimus* durch einen Normvorstoß von vergleichbarer Schwere anzudeuten.

65 Vgl. 42.

66 Vgl. 41.

67 Vgl. 8.

68 Ein sogenanntes Adynaton, das eine Naturunmöglichkeit für eher möglich erklärt als etwas anderes; die Quelle des Zitates ist unbekannt.

69 Zitat aus einer unbekannten Tragödie; das Original nennt statt der Antonier die Pelopiden.

70 Vgl. 13.

Vierzehnte Philippische Rede

1 Vgl. z.B. die 8. Philippica, 5.

2 Vgl. die 5. Philippica, 51, und die 13. Philippica, 46.

3 Vgl. 26: Schlacht Pansas; 27: Schlacht des Hirtius; 28: Schlacht Oktavians.

4 P. Servilius Vatia Isauricus.

5 Gegen vier Konsuln: vgl. die 13. Philippica, 16. Wie er bezeugt: vgl. ebendort, 36f. Wenn nicht der dort, Jupiter selbst: die Sitzung fand offenbar im Jupitertempel auf dem Kapitol statt; vgl. 27. Parma: Stadt an der Via Aemilia, etwa 40 km nordwestlich von Mutina.

6 Vgl. die 11. Philippica, 12.

7 Die Gesamtzahl der Tage: vgl. 29. Daß wir die Männer usw.: nach einem größeren Sieg begrüßten die Soldaten ihren Oberbefehlshaber mit dem Zuruf *imperator,* «Feldherr»; der Senat pflegte diesen Ehrentitel zu bestätigen.

8 Genügt es nicht usw.: vgl. zu diesen Betrachtungen, besonders zu 17, die 8. Philippica, 30, und die 12. Philippica, 30. Parilientag: Fest der Hirtengöttin Pales, legendärer Gründungstag Roms, 21. April. Rutenbündel: das bekannte römische Herr-

schaftssymbol, hier als Zeichen eines Diktators, nicht (wie z. B. in der 11. Philippica, 20) eines gewöhnlichen Beamten. Unter wessen Leitung hätte ich, der Augur usw.: eigentlich «unter wessen Auspizien», das heißt wer (welcher Konsul) hätte bei der Ernennung des Diktators Cicero rechtsgültig die erforderliche Erkundung des Götterwillens vorgenommen, und welche Frist war für dieses Ausnahmeamt vorgesehen? Auf sein Augurat (vgl. die 2. Philippica, 4) verweist Cicero, um die Unsinnigkeit des Vorwurfs darzutun: gerade er, der Augur, hätte ja auf die peinlich genaue Wahrnehmung aller Formalitäten bedacht sein müssen.

9 Ungünstige Nachrichten: offenbar erhielt man Kunde von der anfänglichen Niederlage Pansas; vgl. 26. Schlechte Bürger: die Anhänger des Antonius. Bei der Kurie usw.: die Anhänger des Antonius hatten behauptet, die Kurie, die Stätte der Ermordung Caesars, habe dem römischen Staat Unglück gebracht; Cicero gibt den Vorwurf zurück.

10 Vgl. die 6. Philippica, 1.

11 Wohl der berühmte Redner L. Licinius Crassus (Konsul 95 v. Chr.).

12 Vgl. die 8. Philippica, 22, und die 12. Philippica, 28 f.

13 Der Rechtschaffenen: der *boni,* der von Cicero geführten Republikaner; die schlechten Bürger: die *improbi,* die Anhänger des Antonius.

14 Vgl. die 10. Philippica, 6.

15 Daß in meinen Vorschlägen vom 1. Januar an usw.: vgl. die 12. Philippica, 17. P. Ventidius: vgl. ebendort, 20 (zwei Prätoren) und 23. Über diese meine Vorschläge: über die Anträge der 5. Philippica, 31 ff., besonders 34.

16 Vgl. zu den drei Bürgerkriegen, die Cicero hier unterscheidet, die 8. Philippica, 7, und die 13. Philippica, 1.

17 Dein Kollege: Caesar, als Konsul. Irgendeinen Bericht ... gesandt: P. Servilius Vatia Isauricus war in Rom geblieben. Über Alexandrien, über Pharnakes: im Jahre 47 v. Chr.; in Alexandrien wurde Caesar über ein halbes Jahr von dem aufständischen König Ptolemäus XIII. belagert, und über Pharnakes II., den Sohn von Mithridates VI., erfocht er den bekannten *veni-vidi-vici*-Sieg (siehe hierüber die Einleitung zur Rede für den König Deiotarus). Denn mir als Konsul: am 3. Dezember 63 v. Chr.; vgl. die 2. Philippica, 13.

18 Als dem Statthalter von Syrien (57–55 v. Chr.); vgl. die Rede über die konsularischen Provinzen, 14 ff.

19 Im Herbst 44 v. Chr.; vgl. die 3. Philippica, 3 ff.

20 Am 14. April. Die folgende Schilderung vermittelt von der Schlacht Pansas ein stark geschöntes Bild.

21 Im Rang eines Proprätors; vgl. die 5. Philippische Rede, 46.

22 Hiermit überbot Cicero das bisherige Maximum, das vierzigtägige Dankfest, das Caesar im Jahre 46 v. Chr. erhalten hatte; über die Dauer weiter zurückliegender Dankfeste gibt die Rede über die konsularischen Provinzen, 26 f., Auskunft.

23 Vgl. die 5. Philippica, 53.

24 Vgl. z. B. die 3. Philippica, 6 f., und die 5. Philippica, 23.

25 Vgl. die 4. Philippica, 5.

26 M. Caecilius Cornutus, der für Zivilprozesse unter römischen Bürgern zuständige Prätor des Jahres 43 v. Chr.; siehe die Einleitung zur dreizehnten Philippischen Rede. Kultbetten: vgl. die 2. Philippica, 110.

27 Vgl. die 9. Philippica, 16.

ZUM TEXT

Die Übersetzung gibt den Text von C. A. Clark, M. Tulli Ciceronis Orationes, Bd. II, Oxford 1901, wieder. Sie beruht an folgenden Stellen auf einer anderen Lesart:

		Clark:	Diese Übersetzung:
Marc.	2	*conservatam ac restitutam*	*restitutam*
	4	*ad illum*	*ad ipsum*
	10	*et os*	*eos*
	12	*quae erant adempta*	*quae illa erat adepta*
	30	*falso putant*	*putant*
Lig.	21	*virorum*	*verborum*
	30	*totus*	*iam est totus*
		erravi, ... feci	*erravit, ... fecit*
	31	*de Ligario*	*Ligario*
	33	*retinendi*	*retinendi tibi*
Deiot.	10	*culpam*	*amicitiae culpam*
	13	*ut ad fugientem, non ut ad*	*ad fugientem, non ad*
	17	*Blucium*	*in castellum Peium*
	21	*in castellum*	*in castellum Blucium*
		in balneo	*in insidiis*
	28	*cuncta iam*	*exacta iam*
	35	*aliquid quid*	*aliquid*
	36	*facilius hoc*	*facilius*
Phil.	1, 6	*edixerant*	*edixerat*
	13	*dixissem*	*dixissem, patres conscripti*
	14	*consulari*	*consularis*
	15	*orationem*	*rationem*
	31	*senatus*	*veterani*
	2, 9	*impetras*	*impetrasti*
	56	*Lenticulam*	*Denticulum*
		si ita esset	*ita*
	68	*rostra*	*rostra spolia*

	Clark:	Diese Übersetzung:
Phil. 2, 76	*an ut tu*	*an cum tu*
79	*ille induxit, ut peteret*	*ille*
82	*prima classis vocatur*	*prima classis vocatur, renuntiatur*
	secunda classis	*secunda classis vocatur*
86	*ut servires*	*ut serviremus*
87	*quod fas non est, rex*	*rex*
91	*omnem*	*omne nomen*
	dictatorem	*dictatoris*
94	*pecuniam*	*pecuniam imperarat*
96	*auctorem*	*actorem*
103	*quo ore*	*quaero*
115	*nundinatione*	*immani nundinatione*
3, 4	*bonis*	*nobis*
9	*patietur Antonium*	*patietur*
17	*Iulia*	*gente Iulia*
39	*duce, quaestore optimo*	*duce*
5, 5	*Cotylonem*	*Cotylam*
7	*interpretatione augurum*	*interpretatione*
12	*iure*	*in aerarium*
13	*Cydam amo*	*Cydam*
	M'. Curio	*Curio*
18	*Crassicius*	*Cassius*
30	*sumus, adfui ipse*	*sumus*
51	*profecto*	*profecto pro alio*
6, 3	*eis obiecta*	*pacis obiecta*
5	*et ducentis*	*ille ducentis*
10	*quam Extitius*	*videte, quantum exsiluerit*
14	*bis*	*stipendiis duobus*
16	*res ipsa publica*	*res ipsa*
7, 14	*extorquenda*	*vi extorquenda*
18	*queretur*	*conquiret*
8, 5	*consulem*	*quo consulem*
23	*auctoritatemque rei publicae*	*auctoritatemque*
25	*praedia agrumque*	*praemia agrumque*
9, 5	*Cluvio*	*Cluilio*
14	*vetustate*	*vi, vetustate*
16	*eamque ... inscribi, quod is ... obierit*	*quod is ... obierit; eamque ... inscribi*

	Clark:	Diese Übersetzung:
Phil. 10, 3	*cum unus*	*ut unus*
17	*rei publicae, aut ei*	*rei publicae, aut ei certe*
19	*optatius*	*putatis*
11, 4	*ut ad Trebonium*	*ut Zmyrnam*
7	*ferre*	*ferre, si evenerit*
10	*ille nobis*	*ille vobis*
37	*sed eos quibus*	*quoad iis quidem*
39	*metuendos*	*intuendos*
12, 7	*illi*	*illi, illi*
12	*civitatibus*	*civitates*
20	*primi pili*	*primipilo*
	aquilam ... credituram	*Aquilam ... crediturum*
24	*gerant*	*regant*
27	*quo quidem die*	*quo quidem*
13, 16	*nisi nobis*	*nisi bonis*
19	*eoque ipso die ... scripta sunt. rediit ... paludatus*	*rediit ... paludatus, eoque ipso die ... scripta sunt*
21	*res publica*	*populus Romanus*
23	*cariorem rei publicae*	*cariorem populo Romano*
24	*puero*	*puero huic*
26	*dirutus aere Q.*	*diruptus dirutusque*
27	*non verum in hoc Planco, quod*	*mirum, quod in hoc Planco*
28	*est quidem*	*est ibidem*
31	*veteranos, etiam*	*veteranos tamen*
33	*vi expulsum*	*domo expulsum*
34	*oderint*	*hostem ostenderint*
36	*credere, eosque*	*credere eos*
41	*patrem*	*Caesarem*
14, 17	*M. Crassus*	*Crassus*

PERSONENREGISTER

Das Verzeichnis führt nur die Paragraphen auf, in denen der lateinische Text den betreffenden Namen erwähnt. Die eingeklammerten Zahlen nennen Stellen, die einen Namen in adjektivischer Form verwenden. Identifikationen von Trägern gleichen Namens sind gelegentlich unsicher; das Verzeichnis befolgt in diesen Fällen das Mögliche und Wahrscheinliche.

Abkürzungen

Marc.:	Rede für M. Marcellus	
Lig.:	Rede für Q. Ligarius	
Deiot.:	Rede für den König Deiotarus	
Phil.:	Philippische Reden	
Äd.:	kurulischer Ädil	Die auf diese Abkürzungen folgenden Zahlen nennen das Amtsjahr bzw. die Amtsjahre
Dikt.:	Diktator	
K.:	Konsul	
Pr.:	Prätor	
Qu.:	Quästor	
Tr.:	Volkstribun	
pass.:	passim; in zahlreichen Paragraphen der betreffenden Rede	

ÜBERSICHT ÜBER DIE GESAMTAUSGABE

Erster Band
Rede für P. Quinctius
Rede für Sex. Roscius aus Ameria
Rede für den Schauspieler Q. Roscius
Rede für M. Tullius
Rede für M. Fonteius
Rede für A. Caecina
Rede über den Oberbefehl des Cn. Pompeius

Zweiter Band
Rede für A. Cluentius Habitus
Die Reden über das Siedlergesetz
Rede für C. Rabirius
Die Catilinarischen Reden
Rede für L. Murena

Dritter Band
Rede im Vorverfahren gegen Q. Caecilius
Erste Rede gegen C. Verres
Zweite Rede gegen C. Verres, Buch 1–2

Vierter Band
Zweite Rede gegen C. Verres, Buch 3–5

Fünfter Band
Rede für P. Sulla
Rede für den Dichter A. Licinius Archias
Rede für L. Flaccus
Danksagung an den Senat
Danksagung an das Volk
Rede über das eigene Haus
Rede für P. Sestius

Befragung des Zeugen P. Vatinius
Rede über das Gutachten der Opferschauer

Sechster Band
Rede für M. Caelius
Rede über die konsularischen Provinzen
Rede für L. Cornelius Balbus
Rede gegen L. Piso
Rede für M. Scaurus
Rede für Cn. Plancius
Rede für C. Rabirius Postumus
Rede für T. Annius Milo

Siebenter Band
Rede für M. Marcellus
Rede für Q. Ligarius
Rede für den König Deiotarus
Die Philippischen Reden

INHALT